档案文献·甲

重庆大轰炸档案文献

财产损失

（私物部分）（四）

主 任 委 员：李华强

副主任委员：郑永明　潘　樱

委　　　员：李华强　李旭东　李玳明　郑永明
　　　　　　潘　樱　唐润明　胡　懿

主　　　审：李华强　郑永明

主　　　编：唐润明

副　主　编：胡　懿

编　　　辑：唐润明　胡　懿　罗永华
　　　　　　高　阳　温长松　姚　旭

重慶出版集团　重慶出版社

四、交通部重庆电话局部分

1.交通部重庆电话局设置股1939年5月25日员工损失调查表（1939年9月）

1）交通部重庆电话局员工损失调查表[①]

姓名	刘选福	住址	东升楼街13号
资格职守	线工	家宅失慎时日及情形	5月25日午后6时被炸
原支薪额	39元	失慎时工作及地点	打铁街修理电缆
损失情形	白洋布帐2床、皮鞋2双、毛线衣1件、洋绉面驼绒袍1件、方桌1张、凳5张、男女夹袍各1件及锅碗等均被炸毁 （原报衣服家具完全炸毁，所填不详，谨再补报被炸损毁物件如上）		
估计价值	140余元	核定慰偿金额	预支金额	30元

一切填注均切实如有虚伪不符查明受革职处分　签名盖章　刘选福

右〈上〉员工　所填损失调查表查属确实愿为负责证明

职衔　设置股主任　签名盖章　王能杰

　　　　　　　　　　　　　　　　　　　　　　局长核证

民国二十八年九月二十八日

2）交通部重庆电话局员工损失调查表

姓名	陈协泰	住址	新街12号
资格职守	线工	家宅失慎时日及情形	5月25日午后6时被炸
原支薪额	36元	失慎时工作及地点	太华楼街放线
损失情形	衣箱2只、棉袍夹袍棉袄棉裤各1件、被褥3条、方桌1张、凳2张及零星物件均被炸毁 （原报衣服家具行李俱被炸毁，所填不详，谨再补报被毁损物件如上）		
估计价值	100余元	核定慰偿金额	预支金额	30元

[①] 交通部电话局表格设置与其他部局不一致，现按原件呈现——编者。

续表

一切填注均属切实如有虚伪不符查明受革职处分　签名盖章　陈协泰
右〈上〉员工　所填损失调查表查属确实愿为负责证明
职衔　设置股主任　签名盖章　王能杰
局长核证
民国二十八年九月二十九日

3) 交通部重庆电话局员工损失调查表

姓名	程从汉	住址	新街12号		
资格职守	线工	家宅失慎时日及情形	5月25日午后6时被炸		
原支薪额	42元	失慎时工作及地点	太华楼街放线		
损失情形	三抽屉桌1张、椅2张、皮箱1只、细线呢棉衣棉裤各1件、布夹袍1件、皮鞋1双、被1条、被单1条及零星衣服均被炸毁 （原报衣服行李器具均被炸毁，所填不详，谨再补报被炸损毁物件如上）				
估计价值	100余元	核定慰偿金额		预支金额	30元
一切填注均属切实如有虚伪不符查明受革职处分　签名盖章　程从汉					
右〈上〉员工　所填损失调查表查属确实愿为负责证明					
职衔　设置股主任　签名盖章　王能杰					
局长核证					
民国二十八年九月二十九日					

4) 交通部重庆电话局员工损失调查表

姓名	张银山	住址	后祠坡操场坝48号		
资格职守	线工	家宅失慎时日及情形	5月25日午后6时被炸		
原支薪额	18元	失慎时工作及地点	打铁街修理电缆		
损失情形	男女阴丹士林布单长衫各1件、又裤子各2条、皮箱1只、毯子2条、男女布驼绒袍各1件、檐木床1架、男女内衣裤4套、书桌1张、椅2张及厨房内锅碗等均被炸毁 （原报衣服器具全毁，所填不详，谨再补报被炸损毁各物如上）				
估计价值	100余元	核定慰偿金额		预支金额	30元
一切填注均属切实如有虚伪不符查明受革职处分　签名盖章　张银山					
右〈上〉员工　所填损失调查表查属确实愿为负责证明					
职衔　设置股主任　签名盖章　王能杰					
局长核证					
民国二十八年九月三十日					

2.重庆电话局1939年5月25日员工空袭损失清单(1939年9月29日)

员工损失清单

姓名	职别	住址	受损日期	预支金额	损失情形	估计价值
黄宝潢	营业股主任	打铁街101号后院	5月25日	40元	厨房饮食用具、衣裤5件	价值62元
华光沛	营业股业务员	打铁街101号后院	5月25日	40元	热水瓶1只、座钟1架、磁茶杯茶壶1套、皮箱1只、搪磁痰盂1对、木衣架1只、木床1只，厨房零星物件	价值64.5元
张家栋	营业股业务员	打铁街101号后院	5月25日	40元	自鸣钟1架、热水瓶2只、木床1只、方桌1只	价值64元
黄 慧	营业股业务员	西三街7号	5月25日	40元	衣物等件	价值60元
笪如森	话务员机械股佐理员	仓坝子40	5月25日		损失棉被棉褥各数件，皮箱2只(内全家6人之衣服及所有应用家具等)	约值200余元
陆怡霖	会计主任	上陕西街火麻巷45号	5月25日	40元	藤箱1只、楠木床1只、棉袍2件、衣柜1个、热水瓶1个、面盆1只、皮鞋、套鞋各1双，均被炸毁，其余箱笼什物书籍等均稍有损坏不计	总共价值约150元
万王明	助理会计员	萧家凉亭10号	5月25日	40元	损失被盖2床、驼绒袍子1件、黑呢下装1件、小衣2套、皮箱1口及一切家具多种	约值120元
刘其昌	工役	本局	5月25日	20元	衣服被盖床毯什物等件约值五六十元，又银包1个，法币22.32元	
马谋顺	会计员	小较场37号	5月25日	40元	网篮1只，内有元色印绸长衫1件、印绸短衫1套、云纱短衫裤1套、方顶布帐1件、包袱1个	约值价70余元

续表

姓名	职别	住址	受损日期	预支金额	损失情形	估计价值
陆怡霖	会计主任	道门口第一模范市场60号宏昌电料行内	6月9日	40元	考克帽1顶,皮鞋1双,拖鞋1双,热水瓶1个,大绸长衫1件,藤箱1只,内储零星杂物,被弹片炸毁	约值80余元
庄凤鸣	庶务股主任	本局	5月25日	40元	西装1件,黄短裤1条,雨衣1件,呢帽1顶,球鞋1双	88元
包恩庭	业务员	本局	5月25日	40元	中山装1套,呢帽1顶	58元
张正才	司机	本局	5月25日	20元	箱子1个,油布1条,中山服1套,面盆1个,手巾1条,牙刷1把,牙缸1个,牙膏1个,布鞋1双	30.9元
何天成	愿警	本局	5月25日	20元	制服3套,锦〔棉〕袄衫子1件,脸盆1个,皮鞋1双,短衫2件,白摇裤1条,博士帽1顶,胶鞋1双,鞋子1双,假支箱1只,椅子1把	83元
周体明	愿警	本局	5月25日	20元	皮箱1口,胶鞋1双,学生服2套,呢帽1顶,操裤2条,白衬衫2件,棉身1件,棉裤1条,面盆1个,长衫1件,刺刀1把,制服1套	61.4元
冯克明	愿警	本局	5月25日	20元	木箱1只,衬衣2件,绵〔棉〕裤1条,夹衫1件,夹裤1条,呢帽1顶,线毯1床,脸盆1个,漱中〔盅〕1只,皮鞋1双,操鞋1双,锑锅1只	54.5元
范涌骥	局役	本局	5月25日	20元	箱子1只,棉袍1件,夹袍1件,长衫1件,短衫裤1套,棉被1床,球鞋1双,线呢鞋1双	56.4元

续表

姓名	职别	住址	受损日期	预支金额	损失情形	估计价值
张世荣	局役	本局	5月25日	20元	箱子1只,夹衫裤1套,短衫裤2套,棉袍子1件,绒线衫1件,棉被1床,皮鞋1双	53.4元
徐泽良	局役	本局	5月25日	20元	藤包1个,被盖1个,长夹衫1件,短服1套,呢鞋1双,衬衣1件,漱口中〔盅〕1个,袜2双	30.1元
王德生	局役	本局	5月25日	20元	箱子1只,棉袍1件,长衫1件,夹袍1件,棉被1床,线毯1条	44元
刘金洲	局役	本局	5月25日	20元	被盖1床,短衣1套,面巾1条,短衣内有法币19.5元	26.8元
徐健之	出纳员	局内办公室	5月25日		损失雨衣、西装上身、呢帽、套鞋等物	约计79元
徐在祎	业务员	局内宿舍	5月25日		损失衣服数件,皮鞋1双,熨斗1只暨食具盥具等	约50余元
王咏鑫	业务员	局内宿舍	5月25日		损失哔叽夹袍1件,驼绒长袍1件,夫〔府〕绸短衫2件,套鞋1双,拖鞋1双,皮鞋1双,枕头1个	约值110元
蒋正卿	业务员	局内宿舍	5月25日		损失川绸旗袍2件,士林布旗袍两件,皮鞋1双	约值58元

(0346—1—48)

3.交通部重庆电话局1939年5月4日、5月25日、6月9日员工损失调查清册(1939年9月30日)

姓名	职别	空袭时日及损失地点	损失情形	损失价值	附注
李人钦	话务员	5月25日本局宿舍被炸	皮鞋1双,面盆1个,小提箱1口,被褥、单夹衣等	72元	
吴德光	话务员	5月25日本局宿舍被炸	面盆、热水瓶、镜子各1,箱子1口,被褥、衣服等	100余元	

续表

姓名	职别	空袭时日及损失地点	损失情形	损失价值	附注
陈国凤	话务员	6月9日千厮门盐码头本宅被炸	家中器具、衣物箱件等	500余元	
郑莲如	话务员	5月4日鸡街来龙巷本宅被炸	皮箱两只,行李1件,床、柜各1,及洋毛毯子零星等件	300余元	
王兴志	市话班长	5月25日本局宿舍被炸	衣被及日常用品多件	80余元	
邓朝敏	话务员	5月25日本局宿舍被炸	箱子1口,衣服多件及零星等物	100余元	
汤键	话务员	5月25日本局宿舍被炸	皮箱1只及零星用具等	60余元	
万国兰	话务员	5月25日本局宿舍被炸	棉被1床,秋大衣1件,热水瓶、皮鞋各1,及零星用具等	60余元	
文秀英	话务员	5月25日本局宿舍被炸	文皮箱1口,秋大衣1件,夹长衣两件,面盆1个,日用品等	95元	
龚代正	话务员	5月25日本局宿舍被炸	箱子1只,衣服及用品等	80元	
胡善保	市话领班	5月25日本局宿舍被炸	香港布衬衣1件,套鞋、单鞋各1双,褥单1条,小裇裤1套,西装上身1件	□余元	
严幼君	话务员	5月25日本局宿舍被炸	旗袍两件,皮鞋1双,小手提箱1口,自来水笔1支	60元	
万盛瑶	话务员	5月25日本局宿舍被炸	衣被及日用品等	40余元	
周韶华	机工	5月25日本局被炸墙壁倒塌	箱子1口,衬衣2件,洗脸用具全套,短裤1条,工作裤1条,茶1把,茶杯3个,脆瓷花瓶1个	30余元	
周合鑫	线工	5月25日仓坝子48号住宅被炸	家用什物及衣被等全被炸毁	50余元	
李仲伦	线工	5月25日午后6时后寺坡操场坪48号住宅被炸震倒	家具用物完全受损	100余元	

续表

姓名	职别	空袭时日及损失地点	损失情形	损失价值	附注
司子成	线工	5月25日午后6时后寺坡操场坪57号住宅被炸震倒	家具用物受损	80元	
车乐泉	话务员	6月9日下午6时许长安寺电话局宿舍附近被炸,屋顶被流石击通	被损坏床铺、毡子、5磅热水瓶、面盆及日常用品等物	20余元	
以上各员业经详加查核,确无诬报虚假情事,特为负责证明。 　　　　　　　　　　　　　　　　　　交换股主任　金履成　九月三十日						

(0346—1—46)

4. 交通部重庆电话局为报1939年5月25日,6月9日、11日员工空袭损失并请核拨慰偿金给交通部的代电稿(1939年7月4日)

交通部钧鉴：查前以五月三、四及十二等日敌机狂炸渝市,所有本局员工遭受私人损失业经呈奉分别核给慰偿金在案。兹查五月二十五日及六月九日、十一日敌机再袭渝市,本局及四周惨遭炸中,损失綦重,所有公物损失情形迭经先后呈报有案。至本局员工因公所受私人损失急待救济,经各主管人员负责查明确实,其共计54人,五月四日被炸□,前次因请假未返□,始补行呈报1人。并经按照前例规定先行预支,以便各该员工补购急需用品。计发40元者25人,30元者8人,20元者12人,共计核发1840元。理合检同损失调查表54纸送请鉴赐核定,并准予列支拨款归垫,实为德便。重庆电话局局长黄○○叩。支事。

附呈被灾损失调查表54纸〈原缺〉

(0346—1—48)

5. 交通部重庆电话局为报重新调查1939年5～6月员工空袭损失清单给交通部的代电稿(1939年10月12日)

交通部部、次长钧鉴：案查前奉钧部13504号七月马人与代电节开：各局员工遭敌机肆虐,所受损失据实呈报者固多,然浮开滥报者亦在所不免。该局五月廿五日及六月九日、十二日员工所报损失应查明当时实在情形,另行开单呈报,再行核办。等因。遵即转饬各课股室组主管人员,对于各该所属人员所报损失是否属实、有无虚伪等情,重行分别从详调查,以便转呈。唯因被毁各员散居四处,调查费时,兹经由各该直接主管人员分别检查开单证明前来,尚属符合。理合将各单另行汇造清单2份,随电送请鉴赐核定,准予列支拨款归垫,实为公便。(全衔)局长黄○○叩。文事。

附呈被灾损失调查清单2份

被灾员工损失调查清单

姓名	职别	住址	受损日期	失慎时工作地点	损失估价（元）	预支金额（元）	核给金额（元）
蒋正卿	雇员	本局	5月25日	地下室	58	40	
徐在祎	业务员	本局	5月25日房屋炸塌	本局	50	40	
徐健之	出纳员	本局	5月25日出纳股被炸	本局	79	40	
王泳鑫	业务员	本局	5月25日	地下室	110	40	
周韶华	机工	本局隔壁	5月25日	行营军委会修理话机	30	30	
周合鑫	技工	仓坝子48号	5月25日	查修军委会专线	50	30	
李仲伦	线工	后寺坡操场坝48号	5月25日	本局	100	30	
司子成	线工	后寺坡操场57号	5月25日	公园内	80	30	
车乐泉	话务员	本局	6月9日	地下室	20	20	
笪如森	话务员	仓坝子	5月25日	本局	25		
张家栋	业务员	打铁街101号	5月25日	本局	60	40	
华光沛	业务员	打铁街101号	5月25日	本局	64	40	

续表

姓名	职别	住址	受损日期	失慎时工作地点	损失估价（元）	预支金额（元）	核给金额（元）
黄慧	业务员	西三街7号	5月25日	本局	60	40	
黄宝潢	营业股主任	打铁街101号	5月25日	本局	62	40	
王伯彦	前武汉局助理会计员	本局	5月25日	本局	65	40	
徐文俊	武汉局公司保管会计员	本局	5月25日	本局	100	40	
郑文彦	武汉局保管助理会计员	本局	5月25日	地下室	142	40	
姚剑初	业务员	本局	5月25日	地下室	62	40	
徐文俊	武汉话局保管会计员	江北四林碑后14号	5月12日	往交通部会计处接洽公务	360	40	
喻期恒	话务员	长安旅社50号	5月25日	本局	80	40	
贺文灿	公役	本局	5月25日	抢救本局公文等物	30	20	
陆怡霖	会计主任	本局	6月9日	第一模范市场60号	80	40	
马谋顺	会计员	小较场7号	5月25日	本局	70	40	
刘其昌	工役	本局	5月25日	本局	60	20	
万子明	助理会计员	萧家凉亭	5月25日	抢救本局文件	120	40	
陆怡霖	会计主任	陕西街火麻巷45号	5月25日	地下室	150	40	
万盛瑶	话务员	本局	5月25日	地下室	40	40	
严幼君	话务员	本局	5月25日	地下室	60	40	
胡善保	话务领班	本局	5月25日	本局	61	40	
袭代正	话务员	本局	5月25日	正在值班	80	40	
文秀英	话务员	本局	5月25日	正在值班	95	40	
万国兰	话务员	本局	5月25日	正在值班	60	40	
汤键	话务员	本局	5月25日	正在值班	60	40	
邓朝敏	话务员	本局	5月25日	总局值班	100	40	
王兴志	市话班长	本局	5月25日	地下室	80	40	

续表

姓名	职别	住址	受损日期	失慎时工作地点	损失估价（元）	预支金额（元）	核给金额（元）
郑莲如	话务员	鸡街来龙巷13号	5月4日	中途弹片受伤	300	40	
陈国凤	话务员	千厮门上达育分校	5月25日	本局	500	40	
吴德光	话务员	本局	5月25日	地下室	100	40	
李人钦	话务员	本局	5月25日	正在值班	72	40	
庄凤鸣	庶务股主任	本局	5月25日	本局	88	40	
包思庭	业务员	本局	5月25日	本局	58	40	
张正才	司机	本局	5月25日	本局	31	20	
何天成	愿警	本局	5月25日	值守门岗	83	20	
周体明	愿警	本局	5月25日	地下室	61	20	
冯克明	愿警	本局	5月25日	本局	55	20	
范湧骥	局役	本局	5月25日	本局	57	20	
张世荣	局役	本局	5月25日	本局	54	20	
徐泽良	局役	本局	5月25日	本局	30	20	
王德生	局役	本局	5月25日	本局	44	20	
刘金洲	工友	本局	5月25日	地下室	27	20	
程从汉	线工	新街12号	5月25日	太华楼街	100	30	
张银山	线工	后初坡操场坝48号	5月25日	打铁街	100	30	
刘选福	线工	东升楼街13号	5月25日	打铁街	140	30	
陈协泰	线工	新街12号	5月25日	太华楼街	100	30	

(0346—1—48)

6.交通部重庆电话局为报1939年7月24日、8月3日员工空袭损失并请核发慰偿金给交通部的代电稿(1939年9月16日)

交通部钧鉴：查敌机肆虐，本局员工频遭损失，迭经呈报核发慰偿金以资救济各在案。兹查七月二十四日午后6时3刻敌机袭渝，话务员巫玉群一名，家住江北刘家台110号住宅不幸炸毁,损失不赀。又八月三日午夜敌机袭渝,本局黄家垭口中一支路93号德园宿舍适中巨弹,房屋全毁,所有住宿该屋内之员工计18名行李什物以及公家用具损失殆尽。兹经各该员工填具损失调查表前来,当经各主管人员分别查明,均属确实,内一部分员工急待救济,当经分别先行酌量预支慰偿金,以便购置急需用品。理合检同原送损失调查表19份送请鉴核,俯赐分别核发慰偿金以资救济,实为德便。(全衔)局长黄○○叩。铣事。

附呈损失调查表19份〈原缺〉

(0346—1—46)

7.交通部重庆电话局为报1939年9月3日员工龚璧被炸损失调查表给交通部的代电稿(1939年10月26日)

交通部钧鉴:据交换股话务员龚璧声称:职家居本市太阳湾第十五保第四甲,九月三日敌机袭渝时惨遭轰炸,全宅被毁,损失不赀。家产失慎时职正在值班,不及抢救,拟请援章核给慰偿金,以示体恤。等语。并填具损失调查表一份前来,业经该主管股主任负责证明属实。理合检同原送损失调查单一份送呈鉴核,准予核给慰偿金以资救济,实为德便。(全衔)局长黄○○叩。寝工。

附呈损失调查表1份。

交通部重庆电话局员工损失调查表

姓名	龚璧	住址		太阳湾	
资格职守	话务员	家宅失慎时日及情形		9月3日太阳湾因敌机轰炸	
原支薪额	39元	失慎时工作及地点		正在当班	
损失情形		家里房屋及各用具东西全部完被敌机炸毁			
估计价值	600元	核定慰偿金额		预支金额	
一切填注均属切实如有虚伪不符查明受革职处分　签名盖章　龚璧					
右〈上〉员工　所填损失调查表查属确实愿为负责证明					
职衔　交换股主任　签名盖章　金履成					
局长核证					
中华民国二十八年九月十一日					

(0346—1—46)

8.交通部重庆电话局为报员工1940年5月26日空袭损失请拨发慰偿金给交通部的代电稿（1940年6月10日）

交通部钧鉴：查本局化龙桥分局员工宿舍系借用汽车配件厂房屋，本年五月二十六日敌机侵袭市郊，投弹命中该厂，本局宿舍当即倾圮，所有各员工衣服行李遭受损失，经以五月第5536号骥工代电呈报在案。兹据各该员工差役孙长卿等11人填具损失调查表，经由该管理股主任核签证明属实，请照章核发慰偿金以资救济，而示体恤等情前来。查所称被炸损失情形经复核属实，除材料及用具损失另案呈报外，理合检具损失调查表11纸，并拟发给金额动用概算请示表1纸送请鉴核，准予照发，实为公便。衔名叩。灰事。

附员工损失调查表11纸、动用概算请示表1纸

1）电务员工呈报损失调查表

机关名称：重庆电话局化龙桥分局　　　　　　民国二十九年五月三十一日填报

姓名资格职务	孙长卿话务员管理员	损失原因	5月念[20]日敌机袭渝宿舍房屋被炸	损失地点损失日期何方证明	化龙桥分局宿舍5月26日	离到日期	年　月　日到局处年　月　日离局处
损失情形	名称	数量	最低估值（元）		名称	数量	最低估值（元）
	篮球鞋	1双	9.5		袜子	4双	4
	32″皮手提箱	1口	30		旧哔叽西服	1套	60
	海府蒙西裤	1条	39		羊毛裤	1条	30
	衬衫	2件	28		华达呢夹长袍	1件	25
	丈青呢质中山装	1套	90		面盆	1个	9
	羊毛秋季背心	1件	25				
	372汗衫	2件	22				
	衬裤	3条	6				
	共计		249.5		共计		128
估计总额	377.5元　拟准或预发慰偿金额：60元				由部核给慰偿金额		
主管人员核签意见并签名盖章	查宿舍被炸损失甚大确实情形　　　　　　　　　　黄如祖　邸玉琛				呈报员工签名盖章		孙长卿

2)电务员工呈报损失调查表

机关名称:重庆电话局化龙桥分局　　　　民国二十九年五月二十九日填报

姓名	汪震宇	损失原因	26日敌机袭渝时投弹命中,全部房屋被炸	损失地点	化龙桥分局宿舍	离到日期	年 月 日 到局处
资格	话务员			损失日期	29年5月26日		
职务	班长			何方证明			年 月 日 离局处

损失情形	名称	数量	最低估值(元)	名称	数量	最低估值(元)
	麻布中山服	两套	40	羊毛背心	1件	18
	华达呢长裤	1条	34	袜子	4双	4.8
	府绸衬衣	两件	28	黑色皮鞋	1双	17
	短统裤	两条	12	手表	1只	40
	羊毛褂裤	1套	70	皮箱	1口	14
	毛毯	1条	60			
	共计		244	共计		93.8

估计总额	337.8元	拟准或预发慰偿金额:60元	由部核给慰偿金额	
主管人员核签意见并签名盖章	查宿舍被炸损失甚大确实情形　　　　　黄如祖　邸玉琛		呈报员工签名盖章	汪震宇

3)电务员工呈报损失调查表

机关名称:重庆电话局化龙桥分局　　　　民国二十九年五月三十一日填报

姓名	刘云舫	损失原因	5月念[20]日敌机袭渝,分局宿舍房屋被炸	损失地点	化龙桥分局宿舍	离到日期	年 月 日 到局处
资格	雇员			损失日期	5月26日		
职务	另售米管理员			何方证明			年 月 日 离局处

续表

	名称	数量	最低估值(元)	名称	数量	最低估值(元)
损失情形	被盖	1床	25	丈青呢质大衣	1件	70
	印花被单(布质)	2幅	22	袜子	3双	4
	枕头	2个	9	衬衣	2套	20
	线毯	1床	20	哔叽西服裤	1条	50
	皮箱	1口	8			
	布质中山服	2套	50			
	共计		134	共计		144
估计总额	278元 拟准或预发慰偿金额:60元			由部核给慰偿金额		
主管人员核签意见并签名盖章	查宿舍被炸损失甚大确属实情 黄如祖 邸玉琛			呈报员工签名盖章	刘云舫	

4)电务员工呈报损失调查表

机关名称:重庆电话局化龙桥分局　　　　民国二十九年五月三十一日填报

姓名	任有为	损失原因	5月26日敌机袭渝,分局宿舍房屋被炸	损失地点	化龙桥分局宿舍	离到日期	年　月　日到局处
资格	话务员			损失日期	5月26日		
职务	值机			何方证明			年　月　日离局处

	名称	数量	最低估值(元)	名称	数量	最低估值(元)
损失情形	被盖	1张	50	背心	3件	12
	棉袄	1件	50	腰裤	2件	8
	夹衫	1件	30	裤子	2条	15
	长衫	2件	40	袜子	5双	10
	胶鞋	1双	10			
	布鞋	2双	10			
	共计		190	共计		45
估计总额	235元 拟准或预发慰偿金额:60元			由部核给慰偿金额		
主管人员核签意见并签名盖章	查宿舍被炸损失甚大确属实情 黄如祖 邸玉琛			呈报员工签名盖章	任有为	

5)电务员工呈报损失调查表

机关名称：　　　　　　　　　　　　　民国　年　月　日填报

姓名	朱仲华	损失原因	本日因敌机袭渝投弹命中,全部房屋被炸	损失地点	龙隐路第5号	离到日期	年　月　日到局处
资格	话务员			损失日期	5月26日		
职务	值机			何方证明			年　月　日离局处
损失情形	名称	数量	最低估值(元)	名称		数量	最低估值(元)
	被盖	1床	40	山峡布中山服		1套	25
	绒毯	1床	100	线毕机〔哔叽〕中山服		1套	30
	被单	1床	15	府绸衬衣		2件	25
	箱子	1床〔口〕	15	洗面盆		1口	15
	皮鞋	1双	20				
	共计		190	共计			95
估计总额	285元 拟准或预发慰偿金额:60元			由部核给慰偿金额			
主管人员核签意见并签名盖章	查宿舍被炸损失甚大确属实情 黄如祖　邸玉琛			呈报员工签名盖章		朱仲华	

6)电务员工呈报损失调查表

机关名称:重庆电话局化龙桥分局　　　　　民国二十九年五月二十九日填报

姓名	杜烈凡	损失原因	26日敌机袭渝时投弹命中,全部房屋被炸	损失地点	化龙桥分局宿舍	离到日期	年　月　日到局处
资格	话务员			损失日期	29年5月26日		
职务	司机			何方证明			年　月　日离局处

续表

	名称	数量	最低估值(元)	名称	数量	最低估值(元)
损失情形	被盖	1床	40	面盆	1只	8
	羊毛毯	1张	20	蚊帐	1床	14
	皮鞋	1双	25	小皮箱	1个	9
	骆驼绒大衣	1件	60	睡衣	1件	18
	夏布中山服	两套	60	羊毛衫	1件	15
	衬衣	3件	23			
	共计		228	共计		64
估计总额	292元 拟准或预发慰偿金额:60元			由部核给慰偿金额		
主管人员核签意见并签名盖章	查宿舍被炸损失甚大确属实情 黄如祖　邱玉琛			呈报员工签名盖章	杜烈凡	

7)电务员工呈报损失调查表

机关名称:重庆电话局化龙桥分局　　　　　·民国二十九年五月二十七日填报

姓名	刘承永	损失原因	敌机投弹命中宿舍被炸	损失地点	本局宿舍	离到日期	年　月　日到局处
资格	话务员			损失日期	29年5月26日午后		
职务	值机			何方证明			年　月　日离局处

	名称	数量	最低估值(元)	名称	数量	最低估值(元)
损失情形	绵〔棉〕被盖	1床	45	印度绸衬衫	1件	18
	斜纹印花毯	1床	19	白帆布短裤	1条	10
	白牛皮箱(内装以下各物)	1只	10	鸭绒背心	1件	25
	灰帆布制服	1套	28	毛巾线毡	1庆	25
	蓝毛呢制服	1套	75	白市布(预备作衣用)	2丈4尺	28
	酱色毛哔叽下装	1条	28			
	花府绸衬衫	2件	25			
	共计		230	共计		106
估计总额	336元 拟准或预发慰偿金额:60元			由部核给慰偿金额		
主管人员核签意见并签名盖章	查宿舍被炸损失甚大确属实情 黄如祖　邱玉琛			呈报员工签名盖章	刘承永	

8) 电务员工呈报损失调查表

机关名称:重庆电话局化龙桥分局　　　　民国二十九年五月三十一日填报

姓名	吴振□	损失原因	5月26日敌机袭渝,分局员工宿舍被炸	损失地点	化龙桥分局宿舍	离到日期	年　月　日 到局处
资格	线工			损失日期			
职务				何方证明			年　月　日 离局处
损失情形	名称	数量	最低估值(元)	名称	数量	最低估值(元)	
	工服	1套	15	力士鞋	1双	9	
	中山装(布)	2套	40	洗脸盆	1个	12	
	衬衣	3件	18	蚊帐	1顶	20	
	共计			共计		114	
估计总额	114元 拟准或预发慰偿金额:30元			由部核给慰偿金额			
主管人员核签意见并签名盖章	查宿舍被炸损失甚大确属实情　　黄如祖　邱玉琛			呈报员工签名盖章		吴振□	

9) 电务员工呈报损失调查表

机关名称:重庆电话局化龙桥分局　　　　民国二十九年五月三十一日填报

姓名	罗金成	损失原因	5月念[20]日敌机袭渝,分局宿舍房屋被炸	损失地点	化龙桥分局宿舍	离到日期	年　月　日 到局处
资格	线工			损失日期	5月26日		
职务				何方证明			年　月　日 离局处
损失情形	名称	数量	最低估值(元)	名称	数量	最低估值(元)	
	被盖	1床	40	皮箱	1口	10	
	蚊帐	1顶	15				
	中山服(布)	2套	40				
	衬衣	3件	21				
	胶鞋	1双	8				
	共计		13[2]4	共计		10	
估计总额	134元 拟准或预发慰偿金额:30元			由部核给慰偿金额			
主管人员核签意见并签名盖章	查宿舍被炸损失甚大确属实情　　黄如祖　邱玉琛			呈报员工签名盖章		罗金成	

10) 电务员工呈报损失调查表

机关名称:重庆电话局化龙桥分局　　　　民国二十九年五月三十一日填报

姓名	张白熹	损失原因	5月念[20]日敌机袭渝,化龙桥分局员工宿舍被炸	损失地点	化龙桥分局宿舍	离到日期	年　月　日 到局处
资格	局役			损失日期	5月26日		
职务				何方证明			年　月　日 离局处
损失情形	名称	数量	最低估值(元)	名称	数量	最低估值(元)
	被盖	1床	20	腰裤	2条	5
	粗布短衫	3件	15	蓝花粗布被单	1床	10
	棉背心	1件	7			
	夹短衣	1套	20			
	蓝布中山装	1套	22			
	中服工装	1件	8			
	共计		92	共计		15
估计总额	107元 拟准或预发慰偿金额:30元			由部核给慰偿金额		
主管人员核签意见并签名盖章	查宿舍被炸损失甚大确属实情　　　　　　　　　　黄如祖　邱玉琛			呈报员工签名盖章	张白熹	

11) 电务员工呈报损失调查表

机关名称:重庆电话局化龙桥分局　　　　民国二十九年五月三十一日填报

姓名	李士举	损失原因	5月26日敌机袭渝,分局员工宿舍被炸	损失地点	化龙桥分局宿舍	离到日期	年　月　日 到局处
资格	局役			损失日期	5月26日		
职务				何方证明			年　月　日 离局处

续表

<table>
<tr><td rowspan="5">损失情形</td><td>名称</td><td>数量</td><td>最低估值(元)</td><td>名称</td><td>数量</td><td>最低估值(元)</td></tr>
<tr><td>被盖</td><td>1床</td><td>20</td><td>棉袍</td><td>1件</td><td>25</td></tr>
<tr><td>短里裤</td><td>2套</td><td>25</td><td>力士鞋</td><td>1双</td><td>9</td></tr>
<tr><td>夹袄</td><td>1件</td><td>10</td><td>白衬衣</td><td>1件</td><td>6</td></tr>
<tr><td colspan="2">共计</td><td></td><td colspan="2">共计</td><td>95</td></tr>
<tr><td>估计总额</td><td colspan="3">95元 拟准或预发慰偿金额:30元</td><td colspan="3">由部核给慰偿金额</td></tr>
<tr><td>主管人员核签意见并签名盖章</td><td colspan="3">查宿舍被炸损失甚大确属实情
　　　　　黄如祖　邸玉琛</td><td>呈报员工签名盖章</td><td colspan="2">李士举</td></tr>
</table>

(0346—1—49)

9.交通部重庆电话局为报1940年5月28日员工被炸损失调查表请核发慰偿金给交通部的代电稿(1940年6月15日)

交通部钧鉴:查五月二十八日敌机袭渝,本局新市区分局内外机线及房屋损害情形业经六月工字第5606号齐工代电呈报在案,所有员工衣服行李因局址震毁,均受相当损失。前据员工王正元等22人开具损失调查表,经该分局管理股主任侯楷、长途股主任郑志仁分别查明签注属实,呈请照章核发慰偿金以示体恤等情前来。理合检同损失调查表呈请鉴核,准予照发,实为公便。(衔名)叩。删事。

附员工损失调查表22纸。

1) 电务员工呈报损失调查表

机关名称：重庆电话局　　　　　　　　　民国二十九年六月三日填报

姓名	崔正英	损失原因	被炸	损失地点	纯阳洞电话局宿舍	离到日期	年 月 日 到局处
资格	长途话务员			损失日期	29年5月28号		
职务	长途台司机			何方证明			年 月 日 离局处

损失情形	名称	数量	最低估值(元)	名称	数量	最低估值(元)
	春大衣	1件	68	白胶鞋	1双	11
	闹钟	1座	9.5	漱口杯	1个	1.3
	帐子	1顶	12			
	共计			共计		101.8

估计总额	拟准或预发慰偿金额：60元	由部核给慰偿金额：30元。29年7月#16496文人典代电核定

主管人员核签意见并签名盖章	查该员住局内第一号宿舍内，附近落弹，致上开什物均被飞石击毁。 黄如祖　王佐　郑志仁	呈报员工签名盖章	崔正英

2) 电务员工呈报损失调查表

机关名称：重庆电话局　　　　　　　　　民国二十九年六月三日填报

姓名	胡馨文	损失原因	被炸	损失地点	纯阳洞电话局宿舍	离到日期	年 月 日 到局处
资格	长途话务员			损失日期	29年5月28号		
职务	长途台司机			何方证明			年 月 日 离局处

损失情形	名称	数量	最低估值(元)	名称	数量	最低估值(元)
	蓝呢短大衣	1件	54	长夹袍	1件	25
	热水瓶	1个	11	镜子	1个	6
	共计			共计		96

估计总额	拟准或预发慰偿金额：60元	由部核给慰偿金额：40元。29年7月#16496文人典代电核定

主管人员核签意见并签名盖章	查该员住局内第一号宿舍内，附近落弹，致上开什物均被飞石击毁。 黄如祖　王佐　郑志仁	呈报员工签名盖章	胡馨文

3)电务员工呈报损失调查表

机关名称：　　　　　　　　　　　　　民国二十九年六月六日填报

姓名	王正元	损失原因	敌机来袭掷弹受损	损失地点	纯阳洞本局	离到日期	年　月　日 到局处
资格	话务员			损失日期	29年5月28日		
职务	专司最高军政长官通话事宜			何方证明			年　月　日 离局处

损失情形	名称	数量	最低估值(元)	名称	数量	最低估值(元)
	皮箱	1只	50	皮鞋	1双	20
	衬衫	1件	9	棉被	1条	30
	共计			共计		109

估计总额	拟准或预发慰偿金额：60元	由部核给慰偿金额：30元。29年7月#16496文人典代电核定
主管人员核签意见并签名盖章	查该员住机键室旁小屋内，上开什物被碎弹片及飞石击毁是实。　　　黄如祖　王佐　郑志仁	呈报员工签名盖章　　王正元

4)电务员工呈报损失调查表

机关名称：重庆电话局　　　　　　　民国二十九年六月三日填报

姓名	萧文琴	损失原因	被炸	损失地点	纯阳洞电话局宿舍	离到日期	年　月　日 到局处
资格	无线话务员			损失日期	29年5月28号		
职务	国际台司机			何方证明			年　月　日 离局处

损失情形	名称	数量	最低估值(元)	名称	数量	最低估值(元)
	皮鞋	1双	20	面盆	1个	15
	卧单	1条	10	英文字典	1本	10
	帐子	1顶	12			
	单旗袍	3件	36			
	共计			共计		103

续表

估计总额	拟准或预发慰偿金额:60元	由部核给慰偿金额:40[元]。29年7月#16496文人典代电核定	
主管人员核签意见并签名盖章	查该员住局内第一号宿舍内,附近落弹,致上开什物均被飞石击毁。 　　　　　　黄如祖　王佐	呈报员工签名盖章	萧文琴

5)电务员工呈报损失调查表

机关名称:重庆电话局　　　　　　　　　民国二十九年六月三日填报

姓名	陈景璘	损失原因	被炸	损失地点	纯阳洞电话局宿舍	离到日期	年　月　日 到局处
资格	国际话务员	^	^	损失日期	29年5月28号	^	^
职务	国际台班长	^	^	何方证明		^	年　月　日 离局处
损失情形	名称	数量	最低估值(元)		名称	数量	最低估值(元)
^	被褥1条	2条	60		夹旗袍	2件	36
^	皮鞋	1双	20		面盆	1个	15
^	共计			共计			131
估计总额	拟准或预发慰偿金额:60元			由部核给慰偿金额:40元。29年7月#16496文人典代电核定			
主管人员核签意见并签名盖章	查该员住局内宿舍一号,附近落弹,致上开什物均被飞石击毁。 　　　　　黄如祖　王佐　郑志仁				呈报员工签名盖章			陈景璘

6) 电务员工呈报损失调查表

机关名称：重庆电话局　　　　　　　　　　　民国二十九年六月四日填报

姓名	曾达群	损失原因	被炸	损失地点	纯阳洞电话局宿舍	离到日期	年 月 日到局处
资格	话务员			损失日期	5月28日		
职务	长途股助理员			何方证明			年 月 日离局处

损失情形	名称	数量	最低估值(元)	名称	数量	最低估值(元)
	热水瓶	1个	20	茶杯	1只	2
	细磁饭碗	1只	2	洗面巾牙膏肥皂	各1	5
	糖〔搪〕磁漱口杯	1只	2			
	皮鞋	1双	30			
	镜子	1面	6			
	面盆	1只	10			
	共计			共计		77

估计总额	拟准或预发慰偿金额：60元	由部核给慰偿金额：40元。29年7月#16496文人典代电核定
主管人员核签意见并签名盖章	查该员住局内宿[舍]1号，附近落弹，致上开什物被飞石破壁击毁，确系实在。　　　黄如祖　王佐　郑志仁	呈报员工签名盖章　　曾达群

7) 电务员工呈报损失调查表

机关名称：重庆电话局　　　　　　　　　　　民国二十九年六月四日填报

姓名	顾煜楣	损失原因	被炸	损失地点	神仙洞街85号	离到日期	年 月 日到局处
资格	话务员			损失日期	5月28日		
职务	副领班			何方证明			年 月 日离局处

续表

损失情形	名称	数量	最低估值(元)	名称	数量	最低估值(元)
	珠罗纱蚊帐	1顶	40	镜子	1面	5
	面盆	1只	10	细磁饭碗	1只	2
	热水瓶	1个	13	肥皂缸	1只	2
	玻璃杯	2只	2	褥单	1条	20
	漱口杯	1只	2	洋布旗袍	1件	15
	共计			共计		111

估计总额	拟准或预发慰偿金额:60元	由部核给慰偿金额:50元。29年7月16496文人典代电核定
主管人员核签意见并签名盖章	查该员所住附近曾落炸弹,致墙壁门窗均被震坏,弹片飞石确将上开什物击毁。　　　　　黄如祖　王佐	呈报员工签名盖章 / 顾煜楣

8)电务员工呈报损失调查表

机关名称:重庆电话局　　　　　　　　　民国二十九年六月四日填报

姓名	卢志英	损失原因	被炸	损失地点	神仙洞街85号	离到日期	年　月　日 到局处
资格	话务员			损失日期	5月28日		
职务	长途股助理员			何方证明			年　月　日 离局处

损失情形	名称	数量	最低估值(元)	名称	数量	最低估值(元)
	长方桌	1只	15	热水瓶	1个	12
	闹钟	1只	25	面盆	两只	16
	磁器茶盘	全套	20	方凳	两只	8
	磁器饭碗	4只	8	肥皂缸	1只	4
	大汤碗	5只	10			
	共计			共计		118

估计总额	拟准或预发慰偿金额:60元	由部核给慰偿金额:60元。29年7月16496文人典代电核定
主管人员核签意见并签名盖章	查该员所住附近曾落炸弹,致墙壁门窗均被震坏,弹片飞石确将上开什物击毁。　　　　黄如祖　王佐　侯楷	呈报员工签名盖章 / 卢志英

9) 电务员工呈报损失调查表

机关名称： 　　　　　　　　　　　　　民国 年 月 日填报

姓名	诸宝荣	损失原因	因5月28日空袭时宿舍附近遭炸,致屋宇震毁,并损衣物	损失地点	新市区分局	离到日期	年 月 日 到局处
资格	技工			损失日期	28日		
职务	纯阳洞查线			何方证明			年 月 日 离局处
损失情形	名称	数量	最低估值(元)	名称	数量	最低估值(元)
	棉袄裤	1套	22	衬衫	1件	5
	脸面〔盆〕	1只	6	蓝布中山服	1套	18
	共计			共计		51
估计总额	拟准或预发慰偿金额:40元			由部核给慰偿金额:20元。29年7月#16496文人典代电核定
主管人员核签意见并签名盖章	该工居于防空洞上技工宿舍第一间内,上述各物确系为飞石及瓦片击毁。　黄如祖　侯楷　王佐			呈报员工签名盖章	诸宝荣

10) 电务员工呈报损失调查表

机关名称： 　　　　　　　　　　　　　民国 年 月 日填报

姓名	王少卿	损失原因	因5月28日空袭时宿舍附近遭炸,致屋宇震毁,并损衣物	损失地点	纯阳洞宿舍	离到日期	年 月 日 到局处
资格	技工			损失日期	28日		
职务	纯阳洞机键室			何方证明			年 月 日 离局处
损失情形	名称	数量	最低估值(元)	名称	数量	最低估值(元)
	印花单被	1条	15	毛巾	1条	2
	面盆	1只	8	短裤	2条	8
	土布中山服	1套	18			
	共计			共计		51
估计总额	拟准或预发慰偿金额:40元			由部核给慰偿金额:20元。29年7月#16496文人典代电核定
主管人员核签意见并签名盖章	该工居于防空洞上技工宿舍第二间内,该间为飞石击破,有飞石数块击入该屋,上述各物确系击损。　黄如祖　侯楷　王佐			呈报员工签名盖章	王少卿

11) 电务员工呈报损失调查表

机关名称：　　　　　　　　　　　　　民国　年　月　日填报

姓名	陈良奇	损失原因	因5月28日空袭时宿舍附近遭炸，致屋宇震毁，并损衣物	损失地点	纯阳洞	离到日期	年　月　日到局处
资格	技工			损失日期	28日		
职务	重庆电话局			何方证明			年　月　日离局处
损失情形	名称	数量	最低估值(元)	名称	数量	最低估值(元)
	帐子	1顶	10	布中山服	1套	17
	衬衫	2件	12	布短裤	2条	7
	线毯	1条	12			
	共计			共计		58
估计总额	拟准或预发慰偿金额：40元			由部核给慰偿金额：20元。29年7月#16496文人典代电核定
主管人员核签意见并签名盖章	该工居于防空洞上技工宿舍第二间内，上述各物确系由飞石及瓦片击毁。　黄如祖　侯楷　王佐			呈报员工签名盖章	陈良奇

12) 电务员工呈报损失调查表

机关名称：　　　　　　　　　　　　　民国　年　月　日填报

姓名	解进朝	损失原因	因5月28日空袭时宿舍附近遭炸，致屋宇震毁，并损及衣物	损失地点	新市区分局宿舍	离到日期	年　月　日到局处
资格	技工			损失日期	28日		
职务	重庆电话局			何方证明			年　月　日离局处
损失情形	名称	数量	最低估值(元)	名称	数量	最低估值(元)
	夏布帐	1顶	15	布中山装	1套	16
	衬衫	1件	7	印花毯	1条	15
	共计			共计		53

续表

估计总额	拟准或预发慰偿金额:40元	由部核给慰偿金额:20元。29年7月#16496文人典代电核定	
主管人员核签意见并签名盖章	该工住于防空洞上技工宿舍第二间内,上述各物确系由飞石及瓦片击毁。　　　　黄如祖　侯楷　王佐	呈报员工签名盖章	解进朝

13)电务员工呈报损失调查表

机关名称：　　　　　　　　　　　民国　年　月　日填报

姓名	侯超樊	损失原因	因5月28日空袭时宿舍附近遭炸,致屋宇震毁,并损及衣物	损失地点	新市区分局宿舍	离到日期	年　月　日到局处
资格	技工			损失日期	28日		
职务	纯阳洞机键室			何方证明			年　月　日离局处
损失情形	名称	数量	最低估值(元)	名称	数量	最低估值(元)	
	棉被	1条	20	布鞋	1双	5	
	衬被	1条	18	布毯	1条	9	
	共计			共计		52	
估计总额	拟准或预发慰偿金额:40元			由部核给慰偿金额:20元。29年7月#16496文人典代电核定			
主管人员核签意见并签名盖章	该工夜间宿于地板上,白日将上述各物置放机键室旁宿舍内,确系被飞石打毁。　　　　　黄如祖　侯楷　王佐			呈报员工签名盖章		侯超樊	

14) 电务员工呈报损失调查表

机关名称：　　　　　　　　　　　　　　　民国　年　月　日填报

姓名	陈宝安	损失原因	因5月28日空袭时宿舍附近遭炸,致屋宇震毁,并损及衣物	损失地点	新市区分局宿舍	离到日期	年　月　日 到局处
资格	技工			损失日期	28日		
职务	纯阳洞机键室			何方证明			年　月　日 离局处
损失情形	名称	数量	最低估值(元)	名称	数量	最低估值(元)
	布中山装	1套	25	力士鞋	1双	7
	布夹袍	1件	24			
	共计			共计		56
估计总额	拟准或预发慰偿金额:40元	由部核给慰偿金额:20元。29年7月#16496文人典代电核定
主管人员核签意见并签名盖章	该工居于防空洞上技工宿舍第二间内,飞石数块击毁该工上列各物。　　　　黄如祖　侯楷　王佐	呈报员工签名盖章	陈宝安

15) 电务员工呈报损失调查表

机关名称：　　　　　　　　　　　　　　　民国　年　月　日填报

姓名	安郁坊	损失原因	因5月28日空袭时宿舍附近遭炸,致屋宇振〔震〕毁,并损及衣物	损失地点	新市区分局	离到日期	年　月　日 到局处
资格	特别技工			损失日期	28日		
职务	纯阳洞机键室			何方证明			年　月　日 离局处
损失情形	名称	数量	最低估值(元)	名称	数量	最低估值(元)
	棉被胎1床	1件	10	衬衫	两件	每件16
	皮鞋	1双	30			
	共计			共计		72
估计总额	拟准或预发慰偿金额:40元	由部核给慰偿金额:20元。29年7月#16496文人典代电核定
主管人员核签意见并签名盖章	该工住于机键室旁小屋内,上述各物于当日被飞石数块击毁。　　　　　　　　黄如祖　侯楷　王佐	呈报员工签名盖章	安郁坊

16) 电务员工呈报损失调查表

机关名称：　　　　　　　　　　　　　　　民国　年　月　日填报

姓名	柳大章	损失原因	因5月28日空袭时宿舍附近遭炸，致震毁屋宇，并损及衣物	损失地点	新市区分局	离到日期	年　月　日到局处
资格	技工			损失日期	28日		
职务	纯阳洞电力室			何方证明			年　月　日离局处
损失情形	名称	数量	最低估值(元)	名称	数量	最低估值(元)	
	棉被	1条	22	皮鞋	1双	12	
	中山服	1套	23	面盆	1只	6	
	共计			共计		62	
估计总额	拟准或预发慰偿金额：40元			由部核给慰偿金额：20元。29年7月#16496文人典代电核定			
主管人员核签意见并签名盖章	该工居于防空洞上技工宿舍第一间内，飞石数块击破屋顶，连屋瓦数块将该工上列各物击毁。 黄如祖　侯楷　王佐			呈报员工签名盖章	柳大章		

17) 电务员工呈报损失调查表

机关名称：　　　　　　　　　　　　　　　民国　年　月　日填报

姓名	施兆模	损失原因	因5月28日空袭时宿舍附近遭炸，致屋宇震毁，并损及衣物	损失地点	新市区分局宿舍	离到日期	年　月　日到局处
资格	技工			损失日期	28日		
职务	纯阳洞机键室			何方证明			年　月　日离局处
损失情形	名称	数量	最低估值(元)	名称	数量	最低估值(元)	
	衬衫	2件	每件值7	布裤	1条	10	
	面盆	1个	6	布大褂	1件	10	
	皮鞋	1双	15				
	共计			共计		55	

续表

估计总额	拟准或预发慰偿金额:40元	由部核给慰偿金额:20元。29年7月16496文人典代电核定
主管人员核签意见并签名盖章	该工居于防空洞上技工宿舍第一间内,附近丈余内之围墙为飞石击毁,有飞石数块打破屋顶,击毁上述各物。 黄如祖　侯楷　王佐	呈报员工签名盖章　施兆模

18) 电务员工呈报损失调查表

机关名称：　　　　　　　　　　　　　民国　年　月　日填报

姓名	蔡国华	损失原因	因5月28日空袭时宿舍附近遭炸,致屋宇震毁,并损及衣物	损失地点	新市区分局宿舍	离到日期	年　月　日到局处
资格	技工			损失日期	28日		
职务	纯阳洞机键室			何方证明			年　月　日离局处
损失情形	名称	数量	最低估值(元)	名称	数量	最低估值(元)
	罗纹帐	1件	20	套鞋	1双	8
	被面	1条	10	雨衣	1件	20
	衬衫	1件	7			
	共计			共计		65
估计总额	拟准或预发慰偿金额:40元			由部核给慰偿金额:20元。29年7月#16496文人典代电核定			
主管人员核签意见并签名盖章	该工居于防空洞上技工宿舍第一间内,上述各物确系为飞石及瓦片击毁。 黄如祖　侯楷　王佐			呈报员工签名盖章		蔡国华	

19)电务员工呈报损失调查表

机关名称：　　　　　　　　　　　　　　　　民国　年　月　日填报

姓名	张有金	损失原因	因5月28日空袭时宿舍附近遭炸，致屋宇震毁，并损及衣物	损失地点	新市区分局宿舍	离到日期	年　月　日到局处
资格	技工			损失日期	28日		
职务	纯阳洞机键室			何方证明			年　月　日离局处

损失情形	名称	数量	最低估值(元)	名称	数量	最低估值(元)
	布中山装	2件	25	棉被	1床	20
	棉鞋	1双	10			
	共计			共计		55

估计总额	拟准或预发慰偿金额：40元	由部核给慰偿金额：20元。29年7月#16496文人典代电核定

主管人员核签意见并签名盖章	查该工居机键室旁宿舍内，有飞石数块击破墙壁入内，损失确如上数。 　　　　　　　　黄如祖　侯楷　王佐	呈报员工签名盖章	张有金

20)电务员工呈报损失调查表

机关名称：　　　　　　　　　　　　　　　　民国　年　月　日填报

姓名	陈超	损失原因	因5月28日空袭时宿舍附近遭炸，致屋宇震毁，并损及衣物	损失地点	新市区分局宿舍	离到日期	年　月　日到局处
资格	技工			损失日期	28日		
职务	纯阳洞机键室			何方证明			年　月　日离局处

损失情形	名称	数量	最低估值(元)	名称	数量	最低估值(元)
	蚊帐	1顶	18	皮鞋	1双	16
	线毯	1条	13	面盆	1件	5
	共计			共计		52

续表

估计总额	拟准或预发慰偿金额:40元	由部核给慰偿金额:20元。29年7月#16496文人典代电核定	
主管人员核签意见并签名盖章	该工居于防空洞上技工宿舍第二间内,上列所述各物确系被飞石及瓦片击毁。 　　　　　　　　　黄如祖　侯楷　王佐	呈报员工签名盖章	陈超

21)电务员工呈报损失调查表

机关名称：　　　　　　　　　　　　民国　年　月　日填报

姓名	韦健	损失原因	5月28日空袭时宿舍附近遭炸,致屋宇震毁,并损及衣物	损失点	新市区分局宿舍	离到日期	年　月　日到局处
资格	技工			损失期	28日		
职务	纯阳洞电话局			何方证明			年　月　日离局处
损失情形	名称	数量	最低估值(元)	名称	数量	最低估值(元)	
	衬衫	1件	15	布中山服	1套	24	
	皮鞋	1双	20	毛线背心	1件	13	
	共计			共计		72	
估计总额	拟准或预发慰偿金额:40元			由部核给慰偿金额:20元。29年7月#16496代电文人典核定			
主管人员核签意见并签名盖章	该工居于机键室旁宿舍内,上述各物确系由飞石击毁。 　　　　　　　　　黄如祖　侯楷　王佐			呈报员工签名盖章		韦健	

22)电务员工呈报损失调查表

机关名称：　　　　　　　　　民国二十九年五月二十九日填报

姓名	赵祥云	损失原因	5月28日日机袭渝,宿舍附近遭炸,飞石洞穿屋顶,并损衣物	损失地点	纯阳洞	离到日期	年　月　日到局处
资格	技工			损失日期	5月28日		
职务	电话局测量台			何方证明			年　月　日离局处

损失情形	名称	数量	最低估值(元)	名称	数量	最低估值(元)
	洋面盆	1只	8	毛绒短衫	1件	20
	套鞋	1双	7			
	共计			共计		35

估计总额	拟准或预发慰偿金额:40元	由部核给慰偿金额:15元。29年7月#16496文人典代电核定
主管人员核签意见并签名盖章	查该工居于防空洞上技工宿舍第一间内,上述各物确系为飞石击毁。 黄如祖　王佐	呈报员工签名盖章　赵祥云

（0346—1—46—1）

10.交通部重庆电话局沙坪坝分局为报员工1940年5月29日空袭损失请发慰偿金给市局的呈（1940年6月6日）

查五月二十九日敌机轰炸沙磁区一带,沙分局杆线被炸多在10处以上,架空电缆亦被炸8处,约30余档,业经日夜分工抢修。又在局侧10公尺处亦落弹,将屋瓦天花板及门窗全行炸毁,已招工积极修理,一俟完工后,再各专案呈报。至公家家具及私人物品,亦曾有相当损失。兹检具家具损失清单暨员工呈报损失调查表,拟请呈部酌予慰偿,以减轻担负。关于公家损失,亦请添补,以资应用。是否可行,理合签请鉴核示遵。此上

工务课长　转上

局长

附呈损失调查表15份、家具清单1份

职　邱玉琛　呈

六.六

1)电务员工呈报损失调查表

机关名称:沙坪坝电话分局　　　　　民国二十九年六月一日填报

姓名	窦金福	损失原因	因29日敌机狂炸沙坪坝,工门前落弹1枚爆炸,家中用品均毁,衣物概化灰土	损失地点	沙坪坝115号	离到日期	年　月　日　到局处
资格	线工头			损失日期	5月29日		
职务	线工			何方证明	十三保长黄□谷		年　月　日　离局处

损失情形	名称	数量	最低估值(元)	名称	数量	最低估值(元)
	蚊帐	1顶	30	羊毛毯	1条	20
	被褥	2床	50	家用器具	等件	80
	蓝布工衣	3套	60			
	衬衣	2套	20			
	皮鞋	1双	20			
	球鞋	1双	10			
	共计		190	共计		100

估计总额	290元　拟准或预发慰偿金额:40元	由部核给慰偿金额	
主管人员核签意见并签名盖章	查该处屋侧落弹,确属损失甚大。 　　　　　　　　　黄如祖　邱玉琛　王佐	呈报员工签名盖章	窦金福

说明	一、此表应由本人填与〔写〕同样两份,送请原主管人员调查属实,加以盖证,呈送上级机关,以一份汇核转部,一份存查。 二、损失原因栏内,应将"接奉何方命令撤退暨撤退情况:乙、敌机轰炸时一般情形;或丙、差调途中遭受损失或车轮失事之船名车号班次各项填入之"。 三、损失地点栏应详填街路里巷名称及号数。 四、何方证明栏应填明某处警局或某段保甲,并将证件粘附表后。 五、主管人员应将调查意见用肯定语气签注,并盖章证实。

2)电务员工呈报损失调查表

机关名称：沙坪坝电话分局　　　　　　　　民国二十九年六月一日填报

姓名	龚少康	损失原因	来局服务时，因奉命暂时在外寄宿，被炸时人在局内，衣物概被炸毁	损失地点	沙坪坝57号楼上	离到日期	年　月　日　到局处
资格	雇员			损失日期	29年5月29日		
职务	零售			何方证明			年　月　日　离局处
损失情形	名称	数量	最低估值(元)	名称	数量	最低估值(元)		
	小藤箱	1口	12	皮鞋	1双	18		
	被褥	1床	30	短裤	1件	6		
	长绒袍	1件	35	袜	2双	6		
	长夹衣	1件	27	白云纱长褂	1件	50		
	衫衣	2件	20	印度绸裤褂	1套	50		
	共计		124	共计		130		
估计总额		254元 拟准或预发慰偿金额：60元		由部核给慰偿金额			
主管人员核签意见并签名盖章		查该处确实炸毁，衣服皆已损失。 　　　　　　　　黄如祖　邸玉琛　王佐		呈报员工签名盖章	龚少康		
说明	一、此表应由本人填与〔写〕同样两份，送请原主管人员调查属实，加以盖证，呈送上级机关，以一份汇核转部，一份存查。 二、损失原因栏内，应将"接奉何方命令撤退暨撤退情况：乙、敌机轰炸时一般情形；或丙、差遣途中遭受损失或车轮失事之船名车号班次各项填入之"。 三、损失地点栏应详填街路里巷名称及号数。 四、何方证明栏应填明某处警局或某段保甲，并将证件粘附表后。 五、主管人员应将调查意见用肯定语气签注，并盖章证实。						

(0346—1—46)

11.交通部重庆电话局为报1940年6月12日被炸员工损失调查表请核发慰偿金给交通部的代电稿(1940年7月5日)

交通部部、次长钧鉴：查六月十二日敌机袭渝，本局中弹，内外机线及房屋损害各情形业经六月工字第5659号文工代电呈报在案，所有该次员工衣服行李因宿舍炸毁以及迭次轰炸所受损失,当即派员组织调查团负责调查并兼慰问,所有经调查证实者,计有业务员3人、会计员2人、话务员87人、雇员1人、技工33人、公役8人、话差1人、警士2人,总计137人,各开具损失调查表,并经各主管人签注查明属实,呈请照章核发慰偿金以示体恤等情前来。除被害员工内86人因情形较为严重,应予紧急救济已预发慰偿金4545元,以便员工购置必需品外,其余51人拟核给慰偿金1032.5[元],合计5577.5元。理合检同损失调查表137份,并造具清册2份、动用概算请示表一纸,呈请鉴核,准予照发,实为公便。衔名。叩。微。

附呈员工损失调查表137份、清册2份、动用概算请示表一纸

交通部重庆电话局员工损失慰偿清册

二十九年六月十二日

资格	姓名	损失估值	慰偿金(元) 拟准数目	慰偿金(元) 预发数目	慰偿金(元) 核准数目	实支薪给(元)	损失日期	损失地点	被炸时有无直系家属	直系家属于事前已否疏散他处
业务员	孙嗣铭	381.6		80		53.2	6月12日	佛图关中训团四维堂本局另售处		
业务员	陈家慧	647.6		80		41	6月16日	国府路248号光第	有	未
话务员	韩娴	345		60		33	6月12日	本局33〔号〕宿舍		
话务员	蔡淑君	105		60		42	6月12日	总局33〔号〕宿舍		
话务员	胡宇庐	117		60		28	6月12日	江北分局		
话务员	杨文彬	443		60		28	6月11日	江北高脚土地街86号	有	未
话务员	周先觉	112		60		28	6月12日	江北分局		
话务员	郑树青	81.8		60		28	6月12日	江北分局		

续表

资格	姓名	损失估值	慰偿金(元) 拟准数目	慰偿金(元) 预发数目	慰偿金(元) 核准数目	实支薪给(元)	损失日期	损失地点	被炸时有无直系家属	直系家属于事前已否疏散他处
话务员	张智远	260		60		28	6月12日	江北分局		
	杭纫秋	532		60		30	6月12日	罗汉寺街9号	有	未
	王炜贤	420		60		58	6月10日	枣子岚垭48号	有	未
	陈文秀	188		60		28	6月12日	总局48[号]宿舍		
	李　固	82		60		28	6月12日	总局48[号]宿舍		
	陈卓如	114		60		30	6月12日	总局41[号]宿舍		
	吴德光	218		60		28	6月12日	总局48[号]宿舍		
	吴德华	78		60		28	6月12日	总局48[号]宿舍		
	樊汀鑫	125		60		42	6月12日	长安寺后街21号本局宿舍		
	朱致祥	250		20		61.2	6月12日	罗汉寺11号	有	未
	袁彩琴	97		60		30	6月12日	总局37号宿舍		
	廖素芳	139		60		28	6月12日	总局40号宿舍		
	沈静真	201		60		28	6月12日	总局33号宿舍		
	王诚宁	112		60		28	6月12日	总局40号宿舍		
	谢正德	125		60		28	6月12日	总局41号宿舍		
	张昭悌	210		60		36	6月12日	总局37号宿舍		
	徐家慧	220		60		28	6月12日	总局33号宿舍		
	陈淑贤	111		60		28	6月12日	总局41号宿舍		
	谭政玉	120		60		28	6月12日	总局40号宿舍		
	车德义	250		60		83.6	6月12日	滴水岩4号	有	未
	汪汝秀	130		60		30	6月12日	总局41号宿舍		
	汪汝贞	110		60		33	6月12日	总局41号宿舍		
	陈明范	335		60		30	6月12日	总局38号宿舍		
	李玉兰	360		60		30	6月12日	总局33号宿舍		
	王志宁	280		60		28	6月12日	总局33号宿舍		

续表

资格	姓名	损失估值	慰偿金(元) 拟准数目	慰偿金(元) 预发数目	慰偿金(元) 核准数目	实支薪给(元)	损失日期	损失地点	被炸时有无直系家属	直系家属于事前已否疏散他处
话务员	岳冠群	300		60		28	6月12日	总局37号宿舍		
	李 郁	248		60		30	6月12日	总局32号宿舍		
	吴厚芬	152		60		28	6月12日	总局40号宿舍		
	罗绍华	100		60		28	6月12日	总局37号宿舍		
	龚代正	306		60		30	6月12日	总局32号宿舍		
	吴永秀	205		60		28	6月12日	总局40号宿舍		
	张咏兮	400		60		33	6月12日	总局38号宿舍		
	陈清照	390		60		33	6月12日	总局38号宿舍		
	沈志学	129		60		28	6月12日	总局40号宿舍		
	庆佩兰	90		60		28	6月12日	总局33号宿舍		
	韦佩玉	330		60		30	6月12日	总局38号宿舍		
	王凤玉	570		60		36	6月12日	总局37号宿舍		
	马慧菁	426		60		36	6月12日	总局38号宿舍		
	洪 樟	434		60		30	6月12日	总局38号宿舍		
	刘一坤	127		60		30	6月12日	总局33号宿舍		
	黄镜荣	220		60		33	6月12日	总局32[号]宿舍		
	肖邦杰	200		60		30	6月12日	总局32[号]宿舍		
	周静榆	395		60		30	6月12日	总局38[号]宿舍		
	王诚实	125		60		28	6月12日	总局40[号]宿舍		
	彭德云	322		60		28	6月12日	总局32[号]宿舍		
	张基贤	164		60		28	6月12日	总局40[号]宿舍	有	未
	龚 壁[璧]	118		60		42	6月12日	总局40[号]宿舍	有	未
	杜玉枝	205		60		36	6月12日	总局37[号]宿舍		
	马秀中	312		60		30	6月12日	总局37[号]宿舍		
技工	艾海清	70		40		26	6月12日	第一模范市场特10号		

续表

资格	姓名	损失估值	慰偿金(元) 拟准数目	慰偿金(元) 预发数目	慰偿金(元) 核准数目	实支薪给(元)	损失日期	损失地点	被炸时有无直系家属	直系家属于事前已否疏散他处
技工	王闰甲	95.8		40		30	6月12日	长安寺后街本局21号宿舍		
	谈祖根	127		40		36	6月12日	长安寺后街21号本局宿舍		
	沙达	113.2		40		33	6月12日	长安寺后街21号本局宿舍		
	凌源	91		40		42	6月12日	长安寺后街21号本局宿舍		
	顾敬濂	200		40		33	6月12日	长安寺后街21号本局宿舍		
	单昱馨	123.9		40		33	6月12日	长安寺后街21号本局宿舍		
	曹燮	72.5		40		30	6月12日	长安寺后街21号本局宿舍		
	刘金铭	100.9		40		50.8	6月12日	长安寺后街21号本局宿舍		
	王祖禹	84.1		40		42	6月12日	长安寺后街21号本局宿舍		
	周韶华	88		40		48	6月12日	总局宿舍		
	甘发林	180		40		26	6月12日	千厮门外新山王庙街28号		
	王海合	250		40		28	6月11日	两路口24号	有	未
	萧祥光	240		40		28	6月11日	两路口24号	有	未
	彭锡浦	387		40		20	6月12日	千厮门外新山王庙街28号	有	未
	黄长清	600		40		45	6月12日	兴隆巷10号	有	
	程从汉	80.7		40		50.8	6月12日	长安寺后街本局21宿舍		

续表

资格	姓名	损失估值	慰偿金(元) 拟准数目	慰偿金(元) 预发数目	慰偿金(元) 核准数目	实支薪给(元)	损失日期	损失地点	被炸时有无直系家属	直系家属于事前已否疏散他处
技工	黄纯儒	130		15		45	6月12日	筷子街39号	有	未
	侯超樊	200		40		22		中正路214号	有	未
	张青山	188		40		28	6月12日	模范市场特别13号	有	
	陆尚祥	85.1		40		28	6月16日	长安后街21号		
	王友生	79.7		40		22	6月12日	总局21号宿舍		
	敬国栋	119.1		40		58	6月12日	江北分局		
	杨国章	138.6		40		26	6月12日	江北分局		
	廖德盛	316		40		20	6月11、12日	江北分局内		
雇员	蒋大明	97.4		60		30	6月12日	江北分局		
话差	李文德	79.5		30		16	6月12日	江北分局		
公役	李青云	83		30		12	6月12日	江北分局		
	周树云	85		20		12	6月11日	江北分局		
业务员	黄宝潢	171	80			138	6月12日	兴隆巷17号	有	未
会计员	孙学文	26	26			50	6月12日	长安街4号	有	未
	王永鑫	36.5	36.5			41	6月12日	大梁子6号3楼		
话务员	胡克明	84	20			30	6月12日	总局12号宿舍		
	徐书隽	84	20			30	6月12日	总局16号宿舍		
	吴德颜	88	20			33	6月12日	总局16号宿舍		
	张兆慧	107	20			30	6月12日	总局16号宿舍		
	陆三凤	184	20			36	6月12日	总局50号宿舍		
	胡雪琼	106	20			30	6月12日	总局50号宿舍		

续表

资格	姓名	损失估值	慰偿金(元) 拟准数目	慰偿金(元) 预发数目	慰偿金(元) 核准数目	实支薪给(元)	损失日期	损失地点	被炸时有无直系家属	直系家属于事前已否疏散他处
话务员	胡淑媛	197	20			30	6月12日	总局50号宿舍		
	梅崇珍	50	20			28	6月12日	总局48号宿舍		
	邓芝德	32	20			28	6月12日	总局47号宿舍		
	宁善诗	33	20			30	6月12日	总局47号宿舍		
	邓藻华	32	20			28	6月12日	总局50号宿舍		
	李人钦	143	20			28	6月12日	总局50号宿舍		
	吴 敏	165	20			45	6月12日	总局15号宿舍		
	巫玉群	117	20			28	6月12日	总局15号宿舍		
	万国兰	287	20			36	6月12日	总局48号宿舍		
	白淑贞	88	20			28	6月12日	总局33号宿舍		
	刘耀仪	21	20			28	6月12日	总局47号宿舍		
	李蕙贞	82.8	20			28	6月12日	总局46号宿舍		
	刘先朔	170	20			36	6月12日	总局15号宿舍		
	罗傅达	104	20			28	6月12日	总局16号宿舍		
	曹秀鸾	226	20			30	6月12日	总局16号宿舍		
	王兴志	111	20			42	6月12日	总局15号宿舍		
	万盛瑶	107	20			30	6月12日	总局15号宿舍		
	龚辟华	130	20			28	6月12日	总局36号宿舍		
	李融辉	93	20			28	6月12日	总局46号宿舍		
	董德贞	80	20			28	6月12日	总局35[号]宿舍		
	李霞毓	112	20			28	6月12日	总局15[号]宿舍		
	吴 蓉	130	20			28	6月12日	总局46[号]宿舍		
	程咸孝	14	10			45	6月12日	总局47[号]宿舍		
	徐棣华	99	20			30	6月12日	总局16[号]宿舍		
	程必琼	79	20			28	6月12日	总局15[号]宿舍		
	罗仁诚	128	30			28	6月12日	总局41[号]宿舍		

续表

资格	姓名	损失估值	慰偿金(元) 拟准数目	慰偿金(元) 预发数目	慰偿金(元) 核准数目	实支薪给(元)	损失日期	损失地点	被炸时有无直系家属	直系家属于事前已否疏散他处
技工	彭少清	160	20			26	6月12日	千厮门外山王庙街15号	有	未
	侯纲常	84	20			15	6月12日	中正路214号	有	未
	王玉安	50	20			20	6月12日	下安乐洞33号	有	未
	罗树清	40	20			20	6月12日	下安乐洞31号	有	未
	姚家儒	71.8	20			22	6月12日	长安寺后街本局21号宿舍		
	徐宰元	78	20			22	6月12日	长安寺后街本局21号宿舍		
	陈宝文	76	20			22	6月12日	长安寺后街本局21号宿舍		
	黄朝汉	82.4	20			26	6月12日	长安寺后街本局21宿舍		
	赵伯年	94	15			12	6月16日	蔡家湾大河顺街25号	有	未
	刘炳银	39	15			12	6月12日	本局		
公役	涂永仪	127	10			12	6月12日	本局34号宿舍		
	彭树清	155.8	10			12	6月12日	总局34[号]宿舍		
	刘树森	27	10			12	6月12日	本局宿舍		
	李淑贞	60	10			12	6月12日	总局34[号]宿舍		
警士	周体明	134.5	15			16	6月12日	大河顺城街25号	有	未
	何天成	54.5	15			16	6月16日	东升楼街27号	有	未
	总 计		1032.5	4545						

1)电务员工呈报损失调查表

机关名称：　　　　　　　　　　　　　　民国二十九年六月　日填报

姓名	孙嗣铭	损失原因	被炸	损失地点	浮图关中训团四维堂	离到日期	年 月 日 到局处
资格	业务员	^	^	损失日期	29年6月12日	^	^
职务	零售处管理员	^	^	何方证明		^	年 月 日 离局处

损失情形	名称	数量	最低估值(元)	名称	数量	最低估值(元)
	锦缎被盖	1	40	黄哈叽中山服	1	30
	布毯	1	20	衬衫	2	16
	元〔圆〕顶帐子	1	35	皮箱	1	30
	绒毯	1	50	面盆	1	5
	棉絮	1	14	枕头	1	8
	皮鞋	1	20	热水瓶	1	12
	黄哗叽中山服	1	100	毛巾	1	1.6
	共计		279	共计		102.6

估计总额	381.6元。预发慰偿金额:80元	由部核给慰偿金额	
主管人员核签意见并签名盖章		呈报员工签名盖章	孙嗣铭

2)电务员工呈报损失调查表

机关名称:重庆电话局江北分局　　　　　　民国二十九年六月十三日填报

姓名	胡宇庐	损失原因	分局被炸,宿舍震毁,物件损失	损失地点	江北分局	离到日期	年 月 日 到局处
资格	话务员	^	^	损失日期	6月11日	^	^
职务	班长	^	^	何方证明	局方	^	年 月 日 离局处

续表

损失情形	名称	数量	最低估值(元)	名称	数量	最低估值(元)
	皮鞋	1双	22	蓝布长衫	1件	18
	哈叽中山服	1套	26	被盖	1床	36
	白衬衣	1件	15			
	共计			共计		117
估计总额	117元。预发慰偿金额:60元			由部核给慰偿金额		
主管人员核签意见并签名盖章	黄 金履成 王佐			呈报员工签名盖章	胡宇庐	

3) 电务员工呈报损失调查表

机关名称:重庆电话局江北分局　　　　民国二十九年六月十三日填报

姓名	杨文彬	损失原因	本年6月11日首次被炸,12日被复第二次,此两次于屋舍上空投掷空中爆炸弹多枚,卒将房屋震坍,家具悉毁	损失地点	江北高脚土地街8号	离到日期	年　月　日 到局处
资格	话务员			损失日期	29年6月11日		
职务	值机			何方证明	局方		年　月　日 离局处
损失情形	名称	数量	最低估值(元)	名称	数量	最低估值(元)	
	行军床	1件	12	被盖	3床	80	
	新式架床	1件	40	衣物	30余件	120	
	方桌	1张	5	毛毯	□床	30	
	板凳	4条	4	蚊帐	1床	14	
	椅子	4把	8	热水瓶	1个	6	
	靠桌	2张	4	新式□□	1架	25	
	写字台	1张	16	□□	2个	10	
	箱子	3件	30	□□	50余个	9	
	衣柜	2件	18	锅	2口	12	
	共计		137	共计		306	
估计总额	443元。预发慰偿金额:60元			由部核给慰偿金额			
主管人员核签意见并签名盖章	黄 金履成 王佐			呈报员工签名盖章	杨文彬		

4) 电务员工呈报损失调查表

机关名称:重庆电话局江北分局　　　　　　民国二十九年六月十三日填报

姓名	周先觉	损失原因	分局被炸,宿舍震毁,物件损失	损失地点	江北分局	离到日期	年　月　日到局处
资格	话务员			损失日期	6月12日		
职务	值机			何方证明	局方		年　月　日离局处
损失情形	名称	数量	最低估值(元)	名称	数量	最低估值(元)		
	制服	2套	42	袜套	3双	4		
	箱子	1口	8	洗脸盆	1口	9		
	被单	1床	12	洗脸用具		8		
	汗衣褂	2件	14					
	布鞋	1双	7					
	胶鞋	1双	8					
	共计		91	共计		21		
估计总额	112元。预发慰偿金额:60元			由部核给慰偿金额			
主管人员核签意见并签名盖章	黄 金履成 王佐			呈报员工签名盖章	周先觉		

5) 电务员工呈报损失调查表

机关名称:重庆电话局江北分局　　　　　　民国二十九年六月十三日填报

姓名	郑树青	损失原因	分局宿舍被炸,房屋全毁,物件损失	损失地点	江北分局	离到日期	年　月　日到局处
资格	话务员			损失日期	6月12日		
职务	管理员			何方证明	局方		年　月　日离局处

续表

	名称	数量	最低估值(元)	名称	数量	最低估值(元)
损失情形	被盖	1床	30	毛巾	1张	2
	蚊帐	1床	14	手巾	2张	3
	毯子	1床	6	肥皂	1块	1.6
	衬衣裤	1套	16	牙刷	1把	1.2
	布鞋	1双	4			
	袜子	2双	4			
	共计		74	共计		7.8
估计总额	81.8元。预发慰偿金额:60元			由部核给慰偿金额		
主管人员核签意见并签名盖章	黄 金履成 王佐			呈报员工签名盖章	郑树青	

6)电务员工呈报损失调查表

机关名称:重庆电话局江北分局　　　　民国二十九年六月十三日填报

姓名	张智达	损失原因	分局被炸,宿舍震毁,物件损失	损失地点	江北分局	离到日期	年 月 日 到局处
资格	话务员			损失日期	6月12日		
职务	管理员			何方证明	局方		年 月 日 离局处

	名称	数量	最低估值(元)	名称	数量	最低估值(元)
损失情形	蚊帐	1顶	14	手提小皮箱	1只	20
	军毯	1条	12	衣服等	10余件	120
	印花被单	1条	15	洗漱用具	全套	20
	裤子	1条	20	其他		20
	枕头	1个	3			
	衣箱	1只	25			
	共计		89	共计		180
估计总额	约260余元。拟准或预发慰偿金额:60元			由部核给慰偿金额		
主管人员核签意见并签名盖章	黄 金履成 王佐			呈报员工签名盖章	张智达	

7) 电务员工呈报损失调查表

机关名称： 民国 年 月 日填报

姓名	杭纫秋	损失原因	敌机袭渝,住宅被炸	损失地点	罗汉寺街9号	离到日期	年 月 日 到局处
资格	话务员			损失日期	6月12日		
职务	长途台班长			何方证明	本街12号笪宠恩(邻居)		年 月 日 离局处

损失情形	名称	数量	最低估值(元)	名称	数量	最低估值(元)
	木床	1张	20	驼绒袍	1件	40
	棉被	2条	50	皮鞋	2双	50
	垫褥	1条	20	衬衫裤	2套	40
	皮箱	2只	40	面盆	1只	12
	皮大衣	1件	100	热水瓶	2只	20
	夹大衣	1件	60	家具	数件	80
	共计			共计		532

估计总额	532元。预发慰偿金额:60元	由部核给慰偿金额	
主管人员核签意见并签名盖章	郑志仁 王佐	呈报员工签名盖章	杭纫秋

8) 电务员工呈报损失调查表

机关名称:重庆电话局 民国二十九年六月十五日填报

姓名	王炜贤	损失原因	敌机轰炸	损失地点	枣子岚垭48号	离到日期	年 月 日 到局处
资格	话务员			损失日期	6月10日		
职务	测量员			何方证明	第六区张家花园镇第六保长		年 月 日 离局处

续表

	名称	数量	最低估值(元)	名称	数量	最低估值(元)
损失情形	帐子	1顶	20	女大褂	3件	40
	被褥及枕头	7件	100	褂裤及小孩长短衣	10余件	60
	床铺	1张	10	饭碗	10个	4
	面盆	1个	10	男长衣	2件	70
	热水瓶	1个	20	水缸	1口	2
	袜子	8对	30	镜子	1面	4
	鞋子	5对	40	小皮箱	1口	10
	共计			共计		420

估计总额	420元。拟准或预发慰偿金额:60元	由部核给慰偿金额	
主管人员核签意见并签名盖章		呈报员工签名盖章	王炜贤

9)电务员工呈报损失调查表

机关名称：　　　　　　　　　　　民国　年　月　日填报

姓名	陈家慧	损失原因	敌机袭渝,炸国府路,落弹两枚,房屋倒塌,炸3丈余深,面积八九方尺	损失地点	国府路248号光第	离到日期	年　月　日到局处
资格	业务员			损失日期	6月16日		
职务	助理庶务			何方证明			年　月　日离局处

	名称	数量	最低估值(元)	名称	数量	最低估值(元)
损失情形	蓝花绸长褂	1件	20	清康熙年制水浒	1只	100
	浅红鸡皮绸	9尺	29	日文辞典	全套	10
	五屉柜(内装夏季衣裤袜及零星日用口〔品〕)	1张	100	数学辞典	全套	15.6
	宽双人床	1张	30	兰夏布	1丈	8
	小方凳	2张	5	黄条子绸长褂	1件	30
	三屉桌(内装书籍文具)	1张	50	珍纱帐全铺被褥	全铺	100
				方桌、小圆桌	各1张	10
				木弹簧椅	1张	10

续表

损失情形	名称	数量	最低估值(元)	名称	数量	最低估值(元)
				明代碎磁对瓶	1只	100
				医学全书、针灸大全	各全套	30
	共计		234	共计		413.6
估计总额		647.6元。拟准或预发慰偿金额:80元		由部核给慰偿金额		
主管人员核签意见并签名盖章		该员住址经事先依章登记,被炸损失亦经派员调查属实。		呈报员工签名盖章		陈家慧

10)电务员工呈报损失调查表

机关名称： 　　　　　　　　　　　　　民国　年　月　日填报

姓名	陈文秀	损失原因	敌机轰炸	损失地点	48号宿舍	离到日期	年　月　日到局处
资格	话务员			损失日期	6月12日		
职务	司机			何方证明			年　月　日离局处
损失情形	名称	数量	最低估值(元)	名称	数量	最低估值(元)	
	被毯	各1床	70	鞋袜	各1双	28	
	衣服冬夏	6件	90				
	共计			共计		188	
估计总额		预发慰偿金额:60元			由部核给慰偿金额		
主管人员核签意见并签名盖章					呈报员工签名盖章		陈文秀

11) 电务员工呈报损失调查表

机关名称：　　　　　　　　　　　　　民国　年　月　日填报

姓名	李固	损失原因	敌机轰炸	损失地点	48号宿舍	离到日期	年　月　日到局处
资格	话务员			损失日期	6月12日		
职务	司机			何方证明			年　月　日离局处

损失情形	名称	数量	最低估值(元)	名称	数量	最低估值(元)
	衣服	共7件	70	镜子	1面	5
	袜子	3双	7			
	共计			共计		82

估计总额	预发慰偿金额：60元	由部核给慰偿金额	
主管人员核签意见并签名盖章		呈报员工签名盖章	李固

12) 电务员工呈报损失调查表

机关名称：　　　　　　　　　　　　　民国　年　月　日填报

姓名	陈卓如	损失原因	敌机轰炸	损失地点	41号宿舍	离到日期	年　月　日到局处
资格	话务员			损失日期	6月12日		
职务	司机			何方证明			年　月　日离局处

损失情形	名称	数量	最低估值(元)	名称	数量	最低估值(元)
	被毯褥	各1床	76	日用品等		24
	面盆	1个	14			
	共计			共计		114

估计总额	预发慰偿金额：60元	由部核给慰偿金额	
主管人员核签意见并签名盖章		呈报员工签名盖章	陈卓如

四、交通部重庆电话局部分　1459

13) 电务员工呈报损失调查表

机关名称：　　　　　　　　　　　　　民国　年　月　日填报

姓名	吴德光	损失原因	敌机轰炸	损失地点	48号宿舍	离到日期	年 月 日 到局处
资格	话务员			损失日期	6月12日		
职务	司机			何方证明			年 月 日 离局处

损失情形	名称	数量	最低估值(元)	名称	数量	最低估值(元)
	箱子	1口	70	洗面盆	1个	8
	被盖	1床	40	枕头	1对	10
	皮鞋	2双	30	毯子	1床	10
	衣服	6件	40	毛线衣	1件	10
	共计			共计		218

估计总额	预发慰偿金额:60元	由部核给慰偿金额
主管人员核签意见并签名盖章		呈报员工签名盖章　吴德光

14) 电务员工呈报损失调查表

机关名称：　　　　　　　　　　　　　民国　年　月　日填报

姓名	吴德华	损失原因	敌机轰炸	损失地点	48号宿舍	离到日期	年 月 日 到局处
资格	话务员			损失日期	6月12日		
职务	司机			何方证明			年 月 日 离局处

损失情形	名称	数量	最低估值(元)	名称	数量	最低估值(元)
	衣服	两件	30	面盆	1个	8
	被	1床	30	鞋	1双	10
	共计			共计		78

估计总额	预发慰偿金额:60元	由部核给慰偿金额
主管人员核签意见并签名盖章		呈报员工签名盖章　吴德华

15) 电务员工呈报损失调查表

机关名称：重庆电话局　　　　　　　　　　　　民国　年　月　日填报

姓名资格职务	樊汀鑫	损失原因	敌机轰炸重庆市区，话局办公室一部分及宿舍一部分被炸	损失地点	长安寺后街21号	离到日期	年　月　日到局处
	话务员			损失日期	29年6月12日		
	测量员			何方证明			年　月　日离局处

损失情形	名称	数量	最低估值(元)	名称	数量	最低估值(元)
	被单	1条	20	杯子	1只	2
	皮鞋	1双	20	牙刷	1只	1.5
	枕头	1对	15	袜子	2双	4
	毯子	1条	25			
	布短衫裤	1套	15			
	毛巾	2条	3			
	面盆	1只	12			
	鞋子	1双	8			
	共计		118	共计		7.5

估计总额	125.5元。预发慰偿金额：60元	由部核给慰偿金额	
主管人员核签意见并签名盖章		呈报员工签名盖章	樊汀鑫

16) 电务员工呈报损失调查表

机关名称：重庆电话局　　　　　　　　　　　　民国　年　月　日填报

姓名资格职务	朱致祥	损失原因	因罗汉寺全部被炸及罗汉寺新院子11号本人住宅	损失地点	罗汉寺11号	离到日期	年　月　日到局处
	话务员			损失日期	6月12日		
	测量员			何方证明			年　月　日离局处

续表

	名称	数量	最低估值(元)	名称	数量	最低估值(元)
损失情形	镜子	2把	8	牙刷	5把	3
	锅碗汤匙		20	小孩及大人衣服	十数件	90
	磁器水缸		30	衣料	4件	60
	热水瓶	2只	16.8			
	毛巾	4条	3			
	面盆	2只	20			
	共计		97.8	共计		153
估计总额		250.8元。预发慰偿金额:20元		由部核给慰偿金额		
主管人员核签意见并签名盖章				呈报员工签名盖章		朱致祥

17) 电务员工呈报损失调查表

机关名称：　　　　　　　　　　　　　　民国　年　月　日填报

姓名	袁彩琴	损失原因	敌机轰炸	损失地点	37号宿舍	离到日期	年　月　日到局处
资格	话务员			损失日期	6月12日		
职务	司机			何方证明			年　月　日离局处
损失情形	名称	数量	最低估值(元)	名称	数量	最低估值(元)	
	面盆	1个	12	绸衣	1件	30	
	热水瓶	1个	10	日用品		9	
	皮鞋布鞋	各1双	36				
	共计			共计		97	
估计总额		预发慰偿金额:60元		由部核给慰偿金额			
主管人员核签意见并签名盖章				呈报员工签名盖章		袁彩琴	

18)电务员工呈报损失调查表

机关名称：　　　　　　　　　　　　　　民国　年　月　日填报

姓名	廖素芳	损失原因	敌机轰炸	损失地点	40号宿舍	离到日期	年　月　日 到局处
资格	话务员	^	^	损失日期	6月12日	^	^
职务	司机	^	^	何方证明		^	年　月　日 离局处
损失情形	名称	数量	最低估值(元)	名称	数量	最低估值(元)	
^	被	1床	45	面盆	1个	8	
^	大衣	1件	35	皮鞋	1双	25	
^	衣服	2件	26				
^	共计			共计		139	
估计总额		预发慰偿金额：60元			由部核给慰偿金额		
主管人员核签意见并签名盖章				呈报员工签名盖章		廖素芳	

19)电务员工呈报损失调查表

机关名称：　　　　　　　　　　　　　　民国　年　月　日填报

姓名	沈静真	损失原因	敌机轰炸	损失地点	33号宿舍	离到日期	年　月　日 到局处
资格	话务员	^	^	损失日期	6月12日	^	^
职务	司机	^	^	何方证明		^	年　月　日 离局处
损失情形	名称	数量	最低估值(元)	名称	数量	最低估值(元)	
^	被褥	1床	36	图章	1个	5	
^	袍子	两件	61	羊毛衣	2件	58	
^	面盆	1个	16	皮鞋	1双	35	
^	共计			共计		201	
估计总额		预发慰偿金额：60元			由部核给慰偿金额		
主管人员核签意见并签名盖章				呈报员工签名盖章		沈静真	

20) 电务员工呈报损失调查表

机关名称： 民国 年 月 日填报

姓名	王诚宁	损失原因	敌机轰炸	损失地点	40号宿舍	离到日期	年 月 日 到局处
资格	话务员			损失日期	6月12日		
职务	司机			何方证明			年 月 日 离局处

损失情形	名称	数量	最低估值(元)	名称	数量	最低估值(元)
	皮鞋	1双	25	衣服	4件	32
	毯	1床	50	面盆	1个	5
	共计			共计		112

估计总额	预发慰偿金额：60元	由部核给慰偿金额	
主管人员核签意见并签名盖章		呈报员工签名盖章	王诚宁

21) 电务员工呈报损失调查表

机关名称： 民国 年 月 日填报

姓名	谢正德	损失原因	敌机轰炸	损失地点	41号宿舍	离到日期	年 月 日 到局处
资格	话务员			损失日期	6月12日		
职务	司机			何方证明			年 月 日 离局处

损失情形	名称	数量	最低估值(元)	名称	数量	最低估值(元)
	被毯褥	各1床	60	大衣	1件	40
	箱子	1口	12	面盆	1个	13
	共计			共计		125

估计总额	预发慰偿金额：60元	由部核给慰偿金额	
主管人员核签意见并签名盖章		呈报员工签名盖章	谢正德

22) 电务员工呈报损失调查表

机关名称：　　　　　　　　　　　　　　　民国　年　月　日填报

姓名	张昭悌	损失原因	敌机轰炸	损失地点	37号宿舍	离到日期	年 月 日 到局处
资格	话务员			损失日期	6月12日		
职务	司机			何方证明			年 月 日 离局处

损失情形	名称	数量	最低估值(元)	名称	数量	最低估值(元)
	被	1床	60	长衫	2件	40
	皮布鞋	各2双	60	日用品		50
	共计			共计		210

估计总额	预发慰偿金额：60元	由部核给慰偿金额
主管人员核签意见并签名盖章		呈报员工签名盖章　□□□代

23) 电务员工呈报损失调查表

机关名称：　　　　　　　　　　　　　　　民国　年　月　日填报

姓名	徐家慧	损失原因	敌机轰炸	损失地点	33号宿舍	离到日期	年 月 日 到局处
资格	话务员			损失日期	6月12日		
职务	司机			何方证明			年 月 日 离局处

损失情形	名称	数量	最低估值(元)	名称	数量	最低估值(元)
	自来水笔	1枝	80	褥单	1床	20
	鞋	1双	30	日用品		60
	夹袍	1件	30			
	共计			共计		220

估计总额	预发慰偿金额：60元	由部核给慰偿金额
主管人员核签意见并签名盖章		呈报员工签名盖章　徐家慧

24) 电务员工呈报损失调查表

机关名称： 　　　　　　　　　　　民国　年　月　日填报

姓名	陈淑贤	损失原因	敌机轰炸	损失地点	41号宿舍	离到日期	年 月 日到局处
资格	话务员			损失日期	6月12日		
职务	司机			何方证明			年 月 日离局处

损失情形	名称	数量	最低估值(元)	名称	数量	最低估值(元)
	手表	1只	50	皮鞋	1双	19
	被毯	各1床	23	日用品		19
	共计			共计		111

估计总额		预发慰偿金额:60元	由部核给慰偿金额	
主管人员核签意见并签名盖章			呈报员工签名盖章	□□□代

25) 电务员工呈报损失调查表

机关名称： 　　　　　　　　　　　民国　年　月　日填报

姓名	谭政玉	损失原因	敌机轰炸	损失地点	40号宿舍	离到日期	年 月 日到局处
资格	话务员			损失日期	6月12日		
职务	司机			何方证明			年 月 日离局处

损失情形	名称	数量	最低估值(元)	名称	数量	最低估值(元)
	皮箱	1口	40	皮鞋	2双	30
	衣服	5件	30	被	1床	20
	共计			共计		120

估计总额		预发慰偿金额:60元	由部核给慰偿金额	
主管人员核签意见并签名盖章			呈报员工签名盖章	□□□代

26)电务员工呈报损失调查表

机关名称：　　　　　　　　　　　　民国　年　月　日填报

姓名	车德义	损失原因	敌机轰炸	损失地点	滴水岩4号	离到日期	年　月　日 到局处
资格	话务员	^	^	损失日期	6月12日	^	^
职务		^	^	何方证明		^	年　月　日 离局处
损失情形	名称	数量	最低估值(元)	名称	数量	最低估值(元)	
^	家中被炸床桌椅以及另〔零〕碎物件		约损失250				
^	共计		250	共计			
估计总额		预发慰偿金额：60元			由部核给慰偿金额		
主管人员核签意见并签名盖章					呈报员工签名盖章		车德义

27)电务员工呈报损失调查表

机关名称：　　　　　　　　　　　　民国　年　月　日填报

姓名	汪汝秀	损失原因	敌机轰炸	损失地点	41号宿舍	离到日期	年　月　日 到局处
资格	话务员	^	^	损失日期	6月12日	^	^
职务	司机	^	^	何方证明		^	年　月　日 离局处
损失情形	名称	数量	最低估值(元)	名称	数量	最低估值(元)	
^	被褥	2床	40	长衫	两件	30	
^	皮鞋	1双	30	日用品		30	
^	共计			共计		130	
估计总额		130元。预发慰偿金额：60元			由部核给慰偿金额		
主管人员核签意见并签名盖章					呈报员工签名盖章		汪汝秀

28) 电务员工呈报损失调查表

机关名称：　　　　　　　　　　　　　　　民国　年　月　日填报

姓名	汪汝贞	损失原因	敌机轰炸	损失地点	41号宿舍	离到日期	年　月　日 到局处
资格	话务员	^	^	损失日期	6月12日	^	^
职务	司机	^	^	何方证明		^	年　月　日 离局处
损失情形	名称	数量	最低估值(元)		名称	数量	最低估值(元)
^	皮鞋	1双	20		衣服	3件	40
^	褥单	1床	15		日用品		35
^	共计				共计		110
估计总额	110元。预发慰偿金额：60元				由部核给慰偿金额		
主管人员核签意见并签名盖章					呈报员工签名盖章		汪汝贞

29) 电务员工呈报损失调查表

机关名称：　　　　　　　　　　　　　　　民国　年　月　日填报

姓名	陈明范	损失原因	敌机轰炸	损失地点	38号宿舍	离到日期	年　月　日 到局处
资格	话务员	^	^	损失日期	6月12日	^	^
职务	司机	^	^	何方证明		^	年　月　日 离局处
损失情形	名称	数量	最低估值(元)		名称	数量	最低估值(元)
^	被毯	各1床	75		鞋	1双	25
^	冬夏衣服	4件	110		日用品		80
^	表	1只	45				
^	共计				共计		335
估计总额	335元。预发慰偿金额：60元				由部核给慰偿金额		
主管人员核签意见并签名盖章					呈报员工签名盖章		陈明范

30）电务员工呈报损失调查表

机关名称：　　　　　　　　　　　　　　民国　年　月　日填报

姓名	李玉兰	损失原因	敌机轰炸	损失地点	33号宿舍	离到日期	年　月　日到局处
资格	话务员			损失日期	6月12日		
职务	司机			何方证明			年　月　日离局处

损失情形	名称	数量	最低估值（元）	名称	数量	最低估值（元）
	四季衣服	9件	232	鞋	1双	12
	被	1床	26	日用品		90
	共计			共计		360

估计总额	360元。预发慰偿金额：60元	由部核给慰偿金额	
主管人员核签意见并签名盖章		呈报员工签名盖章	李玉兰

31）电务员工呈报损失调查表

机关名称：　　　　　　　　　　　　　　民国　年　月　日填报

姓名	王志宁	损失原因	敌机轰炸	损失地点	33号宿舍	离到日期	年　月　日到局处
资格	话务员			损失日期	6月12日		
职务	司机			何方证明			年　月　日离局处

损失情形	名称	数量	最低估值（元）	名称	数量	最低估值（元）
	表	1只	55	面盆镜子	各1个	40
	褥	1床	25	日用品等		120
	毯	1床	40			
	共计			共计		280

估计总额	280元。预发慰偿金额：60元	由部核给慰偿金额	
主管人员核签意见并签名盖章		呈报员工签名盖章	王志宁

32)电务员工呈报损失调查表

机关名称：　　　　　　　　　　　　　　　　民国　年　月　日填报

姓名	岳冠群	损失原因	敌机轰炸	损失地点	37号宿舍	离到日期	年 月 日 到局处
资格	话务员			损失日期	6月12日		
职务	司机			何方证明			年 月 日 离局处
损失情形	名称	数量	最低估值(元)	名称	数量	最低估值(元)	
	被服	2床	80	被单	1条	15	
	衣	4件	60	日用品		130	
	蚊帐	1顶	15				
	共计			共计		300	
估计总额		300元。预发慰偿金额：60元			由部核给慰偿金额		
主管人员核签意见并签名盖章				呈报员工签名盖章		岳冠群	

33)电务员工呈报损失调查表

机关名称：　　　　　　　　　　　　　　　　民国　年　月　日填报

姓名	李郁	损失原因	敌机轰炸	损失地点	32号宿舍	离到日期	年 月 日 到局处
资格	话务员			损失日期	6月12日		
职务	司机			何方证明			年 月 日 离局处
损失情形	名称	数量	最低估值(元)	名称	数量	最低估值(元)	
	被褥毯	各1床	80	衣服	4件	120	
	箱子	1只	20	日用品		28	
	共计			共计		248	
估计总额		248元。预发慰偿金额：60元			由部核给慰偿金额		
主管人员核签意见并签名盖章				呈报员工签名盖章		李郁	

34)电务员工呈报损失调查表

机关名称：　　　　　　　　　　　　　　　　民国　年　月　日填报

姓名	吴厚芬	损失原因	敌机轰炸	损失地点	40号宿舍	离到日期	年　月　日 到局处
资格	话务员	^	^	损失日期	6月12日	^	^
职务	班长	^	^	何方证明		^	年　月　日 离局处
损失情形	名称	数量	最低估值(元)	名称	数量	最低估值(元)
^	被	1床	40	毛衣	1件	30
^	箱子	1只	75	面盆	1个	7
^	共计			共计		152
估计总额	152元。拟准或预发慰偿金额:60元	由部核给慰偿金额
主管人员核签意见并签名盖章		呈报员工签名盖章	吴厚芬

35)电务员工呈报损失调查表

机关名称：　　　　　　　　　　　　　　　　民国　年　月　日填报

姓名	龚代正	损失原因	敌机轰炸	损失地点	32号宿舍	离到日期	年　月　日 到局处
资格	话务员	^	^	损失日期	6月12日	^	^
职务	司机	^	^	何方证明		^	年　月　日 离局处
损失情形	名称	数量	最低估值(元)	名称	数量	最低估值(元)
^	被毯	各1床	85	长袍	两件	80
^	皮鞋	1双	38	日用品		60
^	毛线衣	1件	43			
^	共计			共计		306
估计总额	306元。预发慰偿金额:60元	由部核给慰偿金额
主管人员核签意见并签名盖章		呈报员工签名盖章	龚代正

36）电务员工呈报损失调查表

机关名称： 　　　　　　　　　　　　　　　民国　年　月　日填报

姓名	吴永秀	损失原因	敌机轰炸	损失地点	40号宿舍	离到日期	年　月　日 到局处
资格	话务员			损失日期	6月12日		
职务	司机			何方证明			年　月　日 离局处

损失情形	名称	数量	最低估值(元)	名称	数量	最低估值(元)
	箱子	1只	100	皮鞋	1双	25
	被	1床	40	面盆	1个	5
	短大衣	1件	35			
	共计			共计		205

估计总额	205元。预发慰偿金额：60元	由部核给慰偿金额	
主管人员核签意见并签名盖章		呈报员工签名盖章	吴永秀

37）电务员工呈报损失调查表

机关名称： 　　　　　　　　　　　　　　　民国　年　月　日填报

姓名	张咏兮	损失原因	敌机轰炸	损失地点	38号宿舍	离到日期	年　月　日 到局处
资格	话务员			损失日期	6月12日		
职务	班长			何方证明			年　月　日 离局处

损失情形	名称	数量	最低估值(元)	名称	数量	最低估值(元)
	被褥	各1床	70	自来水笔	1只〔支〕	20
	冬夏衣服	8件	220	日用品		60
	皮鞋	1双	30			
	共计			共计		400

估计总额	400元。预发慰偿金额：60元	由部核给慰偿金额	
主管人员核签意见并签名盖章		呈报员工签名盖章	张咏兮

38）电务员工呈报损失调查表

机关名称：　　　　　　　　　　　　　民国　年　月　日填报

姓名	陈清照	损失原因	敌机轰炸	损失地点	38号宿舍	离到日期	年　月　日 到局处
资格	话务员			损失日期	6月12日		
职务	司机			何方证明			年　月　日 离局处

损失情形	名称	数量	最低估值(元)	名称	数量	最低估值(元)
	被毯	3床	130	日用品		40
	四季衣	9件	220			
	共计		390	共计		

估计总额	390元。预发慰偿金额:60元	由部核给慰偿金额	
主管人员核签意见并签名盖章		呈报员工签名盖章	陈清照

39）电务员工呈报损失调查表

机关名称：　　　　　　　　　　　　　民国　年　月　日填报

姓名	沈志学	损失原因	敌机轰炸	损失地点	40号宿舍	离到日期	年　月　日 到局处
资格	话务员			损失日期	6月12日		
职务	司机			何方证明			年　月　日 离局处

损失情形	名称	数量	最低估值(元)	名称	数量	最低估值(元)
	被毯	各1床	55	衣服	5件	74
	共计			共计		129

估计总额	129元。预发慰偿金额:60元	由部核给慰偿金额	
主管人员核签意见并签名盖章		呈报员工签名盖章	沈志学

40) 电务员工呈报损失调查表

机关名称：　　　　　　　　　　　　民国　年　月　日填报

姓名	庆佩兰	损失原因	敌机轰炸	损失地点	33号宿舍	离到日期	年　月　日到局处
资格	话务员			损失日期	6月12日		
职务	司机			何方证明			年　月　日离局处
损失情形	名称	数量	最低估值(元)		名称	数量	最低估值(元)
	褥毯	各1床	25		长衣	1件	15
	皮鞋	1双	30		日用品		20
	共计				共计		90
估计总额	90元。预发慰偿金额：60元			由部核给慰偿金额			
主管人员核签意见并签名盖章				呈报员工签名盖章		庆佩兰	

41) 电务员工呈报损失调查表

机关名称：　　　　　　　　　　　　民国　年　月　日填报

姓名	韦佩玉	损失原因	敌机轰炸	损失地点	38号宿舍	离到日期	年　月　日到局处
资格	话务员			损失日期	6月12日		
职务	司机			何方证明			年　月　日离局处
损失情形	名称	数量	最低估值(元)		名称	数量	最低估值(元)
	手表	1只	90		衣服	3件	50
	毯子	1床	50		日用品		40
	皮鞋	1双	45				
	羊毛外衣	1件	55				
	共计		240		共计		90
估计总额	330元。预发慰偿金额：60元			由部核给慰偿金额			
主管人员核签意见并签名盖章				呈报员工签名盖章		韦佩玉	

42) 电务员工呈报损失调查表

机关名称：　　　　　　　　　　　　民国　年　月　日填报

姓名	王凤玉	损失原因	敌机轰炸	损失地点	37号宿舍	离到日期	年　月　日 到局处
资格	话务员	^	^	损失日期	6月12日	^	
职务	副领班	^	^	何方证明		^	年　月　日 离局处

损失情形	名称	数量	最低估值(元)	名称	数量	最低估值(元)
	被服	3条	130	大衣	1件	115
	箱子	2只	70			
	衣服	8件	120			
	面盆	2只	25			
	毛线衣	2件	70			
	蚊帐	1顶	40			
	共计		455	共计		115

估计总额	570元。预发慰偿金额:60元	由部核给慰偿金额	
主管人员核签意见并签名盖章		呈报员工签名盖章	王凤玉

43) 电务员工呈报损失调查表

机关名称：　　　　　　　　　　　　民国　年　月　日填报

姓名	马慧菁	损失原因	敌机轰炸	损失地点	38号宿舍	离到日期	年　月　日 到局处
资格	话务员	^	^	损失日期	6月12日	^	
职务	班长	^	^	何方证明		^	年　月　日 离局处

损失情形	名称	数量	最低估值(元)	名称	数量	最低估值(元)
	被褥毯	各1床	162	绸衣	3件	106
	表	1只	94	日用品		64
	共计			共计		426

估计总额	426元。预发慰偿金额:60元	由部核给慰偿金额	
主管人员核签意见并签名盖章		呈报员工签名盖章	马慧菁

44)电务员工呈报损失调查表

机关名称：　　　　　　　　　　　　　　　民国　年　月　日填报

姓名	洪樟	损失原因	敌机轰炸	损失地点	38号宿舍	离到日期	年　月　日 到局处
资格	话务员	^	^	损失日期	6月12日	^	^
职务	司机	^	^	何方证明		^	年　月　日 离局处
损失情形	名称	数量	最低估值(元)		名称	数量	最低估值(元)
^	被褥	各1床	78		冬夏衣	3件	160
^	皮鞋	两双	72		日用品		60
^	羊毛外衣	1件	64				
^	共计				共计		434
估计总额	434元。预发慰偿金额：60元				由部核给慰偿金额		
主管人员核签意见并签名盖章					呈报员工签名盖章		洪樟

45)电务员工呈报损失调查表

机关名称：　　　　　　　　　　　　　　　民国　年　月　日填报

姓名	刘一坤	损失原因	敌机轰炸	损失地点	32号宿舍	离到日期	年　月　日 到局处
资格	话务员	^	^	损失日期	6月12日	^	^
职务	司机	^	^	何方证明		^	年　月　日 离局处
损失情形	名称	数量	最低估值(元)		名称	数量	最低估值(元)
^	箱子	1只	17		冬夏衣服	共9件	110
^	共计				共计		127
估计总额	127元。预发慰偿金额：60元				由部核给慰偿金额		
主管人员核签意见并签名盖章					呈报员工签名盖章		刘一坤

46) 电务员工呈报损失调查表

机关名称：　　　　　　　　　　　　　　民国　年　月　日填报

姓名	黄镜容	损失原因	敌机轰炸	损失地点	32号宿舍	离到日期	年 月 日 到局处
资格	话务员	^	^	损失日期	6月12日	^	^
职务	佐理员	^	^	何方证明		^	年 月 日 离局处
损失情形	名称	数量	最低估值(元)		名称	数量	最低估值(元)
^	冬夏衣服	共9件	120		日用等品		100
^	共计				共计		220
估计总额	220元。预发慰偿金额：元			由部核给慰偿金额			
主管人员核签意见并签名盖章				呈报员工签名盖章		黄镜容	

47) 电务员工呈报损失调查表

机关名称：　　　　　　　　　　　　　　民国　年　月　日填报

姓名	肖邦杰	损失原因	敌机轰炸	损失地点	32号宿舍	离到日期	年 月 日 到局处
资格	话务员	^	^	损失日期	6月12日	^	^
职务	司机	^	^	何方证明		^	年 月 日 离局处
损失情形	名称	数量	最低估值(元)		名称	数量	最低估值(元)
^	被毯	各1床	50		鞋	1双	30
^	长衫	3件	50		日用品		40
^	短外衣	1件	30				
^	共计				共计		200
估计总额	200元。预发慰偿金额：60元			由部核给慰偿金额			
主管人员核签意见并签名盖章				呈报员工签名盖章		肖邦杰	

48) 电务员工呈报损失调查表

机关名称：　　　　　　　　　　　　　民国　年　月　日填报

姓名	周静渝	损失原因	敌机轰炸	损失地点	38号宿舍	离到日期	年　月　日 到局处
资格	话务员			损失日期	6月12日		
职务	司机			何方证明			年　月　日 离局处

损失情形	名称	数量	最低估值(元)	名称	数量	最低估值(元)
	被褥毯	各1床	160	绸衣	数件	150
	皮鞋	1双	35	日用品		50
	共计			共计		395

估计总额	395元。预发慰偿金额：60元	由部核给慰偿金额	
主管人员核签意见并签名盖章		呈报员工签名盖章	周静渝

49) 电务员工呈报损失调查表

机关名称：　　　　　　　　　　　　　民国　年　月　日填报

姓名	王诚实	损失原因	敌机轰炸	损失地点	40号宿舍	离到日期	年　月　日 到局处
资格	话务员			损失日期	6月12日		
职务	司机			何方证明			年　月　日 离局处

损失情形	名称	数量	最低估值(元)	名称	数量	最低估值(元)
	被	1床	40	衣服	2件	20
	皮鞋	1双	30	日用品		35
	共计			共计		125

估计总额	125元。预发慰偿金额：60元	由部核给慰偿金额	
主管人员核签意见并签名盖章		呈报员工签名盖章	王诚实

50) 电务员工呈报损失调查表

机关名称：　　　　　　　　　　　　　　民国　年　月　日填报

姓名	彭德云	损失原因	敌机轰炸	损失地点	32号宿舍	离到日期	年　月　日 到局处
资格	话务员			损失日期	6月12日		
职务	司机			何方证明			年　月　日 离局处

损失情形	名称	数量	最低估值(元)	名称	数量	最低估值(元)
	皮鞋	1双	32	毯被	各1床	80
	钟	1口	85	绸布衫	4件	55
	箱子	1只	20	日用品		50
	共计			共计		322

估计总额	322元。预发慰偿金额：60元	由部核给慰偿金额	
主管人员核签意见并签名盖章		呈报员工签名盖章	彭德云

51) 电务员工呈报损失调查表

机关名称：　　　　　　　　　　　　　　民国　年　月　日填报

姓名	张基贤	损失原因	敌机轰炸	损失地点	40号宿舍	离到日期	年　月　日 到局处
资格	话务员			损失日期	6月12日		
职务	司机			何方证明			年　月　日 离局处

损失情形	名称	数量	最低估值(元)	名称	数量	最低估值(元)
	箱子	1只	80	衣服	2件	24
	被毯	各1床	60			
	共计			共计		164

估计总额	164元。预发慰偿金额：60元	由部核给慰偿金额	
主管人员核签意见并签名盖章		呈报员工签名盖章	张基贤

52) 电务员工呈报损失调查表

机关名称：　　　　　　　　　　　　　民国　年　月　日填报

姓名	龚壁〔璧〕	损失原因	敌机轰炸	损失地点	40号宿舍	离到日期	年　月　日到局处
资格	话务员	^	^	损失日期	6月12日	^	^
职务	班长	^	^	何方证明		^	年　月　日离局处
损失情形	名称	数量	最低估值(元)		名称	数量	最低估值(元)
^	被毯	各1床	60		衣服	6件	58
^	共计				共计		118
估计总额	118元。预发慰偿金额:60元				由部核给慰偿金额		
主管人员核签意见并签名盖章					呈报员工签名盖章		龚壁〔璧〕

53) 电务员工呈报损失调查表

机关名称：　　　　　　　　　　　　　民国　年　月　日填报

姓名	杜玉枝	损失原因	敌机轰炸	损失地点	37号宿舍	离到日期	年　月　日到局处
资格	话务员	^	^	损失日期	6月12日	^	^
职务	班长	^	^	何方证明		^	年　月　日离局处
损失情形	名称	数量	最低估值(元)		名称	数量	最低估值(元)
^	箱子1只内衣服	5件	75		皮鞋	双	40
^	被	1床	40		日用品		50
^	共计				共计		205
估计总额	205元。预发慰偿金额:60元				由部核给慰偿金额		
主管人员核签意见并签名盖章					呈报员工签名盖章		杜玉枝

54)电务员工呈报损失调查表

机关名称：　　　　　　　　　　　　　　　民国　年　月　日填报

姓名	马秀中	损失原因	敌机轰炸	损失地点	37号宿舍	离到日期	年　月　日 到局处
资格	话务员	^	^	损失日期	6月12日	^	^
职务	司机	^	^	何方证明		^	年　月　日 离局处

损失情形	名称	数量	最低估值(元)	名称	数量	最低估值(元)
^	面盆	1个	15	被毯褥单	各1床	125
^	漱口杯	1只	13	皮鞋	两双	50
^	热水瓶	1个	22	衣服	5件	107
^	共计			共计		312

估计总额	312元。预发慰偿金额：60元	由部核给慰偿金额	
主管人员核签意见并签名盖章		呈报员工签名盖章	马秀中

55)电务员工呈报损失调查表

机关名称：重庆电话局　　　　　　　　　　民国二十九年六月二十七日填报

姓名	艾海清	损失原因	房屋被炸	损失地点	第一模范市场特10号	离到日期	年　月　日 到局处
资格	技工	^	^	损失日期	6月12日	^	^
职务	线工	^	^	何方证明		^	年　月　日 离局处

损失情形	名称	数量	最低估值(元)	名称	数量	最低估值(元)
^	床铺	1杆〔张〕	30	甑子	1个	2
^	大锅	1口	10	凳子	4个	8
^	抽提〔屉〕	1张	3			
^	□号脚盆	1个	8			
^	提桶	1个	2			
^	水缸	1口	7			
^	共计		60	共计		10

估计总额	70元。预发慰偿金额：40元	由部核给慰偿金额	
主管人员核签意见并签名盖章		呈报员工签名盖章	艾海清

56) 电务员工呈报损失调查表

机关名称：重庆电话局　　　　　　　　　民国二十九年六月二十七日填报

姓名	王闰甲	损失原因	房屋被炸	损失地点	长安寺后街21号	离到日期	年　月　日到局处
资格	技工	^	^	损失日期	6月12日	^	
职务	机工	^	^	何方证明		^	年　月　日离局处
损失情形	名称	数量	最低估值(元)		名称	数量	最低估值(元)
^	蓝布中山装	1套	20		牙刷牙膏	1套	4
^	府绸衬衫	1件	15		漱口杯	1只	2
^	直贡呢皮底鞋	1双	8				
^	呢帽	1顶	13				
^	印花五彩被单	1条	20				
^	洗面盆	1只	12				
^	毛巾	1条	1.8				
^	共计		89.8		共计		[6]
估计总额	95.8元。预发慰偿金额:40元				由部核给慰偿金额		
主管人员核签意见并签名盖章					呈报员工签名盖章		王闰甲

57) 电务员工呈报损失调查表

机关名称：重庆电话局　　　　　　　　　民国二十九年六月二十七日填报

姓名	谈祖根	损失原因	房屋被炸	损失地点	长安寺后街21号	离到日期	年　月　日到局处
资格	技工	^	^	损失日期	6月12日	^	
职务	机工	^	^	何方证明		^	年　月　日离局处
损失情形	名称	数量	最低估值(元)		名称	数量	最低估值(元)
^	衣箱	1只	20		短衫裤	1套	20
^	皮袍子	1件	60		袜子	2双	5
^	罩衫	1件	20		毛巾	1条	2
^	共计				共计		
估计总额	127元。预发慰偿金额:40元				由部核给慰偿金额		
主管人员核签意见并签名盖章					呈报员工签名盖章		谈祖根

58) 电务员工呈报损失调查表

机关名称：重庆电话局　　　　　　　　民国二十九年六月二十七日填报

姓名	沙达	损失原因	房屋被炸	损失地点	长安寺后街21号	离到日期	年　月　日到局处
资格	技工	^	^	损失日期	6月12日	^	^
职务	机工	^	^	何方证明		^	年　月　日离局处

损失情形	名称	数量	最低估值(元)	名称	数量	最低估值(元)
^	府绸衬衫	1件	16	双线袜子	2双	5
^	草绿色短裤	1条	8	汗衬	1件	8
^	皮鞋	1双	28			
^	毛巾	1条	2.2			
^	被单	1条	15			
^	呢帽	1顶	19			
^	面盆	1只	12			
^	共计		100.2	共计		13

估计总额	113.2元。预发慰偿金额：40元	由部核给慰偿金额	
主管人员核签意见并签名盖章		呈报员工签名盖章	沙达

59) 电务员工呈报损失调查表

机关名称：重庆电话局　　　　　　　　民国二十九年六月二十七日填报

姓名	凌源	损失原因	房屋被炸	损失地点	长安寺后街21号	离到日期	年　月　日到局处
资格	技工	^	^	损失日期	6月12日	^	^
职务	领工	^	^	何方证明		^	年　月　日离局处

损失情形	名称	数量	最低估值(元)	名称	数量	最低估值(元)
^	面盆	1只	12	牙刷	1只〔支〕	2
^	毛线呢鞋子	1双	10	麻纱袜子	2双	7
^	皮鞋	1双	40	牙膏	1支	2
^	府绸衬衫	1件	18			
^	共计			共计		91

估计总额	91元。预发慰偿金额：40元	由部核给慰偿金额	
主管人员核签意见并签名盖章		呈报员工签名盖章	凌源

60) 电务员工呈报损失调查表

机关名称：重庆电话局　　　　　　　　民国二十九年六月二十七日填报

姓名	顾敬濂	损失原因	房屋被炸	损失地点	长安寺后街21号	离到日期	年 月 日到局处
资格	技工			损失日期	6月12日		
职务	机工			何方证明			年 月 日离局处
损失情形	名称	数量	最低估值(元)	名称	数量	最低估值(元)
	黑色纹皮胶底皮鞋	1双	75	双料面盆	1只	20
	长统靴	1双	25	哔吱呢学生装	1套	80
	共计			共计		200
估计总额	200元。预发慰偿金额：40元	由部核给慰偿金额	
主管人员核签意见并签名盖章		呈报员工签名盖章	顾敬濂

61) 电务员工呈报损失调查表

机关名称：　　　　　　　　　　　　民国二十九年六月二十六日填报

姓名	单昱馨	损失原因	房屋被炸	损失地点	长安寺后街21号	离到日期	年 月 日到局处
资格	技工			损失日期	6月12日		
职务	机工			何方证明			年 月 日离局处
损失情形	名称	数量	最低估值(元)	名称	数量	最低估值(元)
	印花被单	1条	18	力士皂	1块	1.5
	纹皮胶底皮鞋	1双	75			
	粗布中山装	1套	23			
	雨伞	1把	1.2			
	吉星肥皂	2块	1.4			
	双十牌牙刷	1把	1.8			
	黑人牙膏	1支	2			
	共计		122.4	共计		1.5
估计总额	123.9元。预发慰偿金额：40元	由部核给慰偿金额	
主管人员核签意见并签名盖章		呈报员工签名盖章	单昱馨

62) 电务员工呈报损失调查表

机关名称：　　　　　　　　　　　　　　民国　年　月　日填报

姓名	曹燮	损失原因	房屋被炸	损失地点	长安寺后街21号	离到日期	年　月　日到局处
资格	技工			损失日期	6月12日		
职务	机工			何方证明			年　月　日离局处

	名称	数量	最低估值(元)	名称	数量	最低估值(元)
损失情形	蓝斜纹中山装	1套	24	牙刷牙膏	1套	3
	白竹布被单	1条	14	草绿西装短裤	1条	8
	力士鞋	1双	8			
	面盆	1只	12			
	毛巾	1条	1.5			
	漱口杯	1只	2			
	共计		61.5	共计		11

估计总额	72.5元。预发慰偿金额:40元	由部核给慰偿金额	
主管人员核签意见并签名盖章		呈报员工签名盖章	曹燮

63) 电务员工呈报损失调查表

机关名称：　　　　　　　　　　　　　民国二十九年六月二十六日填报

姓名	刘金铭	损失原因	房屋被炸	损失地点	长安寺后街21号	离到日期	年　月　日到局处
资格	技工			损失日期	6月12日		
职务	机工			何方证明			年　月　日离局处

	名称	数量	最低估值(元)	名称	数量	最低估值(元)
损失情形	线毯	1件	20	凉席	1床	2
	蓝洋布褂子	2件	12	洋磁盆	1个	8
	白洋布裤子	2件	12	牙刷	1把	1.5
	青布鞋子	2双	8	肥皂	1块	0.9
	青袜子	2双	5	牙膏	1盒	1.5
	花洋布被褥	1床	30			
	共计		87	共计		13.9

估计总额	100.9元。预发慰偿金额:40元	由部核给慰偿金额	
主管人员核签意见并签名盖章		呈报员工签名盖章	刘金铭

64）电务员工呈报损失调查表

机关名称：重庆电话局　　　　　　　民国二十九年六月二十六日填报

姓名	王祖禹	损失原因	房屋被炸	损失地点	长安寺后街21号	离到日期	年　月　日到局处
资格	技工			损失日期	6月12日		
职务	机工			何方证明			年　月　日离局处
损失情形	名称	数量	最低估值(元)		名称	数量	最低估值(元)
	印花被单	1条	18		牙刷牙膏	1套	4
	蓝布中山装	1套	21		肥皂	1块	0.8
	斜纹布衬衫	1件	9		毛巾	1条	1.8
	短脚裤	1条	3				
	竹席	1条	3.5				
	面盆	1只	14				
	力士鞋	1双	9				
	共计		77.5		共计		6.6
估计总额	84.1元。预发慰偿金额：40元			由部核给慰偿金额			
主管人员核签意见并签名盖章				呈报员工签名盖章		王祖禹	

65）电务员工呈报损失调查表

机关名称：重庆电话局　　　　　　　民国　年　月　日填报

姓名	周韶华	损失原因	敌机轰炸市区，电话局办公室一部分及宿舍一部分被炸	损失地点	长安寺电话局	离到日期	年月日到局处
资格	技工			损失日期	29年6月12日		
职务	机工			何方证明			年月日离局处
损失情形	名称	数量	最低估值(元)		名称	数量	最低估值(元)
	被头	1条	30		短裤	1条	6
	线毡	1条	10		蓝布裤	1条	4
	衬衫	3件	30		面盆	1个	8
	共计				共计		88
估计总额	88元。预发慰偿金额：40元			由部核给慰偿金额			
主管人员核签意见并签名盖章				呈报员工签名盖章		周韶华	

66) 电务员工呈报损失调查表[①]

机关名称：重庆电话局　　　　　　　　　民国　年　月　日填报

姓名	甘发林	损失原因	住宅在千厮门外新山王庙街28号楼下，被敌机投燃烧弹所烧	损失地点	千厮门外新山王庙街28号	离到日期	年　月　日到局处
资格	技工	^	^	损失日期	29年6月12日	^	^
职务	木工	^	^	何方证明		^	年　月　日离局处
损失情形	名称	数量	最低估值(元)	名称	数量	最低估值(元)	
^	被盖	2床		白米	2斗		
^	大小皮箱	2口		厂床	1架		
^	单夹棉衣	14套		行床	1架		
^	磁盆	2个		桌凳	2席		
^	耳锅	1口		甑子	1个		
^	大小碗盏	3席		缸子	2口		
^	药盒子	1只					
^	共计			共计		180	
估计总额	180元正。预发慰偿金额：40元正			由部核给慰偿金额			
主管人员核签意见并签名盖章				呈报员工签名盖章		甘发林	

67) 电务员工呈报损失调查表

机关名称：　　　　　　　　　　　　　　民国　年　月　日填报

姓名	王海合	损失原因	因6月11日敌机袭渝，住舍全部遭炸毁	损失地点	两路口24号后进	离到日期	年　月　日到局处
资格	技工	^	^	损失日期	6月11日	^	^
职务	纯阳洞查线	^	^	何方证明	保长	^	年　月　日离局处
损失情形	名称	数量	最低估值(元)	名称	数量	最低估值(元)	
^	全部衣物均毁		250				
^	共计		250	共计			
估计总额	250元。预发慰偿金额：40元			由部核给慰偿金额			
主管人员核签意见并签名盖章				呈报员工签名盖章		王海合	

---

① 该表无每项损失估值。

68) 电务员工呈报损失调查表

机关名称：　　　　　　　　　　　　　　　民国　年　月　日填报

姓名	萧祥光	损失原因	因6月11日敌机袭渝,住舍全部遭炸毁	损失地点	两路口24号后进	离到日期	年 月 日到局处
资格	技工	^	^	损失日期	6月11日	^	
职务	纯阳洞查线	^	^	何方证明	保长	^	年 月 日离局处
损失情形	名称	数量	最低估值(元)		名称	数量	最低估值(元)
^	全部衣物均毁		240				
^	共计		240		共计		
估计总额	240元。预发慰偿金额:40元				由部核给慰偿金额		
主管人员核签意见并签名盖章					呈报员工签名盖章		萧祥光

69) 电务员工呈报损失调查表

机关名称:重庆电话局　　　　　　　　　　民国二十九年6月十五日填报

姓名	彭锡浦	损失原因	6月12日被敌机先炸后焚烧,家具动用概行损失	损失地点	千厮门外新山王庙街28号	离到日期	年 月 日到局处
资格	线工	^	^	损失日期	29年6月12日	^	
职务		^	^	何方证明	本局调查人	^	年 月 日离局处
损失情形	名称	数量	最低估值(元)		名称	数量	最低估值(元)
^	被盖	4床	80		床铺	2架	12
^	棉衣	5件	80		锅头	2口	8
^	夹衣	5件	70		碗盏	数件	10
^	单衣	10套	120		桌凳	数件	7
^	共计				共计		387
估计总额	387元。预发慰偿金额:40元				由部核给慰偿金额		
主管人员核签意见并签名盖章	该工损失业经查明属实。　　　　王能杰 王佐				呈报员工签名盖章		彭锡浦

70) 电务员工呈报损失调查表

机关名称：重庆电话局　　　　　　　　　民国二十九年六月十五日填报

姓名	黄长清	损失原因	6月12日敌机袭渝，□将全栋房屋炸毁，故受损失	损失地点	兴隆巷10号	离到日期	年 月 日 到局处
资格	线工			损失日期	29年6月12日		
职务	外线			何方证明			年 月 日 离局处

损失情形	名称	数量	最低估值(元)	名称	数量	最低估值(元)
	被盖	3床	每床20，共计100	家具(床2张，桌、凳、盆、桶)		60
	垫被	2床		炊具(锅碗等)		40
	衣服(计全家4口四季衣服)		每人衣服最低100，共计400			
	共计			共计		600

估计总额	600元。预发慰偿金额：40元	由部核给慰偿金额	
主管人员核签意见并签名盖章	该工损失业经查明属实。　　王能杰　王佐	呈报员工签名盖章	黄长清

71) 电务员工呈报损失调查表

机关名称：重庆电话局　　　　　　　　　民国　年　月　日填报

姓名	程从汉	损失原因	因12日敌机轰炸市区，总局宿舍被炸，房屋震坍	损失地点	长安寺后街21号宿舍	离到日期	年 月 日 到局处
资格	技工			损失日期	6月12日		
职务	线工			何方证明	由调查团		年 月 日 离局处

损失情形	名称	数量	最低估值(元)	名称	数量	最低估值(元)
	被褥	1床	30	毛巾	1条	1
	花被单	1条	12	牙刷牙膏	各1件	2.7
	礼服鞋即力士鞋	1双	6	白洋布裤、蓝洋布短衫	各2件	共22
	洋磁面盆	1只	7	油布雨衣	1套	当局发给
	共计		12[件]	共计		80.7

估计总额	80.7元。拟准或预发慰偿金额：40元	由部核给慰偿金额	
主管人员核签意见并签名盖章		呈报员工签名盖章	程从汉

72)电务员工呈报损失调查表

机关名称:重庆电话局　　　　　　　　　　　民国二十九年六月十六日填报

姓名	黄纯儒	损失原因	6月12日敌机袭渝,住宅被炸片炸毁	损失地点	筷子街39号	离到日期	年 月 日到局处
资格	机工	^	^	损失日期	6月12日	^	^
职务		^	^	何方证明		^	年 月 日离局处
损失情形	名称	数量	最低估值(元)	名称	数量	最低估值(元)		
^	碗锅水缸	各1[个]	50	其他		20		
^	桌凳衣柜	^	60					
^	共计			共计		130		
估计总额	130元。预发慰偿金额:15元			由部核给慰偿金额			
主管人员核签意见并签名盖章				呈报员工签名盖章	黄纯儒		

73)务员工呈报损失调查表

机关名称:　　　　　　　　　　　　　民国　年　月　日填报

姓名	侯超樊	损失原因	6月12日敌机袭渝,致住屋遭炸,并损毁全部什物	损失地点	中正路214号	离到日期	年 月 日到局处
资格	技工	^	^	损失日期	6月12日	^	^
职务	纯阳洞电话局	^	^	何方证明	甲长乐金全	^	年 月 日离局处
损失情形	名称	数量	最低估值(元)	名称	数量	最低估值(元)		
^	住宅全部被炸		约200					
^	共计		200	共计				
估计总额	约200元。预发慰偿金额:40元			由部核给慰偿金额			
主管人员核签意见并签名盖章				呈报员工签名盖章	侯超樊		

74）电务员工呈报损失调查表

机关名称：重庆电话局　　　　　　　　　　民国二十九年六月十五日填报

姓名	张青山	损失原因	6月12日因敌机轰炸，□房压塌	损失地点	模范市场特别13号	离到日期	年　月　日 到局处
资格	线工	^	^	损失日期	6月12日	^	^
职务	外线	^	^	何方证明		^	年　月　日 离局处

损失情形	名称	数量	最低估值(元)	名称	数量	最低估值(元)
^	被盖	2床	36（每床18）	□□□□□		30
^	夏季洗换衣服	6套	72（每套12）	□□□□□		50
^	共计			共计		

估计总额	188元。预发慰偿金额：40元	由部核给慰偿金额	
主管人员核签意见并签名盖章	该工损失业经查明属实。　六.十九　　　　王能杰　王佐	呈报员工签名盖章	张青山

75）电务员工呈报损失调查表

机关名称：　　　　　　　　　　　　　　民国二十九年六月十九日填报

姓名	陆尚祥	损失原因	于6月12日被敌机轰炸	损失地点	长安寺后街21号	离到日期	年　月　日 到局处
资格		^	^	损失日期	6月12日	^	^
职务	技工	^	^	何方证明		^	年　月　日 离局处

损失情形	名称	数量	最低估值(元)	名称	数量	最低估值(元)
^	粗布中山装	1套	24	白细布衬衫	1件	10.5
^	力士鞋	1双	7.8	白细[布]短裤	1条	2.5
^	布鞋	1双	2.6	被单	1条〔床〕	16
^	线袜	3双	6.6			
^	洗脸盆	1只	12			
^	牙刷	1只〔支〕	1.1			
^	牙膏	1条〔支〕	2			
^	共计		56.1	共计		29

估计总额	85.1元。拟准或预发慰偿金额：40元	由部核给慰偿金额	
主管人员核签意见并签名盖章	该工损失业经查明属实。　六.十九　　　　王能杰　王佐	呈报员工签名盖章	陆尚祥

76) 电务员工呈报损失调查表

机关名称：　　　　　　　　　　　　　民国二十九年六月十二日填报

姓名	王友生	损失原因	因被敌机[轰炸]倒坍	损失地点	长安寺总局21号宿舍	离到日期	年 月 日 到局处
资格	技工			损失日期	29年6月12号		
职务	线工			何方证明	调查团		年 月 日 离局处
损失情形	名称	数量	最低估值(元)	名称	数量	最低估值(元)
	力士鞋	1双	8	毛巾	2条	2
	粗蓝布衣服	1套	15	牙刷	1把	7
	白粗布衣服	1套	13	脸盆	1个	6
	布鞋	2双	6	袜子	3双	6
	被单	1条[床]	8	卫生衣服	1套	15
	共计			共计		79.7元
估计总额	79.7元。拟准或预发慰偿金额：40			由部核给慰偿金额		
主管人员核签意见并签名盖章	该工损失业经查明属实。 六.二十　　　　王能杰			呈报员工签名盖章	王友生	

77) 电务员工呈报损失调查表

机关名称：重庆电话局江北分局　　　　　民国二十九年六月十三日填报

姓名	敬国栋	损失原因	分局被炸，宿舍震毁，物件损失	损失地点	江北分局	离到日期	年 月 日 到局处
资格	技工			损失日期	6月12日		
职务	江北分局机工			何方证明	局方		年 月 日 离局处
损失情形	名称	数量	最低估值(元)	名称	数量	最低估值(元)
	被盖	1床	30	洗脸用具		12
	毯子	1床	12	布鞋	1双	2.5
	被单	1床	10	袜子	2双	1.6
	箱子	1口	6			
	呢大衣	1件	30			
	制服	1套	15			
	共计		103	共计		16.1
估计总额	119.1元。拟准或预发慰偿金额：40元			由部核给慰偿金额		
主管人员核签意见并签名盖章	黄　金履成　王佐			呈报员工签名盖章	敬国栋	

78）电务员工呈报损失调查表

机关名称：重庆电话局江北分局　　　　　民国二十九年六月十三日填报

姓名资格职务	杨国章	损失原因	分局宿舍被炸，房屋全毁，物件损失	损失地点	江北分局	离到日期	年　月　日到局处
	技工			损失日期	6月12日		
	江北分局线工			何方证明	局方		年　月　日离局处

损失情形	名称	数量	最低估值(元)	名称	数量	最低估值(元)
	被盖	1床	24	胶鞋	□双	8
	毯子	1床	□□	牙刷	□把	0.8
	制服	1套	□□	肥皂	1块	1
	箱子	2口	□□	□□	1张	1.8
	夹衫	1件	24	□□	1瓶	1
	棉衣裤	1套	30			
	共计		126	共计		12.6

估计总额	138.6元。预发慰偿金额：40元	由部核给慰偿金额	
主管人员核签意见并签名盖章	黄　金履成　王佐	呈报员工签名盖章	杨国章

79）电务员工呈报损失调查表

机关名称：重庆电话局江北分局　　　　　民国二十九年六月十三日填报

姓名资格职务	廖德盛	损失原因	第一次〔日〕私人住宅全被炸毁，所有物件损失大半，第二日复被炸毁，物件损失殆尽	损失地点	高脚土地街8号	离到日期	年　月　日到局处
	技工			损失日期	6月11日		
	江北分局线工			何方证明	局方		年　月　日离局处

损失情形	名称	数量	最低估值(元)	名称	数量	最低估值(元)
	新式架床	2只〔张〕	30	衣物	10余件	100
	箱子	2口	30	蚊帐	□□	14
	柜子	1口	□□			
	家庭木器		□□			
	锅子	1口	□□			
	被盖	2床	50			
	毯子	2床	24			
	共计		202	共计		114

估计总额	316元。预发慰偿金额：40元	由部核给慰偿金额	
主管人员核签意见并签名盖章	黄　金履成　王佐	呈报员工签名盖章	廖德盛

80）电务员工呈报损失调查表

机关名称：重庆电话局江北分局　　　　　　　民国二十九年六月十三日填报

姓名	蒋大明	损失原因	分局被炸，宿舍震毁，物件损失	损失地点	江北分局	离到日期	年　月　日 到局处
资格	雇员	^	^	损失日期	6月12日	^	^
职务	雇员	^	^	何方证明	局方	^	年　月　日 离局处

损失情形	名称	数量	最低估值（元）	名称	数量	最低估值（元）
^	被盖	1床	30	肥皂	1块	1.2
^	被单	1床	14	牙刷	1把	1
^	衬衫	1件	12	手巾	1条	1.2
^	制服	1套	23	牙膏	1瓶〔支〕	0.5
^	布鞋	1双	4	短袜	1双	1.5
^	面盆	1个	9			
^	共计		92	共计		5.4

估计总额	97.4元。预发慰偿金额：60元	由部核给慰偿金额	
主管人员核签意见并签名盖章	黄　金履成　王佐	呈报员工签名盖章	蒋大明

81）电务员工呈报损失调查表

机关名称：重庆电话局江北分局　　　　　　　民国二十九年六月十三日填报

姓名	李文德	损失原因	分局被炸，宿舍震毁，物件损失	损失地点	江北分局	离到日期	年　月　日 到局处
资格	话差	^	^	损失日期	6月12日	^	^
职务	话差	^	^	何方证明	局方	^	年　月　日 离局处

损失情形	名称	数量	最低估值（元）	名称	数量	最低估值（元）
^	制服	1套	20	布鞋	1双	3.5
^	衬衣	1件	10	被盖	1床	30
^	套鞋	1双	8	箱子	1口	8
^	共计			共计		79.5

估计总额	79.5元。预发慰偿金额：30元	由部核给慰偿金额	
主管人员核签意见并签名盖章	黄　金履成　王佐	呈报员工签名盖章	李文德

82) 电务员工呈报损失调查表

机关名称：重庆电话局江北分局　　　　　　民国二十九年六月十三日填报

姓名	李青云	损失原因	分局宿舍被炸，房屋全毁,物件损失	损失地点	江北分局	离到日期	年 月 日 到局处
资格	公役			损失日期	6月12日		
职务	公役			何方证明	局方		年 月 日 离局处

损失情形	名称	数量	最低估值(元)	名称	数量	最低估值(元)
	汗衣	1件	6	牙刷	1把	1
	长衫	1件	16			
	被盖	1床	28			
	木箱子	1口	3			
	长夹衫	1件	28			
	毛巾	1张	1			
	共计		82	共计		1

估计总额	83元。预发慰偿金额：30元	由部核给慰偿金额	
主管人员核签意见并签名盖章	王佐	呈报员工签名盖章	李青云

83) 电务员工呈报损失调查表

机关名称：重庆电话局江北分局　　　　　　民国二十九年六月十三日填报

姓名	周树云	损失原因	该公役奉调南岸分局工作,所存江北棉被及冬季服装未及拿取,致遭炸毁	损失地点	江北分局	离到日期	年 月 日 到局处
资格	公役			损失日期	6月11日		
职务	公役			何方证明	局方		年 月 日 离局处

损失情形	名称	数量	最低估值(元)	名称	数量	最低估值(元)
	被盖	1床	26	棉衣裤	1套	30
	竹箱子	1口	4	棉袍	1件	25
	共计			共计		85

估计总额	85元。预发慰偿金额：30元	由部核给慰偿金额	
主管人员核签意见并签名盖章	黄 金履成 王佐	呈报员工签名盖章	周树云

84) 电务员工呈报损失调查表

机关名称：交通部重庆电话局　　　　　　　　民国二十九年六月十五日填报

姓名	孙学文	损失原因	6月12日敌机袭渝,本局办公室被炸,因家居局附近,致遭波及	损失地点	长安街4号	离到日期	28年5月29日到局处
资格	会计员	^	^	损失日期	6月12日	^	^
职务		^	^	何方证明		^	年　月　日离局处

损失情形	名称	数量	最低估值(元)	名称	数量	最低估值(元)
^	2磅热水瓶	1只	15	茶杯	2只	2
^	磁痰盂	2只	5	饭碗	4只	4
^	共计			共计		26

估计总额	拟准慰偿金额:26元	由部核给慰偿金额
主管人员核签意见并签名盖章	张海鸣	呈报员工签名盖章　孙学文

85) 电务员工呈报损失调查表

机关名称：重庆电话局　　　　　　　　　　　民国二十九年六月十五日填报

姓名	王永鑫	损失原因	前后左右中弹多枚,致损毁应用物件	损失地点	大梁子6号3楼	离到日期	年　月　日到局处
资格	会计员	^	^	损失日期	6月12日	^	^
职务		^	^	何方证明		^	年　月　日离局处

损失情形	名称	数量	最低估值(元)	名称	数量	最低估值(元)
^	玻璃大挂屏	1个	20	大磁碗	2个	2
^	玻璃茶杯	7个	7	小饭碗	3个	1.5
^	玻璃花瓶	2个	6			
^	共计			共计		36.5

估计总额	36.5元。拟准慰偿金额:36.5元	由部核给慰偿金额
主管人员核签意见并签名盖章	张海鸣	呈报员工签名盖章　王永鑫

86) 电务员工呈报损失调查表

机关名称：　　　　　　　　　　　　　　　民国　年　月　日填报

姓名	胡克明	损失原因	敌机轰炸	损失地点	16号宿舍	离到日期	年　月　日 到局处
资格	话务员	^	^	损失日期	6月12日	^	^
职务	司机	^	^	何方证明		^	年　月　日 离局处
损失情形	名称	数量	最低估值(元)		名称	数量	最低估值(元)
^	长衫	1件	12		热水瓶	1个	12
^	面盆	1个	10		自来水笔	1枝	20
^	白鞋	1双	10		日用等品		20
^	共计				共计		84
估计总额	84元。拟准或预发慰偿金额：20元				由部核给慰偿金额		
主管人员核签意见并签名盖章			王佐　金履成		呈报员工签名盖章		胡克明

87) 电务员工呈报损失调查表

机关名称：　　　　　　　　　　　　　　　民国　年　月　日填报

姓名	徐书隽	损失原因	敌机轰炸	损失地点	16号宿舍	离到日期	年　月　日 到局处
资格	话务员	^	^	损失日期	6月12日	^	^
职务	司机	^	^	何方证明		^	年　月　日 离局处
损失情形	名称	数量	最低估值(元)		名称	数量	最低估值(元)
^	热水瓶	1个	12		长衫	1件	12
^	褥单	1床	15		日用等品		25
^	皮鞋	1双	20				
^	共计				共计		84
估计总额	84元。拟准或预发慰偿金额：20元				由部核给慰偿金额		
主管人员核签意见并签名盖章			金履成		呈报员工签名盖章		徐书隽

88) 电务员工呈报损失调查表

机关名称：　　　　　　　　　　　　民国　年　月　日填报

姓名	吴德颜	损失原因	敌机轰炸	损失地点	16号宿舍	离到日期	年　月　日到局处
资格	话务员			损失日期	6月12日		
职务	班长			何方证明			年　月　日离局处

损失情形	名称	数量	最低估值(元)	名称	数量	最低估值(元)
	皮鞋	1双	40	日用品		16
	跑鞋	1双	10			
	面盆	1个	15			
	长衫	1件	13			
	青毛呢鞋	1双	10			
	共计		88	共计		104

估计总额	88〔104〕元。拟准或预发慰偿金额：20元	由部核给慰偿金额	
主管人员核签意见并签名盖章	金履成	呈报员工签名盖章	吴德颜

89) 电务员工呈报损失调查表

机关名称：　　　　　　　　　　　　民国　年　月　日填报

姓名	张兆慧	损失原因	敌机轰炸	损失地点	16号宿舍	离到日期	年　月　日到局处
资格	话务员			损失日期	6月12日		
职务	司机			何方证明			年　月　日离局处

损失情形	名称	数量	最低估值(元)	名称	数量	最低估值(元)
	小钟	1个	30	毡子	1个	30
	镜子	1面	18	皮鞋	1双	29
	共计			共计		107

估计总额	107元。拟准或预发慰偿金额：20元	由部核给慰偿金额	
主管人员核签意见并签名盖章	王佐　金履成	呈报员工签名盖章	张兆慧

90)电务员工呈报损失调查表

机关名称：　　　　　　　　　　　　　民国　年　月　日填报

姓名	陆三凤	损失原因	敌机轰炸	损失地点	50号宿舍	离到日期	年　月　日 到局处
资格	话务员			损失日期	6月12日		
职务	班长			何方证明			年　月　日 离局处
损失情形	名称	数量	最低估值(元)	名称	数量	最低估值(元)
	手表	1只	84	绸长衫	2件	38
	自来水笔	1只〔支〕	22	日用品		40
	共计			共计		184
估计总额	184元。拟准或预发慰偿金额:20元	由部核给慰偿金额
主管人员核签意见并签名盖章	王佐　金履成	呈报员工签名盖章	陆三凤

91)电务员工呈报损失调查表

机关名称：　　　　　　　　　　　　　民国　年　月　日填报

姓名	胡雪琼	损失原因	敌机轰炸	损失地点	50号宿舍	离到日期	年　月　日 到局处
资格	话务员			损失日期	6月12日		
职务	司机			何方证明			年　月　日 离局处
损失情形	名称	数量	最低估值(元)	名称	数量	最低估值(元)
	小提箱内衣服	数件	52	日用品		30
	热水瓶	1个	24			
	共计			共计		106
估计总额	106元。拟准或预发慰偿金额:20元	由部核给慰偿金额
主管人员核签意见并签名盖章	金履成	呈报员工签名盖章	胡雪琼

92）电务员工呈报损失调查表

机关名称：　　　　　　　　　　　　　　　民国　年　月　日填报

姓名	胡淑媛	损失原因	敌机轰炸	损失地点	50号宿舍	离到日期	年　月　日 到局处
资格	话务员			损失日期	6月12日		
职务	司机			何方证明			年　月　日 离局处

损失情形	名称	数量	最低估值(元)	名称	数量	最低估值(元)
	绸长衫	1件	38	小钟	1口	78
	热水瓶	1个	26	日用品		30
	钢笔	1枝	25			
	共计			共计		197

估计总额	197元。拟准或预发慰偿金额：20元	由部核给慰偿金额
主管人员核签意见并签名盖章	王佐　金履成	呈报员工签名盖章　胡淑媛

93）电务员工呈报损失调查表

机关名称：　　　　　　　　　　　　　　　民国　年　月　日填报

姓名	梅崇珍	损失原因	敌机轰炸	损失地点	48号宿舍	离到日期	年　月　日 到局处
资格	话务员			损失日期	6月12日		
职务	司机			何方证明			年　月　日 离局处

损失情形	名称	数量	最低估值(元)	名称	数量	最低估值(元)
	皮鞋	1双	30	胶鞋	1双	20
	共计			共计		50

估计总额	50元。拟准或预发慰偿金额：20元	由部核给慰偿金额
主管人员核签意见并签名盖章	王佐　金履成	呈报员工签名盖章　梅崇珍

94) 电务员工呈报损失调查表

机关名称：　　　　　　　　　　　　　民国　年　月　日填报

姓名	邓芝德	损失原因	敌机轰炸	损失地点	47号宿舍	离到日期	年　月　日到局处
资格	话务员			损失日期	6月12日		
职务	司机			何方证明			年　月　日离局处

损失情形	名称	数量	最低估值(元)	名称	数量	最低估值(元)
	棉絮	1床	10	茶壶	1个	2
	衣服	3件	20			
	共计			共计		32

估计总额	32元。拟准或预发慰偿金额:20元	由部核给慰偿金额	
主管人员核签意见并签名盖章	王佐　金履成	呈报员工签名盖章	邓芝德

95) 电务员工呈报损失调查表

机关名称：　　　　　　　　　　　　　民国　年　月　日填报

姓名	宁善诗	损失原因	敌机轰炸	损失地点	47号宿舍	离到日期	年　月　日到局处
资格	话务员			损失日期	6月12日		
职务	司机			何方证明			年　月　日离局处

损失情形	名称	数量	最低估值(元)	名称	数量	最低估值(元)
	棉絮	1床	10	日用品		3
	被盖	1床	20			
	共计			共计		33

估计总额	33元。拟准或预发慰偿金额:20元	由部核给慰偿金额	
主管人员核签意见并签名盖章	王佐　金履成	呈报员工签名盖章	宁善诗

96) 电务员工呈报损失调查表

机关名称：　　　　　　　　　　　　　　民国　年　月　日填报

姓名	邓藻华	损失原因	敌机轰炸	损失地点	50号宿舍	离到日期	年　月　日 到局处
资格	话务员	^	^	损失日期	6月12日	^	^
职务	司机	^	^	何方证明		^	年　月　日 离局处
损失情形	名称	数量	最低估值(元)		名称	数量	最低估值(元)
^	长衫	1件	15		日用品		9
^	袜子	两双	8				
^	共计				共计		32
估计总额	32元。拟准或预发慰偿金额：20元				由部核给慰偿金额		
主管人员核签意见并签名盖章		王佐　金履成			呈报员工签名盖章		邓藻华

97) 电务员工呈报损失调查表

机关名称：　　　　　　　　　　　　　　民国　年　月　日填报

姓名	李人钦	损失原因	敌机轰炸	损失地点	50号宿舍	离到日期	年　月　日 到局处
资格	话务员	^	^	损失日期	6月12日	^	^
职务	司机	^	^	何方证明		^	年　月　日 离局处
损失情形	名称	数量	最低估值(元)		名称	数量	最低估值(元)
^	外衫	1件	40		热水瓶	1个	23
^	高跟鞋	1双	30		日用品		50
^	共计				共计		143
估计总额	143元。拟准或预发慰偿金额：20元				由部核给慰偿金额		
主管人员核签意见并签名盖章		王佐　金履成			呈报员工签名盖章		李人钦

98) 电务员工呈报损失调查表

机关名称：　　　　　　　　　　　　　　　　　民国　年　月　日填报

姓名	吴敏	损失原因	敌机轰炸	损失地点	15号宿舍	离到日期	年　月　日到局处
资格	话务员			损失日期	6月12日		
职务	副领班			何方证明			年　月　日离局处

损失情形	名称	数量	最低估值(元)	名称	数量	最低估值(元)
	被盖	1床	50	日用品等		40
	热水瓶	1个	30	衣服	4件	45
	共计			共计		165

估计总额	165元。拟准或预发慰偿金额：20元	由部核给慰偿金额	
主管人员核签意见并签名盖章	王佐　金履成	呈报员工签名盖章	吴敏

99) 电务员工呈报损失调查表

机关名称：　　　　　　　　　　　　　　　　　民国　年　月　日填报

姓名	巫玉群	损失原因	敌机轰炸	损失地点	15号宿舍	离到日期	年　月　日到局处
资格	话务员			损失日期	6月12日		
职务	司机			何方证明			年　月　日离局处

损失情形	名称	数量	最低估值(元)	名称	数量	最低估值(元)
	被盖	1床	25	面盆	1个	10
	衣服	2件	32	日用品等件		30
	皮鞋	1双	20			
	共计			共计		117

估计总额	117元。拟准或预发慰偿金额：20元	由部核给慰偿金额	
主管人员核签意见并签名盖章	王佐　金履成	呈报员工签名盖章	巫玉群

100) 电务员工呈报损失调查表

机关名称：　　　　　　　　　　　　　　　民国　年　月　日填报

姓名	万国兰	损失原因	敌机轰炸	损失地点	48号宿舍	离到日期	年 月 日 到局处
资格	话务员	^	^	损失日期	6月12日	^	^
职务	司机	^	^	何方证明		^	年 月 日 离局处

损失情形	名称	数量	最低估值(元)	名称	数量	最低估值(元)
^	热水瓶	两个	30	皮鞋	1双	20
^	皮箱	1只	30	被褥	各1床	64
^	夹衣	1件	25	面盆	1个	8
^	长衫	3件	46	英汗〔汉〕字典	1本	10
^	背心	1件	16			
^	夹袍	1件	38			
^	共计		185	共计		102

估计总额	287元。拟准或预发慰偿金额：20元	由部核给慰偿金额	
主管人员核签意见并签名盖章	王佐　金履成	呈报员工签名盖章	万国兰

101) 电务员工呈报损失调查表

机关名称：　　　　　　　　　　　　　　　民国　年　月　日填报

姓名	刘耀仪	损失原因	被炸时震坏	损失地点	47号宿舍	离到日期	年 月 日 到局处
资格	话务员	^	^	损失日期	6月12号	^	^
职务	司机	^	^	何方证明		^	年 月 日 离局处

损失情形	名称	数量	最低估值(元)	名称	数量	最低估值(元)
^	玻砖镜子	1口大1.2尺	18元	西湖雨伞	1把	3元
^	共计			共计		21

估计总额	21元。拟准或预发慰偿金额：10元	由部核给慰偿金额	
主管人员核签意见并签名盖章	王佐　金履成	呈报员工签名盖章	刘耀仪

102)电务员工呈报损失调查表

机关名称：　　　　　　　　　　　　　　　民国　年　月　日填报

姓名	白淑贞	损失原因	敌机轰炸	损失地点	33号宿舍	离到日期	年　月　日 到局处
资格	话务员			损失日期	6月12日		
职务	司机			何方证明			年　月　日 离局处

损失情形	名称	数量	最低估值(元)	名称	数量	最低估值(元)
	毛线裤子	1件	20	布鞋	1双	7
	大裤子	1件	16	面盆	1个	12
	皮鞋	1双	25	袜子	2双	8
	共计			共计		88

估计总额	88元。拟准或预发慰偿金额：20元	由部核给慰偿金额	
主管人员核签意见并签名盖章	王佐	呈报员工签名盖章	白淑贞

103)电务员工呈报损失调查表

机关名称：　　　　　　　　　　　　　　　民国　年　月　日填报

姓名	李蕙贞	损失原因	敌机轰炸	损失地点	2楼女宿舍46号	离到日期	年　月　日 到局处
资格	话务员			损失日期	6月12日		
职务	司机			何方证明			年　月　日 离局处

损失情形	名称	数量	最低估值(元)	名称	数量	最低估值(元)
	面盆	1个	14	长方镜	1面	16
	茶壶	1把	5	高跟皮鞋	1双	43
	漱口杯	1个	3	牙刷	1把	1.8
	共计			共计		82.8

估计总额	82.8元。拟准或预发慰偿金额：20元	由部核给慰偿金额	
主管人员核签意见并签名盖章	王佐　金履成	呈报员工签名盖章	李蕙贞

104)电务员工呈报损失调查表

机关名称：　　　　　　　　　　　　　　　　民国　年　月　日填报

姓名	刘先朔	损失原因	敌机轰炸	损失地点	16号宿舍	离到日期	年　月　日到局处
资格	话务员	^	^	损失日期	6月12日	^	^
职务	班长	^	^	何方证明		^	年　月　日离局处
损失情形	名称	数量	最低估值(元)		名称	数量	最低估值(元)
^	毯子	1床	20		面盆	1个	12
^	被盖	1床	32		箱子	1口	80
^	皮鞋	1双	26				
^	共计				共计		170
估计总额	170元。拟准或预发慰偿金额:20元				由部核给慰偿金额		
主管人员核签意见并签名盖章			王佐　金履成		呈报员工签名盖章		刘先朔

105)电务员工呈报损失调查表

机关名称：　　　　　　　　　　　　　　　　民国　年　月　日填报

姓名	罗传达	损失原因	敌机轰炸	损失地点	16号宿舍	离到日期	年　月　日到局处
资格	话务员	^	^	损失日期	6月12日	^	^
职务	司机	^	^	何方证明		^	年　月　日离局处
损失情形	名称	数量	最低估值(元)		名称	数量	最低估值(元)
^	皮鞋	1双	27		呢鞋	1双	10
^	自来水笔	1枝	20		面盆	1个	15
^	长衫	1件	12		日用品等		20
^	共计				共计		104
估计总额	104元。拟准或预发慰偿金额:20元				由部核给慰偿金额		
主管人员核签意见并签名盖章			王佐　金履成		呈报员工签名盖章		罗传达

106）电务员工呈报损失调查表

机关名称：　　　　　　　　　　　　　　　　民国　年　月　日填报

姓名	曹秀鸾	损失原因	敌机轰炸	损失地点	16号宿舍	离到日期	年　月　日 到局处
资格	话务员			损失日期	6月12日		
职务	司机			何方证明			年　月　日 离局处

损失情形	名称	数量	最低估值（元）	名称	数量	最低估值（元）
	留声机唱片等件		92	自来水笔	1枝	30
	磁瓶磁碗磁壶	各1个	50	日用品等		39
	面盆	1个	15			
	共计			共计		226

估计总额	226元。拟准或预发慰偿金额：20元	由部核给慰偿金额	
主管人员核签意见并签名盖章	王佐　金履成	呈报员工签名盖章	曹秀鸾

107）电务员工呈报损失调查表

机关名称：　　　　　　　　　　　　　　　　民国　年　月　日填报

姓名	王兴志	损失原因	敌机轰炸	损失地点	15号宿舍	离到日期	年　月　日 到局处
资格	话务员			损失日期	6月12日		
职务	班长			何方证明			年　月　日 离局处

损失情形	名称	数量	最低估值（元）	名称	数量	最低估值（元）
	毡子	1床	26	衣服	两件	30
	皮鞋	1双	25	日用品等		30
	共计			共计		111

估计总额	111元。拟准或预发慰偿金额：20元	由部核给慰偿金额	
主管人员核签意见并签名盖章	王佐　金履成	呈报员工签名盖章	王兴志

108)电务员工呈报损失调查表

机关名称：　　　　　　　　　　　　　　　　民国　年　月　日填报

姓名	万盛瑶	损失原因	敌机轰炸	损失地点	15号宿舍	离到日期	年　月　日 到局处
资格	话务员	^	^	损失日期	6月12日	^	^
职务	司机	^	^	何方证明		^	年　月　日 离局处
损失情形	名称	数量	最低估值(元)		名称	数量	最低估值(元)
^	被盖	1床	40		日用品等		35
^	衣服	2件	32				
^	共计				共计		107
估计总额	107元。拟准或预发慰偿金额：20元				由部核给慰偿金额		
主管人员核签意见并签名盖章			王佐　金履成		呈报员工签名盖章		万盛瑶

109)电务员工呈报损失调查表

机关名称：　　　　　　　　　　　　　　　　民国　年　月　日填报

姓名	龚群华	损失原因	敌机轰炸	损失地点	36号宿舍	离到日期	年　月　日 到局处
资格	话务员	^	^	损失日期	6月12日	^	^
职务	司机	^	^	何方证明		^	年　月　日 离局处
损失情形	名称	数量	最低估值(元)		名称	数量	最低估值(元)
^	被盖	1床	30		毯子	1床	10
^	皮箱	1口	30				
^	衣物	数件	30				
^	面盆	1个	10				
^	毛线衣	1件	30				
^	共计		130		共计		140
估计总额	13〔4〕0元。拟准或预发慰偿金额：20元				由部核给慰偿金额		
主管人员核签意见并签名盖章			王佐　金履成		呈报员工签名盖章		龚群华

110) 电务员工呈报损失调查表

机关名称：　　　　　　　　　　　　　　　　　民国　年　月　日填报

姓名	李融辉	损失原因	敌机轰炸	损失地点	46号宿舍	离到日期	年　月　日到局处
资格	话务员			损失日期	6月12日		
职务	司机			何方证明			年　月　日离局处

损失情形	名称	数量	最低估值(元)	名称	数量	最低估值(元)
	毯子	1床	20	长衫	两件	30
	胶鞋	1双	16	日用品		27
	共计			共计		93

估计总额	93元。拟准或预发慰偿金额：20元	由部核给慰偿金额	
主管人员核签意见并签名盖章	王佐　金履成	呈报员工签名盖章	李融辉

111) 电务员工呈报损失调查表

机关名称：　　　　　　　　　　　　　　　　　民国　年　月　日填报

姓名	董德贞	损失原因	敌机轰炸	损失地点	35号宿舍	离到日期	年　月　日到局处
资格	话务员			损失日期	6月12日		
职务	司机			何方证明			年　月　日离局处

损失情形	名称	数量	最低估值(元)	名称	数量	最低估值(元)
	纱衣	1件	30	日用品		40
	镜面	1面	10			
	共计			共计		80

估计总额	80元。拟准或预发慰偿金额：20元	由部核给慰偿金额	
主管人员核签意见并签名盖章	王佐　金履成	呈报员工签名盖章	董德贞

112)电务员工呈报损失调查表

机关名称：　　　　　　　　　　　　　　民国　年　月　日填报

姓名	李霞毓	损失原因	敌机轰炸	损失地点	15号宿舍	离到日期	年　月　日到局处
资格	话务员			损失日期	6月12日		
职务	司机			何方证明			年　月　日离局处

损失情形	名称	数量	最低估值(元)	名称	数量	最低估值(元)
	棉絮	1床	10	日用品		20
	毡子	1床	25			
	夹衣	1件	35			
	皮鞋	1双	30			
	面盆	1个	12			
	共计		112	共计		132

估计总额	132元。拟准或预发慰偿金额：20元	由部核给慰偿金额	
主管人员核签意见并签名盖章		王佐　金履成	呈报员工签名盖章	李霞毓

113)电务员工呈报损失调查表

机关名称：　　　　　　　　　　　　　　民国　年　月　日填报

姓名	吴蓉	损失原因	敌机轰炸	损失地点	46号宿舍	离到日期	年　月　日到局处
资格	话务员			损失日期	6月12日		
职务	司机			何方证明			年　月　日离局处

损失情形	名称	数量	最低估值(元)	名称	数量	最低估值(元)
	衣服	数件	40	毯子	1床	20
	被盖	1床	30	面盆	1个	10
	毛线衣	1件	30			
	共计			共计		130

估计总额	130元。拟准或预发慰偿金额：20元	由部核给慰偿金额	
主管人员核签意见并签名盖章		王佐　金履成	呈报员工签名盖章	吴蓉

114) 电务员工呈报损失调查表

机关名称：　　　　　　　　　　　　民国　年　月　日填报

姓名	程咸孝	损失原因	敌机轰炸	损失地点	47号宿舍	离到日期	年　月　日到局处
资格	话务员	^	^	损失日期	6月12日	^	^
职务	副领班	^	^	何方证明		^	年　月　日离局处

损失情形	名称	数量	最低估值(元)	名称	数量	最低估值(元)
^	长衫	1件	12	杯子	1个	2
^	共计			共计		14

估计总额	14元。拟准或预发慰偿金额：10元	由部核给慰偿金额	
主管人员核签意见并签名盖章	金履成	呈报员工签名盖章	程咸孝

115) 电务员工呈报损失调查表

机关名称：　　　　　　　　　　　　民国　年　月　日填报

姓名	徐棣华	损失原因	敌机轰炸	损失地点	16号宿舍	离到日期	年　月　日到局处
资格	话务员	^	^	损失日期	6月12日	^	^
职务	司机	^	^	何方证明		^	年　月　日离局处

损失情形	名称	数量	最低估值(元)	名称	数量	最低估值(元)
^	面盆	1个	10	麻纱长衫	1件	16
^	漱口杯	1个	3	布小褂	1套	10
^	饭碗	1个	2	牙刷	1把	2
^	热水瓶	1个	16	香皂	1块	2
^	大镜	1面	10	枕头套	1个	3
^	生发油	半瓶	5	皮鞋	1双	20
^	共计		6〔4〕6	共计		53

估计总额	99元。拟准或预发慰偿金额：20元	由部核给慰偿金额	
主管人员核签意见并签名盖章	王佐　金履成	呈报员工签名盖章	徐棣华

116)电务员工呈报损失调查表

机关名称：　　　　　　　　　　　　　民国　年　月　日填报

姓名	程必琼	损失原因	敌机轰炸	损失地点	15号宿舍	离到日期	年　月　日到局处
资格	话务员			损失日期	6月12日		
职务	司机			何方证明			年　月　日离局处

	名称	数量	最低估值(元)	名称	数量	最低估值(元)
损失情形	皮鞋	1双	30	面盆	1个	10
	白胶鞋	1双	10	灰布长衫	1件	12
	毛巾	2条	4			
	袜子	2双	10			
	牙刷	1把	1			
	漱口杯	1个	2			
	共计		57	共计		22

估计总额	79元。拟准或预发慰偿金额：20元	由部核给慰偿金额	
主管人员核签意见并签名盖章	王佐　金履成	呈报员工签名盖章	程必琼

罗仁诚有关呈报损失延迟原因的说明：

谨签呈者。职前因病自六月十日至廿日止经呈准给病假9天在案,迨十日返局销假时,始知职住本局宿舍(即41号)于十二日被敌机投弹命中炸塌,所有寄放宿舍之行李衣物无一存在,损失约100元以上,当经填开损失[调]查表,请照章核给慰偿金。兹局中调查员以职呈报太迟及寄住宿舍未经登记,不予调查。窃职此次所受损失确系实在,并可由同房人陈卓如、汪汝秀、陈淑贤等为证,呈报过迟系因染病延误。至于未经登记一节,因职入局时庶务股已经办竣。特再冒请钧座准予转请调查员重行调查,照章核给慰偿金,以资弥补为祷。谨呈

　　胡领班　转呈

　　金主任　转呈

课长

局长

职 罗仁诚 谨呈

查同事罗仁诚与员等同住本局41号宿舍,所受空袭损害是实。特此证明。

证明人 话务员 陈淑贤 陈卓如 汪汝秀 同具

七月一日

117)电务员工呈报损失调查表

机关名称:重庆电话局　　　　　　　　　　民国二十九年六月二十日填报

姓名	罗仁诚	损失原因	本局女宿舍被炸	损失地点	长安寺本局第41号宿舍	离到日期	年 月 日 到局处
资格	话务员			损失日期	6月12日		
职务	值机			何方证明			年 月 日 离局处
损失情形	名称	数量	最低估值(元)	名称	数量	最低估值(元)
	小皮箱	1只	30	布夹衫	1件	28
	绸裤褂	1套	40	卧单	2床	30
	共计			共计		128
估计总额		拟准慰偿金额:30元		由部核给慰偿金额		
主管人员核签意见并签名盖章			黄　金履成	呈报员工签名盖章		罗仁诚

118)电务员工呈报损失调查表

机关名称:　　　　　　　　　　　　　民国　年　月　日填报

姓名	彭少清	损失原因	于6月12号敌机大队入渝轰炸,投有燃烧弹,窃工所住房子全烧	损失地点	千厮门外新山王庙街15号	离到日期	年 月 日 到局处
资格	线工			损失日期	6月12日		
职务				何方证明	谢合清 甲长陈炳兴		年 月 日 离局处

续表

损失情形	名称	数量	最低估值(元)	名称	数量	最低估值(元)
	所有用具衣服被盖等全燃烧					
	共计		国币160	共计		
估计总额		拟准慰偿金额:20元		由部核给慰偿金额		
主管人员核签意见并签名盖章	兹有本班技工彭少清家确住在本市千厮外新山王庙街15号，所有衣服家具于本月十二日全部被敌机炸毁。特此据实证明。谨启。 负责证明领工　彭玉宝　谨具 六月三十日			呈报员工签名盖章		彭少清

119) 电务员工呈报损失调查表

机关名称：　　　　　　　　　　　　　　　　民国　年　月　日填报

姓名	侯纲常	损失原因	6月12号被敌机轰炸	损失地点	中正路214号	离到日期	年月日到局处
资格	长工			损失日期	6月12号		
职务	纯阳洞电话局			何方证明	十保保长朱德□		年月日离局处

损失情形	名称	数量	最低估值(元)	名称	数量	最低估值(元)
	灰布中山服	2套	30	皮鞋	1双	14
	府绸衬衫	2件	20	被盖	1床	20
	共计			共计		84
估计总额		拟准慰偿金额:20元		由部核给慰偿金额		
主管人员核签意见并签名盖章	查该长工系技工侯超樊之弟,确系居住于中正路214号。侯楷　黄			呈报员工签名盖章		侯纲常

120) 电务员工呈报损失调查表

机关名称：　　　　　　　　　　　　　民国二十九年六月十五日填报

姓名	王玉安	损失原因	被敌机炸弹破片飞炸门面及屋顶至楼上	损失地点	本市下安乐洞33号	离到日期	年月日到局处
资格	线工			损失日期	29年6月12日		
职务	外工			何方证明	甲长许修之同居刘汉章		年月日离局处
损失情形	名称	数量	最低估值(元)	名称	数量	最低估值(元)	
	被盖	1床		全堂锅盘用具（因在外工作）			
	蓝花麻布罩子	1笼					
	共计			共计		50	
估计总额		拟准慰偿金额：20元			由部核给慰偿金额		
主管人员核签意见并签名盖章				黄	呈报员工签名盖章	纯阳洞电话局线工王玉安	

121) 电务员工呈报损失调查表

机关名称：　　　　　　　　　　　　　民国二十九年六月十六日填报

姓名	罗树清	损失原因	被敌轰炸破片飞入屋内震压	损失地点	下安乐洞31号	离到日期	年月日到局处
资格				损失日期	29年6月12日		
职务	长工			何方证明	甲长许修之同居陈清云		年月日离局处
损失情形	名称	数量	最低估值(元)	名称	数量	最低估值(元)	
	被盖	1床		男女长衫	各3件		
	洋布罩子	1笼		家具锅碗零件（因在外工作）			
	共计			共计		40余	
估计总额		拟准慰偿金额：20元			由部核给慰偿金额		
主管人员核签意见并签名盖章				黄	呈报员工签名盖章	纯阳洞电话局长工罗树清	

122）电务员工呈报损失调查表

机关名称：　　　　　　　　　　　　　民国二十九年六月二十五日填报

姓名	姚家儒	损失原因	于6月12日被敌机轰炸	损失地点	长安后街21号	离到日期	年　月　日 到局处
资格		^	^	损失日期	6月12日	^	^
职务	技工	^	^	何方证明	21号宿舍同居者证明	^	年　月　日 离局处
损失情形	名称	数量	最低估值(元)	名称	数量	最低估值(元)
^	蓝布工衣	1套	20	背心	2件	7.2
^	白衬衫	1件	14	脸盆	1只	12.5
^	力士鞋	1双	8			
^	线袜	2双	4			
^	毛巾	2条	2.4			
^	牙刷	1只	1.2			
^	白布短裤	1条	2.5			
^	共计		52.1	共计		19.7
估计总额	71.8元。拟准慰偿金额：20元			由部核给慰偿金额		
主管人员核签意见并签名盖章	该工损失经调查证明属实。　　　　　王能杰　黄			呈报员工签名盖章	姚家儒	

123）电务员工呈报损失调查表

机关名称：重庆电话总局　　　　　　　民国二十九年六月二十五日填报

姓名	徐宰元	损失原因	因21号宿舍被震倒塌	损失地点	长安后街21号宿舍	离到日期	年　月　日 到局处
资格	线工	^	^	损失日期	6月12日	^	^
职务	修理线路	^	^	何方证明	21号宿舍同居者证明之	^	年　月　日 离局处
损失情形	名称	数量	最低估值(元)	名称	数量	最低估值(元)
^	蓝布短衫裤	2套	46	被单	1条	15
^	衬衫	1件	14	新布鞋	1双	3
^	共计			共计		78
估计总额	78元。拟准慰偿金额：20元			由部核给慰偿金额		
主管人员核签意见并签名盖章	该工损失经调查证明属实。　　　　　王能杰　王佐黄			呈报员工签名盖章	徐宰元	

124) 电务员工呈报损失调查表

机关名称：　　　　　　　　　　　民国二十九年六月二十五日填报

姓名	陈宝文	损失原因	于6月12日被敌机轰炸	损失地点	长安后街21号	离到日期	年　月　日 到局处
资格		^	^	损失日期	6月12日	^	
职务	技工	^	^	何方证明	21号宿舍同居者证明	^	年　月　日 离局处
损失情形	名称	数量	最低估值(元)	名称	数量	最低估值(元)	
^	粗布中山装	1套	25	棉纱袜	2双	5	
^	蓝布工装	1套	22	新布鞋	1双	3	
^	卫生衣	1套	21				
^	共计			共计		76	
估计总额	76元。拟准慰偿金额：20元			由部核给慰偿金额			
主管人员核签意见并签名盖章	该工损失经调查证明属实。　　　　　　王能杰　王佐黄			呈报员工签名盖章	陈宝文		

125) 电务员工呈报损失调查表

机关名称：　　　　　　　　　　　民国二十九年六月二十五日填报

姓名	黄朝汉	损失原因	于6月12日被敌机轰炸	损失地点	长安后街21号	离到日期	年　月　日 到局处
资格		^	^	损失日期	6月12日	^	
职务	技工	^	^	何方证明	21号宿舍同居者证明	^	年　月　日 离局处
损失情形	名称	数量	最低估值(元)	名称	数量	最低估值(元)	
^	老蓝布工装	2套	50	线袜	2双	4.2	
^	白布被单	1条	15	短裤	2条	5	
^	新力士鞋	1双	8.2				
^	共计			共计		82.4	
估计总额	82.4元。拟准慰偿金额：20元			由部核给慰偿金额			
主管人员核签意见并签名盖章	该工损失经调查证明属实。　　　　　　王能杰　王佐黄			呈报员工签名盖章	黄朝汉		

126）电务员工呈报损失调查表

机关名称：　　　　　　　　　　　　　民国　年　月　日填报

姓名	赵伯年	损失原因	敌机炸坏	损失地点	蔡家湾大河顺[城]街25号	离到日期	年　月　日到局处
资格	公役			损失日期	6月16日		
职务	设置股			何方证明			年　月　日离局处
损失情形	名称	数量	最低估值(元)		名称	数量	最低估值(元)
	盖被	1床	25		洗脸盆	1个	6
	灰毛毯	1床	10		茶壶	1个	5
	枕头	2个	6		茶杯	1个	
	席子	1床	3				
	衣箱	1口	5				
	蓝布女衫	1件	14				
	女汗衣	2件	14				
	袜子	2双	6				
	共计		83		共计		11
估计总额		94元。拟准慰偿金额：15元			由部核给慰偿金额		
主管人员核签意见并签名盖章					姜文渊	呈报员工签名盖章	赵伯年

127）电务员工呈报损失调查表

机关名称：交通部重庆电话局　　　　　民国二十九年六月　日填报

姓名	刘炳银	损失原因	被敌炸毁	损失地点	长安寺街渝话局扩工组内	离到日期	年　月　日到局处
资格	茶役			损失日期	6月12日		
职务				何方证明	扩工组技术员萧毓昌		年　月　日离局处
损失情形	名称	数量	最低估值(元)		名称	数量	最低估值(元)
	呢帽	1顶	8		袜子	2双	4
	夹衫	1件	16		面盆	1个	5
	衬衫	1件	6				
	共计				共计		39
估计总额		39元。拟准慰偿金额：15元			由部核给慰偿金额		
主管人员核签意见并签名盖章					姜文渊	呈报员工签名盖章	刘炳银

128) 电务员工呈报损失调查表

机关名称：　　　　　　　　　　　　　　　民国　年　月　日填报

姓名	涂永仪	损失原因	被炸	损失地点	本局34号宿舍	离到日期	年 月 日 到局处
资格	女役			损失日期	6月12日		
职务	女宿舍			何方证明			年 月 日 离局处
损失情形	名称	数量	最低估值(元)	名称	数量	最低估值(元)	
	棉衣裤	1套	32	单衣	3套	30	
	被褥	1床	34	席子	1床	4	
	夹衣	1套	25	雨伞	1把	2	
	共计			共计		127	
估计总额		127元。拟准慰偿金额：10元		由部核给慰偿金额			
主管人员核签意见并签名盖章			姜文渊	呈报员工签名盖章		涂永仪	

129) 电务员工呈报损失调查表

机关名称：　　　　　　　　　　　　　　　民国　年　月　日填报

姓名	彭树清	损失原因	被炸	损失地点	本局34号宿舍	离到日期	年 月 日 到局处
资格	女役			损失日期	6月12日		
职务	女宿舍			何方证明			年 月 日 离局处
损失情形	名称	数量	最低估值(元)	名称	数量	最低估值(元)	
	棉衣裤	1套	80	面盆	1个	8	
	夹衣	1套	25	袜子	两双	1.8	
	被褥	1床	30	毛巾	1条	1	
	单衣	4套	□□	肥皂	12连	10	
	共计			共计		155.8	
估计总额		155.8元。拟准慰偿金额：10元		由部核给慰偿金额			
主管人员核签意见并签名盖章			姜文渊	呈报员工签名盖章		彭树清	

130) 电务员工呈报损失调查表

机关名称：　　　　　　　　　　　　　　民国　年　月　日填报

姓名	刘树森	损失原因	被炸	损失地点	本局	离到日期	年　月　日到局处
资格	公役			损失日期	6月12日		
职务				何方证明			年　月　日离局处

损失情形	名称	数量	最低估值(元)	名称	数量	最低估值(元)
	安安蓝布长褂	1件	10	青布汗衣	1件	6
	布裤子	1件	5	青布裤子	1件	6
	共计			共计		27

估计总额	27元。拟准慰偿金额：10元	由部核给慰偿金额	
主管人员核签意见并签名盖章		姜文渊	呈报员工签名盖章	刘树森

131) 电务员工呈报损失调查表

机关名称：　　　　　　　　　　　　　　民国　年　月　日填报

姓名	李淑贞	损失原因	被炸	损失地点	本局34号宿舍	离到日期	年　月　日到局处
资格	女役			损失日期	6月12日		
职务	女宿舍			何方证明			年　月　日离局处

损失情形	名称	数量	最低估值(元)	名称	数量	最低估值(元)
	单衣	1件	5	棉袍	1件	15
	裤子	1条	4	被褥	1条	36
	共计			共计		60

估计总额	60元。拟准慰偿金额：10元	由部核给慰偿金额	
主管人员核签意见并签名盖章		姜文渊	呈报员工签名盖章	李淑贞

132) 电务员工呈报损失调查表

机关名称：　　　　　　　　　　　　　　　　民国二十九年六月　日填报

姓名	周体明	损失原因	于因本月16日敌机大批袭渝,殊将本市大河顺城街第25号房屋炸坏,警之家室原住此地,屋里所有家具动用床铺锅盆碗盏被盖衣物等件悉行损失,故今特此呈报,将损失各物列上	损失地点	本市大河顺城街第25号	离到日期	年　月　日 到局处
资格	一等警士			损失日期	6月16日		
职务	警卫			何方证明	经本局调查委员等查确证明		年　月　日 离局处

损失情形	名称	数量	最低估值(元)	名称	数量	最低估值(元)
	西式架子床	1间	25	衣箱	1口	5
	木凳凳	4个	6	阴丹布女衫	2件	25
	小桌子	1张	5	草绿色哈叽中山服	1套	25
	洗脸架	1个	3	女皮鞋	1双	14
	水缸	1个	5	洗脸盆	1个	6
	大小缸钵	4个	3	洗脸帕	1张	1.5
	小锅	1口	6			
	大小碗	20个	5			
	共计			共计		134.5

估计总额	损失费洋共134.5元。拟准慰偿金额:15元	由部核给慰偿金额	
主管人员核签意见并签名盖章	姜文渊	呈报员工签名盖章	警卫周体明呈

133)电务员工呈报损失调查表

机关名称：　　　　　　　　　　　　　　　　民国　年　月　日填报

姓名	何天成	损失原因	被炸	损失地点	东升楼街27号	离到日期	年　月　日到局处
资格	愿警			损失日期	6月12日		
职务	门警			何方证明			年　月　日离局处
损失情形	名称	数量	最低估值(元)		名称	数量	最低估值(元)
	水缸	1口	9.5		坛子磁钵碗盏等件		25
	箱子	1口	5		锅	1口	15
	共计				共计		54.5
估计总额	54.5元。拟准慰偿金额：15元					由部核给慰偿金额	
主管人员核签意见并签名盖章				姜文渊		呈报员工签名盖章	何天成

(0346—1—50)

12.车德义为报1940年6月12日被敌机炸毁私物损失调查表给重庆电话局的签呈（1940年7月5日）

谨签呈者。六月十二日敌机轰炸渝市，职寓居滴水岩4号被炸，所有家具衣物被盖锅炉磁器用具等均被炸毁无存，同时本局41号等女寝室被炸，致复将职存在职妻陈卓如处（41号）之衣箱4只均被炸弹碎片打穿，箱内衣服均被打烂破，损失甚大。除已领到本局发给慰偿金60元外，并蒙派员实地复查属实。惟所赐发之60元杯水车薪，相差颇巨，且职薪资微薄，无力购置添补，加以家属半陷南京，每月尚须担负赡家，兼之渝地物价增高，平日生活已极困难，今忽遭此巨大损失，更形加重负担，近以大部已经参照行政院公布之《公务人员抗战期间遭受轰炸损害赔偿损失办法》改善电务员工赔偿费，不日即将实施，为此恳请俯念职受损过大，无异破产之痛苦，恩予转呈，按照新办法办理，实为德便。理合填附电务员工呈报损失调查表2份计4纸，呈请鉴核。

谨呈

局长黄

附件2份

职　车德义　谨呈

七月十五日

1) 电务员工呈报损失调查表

机关名称：重庆电话局　　　　　　　　　民国二十九年七月十五日填报

姓名	车德义	损失原因	6月12日敌机轰炸渝市，职之住宅及本局女寝室被炸，致住宅炸毁一空，及存放41号女寝室职妻陈卓如处衣箱4只又被炸弹破片打穿，致箱内之衣均被打烂洞穿	损失地点	滴水岩4号住宅及本局41寝室	离到日期	年　月　日到局处
资格	话务员	^	^	损失日期	29年6月12日	^	^
职务	暂调电司工作	^	^	何方证明	经局方派员调查证实	^	年　月　日离局处
损失情形	名称	数量	最低估值(元)		名称	数量	最低估值(元)
^	45"大木床	1张	25		大碗	4只	2
^	红漆方桌	1张	10		小碗	8只	3
^	红漆方凳	4只	10		磁勺	8只	1.6
^	木桶	2只	4		皮鞋	1双	27
^	电灯(自备全副材料)	1盏	10		草帽	1顶	4
^	铜壶	1把	8		大搪瓷盖杯	1只	3
^	白铁壶	1把	2		木棉枕	2只	6
^	煤炉	1只	4		绸被	1条	40
^	杠炭	1担	22		布毯	1条	12
^	铦铁锅	2只	21		毛巾	1条	1.2
^	磁茶壶杯	1套	12		布褥	1条	20

四、交通部重庆电话局部分

续表

	名称	数量	最低估值(元)	名称	数量	最低估值(元)
损失情形	藏青洋绉小褂裤	1套	50	绸旗衫	1件	65
	白纺绸小褂裤	1套	50	白麂皮高跟鞋	1双	45
	织贡呢夹袍	1件	60	线毯	1条	15
	棕色呢西装	1套	240	绒毯	1条	25
	领带	5条	15	雇工工资(翻检女寝室衣箱)	1工	4
	棕色呢女大衣	1件	200			
	绸面女皮袍	1件	200			
	驼绒女袍	1件	75			
	绸面衬绒女袍	1件	55			
	共计		1093	共计		273.8

估计总额	1366.8元。拟准或预发慰偿金额		由部核给慰偿金额	
主管人员核签意见并签名盖章		呈报员工签名盖章	车德义	

2) 复查话务员车德义损失调查情形

名称	损失情形	备注
洋绉小褂裤	计被弹片穿破4洞	
白纺绸小褂裤1套	袖子裤脚均被炸穿大洞	
直贡呢夹袍1件	两衣袖均炸毁	
棕色呢西装1套	上身被弹片穿破一大洞	
领带5条	均炸毁不堪使用	
棕色女大衣1件	炸穿大洞两个	
绸面女皮袍1件	炸穿5洞	
驼绒女袍	衣袖炸穿大洞1个	
绸面衬绒女袍1件	弹片炸穿大洞2个	
绸旗袍1件	大襟炸破	
线、绒毯各1条	均炸有破洞多处	
白麂皮高跟鞋1双	鞋底炸毁	
其他尚有皮箱4只,均被弹片炸损		
以上13种均系该员寄存本局话员陈卓如41号宿舍内,该宿舍被炸时弹片穿入衣箱,致受损失。		

(0346—1—46)

13.交通部重庆电话局为请核技术员莫庸1940年6月16日被炸损失调查表给交通部人事司的代电(1940年12月14日)

交通部人事司钧鉴:据本局技术员莫庸呈称:窃庸原寓国府路(照签叙至)援例转呈等情。查该员住址于奉发慰偿金办法时未经重行登记,无从调查,故未汇案呈报。据称前情,理合检同损失表送请鉴核示遵,实为公便。衔名叩。寒事。

附损失调查表1份

电务员工呈报损失调查表

机关名称:交通部重庆电话局　　　　　　民国二十九年六月二十五日填报

姓名	莫庸	损失原因	寓所被炸起火,衣服物件不及抢出,致遭损失	损失地点	国府路大德里8号	离到日期	年 月 日 到局处
资格	技术员			损失日期	29年6月16日		
职务				何方证明	第六分局大溪沟派出所		年 月 日 离局处

	名称	数量	最低估值(元)	名称	数量	最低估值(元)
损失情形	衣服计	谨按照购买时期价格填		木器计		
	西装	3套	180	木床	3只	32
	大衣	1件	80	竹床	2只	9
	皮鞋	3双	175	桌子	2只	7
	呢帽	1顶	8	写字台	1只	16
	衬衫	2件	12	竹椅	4只	10
	羊毛衫	2件	33	其他(茶几椅子半桌等)		28
				外国书籍及文具计		200
				用具连同厨房用具计		150
				铺盖计	3个	150
	共计			共计		990

续表

估计总额	拟准或预发救济金额	由部核给慰偿金额	
主管人员核签意见并签名盖章	黄如祖	呈报员工签名盖章	莫庸
实支薪给:278元 被炸时有无直系亲属同居:有眷属同住 直系亲属于事前已否疏散:未				

(0346—1—49)

14.交通部重庆电话局北碚分局为报1940年6月24日被炸员工损失调查表给重庆电话局的呈(1940年7月2日)

谨签呈者:六月廿四日北碚市区被炸情形业经呈报在案。兹查话务员江龙文等5人损失,业经职会同管理员计凤书、出纳员朱遇常查验确实,并拟估价格,今检同员工呈报损失调查表5份,一并随文送呈。

谨呈

主任工程师　王　转呈

局长　黄

附呈[员]工损失调查表5份

北碚分局管理股主任　王同华

1)电务员工呈报损失调查表

机关名称:重庆电话局北碚分局　　　　民国二十九年六月二十九日填报

姓名	江龙文	损失原因	6月24日下午3时被敌机轰炸,弹片洞穿墙壁飞入卧室,冒烟起火	损失地点	北碚新村41号	离到日期	年　月　日 到局处
资格	话务员			损失日期	6月24日下午3时		
职务	司机			何方证明			年　月　日 离局处
损失情形	名称	数量	最低估值(元)		名称	数量	最低估值(元)
	被子	1床(全毁)	52		花布毯	1条(全毁)	20
	蚊帐	1笼(全毁)	25		府绸衬衣	1件(全毁)	15
	共计				共计		112

续表

估计总额	预发慰偿金额:60元	由部核给慰偿金额	
主管人员核签意见并签名盖章	该员被毁物件经职带同管理员计凤书、出纳员朱遇常会同查验属实,拟估价格如上。 　　　　王佐　王同华　计凤书　朱遇常	呈报员工签名盖章	江龙文

2)电务员工呈报损失调查表

机关名称：　　　　　　　　　　　　　　民国　年　月　日填报

姓名	邵厚圃	6月24日下午3时被敌机轰炸,弹片[洞]穿墙壁飞入卧室,冒烟起火	损失地点	北碚新村41号	离到日期	年　月　日到局处
资格	话务员		损失日期	6月24日下午3时		
职务	司机		何方证明			年　月　日离局处

损失情形	名称	数量	最低估值(元)	名称	数量	最低估值(元)
	蚊帐	1顶(半毁)	10	白衬衫	1件(全毁)	10
	草绿色下装	1件(半毁)	12	黄毛卡〔咔〕叽短裤	1件(全毁)	10
	白色线布毯	1件(半毁)	20	卫生绒裤	1件(全毁)	10
	眼镜	1副(半毁)	10			
	共计			共计		82

估计总额	预发慰偿金额:60元	由部核给慰偿金额	
主管人员核签意见并签名盖章	该员被毁物件经职带同管理员计凤书、出纳员朱遇常会同查验属实,并拟估价格如上。 　　　　王佐　王同华　计凤书　朱遇常	呈报员工签名盖章	邵厚圃

3)电务员工呈报损失调查表

机关名称:重庆电话局北碚分局　　　　　　民国二十九年六月二十九日填报

姓名	刘晓岚	损失原因	6月24日下午3时被敌机轰炸,弹片洞穿墙壁飞入卧室,冒烟起火	损失地点	北碚新村41号	离到日期	年　月　日 到局处
资格	话务员			损失日期	6月24日下午3时		
职务	司机			何方证明			年　月　日 离局处

损失情形	名称	数量	最低估值(元)	名称	数量	最低估值(元)
	人字呢毛织大衣	1件(全毁)	70	灰卡〔咔〕叽下装	1条(全毁)	10
	麻子呢制服	1套(全毁)	30	鸭绒汗衣	1件(全毁)	40
	白府绸衬衣	2件(全毁)	50	青白袜	各1双(全毁)	3
	白卡〔咔〕叽短裤	1条(全毁)	10	枕头	1个(半毁)	2
	草绿色制服	1套(全毁)	28			
	白卡〔咔〕叽布毯	1条(全毁)	20			
	共计		208	共计		55

估计总额	预发慰偿金额:60元	由部核给慰偿金额	
主管人员核签意见并签名盖章	该员被毁物件经职带同管理员计凤书、出纳员朱遇常会同查验属实,并拟估价格如上。 　　　王佐　王同华　计凤书　朱遇常	呈报员工签名盖章	刘晓岚

4) 电务员工呈报损失调查表

机关名称：重庆电话局北碚分局　　　　民国二十九年六月二十九日填报

姓名	张汉宗	损失原因	6月24日下午3时被敌机轰炸，弹片洞穿墙壁飞入卧室，冒烟起火	损失地点	北碚新村41号	离到日期	年 月 日 到局处
资格	话务员			损失日期	6月24日下午3时		
职务	司机			何方证明			年 月 日 离局处
损失情形	名称	数量	最低估值(元)	名称	数量	最低估值(元)	
	麻子呢制服	1套(全毁)	32	白帆布长下装	1条(全毁)	20	
	白卡[咔]叽衬衫	1件(半毁)	12				
	共计			共计		64	
估计总额		预发慰偿金额：40元			由部核给慰偿金额		
主管人员核签意见并签名盖章	该员被毁物件经职带同管理员计凤书、出纳员朱遇常会同查验属实，并拟估价格如上。 王佐　王同华　计凤书　朱遇常			呈报员工签名盖章		张汉宗	

5) 电务员工呈报损失调查表

机关名称：重庆电话局北碚分局　　　　民国二十九年六月二十九日填报

姓名	常波涛	损失原因	6月24日下午3时被敌机轰炸，弹片洞穿墙壁，飞入卧室，冒烟起火	损失地点	北碚新村41号	离到日期	年 月 日 到局处
资格	话务员			损失日期	6月24日下午3时		
职务	司机			何方证明			年 月 日 离局处
损失情形	名称	数量	最低估值(元)	名称	数量	最低估值(元)	
	被子	1条(全毁)	50	青卡[咔]叽制服	1套(全毁)	32	
	白布毯	1条(全毁)	20				
	共计			共计			
估计总额		预发慰偿金额：60元			由部核给慰偿金额		
主管人员核签意见并签名盖章	该员被毁物件经职带同管理员计凤书、出纳员朱遇常会同查验属实，并拟估价格如上。 王佐　王同华　计凤书　朱遇常			呈报员工签名盖章		常波涛	

(0346—1—46)

15.交通部重庆电话局为报1940年6月24、26、28日及7月9日员工空袭损失情况给交通部的代电稿(1940年8月5日)

交通部钧鉴：查六月廿四、廿六、廿八及七月九日敌机侵入市空，本局上清寺公用电话局另售处及员工□先登记住址均先后被炸，计业务员2人、话务员4人、雇员2人、技工4人、话差1人、局役2人，共计15人，经各填呈损失调查表一份，当即派员分别慰问，并调查损失情形，除业务员许仲藩及技工王学初、陈昌霖等3人损失情形严重，已照紧急救济办法预发慰偿金共计150元，及话务员黄美善住宅查明全部被炸属实，惟该员因病已请长假离局，经本局七月工字#5908文代电呈报在案。又雇员王韫华、话差李国兴、局役李云山等3名损失原因系被窃，上开员工情形特殊，应否核给之处，拟请钧部核示外，其余已照章分别拟准慰偿金额，理合检呈原表15份，清单一纸，电请鉴核饬遵。重庆电话局局长黄如祖叩。微事。

附呈员工损失调查表15份、清单1纸

1)交通部重庆电话局员工空袭损失清单

资格	姓名	损失估值	慰偿金 拟准	慰偿金 预发	实支薪金	损失 日期	损失 地点	被炸时有无直系家属同寓	直系家属于事前已否疏散他处	备注
业务员	许仲藩	425		80	50	6月28日	金马寺街22号	有	未	
业务员	陈家慧	150	80		51	7月9日	国府路248号	有	未	二次被炸
话务员	彭影尘	293.3	60		28	6月26日	长安寺街4号			
话务员	张基贤	310	60		28	6月28日	潘家沟街3号	有	未	
话务员	龚璧	210	60		42	6月24日	冉家巷21号	有	未	二次被炸
话务员	黄美善	330			42	6月28日	培德堂21号			
话差	李国兴	166			16	6月26日	上清寺本局零售处	无		

续表

资格	姓名	损失估值	慰偿金拟准	慰偿金预发	实支薪金	损失日期	损失地点	被炸时有无直系家属同寓	直系家属于事前已否疏散他处	备注
局役	李云山	165			12	6月26日	上清寺本局零售处	无		
雇员	王韫华	250			30	6月26日	上清寺本局零售处	无		
局役	张森荣	88	30		12	6月24日	仁爱堂12号			
雇员	李梦德	98	60		35	6月28日	神仙洞新街34号			
技工	刘松林	28	28		24	6月28日	石庙子16号	有	未	
技工	张金荣	56	40		26	6月28日	神仙洞新街14号			二次被炸
技工	王学初	300	40	40	26	6月28日	马蹄街8号	有	未	
技工	陈昌霖	310	30	30	20	6月28日	南纪门外川道拐58号	有	未	

2)电务员工呈报损失调查表

机关名称： 　　　　　　　　民国　年　月　日填报

姓名	张森荣	损失原因	被炸	损失地点	仁爱堂12号	离到日期	年　月　日到局处
资格	公役			损失日期	6月24日		
职务	新分局			何方证明			年　月　日离局处

续表

损失情形	名称	数量	最低估值(元)	名称	数量	最低估值(元)
	棉被	1床	18	重庆第五区金马寺镇十四保仁爱堂街第一甲保长马少卿、甲长陈子卿。		
	棉毯	1条	8			
	布旗袍	两件	24			
	布衬裤	两条	18			
	男长衫	两件	20			
	共计		88	共计		
估计总额	88元。拟准慰偿金额:30元			由部核给慰偿金额		
主管人员核签意见并签名盖章	侯楷 黄如祖			呈报员工签名盖章	张森荣	

3)电务员工呈报损失调查表

机关名称:交通部重庆电话局　　　　　　民国二十九年六月二十五日填报

姓名	龚璧	损失原因	6月24日被炸	损失地点	渝市冉家巷21号	离到日期	年 月 日 到局处
资格				损失日期	6月24日		
职务	话务员			何方证明			年 月 日 离局处
损失情形	名称	数量	最低估值(元)	名称	数量	最低估值(元)	
	玻砖柜玻砖	1块	80	磁碗	大小30个	20	
	床上玻砖	1块	30	茶瓶	1个	15	
	铁锅	1口	5	被盖垫毡	2套	60	
	共计			共计		210	
估计总额	拟准慰偿金额:60元			由部核给慰偿金额			
主管人员核签意见并签名盖章	黄如祖			呈报员工签名盖章	龚璧		

4) 电务员工呈报损失调查表

机关名称：交通部重庆电话局　　　　民国二十九年六月二十六日填报

姓名资格职务	彭影尘 话务员 值机	损失原因	本月26日左侧长安寺被敌机狂炸波及	损失地点	长安寺后街4号	离到日期	年 月 日 到局处
				损失日期	29年6月26日		
				何方证明			年 月 日 离局处

损失情形	名称	数量	最低估值(元)	名称	数量	最低估值(元)
	屋瓦	约1000匹	60	玻柜	1间	40
	蓝边白玉中碗	15个	16.5	画片	2块	12
	蓝边白玉饭碗	13个	7.8	行军床	1间	12
	白玉碟子	16个	20	被盖	1床	10
	白玉满尺盘子	12个	42	其他家具	多件	20
	大水缸	1个	10			
	铁顶锅	2只	16			
	玻璃	9块	27			
	共计		199.3	共计		94

估计总额	293.3元。拟准慰偿金额：60元	由部核给慰偿金额	
主管人员核签意见并签名盖章	震坏属实。　　　　黄如祖　金履成	呈报员工签名盖章	彭影尘

5) 电务员工呈报损失调查表

机关名称：重庆上清寺长途电话零售处　　　　民国二十九年六月二十七日填报

姓名资格职务	李云山 局役	损失原因	本处前后左右均被中弹而致房屋震坏	损失地点	重庆上清寺中三路143号	离到日期	年 月 日 到局处
				损失日期	6月26日		
				何方证明			年 月 日 离局处

续表

损失情形	名称	数量	最低估值(元)	名称	数量	最低估值(元)
	铺盖	1付	90	袜子	2双	5
	布单长袍	2件	35	短衫裤	2套	30
	汗衫	3件	10	毛线衣	1件	15
	共计			共计		185
估计总额	185元。拟准或预发慰偿金额:请大部核			由部核给慰偿金额		
主管人员核签意见并签名盖章	据称炸后失窃,无从调查,请大部核。 姜文渊 黄如祖			呈报员工签名盖章		李云山

6)电务员工呈报损失调查表

机关名称:上清寺长途电话零售处　　　　民国二十九年六月二十六日填报

姓名	李国兴	损失原因	本处前后左右均被中弹将房屋震坏	损失地点	上清寺中三路143号	离到日期	年 月 日 到局处
资格				损失日期	6月26日		
职务	话差			何方证明			年 月 日 离局处

损失情形	名称	数量	最低估值(元)	名称	数量	最低估值(元)
	铺盖	1付	80	袜子	2双	5
	棉衣	1件	20	面盆	1个	5
	夹衣	1件	16	中山服	2套	30
	短衫裤	2套	10			
	共计			共计		166
估计总额	166元。拟准或预发慰偿金额:请大部核			由部核给慰偿金额		
主管人员核签意见并签名盖章	附近被炸后失窃,无从调查,是否慰偿,请大部核。 姜文渊 黄如祖			呈报员工签名盖章		李国兴

7)电务员工呈报损失调查表

机关名称：交通部重庆电话局　　　　　　民国二十九年六月二十九日填报

姓名	王韫华	损失原因	6月26日敌机袭渝时被炸	损失地点	上清寺中三路143号	离到日期	年　月　日 到局处
资格	雇员			损失日期	6月26日		
职务	管理局			何方证明	保甲长		年　月　日 离局处

损失情形	名称	数量	最低估值(元)	名称	数量	最低估值(元)
	帐子	1顶	15	旗袍	4件	60
	被	1条	70	热水瓶	1个	15
	衬单	1条	15	脸盆等		20
	褥子	1床	10	裤褂	4件	15
				皮鞋	1双	30
	共计		110	共计		250

估计总额	拟准或预发慰偿金额：请大部核	由部核给慰偿金额	
主管人员核签意见并签名盖章	据调查团称：询据损失人王员称，各物并非炸坏，而系炸后因门被震坏被窃，无从调查，是否照核慰偿金，请大部核示。　　　黄如祖	呈报员工签名盖章	王韫华

8)电务员工呈报损失调查表

机关名称：重庆电话局　　　　　　民国二十九年六月二十九日填报

姓名	黄美善	损失原因	住处全被炸毁	损失地点	培德堂21号	离到日期	年　月　日 到局处
资格	话务员			损失日期	6月28日		
职务	班长			何方证明			年　月　日 离局处

续表

	名称	数量	最低估值(元)	名称	数量	最低估值(元)
损失情形	床	1张	50	钟	1个	50
	被褥	4件	90	厨房各物共计		40
	玻璃柜子	1个	60			
	写字台	1个	20			
	圆桌	1张	20			
	共计		240	共计		330

估计总额	拟准或预发慰偿金额	由部核给慰偿金额	
主管人员核签意见并签名盖章	经查住宅全被炸毁属实,惟该员已于7月1日因病请长假离局,经本局7月工字5908号文代电呈报,应否慰偿,请钧部核定。 黄如祖	呈报员工签名盖章	黄美善

9)电务员工呈报损失调查表

机关名称：　　　　　　　　　　　　　民国二十九年六月三十日填报

姓名	王学初	损失原因	所居马蹄街8号屋后中弹1枚,8号屋面被弹片全行炸毁,屋内被帐衣服家具等俱遭损坏	损失地点	马蹄街8号	离到日期	年　月　日到局处
资格	技工			损失日期	6月28日		
职务	线工			何方证明	该管保长证明		年　月　日离局处

	名称	数量	最低估值(元)	名称	数量	最低估值(元)
损失情形	被盖	1床	30	衬衫	2件	30
	帐子	1床	40	线毯	1床	20
	中山服	3套	60	其他家具	数件	60
	线袍	1件	15			
	共计			共计		

估计总额	255元。预发慰偿金额:40元	由部核给慰偿金额	
主管人员核签意见并签名盖章	经派员前往查明属实,并取得该管保长李连山盖章证明。附证件一纸。 　　　　　　　王能杰　黄如祖	呈报员工签名盖章	王学初

10) 电务员工呈报损失调查表

机关名称：　　　　　　　　　　　　　民国二十九年六月三十日填报

姓名	陈昌霖	损失原因	所居南纪门外川道拐58号屋后中弹1枚，58号屋面被弹片全行炸毁，屋内被盖衣服家具等俱遭损坏	损失地点	南纪门外川道拐58号	离到日期	年　月　日 到局处
资格				损失日期	6月28日		
职务	常工			何方证明	该管保长证明		年　月　日 离局处

损失情形	名称	数量	最低估值(元)	名称	数量	最低估值(元)
	被盖	1床	30	毛线汗衣	1件	30
	毯子	1床	14	女夹衫	1件	30
	皮箱	1只	40	铁锅	1口	12
	中山服	2套	30	其他家具	数件	52
	共计			共计		

估计总额	238元。预发慰偿金额：30元	由部核给慰偿金额	
主管人员核签意见并签名盖章	经派员前往查明属实，并取得该管保长蔺泽光盖章证明。附证件一纸。 　　　　　　　　　　　王能杰　黄如祖	呈报员工签名盖章	陈昌霖

11) 电务员工呈报损失调查表

机关名称：重庆电话局　　　　　　　　民国二十九年六月二十九日填报

姓名	许仲藩	损失原因	29年6月28日被敌机轰炸，毁住房一间半	损失地点	南纪门厚慈街110号（原街名金马寺街22号）	离到日期	年　月　日 到局处
资格	业务员			损失日期	29年6月28日被炸		
职务	营业股文书员			何方证明			年　月　日 离局处

续表

	名称	数量	最低估值(元)	名称	数量	最低估值(元)
损失情形	缎面被盖	2床	100	木凳	4个	10
	棉絮	1床	10	方桌	1张	10
	卧单	1床	30	坛罐缸钵	几十件	80
	衣箱	1口	200	磁器碗盏	几十件	200
	架子床	1间	50	零星物件	无法计数	200
	梳妆镜台	1座	80	电灯	3盏	50
	藤椅	2把	30			
	共计			共计		1050

估计总额	预发慰偿金额:80元	由部核给慰偿金额	
主管人员核签意见并签名盖章	据调查:许仲藩住宅前院落中炸弹1枚,近在咫尺,房屋大架虽未震倒,而间隔已成灰烬,本身之屋已不堪居住,该许仲藩业迁往他处,失物无法调查。 黄如祖	呈报员工签名盖章	许仲藩

12)电务员工呈报损失调查表

机关名称：   民国二十九年七月三日填报

姓名	张基贤	损失话务原因	家庭被炸受震毁	损失地点	潘家沟街3号	离到日期	年 月 日 到局处
资格	话务员			损失日期	6月28日		
职务	司机			何方证明			年 月 日 离局处

	名称	数量	最低估值(元)	名称	数量	最低估值(元)
损失情形	饭锅	2口	25	凳子	4个	12
	碗盏	大小3付	30	玻砖柜子	1个	120
	椅子	4把	24			
	共计			共计		

估计总额	拟准慰偿金额:60元	由部核给慰偿金额	
主管人员核签意见并签名盖章	黄如祖	呈报员工签名盖章	张基贤

13) 电务员工呈报损失调查表

机关名称：重庆电话局新市区分局　　　　民国二十九年六月二十八日填报

姓名	李梦德	损失原因	被炸	损失地点	神仙洞新街34号	离到日期	年　月　日 到局处
资格	雇员			损失日期	29年6月28日		
职务	管料			何方证明			年　月　日 离局处
损失情形	名称	数量	最低估值(元)	名称	数量	最低估值(元)
	棉袍	1件	35	铁锅	1口	9
	套袍	1件	16	饭碗油瓶及零星用具		20
	暖水瓶	1只	18			
	共计			共计		98
估计总额		拟准慰偿金额：60元		由部核给慰偿金额		
主管人员核签意见并签名盖章				侯楷　黄如祖	呈报员工签名盖章	李梦德

14) 电务员工呈报损失调查表

机关名称：重庆电话局新市区分局　　　　民国二十九年六月二十八日填报

姓名	张金荣	损失原因	被炸	损失地点	神仙洞新街14号	离到日期	年　月　日 到局处
资格	线工			损失日期	29年6月28日		
职务	线工			何方证明			年　月　日 离局处
损失情形	名称	数量	最低估值(元)	名称	数量	最低估值(元)
	布帐	1床	10	水缸	1口	5
	女蓝布长衫	2件	24	茶壶饭碗等		10
	锅	1口	7			
	共计			共计		56
估计总额		拟准慰偿金额：40元		由部核给慰偿金额		
主管人员核签意见并签名盖章				黄如祖　侯楷	呈报员工签名盖章	张金荣

15) 电务员工呈报损失调查表

机关名称：　　　　　　　　　　　　　　民国　年　月　日填报

姓名	刘松林	损失原因	被炸弹把房屋损坏，家具动用打滥	损失地点	石庙子16号	离到日期	年　月　日到局处
资格	线工			损失日期	6月28日		
职务	修养工作			何方证明			年　月　日离局处

损失情形	名称	数量	最低估值(元)	名称	数量	最低估值(元)
	行床	1架	8	桌子	1张	4
	锅头	1口	10	碗盏	1席	6
	共计			共计		28

估计总额	拟准慰偿金额：28元	由部核给慰偿金额	
主管人员核签意见并签名盖章		呈报员工签名盖章 黄如祖	刘松林

16) 电务员工呈报损失调查表

机关名称：　　　　　　　　　　　　　　民国　年　月　日填报

姓名	陈家慧	损失原因	敌机袭渝，舍间落弹6枚	损失地点	国府路248号光第后栋	离到日期	年　月　日到局处
资格	业务员			损失日期	7月9日		
职务	助理庶务			何方证明			年　月　日离局处

损失情形	名称	数量	最低估值(元)	名称	数量	最低估值(元)
	珠纱帐	1床	40	双人床全铺毛毯席枕		50
	方桌	1张	6	书架大柜	各2张	30
	茶几方凳	各4张	16	沙发	2张	30
	面架面盆等日用品		20	红木方凳	4张	40
	日常所用杯碗		30			
	共计		112	共计		150

估计总额	262元。拟准慰偿金额：80元	由部核给慰偿金额	
主管人员核签意见并签名盖章	第二次被炸查属实在。　　　　　姜文渊　黄如祖	呈报员工签名盖章	陈家慧

(0346—1—48)

16.交通部重庆电话局为报1940年7月4日被炸员工损失情况并请核拨慰偿金给交通部的代电(1940年8月5日)

交通部钧鉴:查七月四日敌机轰炸沙坪坝一带,本局沙坪坝分局杆线电缆被炸情形,经于七月真#5887代电呈请鉴核在案。兹据该分局管理股主任邱玉琛签称:是日敌机轰炸时,员工宿舍附近落弹,致将门窗炸毁,各员工私人物品亦略受损失,并检具损失调查表25份,请酌予慰偿等情前来。除经查核实情分别核拟慰偿金额外,理合填具动用概算请示表1纸、清单2份,连同原表25份,一并电请鉴核,准予列支,以示体恤。衔名。叩。微事。

附呈动用概算请示表1纸、清单2份、损失调查表25份

1)交通部重庆电话局员工空袭损失拟准慰偿金清单

姓名	资格	慰偿金 拟准数目	慰偿金 预发数目	实支薪金	损失 日期	损失 地点	被炸时有无直系家属同寓	直系家属于事前已否疏散他处
范国富	话务员	20		28	7月4日	沙坪坝本局员工宿舍	无	
周景堂	话务员	20		28	7月4日	沙坪坝本局员工宿舍	无	
杨卓吾	话务员	20		28	7月4日	沙坪坝本局员工宿舍	无	
范文清	话务员	20		28	7月4日	沙坪坝本局员工宿舍	无	
王官禄	话务员	20		28	7月4日	沙坪坝本局员工宿舍	无	
董宗萍	话务员	20		28	7月4日	沙坪坝本局员工宿舍	无	
巫更新	话务员	20		28	7月4日	沙坪坝本局员工宿舍	无	
罗先治	话务员	20		28	7月4日	沙坪坝本局员工宿舍	无	
童恕	话务员	20		28	7月4日	沙坪坝员工宿舍	无	

续表

姓名	资格	慰偿金 拟准数目	慰偿金 预发数目	实支薪金	损失 日期	损失 地点	被炸时有无直系家属同寓	直系家属于事前已否疏散他处
陈子廉	话务员	20		28	7月4日	沙坪坝员工宿舍	无	
胡仁厚	话务员	20		28	7月4日	沙坪坝员工宿舍	无	
冯功庆	话务员	20		28	7月4日	沙坪坝员工宿舍	无	
刘海南	技工	15		15	7月4日	沙坪坝郊处		
黄树安	技工	15		15	7月4日	沙坪坝郊处		
王海林	技工	15		15	7月4日	沙坪坝员工宿舍	无	
陈芝明	技工	15		15	7月4日	沙坪坝员工宿舍	无	
胡宗荣	技工	20		20	7月4日	沙坪坝员工宿舍	无	
陆佩根	技工	20		30	7月4日	沙坪坝员工宿舍	无	
王炎生	技工	20		58	7月4日	沙坪坝电话局宿舍	无	
彭海樵	技工	20		45	7月4日	沙坪坝电话局宿舍	无	
滕元顺	技工	20		28	7月4日	沙坪坝电话局宿舍	无	
柳学富	技工	20		28	7月4日	沙坪坝电话局宿舍	无	
冯金山	技工	20		22	7月4日	沙坪坝电话局宿舍	无	
刘东生	技工	20		30	7月4日	沙坪坝电话局宿舍	无	
萧敦厚	话差	10		16	7月4日	沙坪坝电话局宿舍	无	
共计		470						

2）电务员工呈报损失调查表

机关名称：沙坪坝分局　　　　　　　　民国二十九年七月十五日填报

姓名资格职务	范国富 话务员 值机	损失原因	7月4日敌机数批狂炸沙坪坝，本局员工宿舍四周中弹，门窗墙壁倒塌，破片碎石损坏衣物	损失地点	本局员工宿舍	离到日期	年 月 日 到局处
				损失日期	29年7月4日		
				何方证明	经主管人员亲临检查		年 月 日 离局处
损失情形	名称	数量	最低估值（元）	名称	数量	最低估值（元）	
	毛哈〔咔〕叽下装	1条	40	箱子	1口	12	
	府绸衬衫	1件	18	白咔叽短裤	1条	12	
	印花毯子	1床	15				
	共计			共计		97	
估计总额	97元。拟准慰偿金额：20元			由部核给慰偿金额			
主管人员核签意见并签名盖章			邱玉琛　黄如祖	呈报员工签名盖章		范国富	

3）电务员工呈报损失调查表

机关名称：沙坪坝电话分局　　　　　　民国二十九年七月十五日填报

姓名资格职务	周景堂 话务员 值机	损失原因	敌机轰炸沙坪坝，本局员工宿舍四周中弹，门窗墙壁倒塌，破片碎石损坏衣物	损失地点	沙坪坝电话分局	离到日期	年 月 日 到局处
				损失日期	7月4日		
				何方证明	经主管人员亲临检查		年 月 日 离局处
损失情形	名称	数量	最低估值（元）	名称	数量	最低估值（元）	
	蚊帐	1床	12	标准布衬衫	1件	11.5	
	面盆	1面	11.5	白线毯	1床	17	
	斜文〔纹〕长裤	1条	14	竹席	1张	2.8	
	共计			共计		68.8	
估计总额	68.8元。拟准慰偿金额：20元			由部核给慰偿金额			
主管人员核签意见并签名盖章			邱玉琛　黄如祖	呈报员工签名盖章		周景堂	

4）电务员工呈报损失调查表

机关名称：沙坪坝电话分局　　　　　　　　民国二十九年七月十五日填报

姓名	杨卓吾	损失原因	敌机轰炸沙坪坝,本局员工宿舍四周中弹,门窗墙壁倒塌,破片碎石损坏衣物	损失地点	沙坪坝电话分局	离到日期	年　月　日 到局处
资格	话务员			损失日期	7月4日		
职务	值机			何方证明	经主管人员检查		年　月　日 离局处
损失情形	名称	数量	最低估值(元)		名称	数量	最低估值(元)
	蚊帐	1床	13		玻杯	1只	0.7
	黄卡〔咔〕叽制服	1套	28		牙刷	1把	0.9
	白衬衫	1件	12		布鞋	1双	3.8
	白线背心	1件	3.2				
	皮鞋	1双	18				
	共计		74.2		共计		5.4
估计总额		79.6元。拟准慰偿金额:20元				由部核给慰偿金额	
主管人员核签意见并签名盖章		邸玉琛　黄如祖				呈报员工签名盖章	杨卓吾

5）电务员工呈报损失调查表

机关名称：沙坪坝电话分局　　　　　　　　民国二十九年七月十五日填报

姓名	范大清	损失原因	敌机轰炸沙坪坝,本局员工宿舍四周中弹,门窗墙壁倒塌,破片碎石损坏衣物	损失地点	沙坪坝电话分局	离到日期	年　月　日 到局处
资格	话务员			损失日期	7月4日		
职务	值机			何方证明	经主管人员检查在案		年　月　日 离局处
损失情形	名称	数量	最低估值(元)		名称	数量	最低估值(元)
	黄斜纹制服	1套	36		麻纱袜子	1双	3.6
	镜子	1面	1.8		牙粉	1瓶	1.2
	衬绒汗衣	1件	16.5		牙刷	1把	0.9
	白帆布下装	1条	17.5				
	共计		71.8		共计		5.7
估计总额		77.5元。拟准慰偿金额:20元				由部核给慰偿金额	
主管人员核签意见并签名盖章		邸玉琛　黄如祖				呈报员工签名盖章	范大清

6) 电务员工呈报损失调查表

机关名称：沙坪坝电话分局　　　　　　　民国二十九年七月十五日填报

姓名	王官禄	损失原因	敌机轰炸沙坪坝，本局员工宿舍四周中弹，门窗墙壁倒塌，破片碎石损坏衣物	损失地点	沙坪坝电话分局	离到日期	年 月 日 到局处
资格	话务员			损失日期	7月4日		
职务	值机			何方证明	经主管人员检查在案		年 月 日 离局处

损失情形	名称	数量	最低估值(元)	名称	数量	最低估值(元)
	蚊帐	1条	16	黄哈〔咔〕叽短裤	1条	12.7
	府绸衬衫	1件	21.5	丝袜子	1双	6.3
	三峡布长裤	1条	17.5			
	共计			共计		74

估计总额	74元。拟准慰偿金额：20元	由部核给慰偿金额	
主管人员核签意见并签名盖章		邸玉琛　黄如祖	呈报员工签名盖章	王官禄

7) 电务员工呈报损失调查表

机关名称：沙坪坝分局　　　　　　　　　民国二十九年七月十五日填报

姓名	董宗萍	损失原因	7月4日敌机数批狂炸沙坪坝，本局员工宿舍四周中弹，破片碎石损坏衣物，门窗墙壁倒塌	损失地点	本局员工宿舍	离到日期	年 月 日 到局处
资格	话务员			损失日期	29年7月4日		
职务	值机			何方证明	经主管人员检查在案		年 月 日 离局处

损失情形	名称	数量	最低估值(元)	名称	数量	最低估值(元)
	白市布印花毯	1床	25	标准布衬衣	1件	10.5
	白帆布下装	1条	18			
	镜子	1面	1.2			
	面盆	1只	14			
	玻杯	1只	1			
	三峡布上装	1件	17			
	共计		76.2	共计		10.5

估计总额	86.7元。拟准慰偿金额：20元	由部核给慰偿金额	
主管人员核签意见并签名盖章		邸玉琛　黄如祖	呈报员工签名盖章	董宗萍

8) 电务员工呈报损失调查表

机关名称：沙坪坝分局　　　　　　　　　　　民国二十九年七月十五日填报

姓名资格职务	巫更新	损失原因	7月4日敌机轰炸沙坪坝，本局员工宿舍四周中弹，门窗墙壁倒塌，破片碎石损坏衣物	损失地点	沙坪坝员工宿舍	离到日期	年 月 日到局处
	话务员			损失日期	7月4日		
	班长			何方证明	经主管人员检查在案		年 月 日离局处

损失情形	名称	数量	最低估值(元)	名称	数量	最低估值(元)
	府绸衬衣	1件	18	面盆	1个	11
	印花毯子	1床	20	镜子	1面	2.8
	蚊帐	1床	15	麻纱汗衫	1件	4
	衣箱	1只	11			
	短裤	1条	10			
	共计		74	共计		17.8

估计总额	91.8元。拟准慰偿金额：20元	由部核给慰偿金额	
主管人员核签意见并签名盖章	邱玉琛　黄如祖	呈报员工签名盖章	巫更新

9) 电务员工呈报损失调查表

机关名称：沙坪坝分局　　　　　　　　　　　民国二十九年七月十五日填报

姓名资格职务	罗先治	损失原因	7月4日敌机数批狂炸沙坪坝，本局员工宿舍四周中弹，门窗墙壁倒塌，破片碎石损坏衣物	损失地点	本局员工宿舍	离到日期	年 月 日到局处
	话务员			损失日期	29年7月4日		
	值机			何方证明	经主管人员亲临检查		年 月 日离局处

损失情形	名称	数量	最低估值(元)	名称	数量	最低估值(元)
	洋瓷面盆	1个	14	麻纱汗背心	1件	6.5
	枕头	1个	6.5	白布衬衣	1件	9
	黄斜纹制服	1套	27.8			
	白线毯子	1床	18			
	洋瓷漱口盂	1个	3			
	共计		69.3	共计		15.5

估计总额	84.8元。拟准慰偿金额：20元	由部核给慰偿金额	
主管人员核签意见并签名盖章	邱玉琛　黄如祖	呈报员工签名盖章	罗先治

10) 电务员工呈报损失调查表

机关名称：沙坪坝分局　　　　　　　　　　民国二十九年七月十五日填报

姓名资格职务	童恕 话务员 司机	损失原因	7月4日敌机轰炸沙坪坝，本局员工宿舍四周中弹，门窗墙壁倒塌，破片碎石损坏衣物	损失地点 损失日期 何方证明	沙坪坝员工宿舍 7月4日 经主管人员检查在案	离到日期	年　月　日 到局处 年　月　日 离局处
损失情形	名称	数量	最低估值(元)		名称	数量	最低估值(元)
	毯子	1床	15		蓝布长衫	2件	30
	棉絮	1床	20		枕头	2个	8
	面盆	1个	11				
	共计				共计		84
估计总额	84元。拟准慰偿金额：20元			由部核给慰偿金额			
主管人员核签意见并签名盖章			邱玉琛　黄如祖	呈报员工签名盖章	童恕		

11) 电务员工呈报损失调查表

机关名称：沙坪坝电话分局　　　　　　　　民国二十九年七月十五日填报

姓名资格职务	陈子廉 话务员 值机	损失原因	敌机轰炸沙坪坝，本局员工宿舍四周中弹，门窗墙壁倒塌，破片碎石损坏衣物	损失地点 损失日期 何方证明	沙坪坝电话分局 7月4日 经主管人员检查在案	离到日期	年　月　日 到局处 年　月　日 离局处
损失情形	名称	数量	最低估值(元)		名称	数量	最低估值(元)
	鸭绒毛线上下装	1套	35		纱蚊帐	1床	15
	黄毛卡机〔咔叽〕下装	1条	17.5		漱口盅	1个	1.8
	白虎〔府〕绸衣	1件	18				
	共计				共计		87.3
估计总额	87.3元。拟准慰偿金额：20元			由部核给慰偿金额			
主管人员核签意见并签名盖章			邱玉琛　黄如祖	呈报员工签名盖章	陈子廉		

12) 电务员工呈报损失调查表

机关名称：沙坪坝分局　　　　　　　　　　民国二十九年七月十五日填报

姓名资格职务	胡仁厚	损失原因	7月4日敌机数批轰炸沙坪坝，本局员工宿舍四周中弹，门窗墙壁倒塌，破片碎石损坏衣物	损失地点	沙坪坝员工宿舍	离到日期	年　月　日到局处
	话务员			损失日期	7月4日		
	司机			何方证明	经主管人员检查在案		年　月　日离局处
损失情形	名称	数量	最低估值(元)		名称	数量	最低估值(元)
	花府绸衬衫	1件	19		袜子	1双	3.5
	标准布衬衫	1件	10.5		牙刷	1把	1.1
	短裤	1条	9.5				
	蚊帐	1床	15				
	面盆	1个	11				
	背心	1件	3.6				
	共计		68.6		共计		4.6
估计总额		73.2元。拟准慰偿金额：20元			由部核给慰偿金额		
主管人员核签意见并签名盖章			邱玉琛　黄如祖		呈报员工签名盖章		胡仁厚

13) 电务员工呈报损失调查表

机关名称：沙坪坝分局　　　　　　　　　　民国二十九年七月十五日填报

姓名资格职务	冯功庆	损失原因	7月4日敌机轰炸沙坪坝，本局员工宿舍四周中弹，门窗墙壁倒塌，破片碎石损坏衣物	损失地点	沙坪坝员工宿舍	离到日期	年　月　日到局处
	话务员			损失日期	7月4日		
	司机			何方证明	经主管人员检查在案		年　月　日离局处
损失情形	名称	数量	最低估值(元)		名称	数量	最低估值(元)
	蚊帐	1幅	14.5		白短裤	1条	8
	夹被	1床	22		洋瓷漱口盂	1个	2.8
	竹席	1张	3.4		镜子	1面	2
	枕套	1个	4				
	府绸衬衣	1件	18				
	共计		61.9		共计		12.8
估计总额		74.7元。拟准慰偿金额：20元			由部核给慰偿金额		
主管人员核签意见并签名盖章		略损尚实	邱玉琛　黄如祖		呈报员工签名盖章		冯功庆

14)电务员工呈报损失调查表

机关名称:沙坪坝电话局　　　　　　　　　民国二十九年七月十日填报

姓名	刘海南	损失原因	日机于本日大炸沙坪坝,舍间周围中弹,且房屋倒坍	损失地点	沙坪坝郊外	离到日期	年 月 日 到局处
资格	技工			损失日期	29年7月4日		
职务	线工			何方证明			年 月 日 离局处
损失情形	名称	数量	最低估值(元)	名称	数量	最低估值(元)		
	被卧	2床	50	碗	20个	5		
	锅	1口	9	毯子	1床	20		
	共计			共计		84		
估计总额		84元。拟准慰偿金额:15元			由部核给慰偿金额			
主管人员核签意见并签名盖章			邱玉琛　黄如祖		呈报员工签名盖章	刘海南		

15)电务员工呈报损失调查表

机关名称:沙坪坝电话局　　　　　　　　　民国二十九年七月十日填报

姓名	黄树安	损失原因	日机于本日大炸沙坪坝,舍间中弹1枚,房屋完全炸毁	损失地点	沙坪坝郊外	离到日期	年 月 日 到局处
资格	技工			损失日期	29年7月4日		
职务	线工			何方证明			年 月 日 离局处
损失情形	名称	数量	最低估值(元)	名称	数量	最低估值(元)		
	被卧	2床	45	锅	1口	9		
	线毯	1床	15	帐子	1顶	15		
	共计			共计		84		
估计总额		84元。拟准慰偿金额:15元			由部核给慰偿金额			
主管人员核签意见并签名盖章			邱玉琛　黄如祖		呈报员工签名盖章	黄树安		

16) 电务员工呈报损失调查表

机关名称：沙坪坝电话局　　　　　　　　　民国　年　月　日填报

姓名	王海林	损失原因	敌机于本日分三批狂炸沙坪坝，本局宿舍周围投［弹］十余枚，将本局墙壁门窗炸倒，致有此损失	损失地点	沙坪坝电话局宿舍	离到日期	年　月　日 到局处
资格	技工			损失日期	29年7月4日		
职务	线工			何方证明			年　月　日 离局处
损失情形	名称	数量	最低估值(元)	名称	数量	最低估值(元)
	线毯	1床	14	力士鞋	1双	8
	工衣	2套	32			
	共计			共计		54
估计总额	54元。拟准慰偿金额：15元			由部核给慰偿金额		
主管人员核签意见并签名盖章			邸玉琛　黄如祖	呈报员工签名盖章		王海林

17) 电务员工呈报损失调查表

机关名称：沙坪坝电话［局］　　　　　　　民国二十九年七月十日填报

姓名	陈芝明	损失原因	日机于本日10时大炸沙坪坝，本局宿舍周围落弹十余枚，墙壁门窗皆被炸倒	损失地点	沙坪坝电话局宿舍	离到日期	年　月　日 到局处
资格	技工			损失日期	29年7月4日		
职务	线工			何方证明			年　月　日 离局处
损失情形	名称	数量	最低估值(元)	名称	数量	最低估值(元)
	工衣	1套	15	席子	1张	2
	被卧	1床	30	胶鞋	1双	8
	共计			共计		
估计总额	55元。拟准慰偿金额：15元			由部核给慰偿金额		
主管人员核签意见并签名盖章			邸玉琛　黄如祖	呈报员工签名盖章		陈芝明

18) 电务员工呈报损失调查表

机关名称：沙坪坝电话局　　　　　　　　民国二十九年七月十日填报

姓名	胡宗荣	损失原因	日机于本日分三批大炸沙坪坝，本局宿舍墙壁门窗皆被炸倒	损失地点	沙坪坝电话局宿舍	离到日期	年 月 日 到局处
资格	技工	^	^	损失日期	29年7月4日	^	
职务	线工	^	^	何方证明		^	年 月 日 离局处

损失情形	名称	数量	最低估值(元)	名称	数量	最低估值(元)
	被卧	1床	35	毯子	1床	15
	胶鞋	1双	10			
	共计			共计		60

估计总额	60元。拟准慰偿金额：20元	由部核给慰偿金额	
主管人员核签意见并签名盖章	邸玉琛　黄如祖	呈报员工签名盖章	胡宗荣

19) 电务员工呈报损失调查表

机关名称：重庆沙坪坝电话局　　　　　　民国二十九年七月十日填报

姓名	陆佩根	损失原因	7月4日敌机数批轮炸沙坪坝，本局宿舍四周中弹，门窗墙壁倒塌，弹片与木石纷飞，因而损毁衣物	损失地点	沙坪坝本局宿舍	离到日期	年 月 日 到局处
资格	电话机工	^	^	损失日期	7月4日	^	
职务	修理话机	^	^	何方证明	管理员江暨主任邸巡视在案	^	年 月 日 离局处

损失情形	名称	数量	最低估值(元)	名称	数量	最低估值(元)
	黄卡旗〔咔叽〕长裤	1条	15	毛巾	1条	2
	灰色衬衫	1件	10	袜子	2双	4
	短裤	2条	11	玻琍〔璃〕漱口杯	1个	1
	汗衫	1件	8			
	布鞋	1双	3.5			
	牙刷	1支	1.2			
	共计		48.7	共计		7

估计总额	55.7元。拟准慰偿金额：20元	由部核给慰偿金额	
主管人员核签意见并签名盖章	邸玉琛　黄如祖	呈报员工签名盖章	陆佩根

20) 电务员工呈报损失调查表

机关名称：沙坪坝电话局　　　　　　　　　　　民国二十九年七月十日填报

姓名资格职务	王炎生 技工 铅工	损失原因	敌机于本日分三批大炸沙坪坝,本局宿舍周围中弹十余枚,宿舍墙壁门窗皆被炸倒	损失地点	沙坪坝电话局宿舍	离到日期	年 月 日 到局处
				损失日期	29年7月4日		
				何方证明			年 月 日 离局处
损失情形	名称	数量	最低估值(元)	名称	数量	最低估值(元)
	棉被	1床	35	胶鞋	1双	10
	工衣	1套	15			
	共计			共计		60
估计总额	60元。拟准慰偿金额:20元	由部核给慰偿金额
主管人员核签意见并签名盖章	邸玉琛　黄如祖	呈报员工签名盖章	王炎生

21) 电务员工呈报损失调查表

机关名称：沙坪坝电话局　　　　　　　　　　　民国二十九年七月十日填报

姓名资格职务	彭海樵 技工 线工	损失原因	日机于本日分三批狂炸沙坪坝,本局宿舍周围投弹十余枚,宿舍墙壁门窗皆被炸倒,致有如此损失	损失地点	沙坪坝电话局宿舍	离到日期	年 月 日 到局处
				损失日期	29年7月4日		
				何方证明			年 月 日 离局处
损失情形	名称	数量	最低估值(元)	名称	数量	最低估值(元)
	皮鞋	1双	24	棉絮	1床	12
	工衣	1套	20			
	共计			共计		56
估计总额	56元。拟准慰偿金额:20元	由部核给慰偿金额
主管人员核签意见并签名盖章	邸玉琛　黄如祖	呈报员工签名盖章	彭海樵

22) 电务员工呈报损失调查表

机关名称:沙坪坝电话局　　　　　　　民国二十九年七月十日填报

姓名	滕元顺	损失原因	敌机于本日分三批大炸沙坪坝,本局宿舍周围中弹十余枚,宿舍墙壁门窗皆被炸倒,致有如此损失	损失地点	沙坪坝电话[局]宿舍	离到日期	年 月 日 到局处
资格	技工			损失日期	29年7月4日		
职务	线工			何方证明			年 月 日 离局处
损失情形	名称	数量	最低估值(元)	名称	数量	最低估值(元)
	棉被	1床	40	工衣	1套	20
	毯子	1床	12	胶鞋	1双	12
	共计			共计		84
估计总额	84元。拟准慰偿金额:20元			由部核给慰偿金额		
主管人员核签意见并签名盖章			邸玉琛　黄如祖	呈报员工签名盖章		滕元顺

23) 电务员工呈报损失调查表

机关名称:沙坪坝电话局　　　　　　　民国二十九年七月十日填报

姓名	柳学富	损失原因	敌机于本日分三批大炸沙坪坝,本局宿舍周围落弹十余枚,宿舍墙壁门窗皆被炸倒,致有如此损失	损失地点	沙坪坝电话局宿舍	离到日期	年 月 日 到局处
资格	技工			损失日期	29年7月4日		
职务	线工			何方证明			年 月 日 离局处
损失情形	名称	数量	最低估值(元)	名称	数量	最低估值(元)
	棉被	1床	35	衬衣	1件	10
	套鞋	1双	12			
	共计			共计		57
估计总额	57元。拟准慰偿金额:20元			由部核给慰偿金额		
主管人员核签意见并签名盖章			邸玉琛　黄如祖	呈报员工签名盖章		柳学富

24) 电务员工呈报损失调查表

机关名称：沙坪坝电话局　　　　　　　　民国二十九年七月十日填报

姓名资格职务	冯金山 技工 线工	损失原因	敌机于本日分三批轰炸沙坪坝，本局宿舍周围落弹十余枚，宿舍之墙壁及门窗皆被炸倒，致有此次之损失	损失地点	沙坪坝电话局宿舍	离到日期	年 月 日 到局处		
				损失日期	29年7月4日				
				何方证明			年 月 日 离局处		
损失情形	名称	数量		最低估值(元)	名称	数量		最低估值(元)	
	棉被	1床		35	工衣	1套		18.5	
	毯子	1床		15					
	共计				共计			68.5	
估计总额				68.5元。拟准慰偿金额:20元	由部核给慰偿金额				
主管人员核签意见并签名盖章					邱玉琛　黄如祖	呈报员工签名盖章			冯金山

25) 电务员工呈报损失调查表

机关名称：沙坪坝电话局　　　　　　　　民国二十九年七月十日填报

姓名资格职务	刘东生 技工 线工	损失原因	敌机于本日分三批大炸沙坪坝，本局宿舍周围中弹十余枚，宿舍墙壁门窗皆被炸倒，致有如此损失	损失地点	沙坪坝电话局宿舍	离到日期	年 月 日 到局处		
				损失日期	29年7月4日				
				何方证明			年 月 日 离局处		
损失情形	名称	数量		最低估值(元)	名称	数量		最低估值(元)	
	棉被	1床		38	球鞋	1双		10	
	帐子	1顶		22	工衣	1套		20	
	共计				共计			90	
估计总额				90元。拟准慰偿金额:20元	由部核给慰偿金额				
主管人员核签意见并签名盖章					邱玉琛　黄如祖	呈报员工签名盖章			刘东生

26) 电务员工呈报损失调查表

机关名称：沙坪坝分局　　　　　　　　民国二十九年七月十五日填报

姓名	萧敦厚	损失原因	7月4日敌机数批狂炸沙坪坝，员工宿舍四周中弹，门窗墙壁倒塌，破片碎石损坏衣物	损失地点	本局员工宿舍	离到日期	年 月 日 到局处		
资格	话差			损失日期	29年7月4日				
职务	传呼工役			何方证明	经主任亲临检查		年 月 日 离局处		
损失情形	名称	数量	最低估值(元)		名称	数量	最低估值(元)		
	帐子	1笼	15		蓝布裤	1条	8		
	布长衫	2件	30						
	共计				共计		53		
估计总额		53元。拟准慰偿金额：10元			由部核给慰偿金额				
主管人员核签意见并签名盖章			邸玉琛　黄如祖		呈报员签名盖章		萧敦厚		

(0346—1—48)

17. 交通部重庆电话局为报1940年6月25日、6月26日、7月4日、7月8日、7月16日员工损失请核给慰偿金给交通部的代电(1940年8月7日)

交通部钧鉴：查六月廿五、廿六、七月四、八、十六日敌机侵入市郊投弹，本总局(及沙坪坝分局)员工住宅被炸者，计有技术员1人、话务员5人，共计6人，经各填具损失调查表一份前来。查各该员工住宅地点，事先均经登记，当经派员慰问并调查损失情形属实。除照章拟准慰偿金额共计400元，内话务员笪如森、蒲雪筠、邓芝德等3名因损失严重，已照紧急救济办法各预发60元，共计180元，以便该员等略事购置外，理合一并填具动用概算请示表1份，连同损失调查表6份、清单2纸电请鉴核，准予列支，以示体恤。衔名叩。虞事。

附呈损失调查表6份、动用概算请示表1份、清单2纸。

1)电务员工呈报损失调查表

机关名称： 民国二十九年七月十二日填报

姓名	蒲雪筠	损失原因	敌机将全屋炸毁	损失地点	南纪门外川道拐5号	离到日期	年 月 日 到局处
资格	班长			损失日期	7月8日		
职务	话务员			何方证明	保甲长		年 月 日 离局处

损失情形	名称	数量	最低估值(元)	名称	数量	最低估值(元)
	敌弹投下将全屋炸毁，家中一切家具及琐碎东西全部损失（房屋[系]自己[产业]）		8000			
	共计			共计		

估计总额	预发慰偿金额:60元	由部核给慰偿金额
主管人员核签意见并签名盖章	经派员调查被炸属实 王佐　黄如祖	呈报员工签名盖章	蒲雪筠

2)电务员工呈报损失调查表

机关名称:交通部重庆电话局 民国二十九年六月二十七日填报

姓名	邓芝德	损失原因	本年6月26日上午敌机狂炸渝市，家住市区内机房街全街被炸，房屋良好者极少，因所任职务关系又碍难疏散乡间，再敌机当时又系连日未停轰炸，几至每日成为躲避时间，故匆促中无余时疏散	损失地点	渝市区内机房街第65号	离到日期	年 月 日 到局处
资格	话务员			损失日期	29年6月26日		
职务	值机			何方证明	本段保甲(证件粘附)		年 月 日 离局处

续表

损失情形	名称	数量	最低估值（元）	名称	数量	最低估值（元）
	被盖	2床	50	单衣	5件	80
	铁床	1间	40	桌子	3张	24
	箱子	2口	70	椅子	5把	20
	铁锅	1口	9	铜壶	1个	7
	茶壶	1个	5	雨伞	1把	8
	面盆	1个	12	温水瓶	1个	14
	瓷碗	大小共计17个	37	时钟	1架	50
	皮衣	1件	50			
	共计		273	共计		203

估计总额	476元。预发慰偿金额:60元	由部核给慰偿金额	
主管人员核签意见并签名盖章	住宅全被炸　　　　　　王佐　黄如祖	呈报员工签名盖章	邓芝德

3) 电务员工呈报损失调查表

机关名称：交通部重庆电话局　　　　　　民国二十九年七月十七日填报

姓名	笪如森	损失原因	住屋被敌机掷中炸弹1枚，全家5口除各着单服一袭存在外，所有夹棉衣服被盖及食卧器具全部被炸，无一幸存	损失地点	罗汉寺街11号	离到日期	年　月　日到局处
资格	话务员			损失日期	29年7月16日		
职务	佐理员			何方证明			年　月　日离局处

损失情形	名称	数量	最低估值（元）	名称	数量	最低估值（元）
	棉被	3床	150	夹袍	1件	30
	棉垫褥	2条	70	白纺长衫	1件	50
	线毯	1条	15	(妻子女)普通单夹棉衣	2箱	400
	粗呢毯	1条	15	应用桌椅床铺	20余件	100
	挂帐	1顶	32	锅碗炉缺〔缸〕食具	30余件	60
	小圆顶帐	1顶	25			
	布棉袍	1件	30			
	夹绒袍	1件	40			
	共计			共计		1017

估计总额	预发慰偿金额:60元	由部核给慰偿金额	
主管人员核签意见并签名盖章	请局长派员调查。　　　　　经派员调查被炸属实　　黄如祖	呈报员工签名盖章	笪如森

4) 电务员工呈报损失调查表

机关名称：重庆电话局　　　　　　　　　民国二十九年六月二十六日填报

姓名资格职务	周德静	损失原因	本屋中弹炸毁	损失地点	冉家巷13号（新改16号）	离到日期	年　月　日到局处
	技术员			损失日期	6月25日		
	佐理员			何方证明			年　月　日离局处

损失情形	名称	数量	最低估值(元)	名称	数量	最低估值(元)
	床	1张	26	内衣外衣	5件	40
	被褥	各1床	42	电炉	1个	20
	面盆	1个	4	日用家具(杯盏桌椅)		40
	温水瓶	1个	15			
	共计			共计		187

估计总额		拟准慰偿金额：100元	由部核给慰偿金额	
主管人员核签意见并签名盖章	经查被炸属实		呈报员工签名盖章	周德静
		王佐　黄如祖		

5) 电务员工呈报损失调查表

机关名称：交通部重庆电话局　　　　　　民国二十九年七月十七日填报

姓名资格职务	笪宠恩	损失原因	赁住之屋落弹被炸，衣物被盖及应用用具全部被炸	损失地点	罗汉寺11号	离到日期	年　月　日到局处
	话务员			损失日期	29年7月16日		
	长途值机			何方证明			年　月　日离局处

损失情形	名称	数量	最低估值(元)	名称	数量	最低估值(元)
	夹被	1床	20	夹袍	1件	24
	绒被	1床	50	布长衫	3件	30
	毛毯	1条	35	毛绳〔线〕衣	1件	20
	褥单	1条	9	衣箱	1个	12
	夏布帐	1顶	25	面盆	1个	5
	驼绒袍	1件	65	网篮(内书籍及零星用物)	1个	20
	呢大衣	1件	45			
	共计			共计		360

续表

估计总额	拟准慰偿金额:60元	由部核给慰偿金额	
主管人员核签意见并签名盖章	经查被炸属实　　　　　　　　王佐　黄如祖	呈报员工签名盖章	笪宠恩

6)电务员工呈报损失调查表

机关名称：　　　　　　　　　　　　　　　民国二十九年七月五日填报

姓名	沈志学	损失原因	家庭被炸（住码头上街口十一保十甲）	损失地点	沙坪坝中渡口	离到日期	年　月　日 到局处
资格	话务员			损失日期	29年7月4日		
职务	值机			何方证明			年　月　日 离局处

损失情形	名称	数量	最低估值(元)	名称	数量	最低估值(元)
	磁器	□件	60	被盖	2床	50
	时钟	1架	30	木器	5件	150
	共计			共计		290

估计总额	拟准慰偿金额:60元	由部核给慰偿金额	
主管人员核签意见并签名盖章	经查被炸属实　　　　　　　　王佐　黄如祖	呈报员工签名盖章	沈志学

7)交通部重庆电话局员工空袭损失拟准慰偿金清单

姓名	资格	慰偿金		核准数目	备注
		拟准数目	预发数目		
周德静	话务员	100			
笪宠恩	话务员	60			
沈志学	话务员	60			
笪如森	话务员		60		
蒲雪筠	话务员		60		
邓芝德	话务员		60		
		220	180		
总计		400			

(0346—1—49)

18.交通部重庆电话局为呈报员工庄季威1940年7月8日被炸损失调查情形并请核给慰偿金给交通部的代电(1940年9月9日)

交通部钧鉴：据本局业务员庄季威呈称：七月八日敌机袭渝，职属学田湾民社10号所有房屋器具衣物均被炸毁，荡然无存，其时职适请假赴越迎奉老母，家属未谙手续，未即呈报，兹取得保长证明一件，并填具损失调查表请予核发慰偿金，以示体恤。等情。经调查尚属实情，理合检同函表，据情电请鉴核示遵，实为公便。衔名。叩。佳事。

附庄季威损失调查表1份、保长证明函1件。

电务员工呈报损失调查表

机关名称：重庆市电话局　　　　　　　民国二十九年七月十日填报

姓名	庄季威			损失地点	重庆上清寺民社十院		年 月 日到局处	
资格	业务员	损失原因	7月8日敌机轰炸重庆	损失日期	7月8日	离到日期		
职务	纯阳洞分局佐理员			何方证明			年 月 日离局处	
损失情形	名称	数量	最低估值(元)	名称	数量	最低估值(元)		
	衣箱(内男女冬夏衣30余件)	2只	230	铜茶壶	1把	25		
	□□	1个	320	方桌	2张	18		
	帐子(夏布)	2顶	40	藤椅	2张	16		
	皮鞋	3双	60	座钟	1只	30		
	面盆	3只	36	菜碗	10只	8		
	漱口杯	2只	18	饭碗	10只	6		
	热水瓶(5磅)	1只	45	钢精锅	1只	12		
	木洗衣盆	1只	7	铁锅	2只	10		
	洋伞	2顶〔把〕	20	炉子	1只	8		
	玻璃杯	4只	3.2	方凳	4只	16		
	磁茶壶	1把	4					
	共计		783.2	共计		119		
估计总额		902.2元。拟准或预发慰偿金额：60元				由部核给慰偿金额		
主管人员核签意见并签名盖章					黄如祖	呈报员工签名盖章	庄季威	

(0346—491)

19.交通部重庆电话局为报告庄季威呈报1940年7月8日损失经过情况给交通部人事司的代电(1940年11月7日)

交通部人事司钧鉴:人渝字第12286号九月宥典代电奉悉,兹将庄员季威呈报损失经过情形列下:本年七月十八日,据本局新分局管理股主任侯楷签称:"查庄员季威自六月二十八日呈请给假三星期,至今犹未满期,兹由邮寄到损失调查表应如何办理祈鉴核"等情,当以已过规定日期,应毋庸议核饬转知去后,庄员于七月二十日销假回局,七月二十四日据该员呈称:本月八日敌机袭渝,职住学田湾民社10号房屋物件炸毁无存,其时适职请假赴越迎亲,当由家属函致许测量长国荣请代具报,有九日挂号信可□(原信缴局附卷)。嗣接许测量长回信,附寄调查表2份,当即填明损失,并备保长证明书邮寄许测量长代呈,实缘家属未谙呈报手续,加以邮递迟缓,以致日期稍有出入,然职住处被炸损失属实,请体恤下情,准予调查慰偿。等情。经饬本局经办调查被炸损失慰偿各员切实查复,旋据该经办员孙嗣铭等呈称:庄员住处学田湾民社10号房屋物件炸毁属实。等情。当以该员在假期内寓所被炸,呈报损失调查表辗转邮递,情形特殊,应予据情转呈,请予慰偿,以示体恤各在案。兹奉前因,理合将经过情形复请核示为祷。衔名叩。虞事。

附庄季威给重庆电话局的呈

谨签呈者:案奉大部九月人渝12286宥典代电开:"该局业务员庄季威呈报损失,按照本部本年三月人典字第7550号训令颁布办法第六条规定,业已逾期,所请未便照准"。等因。奉此。窃职自六月二十八日起请假赴越迎亲,至七月二十日始返渝到局销假供职,七月八日敌机狂炸重庆,职住所学田湾民社10院房屋被炸,所有器物尽为炸毁震飞,其时因职未在渝,当由家属于七月九日开具损失单一纸挂号邮寄本股许测量长国荣代为具报,未谙尚需其他手续,后由许君函告需有当地保长证明及本人盖章,并附寄局方发给被炸损失清单二纸,当由职家属即办具手续,挂号邮寄纯阳洞分局管理股转呈总局在案。然本局调查人员因感自七月起渝市频遭敌机狂炸,对调查工作殊多困难,更因尚有其他公务羁身,未克顺利处理,故于呈报日期稍有延逾,然职及家属等自居处遭炸后,衣用各物荡然无存,际此百物昂贵之时,添置无力,日常生活实感困难,而近又寒冬将届,职与家属等御寒之具无着,伏思王道不外人情,仰祈体恤下情,请将逾期呈报原因并检同前呈各证明文件再呈大部申声补发慰偿金,以示体恤,实为德便。谨上

　　主任
　　课长
　　□□

附庄季威妻致许国荣函

漱石先生大鉴:

迳启者。八日敌机袭渝,舍间所居民社十院房屋亦被炸毁,所有衣服铺盖一切应用各物尽为炸毁,荡然无存,而外子适于旬前请假赴越迎亲,际此百物昂贵之间,各物添置实感困难,当外子离渝时相嘱关彼在局诸务均已拜托先生,今既遭此损失,一切务烦先生转呈主任代为具报总局,以祈在部得领若干损失津贴,以弥补万一之损失。今将损失各物约略开列一单,望代填损失单送呈总局,实为万幸。所托种种,容后叩谢。专此即颂

　　公安
　　附损失单1纸
　　　庄方瑞琴　启
　　　七月九日

衣箱(内男女衣服20余件) 2只 约450元　　洋伞 两顶 约12元
铺盖(厚薄被褥4条) 4条 约320元　　玻璃杯 4只 约3元
帐子(夏布) 2顶 约40元　　磁茶壶 1把 约4元
皮鞋 3双 约60元　　铜茶壶 1把 约20元
面盆 3只 约45元　　方桌 2张 约18元
漱口杯 2只 约10元　　藤椅 4把 约20元
热水瓶(5磅) 1只 约45元　　方凳 4只 约10元
木洗衣盆 1只 约6元　　座钟 1只 约40元

菜碗 10只 约8元　　　　　　木床 2张 约18元
饭碗 10只 约6元　　　　　　大橱 1口 约20元
铁锅 2口 约12元　　　　　　电灯泡 5只 约10元
钢精锅 1只 约18元
其余各物一时碍难估计
赐函请寄南岸清水溪莲花山燕居

(0346—1—49)

20.交通部重庆电话局为呈报截至1940年8月9日员工空袭损失情况给交通部的代电(1940年9月24日)

交通部钧鉴：查近来敌机肆虐，市区被炸多处，本局宿舍及员工住宅被炸者截至八月九日止共有208人，经各填具空袭损失表前来。除派员调查并慰问外，其情形严重亟需救济者，计有164人，当照紧急救济办法办理，计预发慰偿金8130元，拟准者41人，计慰偿金1899.3元，其余3人因损失地点无法调查及被炸后失窃情形特殊，应否发给之处，拟请钧部核定外，理合检具损失调查表208份，计1册。又查本局迭被轰炸，至八月二十日一部份办公室及宿舍焚毁，员工分散，且被炸区域寥廓，调查造册不免迟缓，所有前项调查表及核发慰偿金系照前颁慰偿办法先行呈送，拟请暂准列支，至新颁救济办法应行查明各该员工薪给及家属已否疏散各项，正分别赶造清册随后补呈，合并陈明。重庆电话局局长黄如祖叩。回事。

附呈员工空袭损失调查表208份，计1册。
交通部重庆电话局员工空袭损失调查表
日期：八月九日以前

1) 电务员工呈报损失调查表

机关名称：　　　　　　　　　　　　　　民国　年　月　日填报

姓名	罗树清	损失原因	工因外出工作，内眷因敌机轰炸解除后，工即出外工作，内眷回家始知被敌机炸毁	损失地点	本市下安乐洞3号	离到日期	年　月　日到局处
资格	长工			损失日期	7月9日午正		
职务				何方证明	本保保长陈燮林		年　月　日离局处

损失情形	名称	数量	最低估值(元)	名称	数量	最低估值(元)
	蓝布被盖被面	1床	28	青斜纹男上下装	1套	24
	青布女长棉袍	1件	24	大小缸钵	3个	2
	蓝布女长衫	1件	13	大水缸	1口	5
	短衫	1件	9	青充直呢下装	1件	12
	共计			共计		117

估计总额	117元。拟准慰偿金额：30元	由部核给慰偿金额	
主管人员核签意见并签名盖章		呈报员工签名盖章	长工罗树清

2) 电务员工呈报损失调查表

机关名称：　　　　　　　　　　　　　　民国　年　月　日填报

姓名	陈启荣	损失原因	因工未克回舍收拾不迭，被敌机投弹直炸铺内遂受飞出不见	损失地点	中一支路51技工宿舍	离到日期	年　月　日到局处
资格	技工			损失日期	7月8日午正		
职务	架空			何方证明	房东李炎明		年　月　日离局处

损失情形	名称	数量	最低估值(元)	名称	数量	最低估值(元)
	丝棉被单	1床	60	充直呢中山上下装	1套	35
	胶鞋	1双	10	洗面□具	3件	10
	白垫被	1床	15			
	共计			共计		130

估计总额	拟准慰偿金额：40元	由部核给慰偿金额	
主管人员核签意见并签名盖章		侯楷　呈报员工签名盖章	陈启荣

3) 电务员工呈报损失调查表

机关名称：上清寺电话分局　　　　　　民国二十九年六月二十八日填报

姓名	吴体仁	损失原因	该分局前后左右均被中弹将该局震坏	损失地点	上清寺中三路143号	离到日期	年　月　日到局处
资格				损失日期	6月26日		
职务	技工			何方证明			年　月　日离局处

损失情形	名称	数量	最低估值(元)	名称	数量	最低估值(元)
	铺盖	1付〔床〕	100	衬衣	2件	15
	箱子	1只	10	面盆	1个	7
	中山装呢衣服	1套	50	开水瓶	1个	15
	布中山装衣服	2套	30	布床	1张	20
	共计			共计		247

估计总额	拟准或预发慰偿金额：大部核示	由部核给慰偿金额	
主管人员核签意见并签名盖章	因宿舍震坏，被窃衣物无从调查，应否慰偿，请核示。	呈报员工签名盖章	吴体仁

4) 电务员工呈报损失调查表

机关名称：重庆电话局　　　　　　　　民国二十九年七月九日填报

姓名	毕庶琦	损失原因	7月8日敌机袭渝被炸毁	损失地点	两路口大田湾41号	离到日期	年　月　日到局处
资格	技术员			损失日期	29年7月8日		
职务	工务课佐理员			何方证明			年　月　日离局处

损失情形	名称	数量	最低估值(元)	名称	数量	最低估值(元)
	府绸衬衣	1件	13	竹床	1只	3.5
	白斜纹布裤	1件	21	饭碗	4只	1.2
	女丝袍	1件	42	铁水壶	1只	1.5
	女麻袍	1件	25			
	蚊帐	1件	22			
	白铁锅	1只	10			
	热水瓶	1只	15			
	共计		148	共计		6.2

估计总额	154.2元。预发慰偿金额：100元	由部核给慰偿金额	
主管人员核签意见并签名盖章	经查属实	呈报员工签名盖章	毕庶琦

查话务员胡善保、庆佩兰住本市正阳街18号,于本月九日敌机袭渝时被炸,所有什物悉被炸毁,经调查属实,拟请照章发给慰偿金以救急需。

此呈

局长黄

职　朱良冰　周君彝　汪遐年　沙达

八月十日

5)电务员工呈报损失调查表

机关名称:　　　　　　　　　　　　　民国二十九年八月十日填报

姓名	胡善保	损失原因	8月9日[敌机]袭渝住宅全数被炸	损失地点	正阳街18号	离到日期	年　月　日到局处
资格	话务员	^	^	损失日期	9日	^	
职务	领班	^	^	何方证明		^	年　月　日离局处
损失情形	名称	数量	最低估值(元)		名称	数量	最低估值(元)
^	衣服被褥家具	全数	约1000				
^	共计		约1000		共计		
估计总额		预发慰偿金额:60元				由部核给慰偿金额	
主管人员核签意见并签名盖章				黄如祖		呈报员工签名盖章	胡善保

6)电务员工呈报损失调查表

机关名称:重庆电话局　　　　　　　　民国　年　月　日填报

姓名	陈金山	损失原因	8月9日被敌机燃烧弹焚烧	损失地点	仓坝子30号	离到日期	年　月　日到局处
资格	技工	^	^	损失日期	8月9日	^	
职务	扩工组料务股	^	^	何方证明		^	年　月　日离局处
损失情形	名称	数量	最低估值(元)		名称	数量	最低估值(元)
^	棉被	1床	50		草席	1条	3
^	夹被	1床	20				
^	共计				共计		73
估计总额		拟准慰偿金额:40元				由部核给慰偿金额	
主管人员核签意见并签名盖章	经查明属实				黄如祖	呈报员工签名盖章	陈金山

7) 电务员工呈报损失调查表

机关名称：重庆电话局　　　　　　　　　　民国二十九年八月十二日填报

姓名	沈海清	损失原因	8月9日本人宅（萧家凉亭）一带被敌机投弹，起火多处，本人住宅被震塌，致衣物家具损失不堪	损失地点	萧家凉亭11号	离到日期	年　月　日 到局处
资格	技工			损失日期	29年8月9日		
职务	机工			何方证明			年　月　日 离局处

损失情形	名称	数量	最低估值(元)	名称	数量	最低估值(元)
	厨房用具	全部	36	零星日用品		18
	棕床	1张	30	面盆	1面	15
	被条	两张	40			
	共计			共计		139

估计总额	139元正。拟准慰偿金额：40元	由部核给慰偿金额	
主管人员核签意见并签名盖章	黄如祖	呈报员工签名盖章	沈海清

8) 电务员工呈报损失调查表

机关名称：重庆电话局　　　　　　　　　　民国　年　月　日填报

姓名	辜佩玉	损失原因	敌机轰炸	损失地点	长安旅社18号宿舍	离到日期	年　月　日 到局处
资格	话务员			损失日期	8月9日		
职务	值机			何方证明			年　月　日 离局处

损失情形	名称	数量	最低估值(元)	名称	数量	最低估值(元)
	元〔圆〕镜	1面	10	热水瓶	1个	18
	茶杯	4个	3	面盆	1个	16
	共计			共计		47

估计总额	47元。拟准慰偿金额：47元	由部核给慰偿金额	
主管人员核签意见并签名盖章	黄如祖	呈报员工签名盖章	辜佩玉

9)电务员工呈报损失调查表

机关名称：　　　　　　　　　　　　　　　民国　年　月　日填报

姓名	王兴志	损失原因	宿舍被炸	损失地点	长安旅舍3号宿舍	离到日期	年　月　日到局处
资格	话务员	^	^	损失日期	8月9日	^	^
职务	班长	^	^	何方证明		^	年　月　日离局处

损失情形	名称	数量	最低估值(元)	名称	数量	最低估值(元)
^	被盖	1床	25	日用品	多件	54
^	毯子	1床	30	衣服	3件	60
^	枕头	1对	35			
^	共计			共计		204

估计总额		预发慰偿金额：60元	由部核给慰偿金额	
主管人员核签意见并签名盖章		黄如祖	呈报员工签名盖章	王兴志

10)电务员工呈报损失调查表

机关名称：　　　　　　　　　　　　　　　民国　年　月　日填报

姓名	吴敏	损失原因	宿舍被炸	损失地点	长安旅馆3宿舍	离到日期	年　月　日到局处
资格	话务员	^	^	损失日期	8月9日	^	^
职务	副领班	^	^	何方证明		^	年　月　日离局处

损失情形	名称	数量	最低估值(元)	名称	数量	最低估值(元)
^	被盖	1床	35	线毯	1床	32
^	皮鞋	1双	42	日用品	多件	55
^	共计			共计		164

估计总额		预发慰偿金额：60元	由部核给慰偿金额	
主管人员核签意见并签名盖章		黄如祖	呈报员工签名盖章	吴敏

11) 电务员工呈报损失调查表

机关名称：　　　　　　　　　　　　民国　年　月　日填报

姓名	程必琼	损失原因	宿舍被炸	损失地点	长安旅馆3宿舍	离到日期	年 月 日 到局处
资格	话务员			损失日期	8月9日		
职务	司机			何方证明			年 月 日 离局处

损失情形	名称	数量	最低估值(元)	名称	数量	最低估值(元)
	被盖	1床	30	热水瓶	1个	32
	毯子	1床	28	日用品等		48
	共计			共计		138

估计总额	预发慰偿金额：60元	由部核给慰偿金额
主管人员核签意见并签名盖章	黄如祖	呈报员工签名盖章　程必琼

12) 电务员工呈报损失调查表

机关名称：重庆电话局　　　　　　　民国二十九年八月十五日填报

姓名	吴永秀	损失原因	长安饭店本局宿舍被炸	损失地点	长安旅馆宿舍	离到日期	年 月 日 到局处
资格	话务员			损失日期	8月9日		
职务	司机			何方证明			年 月 日 离局处

损失情形	名称	数量	最低估值(元)	名称	数量	最低估值(元)
	被盖	1床	35	短裤	1条	6
	袒〔毯〕子	1床	16	皮鞋	1双	16
	枕头	1对	12	皮箱	1口	12
	蓝布衫	1件	32	面盆	1个	9
	共计			共计		138

估计总额	预发慰偿金额：60元	由部核给慰偿金额
主管人员核签意见并签名盖章	黄如祖	呈报员工签名盖章　吴永秀

13) 电务员工呈报损失调查表

机关名称：交通部重庆电话局　　　　　　民国二十九年八月九日填报

姓名	司子成	损失原因	房屋被炸	损失地点	操场坝29号	离到日期	年 月 日 到局处
资格	线工	^	^	损失日期	8月9日	^	^
职务	查线	^	^	何方证明		^	年 月 日 离局处

损失情形	名称	数量	最低估值(元)	名称	数量	最低估值(元)
^	棉絮	2床	40	铁锅	1口	6
^	棉夹衣	2件	20	洋磁盆	1个	3
^	夹裤	2条	15	长衫	4件	16
^	水缸	1口	3			
^	共计			共计		103

估计总额	预发慰偿金额：40元	由部核给慰偿金额	
主管人员核签意见并签名盖章	黄如祖　金履成	呈报员工签名盖章	司子成

14) 电务员工呈报损失调查表

机关名称：交通部重庆电话局　　　　　　民国二十九年八月十日填报

姓名	李仲伦	损失原因	房屋被炸	损失地点	后寺坡仓坝子22号	离到日期	年 月 日 到局处
资格	技工	^	^	损失日期	8月9日	^	^
职务	查修线	^	^	何方证明		^	年 月 日 离局处

损失情形	名称	数量	最低估值(元)	名称	数量	最低估值(元)
^	被盖	1床	30	行床	1架	6
^	帐子	1床	15	桌子	1张	6
^	棉衣	1件	20	板凳	4条	4
^	中[山]服	2套	30	锅铲	1把	1
^	锅头	1口	8	菜刀	1把	2
^	水缸	1口	5	大小碗	2付	6
^	共计			共计		133

估计总额	预发慰偿金额：40元	由部核给慰偿金额	
主管人员核签意见并签名盖章	黄如祖　金履成	呈报员工签名盖章	李仲伦

15) 电务员工呈报损失调查表

机关名称：重庆话局　　　　　　　　　　　　民国二十九年八月十三日填报

姓名	喻德荣	损失原因	本街21号中弹，致将所住房屋打毁	损失地点	公园路19号	离到日期	年　月　日 到局处
资格	技工	^	^	损失日期	8月9日	^	
职务	机工	^	^	何方证明			年　月　日 离局处

损失情形	名称	数量	最低估值(元)	名称	数量	最低估值(元)
	木床	1架	40	家庭日常用具	多件	100
	玻砖衣柜	1个	50			
	桌子	1张	10			
	凳子	4个	12			
	中山服	1套	50			
	被盖	1床	30			
	共计		192	共计		100

估计总额	预发慰偿金额：40元	由部核给慰偿金额	
主管人员核签意见并签名盖章	黄如祖　金履成	呈报员工签名盖章	喻德荣

16) 电务员工呈报损失调查表

机关名称：重庆电话局　　　　　　　　　　　民国二十九年八月十日填报

姓名	车德义	损失原因	8月9日敌机轰炸，职居住操场坝24号3楼被掷炸弹及燃烧弹多枚，登时起火，延烧附近数百家，职宅被弹片洞穿多处，一时秩序大乱，兼以本局防空洞被炸，警报未有解除，未及回家看视，解除后赶往，房门已大开，只搬出箱子数只，被1条，其余各物均告遗失，晾衣多件亦告乌有	损失地点	操场坝24号3楼	离到日期	年　月　日 到局处
资格	话务员	^	^	损失日期	8月9日	^	
职务	工务课	^	^	何方证明			年　月　日 离局处

续表

名称	数量	最低估值(元)	名称	数量	最低估值(元)
热水瓶	1只	22	铁锅	1只	8
玻璃杯	3只	3.6	大风炉	1只	1.2
大碗	4个	3.2	搪瓷口杯	1只	2
小碗	4个	2	菜刀	1把	3
磁茶壶	1把	5	铜锅铲	1把	1.2
木机	2张	4	铜勺	1把	1.2
小孩毛线衫	1件	44	小褂裤	1套	16
手巾	1条	2.2	袜子	1双	4
黑〔黑〕人牙膏	1管	2.2	祺衫	1件	18
靴鞋	1双	8	小孩衣衫	3件	21.6
旧皮鞋	1双	5			
共计		101.2	共计		76.2

损失情形（左侧纵列）

估计总额	177.4元。预发慰偿金额:60元	由部核给慰偿金额	
主管人员核签意见并签名盖章		黄如祖　王佐	呈报员工签名盖章　车德义

17）电务员工呈报损失调查表

机关名称：重庆电话局　　　　　　　　　　　民国二十九年八月十二日填报

姓名	金履成	损失原因	正阳街18号住宅及总局宿舍于本月九日被炸,震坍一部份	损失地点	正阳街18号及总局宿舍66号	离到日期	年 月 日 到局处
资格	技术员			损失日期	本月9日		
职务	修养股主任			何方证明	同居证明		年 月 日 离局处

	名称	数量	最低估值(元)	名称	数量	最低估值(元)
损失情形	大床	1张	30	书籍	数部	20
	米缸及米	2老斗余	25	杯碗	20只	15
	电灯	2盏	40	厨房用具	全套	30
	热水瓶	1个	30	大洋锁	1把	10
	竹床	1张	10			
	共计			共计		210

续表

估计总额	国币210元正。预发慰偿金额：100元	由部核给慰偿金额	
主管人员核签意见并签名盖章	黄如祖　王佐	呈报员工签名盖章	金履成

18）电务员工呈报损失调查表

机关名称：　　　　　　　　　　民国二十九年八月十二日填报

姓名	陈卓如	损失原因	8月9日敌机轰炸渝市，本局新租长安旅馆女宿舍被炸，职住楼上16号，八日奉命迁入居住，该房在被炸之列，所有衣物均已损失	损失地点	长安旅社	离到日期	年　月　日到局处
资格	话务员			损失日期	8月9日		
职务	修养股测量室			何方证明			年　月　日离局处

	名称	数量	最低估值(元)	名称	数量	最低估值(元)
损失情形	椰子霜	1瓶	4	茶杯	1个	1.8
	牙膏	1把〔支〕	2.2	洋锁	1个	4
	牙刷	1把	2	麻纱袜	2双	10
	力士皂	1块	1.8	手帕	2条	2
	手巾	1条	3	小褂裤	1套	16
	肥皂盒	1个	2	花标大褂	1件	18
	吉星皂	2块	1.8	被盖	1件	40
	力士鞋	1双	9	凉席	1条	5
	布鞋	1双	6			
	刷口杯	1个	2			96.8
	共计		33.8	共计		

估计总额	130.6元。拟准慰偿金额：30元	由部核给慰偿金额	
主管人员核签意见并签名盖章	已预发60元（仅略受震坏）　　　　　金履成	呈报员工签名盖章	陈卓如

19) 电务员工呈报损失调查表

机关名称：重庆电话局　　　　　　　　　　民国二十九年八月十日填报

姓名	陈清照	损失原因	敌机轰炸	损失地点	长安寺电话局第九宿舍	离到日期	年 月 日 到局处
资格				损失日期	8月9日		
职务	话务员			何方证明			年 月 日 离局处

损失情形	名称	数量	最低估值(元)	名称	数量	最低估值(元)
	玻璃杯	1个	3	洋磁碗	1个	5
	面盆	1个	14.5			
	共计			共计		22.5

估计总额	拟准慰偿金额：22.5元	由部核给慰偿金额
主管人员核签意见并签名盖章	黄如祖	呈报员工签名盖章　陈清照

20) 电务员工呈报损失调查表

机关名称：重庆电话局　　　　　　　　　　民国二十九年八月十日填报

姓名	罗韵芬	损失原因	敌机轰炸	损失地点	长安寺电话局第九宿舍	离到日期	年 月 日 到局处
资格				损失日期	8月9日		
职务	话务员			何方证明			年 月 日 离局处

损失情形	名称	数量	最低估值(元)	名称	数量	最低估值(元)
	镜子	1个	7	漱口盂	1个	3
	牙刷	1把	1.7	铜面盆	1个	5.6
	茶碗	1个	4			
	共计			共计		21.2

估计总额	拟准或预发慰偿金额：21.2元	由部核给慰偿金额
主管人员核签意见并签名盖章	黄如祖	呈报员工签名盖章　罗韵芬

21) 电务员工呈报损失调查表

机关名称：重庆电话局　　　　　　　　　民国二十九年八月十日填报

姓名	费韫娴	损失原因	敌机轰炸	损失地点	长安旅馆24号	离到日期	年 月 日 到局处
资格	技术员			损失日期	8月9日		
职务	佐理员			何方证明			年 月 日 离局处

损失情形	名称	数量	最低估值(元)	名称	数量	最低估值(元)
	磁面盆	2个	30	热水壶	1个	30
	玻璃杯	1个	0.9	钟	1个	20
	镜子	1个	6			
	花瓶	1个	5			
	共计		41.9	共计		50

估计总额	91.9元。拟准慰偿金额：70元	由部核给慰偿金额	
主管人员核签意见并签名盖章	黄如祖	呈报员工签名盖章	费韫娴

22) 电务员工呈报损失调查表

机关名称：重庆电话局　　　　　　　　　民国二十九年八月十日填报

姓名	张咏兮	损失原因	敌机轰炸	损失地点	长安寺电话局第九宿舍	离到日期	年 月 日 到局处
资格				损失日期	8月9日		
职务	话务员			何方证明			年 月 日 离局处

损失情形	名称	数量	最低估值(元)	名称	数量	最低估值(元)
	磁面盆	1个	15	镜子	1个	5
	茶壶	1把	3.4	牙刷	1个〔把〕	2
	共计			共计		25.4

估计总额	拟准慰偿金额：25.4元	由部核给慰偿金额	
主管人员核签意见并签名盖章	黄如祖	呈报员工签名盖章	张咏兮

23) 电务员工呈报损失调查表

机关名称： 　　　　　　　　　　民国　年　月　日填报

姓名	徐书隽	损失原因	敌机轰炸	损失地点	长安旅舍7号房	离到日期	年　月　日 到局处
资格	话务员	^	^	损失日期	8月9日	^	
职务	值机	^	^	何方证明		^	年　月　日 离局处

损失情形	名称	数量	最低估值(元)	名称	数量	最低估值(元)
	茶壶	1把	4	卧单	1床(打破)	15
	漱口盂	1个	2	镜子	1面	2
	热水瓶	1个	12			
	共计			共计		35

估计总额	拟准慰偿金额：35元	由部核给慰偿金额	
主管人员核签意见并签名盖章	黄如祖	呈报员工签名盖章	徐书隽

24) 电务员工呈报损失调查表

机关名称： 　　　　　　　　　　民国二十九年八月十二日填报

姓名	胡克明	损失原因	宿舍震倒	损失地点	长安旅舍7号房	离到日期	年　月　日 到局处
资格	话务员	^	^	损失日期	8月9日	^	
职务	值机	^	^	何方证明		^	年　月　日 离局处

损失情形	名称	数量	最低估值(元)	名称	数量	最低估值(元)
	茶杯	1个	1.2	席子	1床	6
	漱口盂	1个	2	镜子	1个	2
	闹钟	1架	20			
	共计			共计		31.2

估计总额	拟准慰偿金额：31.2元	由部核给慰偿金额	
主管人员核签意见并签名盖章	黄如祖	呈报员工签名盖章	胡克明

25) 电务员工呈报损失调查表

机关名称：重庆电话局　　　　　　　　　　民国二十九年八月十日填报

姓名	徐健之	损失原因	房屋全部被炸	损失地点	正阳街18号	离到日期	年　月　日到局处
资格	业务员			损失日期	8月9日		
职务	营业股主任			何方证明			年　月　日离局处

损失情形	名称	数量	最低估值(元)	名称	数量	最低估值(元)
	毛线衫	1件	50	写字台	1张	50
	西装	1套	160	茶几椅子	2付	80
	被	2条	70	炊具	1付	120
	共计			共计		530

估计总额	530元。预发慰偿金额：80元	由部核给慰偿金额	
主管人员核签意见并签名盖章	查属实在　　　　　　　　黄如祖	呈报员工签名盖章	徐健之

26) 电务员工呈报损失调查表

机关名称：重庆电话局　　　　　　　　　　民国二十九年八月十日填报

姓名	蒋晓云	损失原因	房屋全部被炸	损失地点	正阳街18号	离到日期	年　月　日到局处
资格	业务员			损失日期	8月9日		
职务	营业股佐理			何方证明			年　月　日离局处

损失情形	名称	数量	最低估值(元)	名称	数量	最低估值(元)
	西装	1套	150	被	3条	100
	大衣	1件	120	蚊帐	1顶	15
	羊毛毯	1条	80	内衣	5件	50
	共计			共计		515

估计总额	515元。预发慰偿金额：80元	由部核给慰偿金额	
主管人员核签意见并签名盖章	查属实在　　　　　　　　黄如祖	呈报员工签名盖章	蒋晓云

27) 电务员工呈报损失调查表

机关名称：交通部重庆电话局　　　　　　　　　民国二十九年八月十二日填报

姓名	萧毓昌	损失原因	8月9日敌机袭渝中燃烧弹焚毁	损失地点	中央公园旁操场坝9号	离到日期	年　月　日到局处
资格	技术员			损失日期	8月9日		
职务	扩工组佐理员			何方证明			年　月　日离局处

损失情形	名称	数量	最低估值(元)	名称	数量	最低估值(元)
	被褥	4床	200	毡帽	1顶	10
	蚊帐	2床	50	桌椅床凳木器	8件	80
	被面	3件	120	烹调家具	14件	45
	大床单	4件	100	饮水家具	7件	15
	毛巾被	2件	70	洗漱用具	24件	60
	白线毯	2件	60	书籍文具	9件	40
	4人棉夹单衣	23件	400	衣箱	4件	50
	枕头及垫巾	3套	60	存余米炭油盐菜		40
	皮鞋3双 便鞋2双	5双	90			
	共计		1150	共计		340

估计总额	1490元。预发慰偿金额：100元	由部核给慰偿金额	
主管人员核签意见并签名盖章	经查明属实　　　　　　　　　黄如祖	呈报员工签名盖章	萧毓昌

28) 电务员工呈报损失调查表

机关名称：　　　　　　　　　　　　　　　　　民国二十九年八月二日填报

姓名	李固	损失原因	7月22日敌机袭合,投下燃烧弹	损失地点	合川□□古□寺□□	离到日期	年　月　日到局处
资格	值机			损失日期	7月22日		
职务	话务员			何方证明			年　月　日离局处

续表

	名称	数量	最低估值(元)	名称	数量	最低估值(元)
损失情形	七月廿二日敌机袭合,投下燃烧弹将全院烧了,并将家中几十年的用具——瓷木器衣服等完全烧毁		值10万有余			
	共计		100000	共计		
估计总额		拟准或预发慰偿金额			由部核给慰偿金额	
主管人员核签意见并签名盖章		无法调查,请大部核		黄如祖	呈报员工签名盖章	李固

29) 电务员工呈报损失调查表

机关名称:重庆电话局　　　　　　　　　　　　民国二十九年八月十二日填报

姓名	张登元	损失原因	家庭被炸受震塌	损失地点	长安街8号	离到日期	年 月 日 到局处
资格	技工			损失日期	8月9日		
职务	铅工领班			何方证明			年 月 日 离局处

	名称	数量	最低估值(元)	名称	数量	最低估值(元)
损失情形	饭锅	1口	20	桌子	1张	18
	饭碗	大小2付	15	温水瓶	1个	12
	水缸缸钵	各1个	12	茶杯	4个	6
	凳子	2个	8			
	共计			共计		91
估计总额		拟准慰偿金额:40元			由部核给慰偿金额	
主管人员核签意见并签名盖章				黄如祖	呈报员工签名盖章	张登元

30) 电务员工呈报损失调查表

机关名称：电话局　　　　　　　　　　　　民国　年　月　日填报

姓名	张清山	损失原因		损失地点	苍坝子30号	离到日期	年 月 日 到局处
资格	长工			损失日期			
职务				何方证明			年 月 日 离局处
损失情形	名称	数量	最低估值(元)	名称	数量	最低估值(元)
	蓝布短衫	2套	40元	被盖	1床	60元
	棉布长衫	1套	40元	皮箱	1口	15元
	毯子	1床	20元			
	共计			共计		175元
估计总额		预发慰偿金额：30元			由部核给慰偿金额	
主管人员核签意见并签名盖章			黄如祖		呈报员工签名盖章	张清山

31) 电务员工呈报损失调查表

机关名称：重庆电话局　　　　　　　　　　民国　年　月　日填报

姓名	张松廷	损失原因	因敌轰炸房屋烧坏	损失地点	苍坝子电话[局]宿舍	离到日期	年 月 日 到局处
资格				损失日期	8月9日		
职务	常工			何方证明			年 月 日 离局处
损失情形	名称	数量	最低估值(元)	名称	数量	最低估值(元)
	被盖	1床	30	安安蓝工人服	1套	20
	芝麻呢学生服	1套	24	包袱皮	1张	3
	共计			共计		77
估计总额		预发慰偿金额：30元			由部核给慰偿金额	
主管人员核签意见并签名盖章			黄如祖		呈报员工签名盖章	张松廷

32) 电务员工呈报损失调查表

机关名称：重庆电话局　　　　　　　　民国二十九年八月十三日填报

姓名	李国杨	损失原因	因敌机轰炸将房屋完全被火焚烧	损失地点	仓坝子技工宿舍	离到日期	年　月　日 到局处
资格	工头			损失日期	8月9日		
职务				何方证明			年　月　日 离局处
损失情形	名称	数量	最低估值(元)		名称	数量	最低估值(元)
	木床	2张	15		绵系〔棉絮〕	1床	15
	写字台	1张	12				
	大小桌子	2张	20				
	椅子凳子	6个	20				
	面盆脚盆	2个	6				
	锅碗瓢盆	8个	2				
	共计		93		共计		15
估计总额	108元。预发慰偿金额：40元				由部核给慰偿金额		
主管人员核签意见并签名盖章				黄如祖	呈报员工签名盖章	李国杨	

33) 电务员工呈报损失调查表

机关名称：重庆电话局　　　　　　　　民国二十九年八月十三日填报

姓名	陈春山	损失原因	因隔壁房屋被炸所致将厨房震坏	损失地点	东升楼53号	离到日期	年　月　日 到局处
资格	技工			损失日期	8月9日		
职务				何方证明			年　月　日 离局处
损失情形	名称	数量	最低估值(元)		名称	数量	最低估值(元)
	广锅	1口	15		木床	1架	24
	水缸	1口	12		大小磁碗	16个	10
	磁盆	1个	9				
	共计				共计		70
估计总额	70元。预发慰偿金额：40元				由部核给慰偿金额		
主管人员核签意见并签名盖章				黄如祖	呈报员工签名盖章	陈春山	

34）电务员工呈报损失调查表

机关名称：重庆电话局　　　　　　　　　　民国二十九年八月十三日填报

姓名	熊春山	损失原因	因附近炸烧房屋震坏	损失地点	肖家凉亭9号	离到日期	年　月　日 到局处
资格	技工	^	^	损失日期	8月9日	^	^
职务		^	^	何方证明		^	年　月　日 离局处

损失情形	名称	数量	最低估值（元）	名称	数量	最低估值（元）
^	广锅	1口	12	力士鞋	1双	9.5
^	大小磁碗	16个	8	漱口杯	2个	3
^	汗衫	2件	6	黑中山服	1套	22
^	共计			共计		60.5

估计总额		预发慰偿金额：40元	由部核给慰偿金额	
主管人员核签意见并签名盖章			黄如祖	呈报员工签名盖章	熊春山

35）电务员工呈报损失调查表

机关名称：重庆电话局　　　　　　　　　　民国二十九年八月十三日填报

姓名	胡炎庭	损失原因	隔壁被炸震坏	损失地点	肖家凉亭11号	离到日期	年　月　日 到局处
资格	技工	^	^	损失日期	8月9日	^	^
职务		^	^	何方证明		^	年　月　日 离局处

损失情形	名称	数量	最低估值（元）	名称	数量	最低估值（元）
^	木床	1张	20.2	力士鞋	1双	9.5
^	水缸	1口	6	大小碗	10余个	6
^	广锅	1口	11			
^	共计			共计		52.7

估计总额		拟准或预发慰偿金额：40元	由部核给慰偿金额	
主管人员核签意见并签名盖章			黄如祖	呈报员工签名盖章	胡炎庭

36）电务员工呈报损失调查表

机关名称：重庆电话局　　　　　　　　　　民国二十九年八月十三日填报

姓名	毛勋祥	损失原因	隔壁被炸房屋震坏	损失地点	肖家凉亭9号	离到日期	年　月　日 到局处
资格	技工	^	^	损失日期	8月9日	^	
职务		^	^	何方证明		^	年　月　日 离局处
损失情形	名称	数量	最低估值(元)		名称	数量	最低估值(元)
^	广锅	1口	11		力士鞋	1双	9
^	木床	1张	20		水缸	1口	7
^	大小磁碗	10余个	7				
^	共计				共计		54
估计总额		预发慰偿金额:40元			由部核给慰偿金额		
主管人员核签意见并签名盖章				黄如祖	呈报员工签名盖章		毛勋祥

37）电务员工呈报损失调查表

机关名称：重庆电话局　　　　　　　　　　民国二十九年八月十三日填报

姓名	张远清	损失原因	因本局后防空洞被炸，房屋震坏	损失地点	东升楼49号	离到日期	年　月　日 到局处
资格	技工	^	^	损失日期	8月9日	^	
职务		^	^	何方证明		^	年　月　日 离局处
损失情形	名称	数量	最低估值(元)		名称	数量	最低估值(元)
^	广锅	1口	12		水缸	1口	8
^	被卧	1床	25		力士鞋	1双	9.5
^	大小磁碗	11个	6				
^	共计				共计		60.5
估计总额		预发慰偿金额:40元			由部核给慰偿金额		
主管人员核签意见并签名盖章				黄如祖	呈报员工签名盖章		张远清

38）电务员工呈报损失调查表

机关名称：电话局　　　　　　　　　　　　　　民国　年　月　日填报

姓名	钟观成	损失原因		损失地点	苍坝子30号	离到日期	年 月 日 到局处
资格	线工			损失日期			
职务				何方证明			年 月 日 离局处
损失情形	名称	数量	最低估值(元)	名称	数量	最低估值(元)	
	被盖	1床	60	枕头	1个	5	
	棉短衣	1套	40	席子	1根	3	
	花绒汗衣	1套	40	呢帽	1顶	15	
	线毯	1床	20	皮箱	1口	15	
	兰布汗衣	3套	60	鞋子袜子	各1双	8	
	共计			共计		266	
估计总额		预发慰偿金额：40元			由部核给慰偿金额		
主管人员核签意见并签名盖章				黄如祖	呈报员工签名盖章		钟观成

39）电务员工呈报损失调查表

机关名称：重庆电话局　　　　　　　　　　　　民国　年　月　日填报

姓名	张银山	损失原因		损失地点	苍坝子22号	离到日期	年 月 日 到局处
资格	线工			损失日期	8月9号		
职务				何方证明			年 月 日 离局处
损失情形	名称	数量	最低估值(元)	名称	数量	最低估值(元)	
	被盖	2床	40	木桌	1张	6	
	毯子	1床	6	木□	1个	1.5	
	兰〔蓝〕布短衫	4套	80	木凳子	4个	6	
	棉衣长衫	2套	80	脚盆	1个	4	
	铁锅	1口	10	罩子	1床	16	
	大小碗	2付	12	皮箱	1口	30	
	菜刀	1把	3				
	木瓢	1把	1				
	共计			共计		295.5	
估计总额		预发慰偿金额：40元			由部核给慰偿金额		
主管人员核签意见并签名盖章				黄如祖	呈报员工签名盖章		张银山

40)电务员工呈报损失调查表

机关名称:重庆电话局　　　　　　　　　　民国二十九年八月十三日填报

姓名	严宝山	损失原因	于本月9日被敌机炸毁燃烧	损失地点	仓坝子30号	离到日期	年　月　日 到局处
资格	技工	^	^	损失日期	8月9日	^	^
职务		^	^	何方证明		^	年　月　日 离局处
损失情形	名称	数量	最低估值(元)	名称	数量	最低估值(元)		
^	被条	1床	25	棉衣	1套	18		
^	被单	1床	12	制服	1套	16		
^	木床	1架	24	呢帽	1顶	10		
^	共计			共计		105		
估计总额	105元。预发慰偿金额:40元				由部核给慰偿金额			
主管人员核签意见并签名盖章	黄如祖				呈报员工签名盖章	严宝山		

41)电务员工呈报损失调查表

机关名称:重庆电话局　　　　　　　　　　民国二十九年八月十三日填报

姓名	张宝山	损失原因	该处被敌机炸毁燃烧	损失地点	仓坝子30号	离到日期	年　月　日 到局处
资格	技工	^	^	损失日期	8月9日	^	^
职务		^	^	何方证明		^	年　月　日 离局处
损失情形	名称	数量	最低估值(元)	名称	数量	最低估值(元)		
^	被盖	1床	25	零件	10余件	22		
^	箱子	1口	20					
^	共计			共计		67		
估计总额	预发慰偿金额:40元				由部核给慰偿金额			
主管人员核签意见并签名盖章	黄如祖				呈报员工签名盖章	张宝山		

42) 电务员工呈报损失调查表

机关名称：交通部重庆电话局　　　　　　　民国二十九年八月十三日填报

姓名资格职务	颜小山 线工	损失原因	于本月9号被敌机炸毁燃烧	损失地点	仓坝子30号	离到日期	年 月 日 到局处 年 月 日 离局处
				损失日期	8月9号		
				何方证明			

损失情形	名称	数量	最低估值（元）	名称	数量	最低估值（元）
	被盖	1床	25	呢帽	1顶	8
	棉衣	2套	20	大衣	1件	15
	制服	2套	40			
	共计			共计		108

估计总额	预发慰偿金额：40元	由部核给慰偿金额
主管人员核签意见并签名盖章	黄如祖	呈报员工签名盖章　颜小山

43) 电务员工呈报损失调查表

机关名称：重庆电话局　　　　　　　民国二十九年八月十三日填报

姓名资格职务	黄长清 技工	损失原因	于本月9号被敌袭炸燃烧	损失地点	仓坝子30号	离到日期	年 月 日 到局处 年 月 日 离局处
				损失日期	8月9号		
				何方证明			

损失情形	名称	数量	最低估值（元）	名称	数量	最低估值（元）
	被盖	1床	25	棉衣	1件	15
	蓝布衣	3套	50	洋磁盆	1个	12
	广锅	1口	10			
	共计			共计		112

估计总额	预发慰偿金额：40元	由部核给慰偿金额
主管人员核签意见并签名盖章	黄如祖	呈报员工签名盖章　黄长清

44)电务员工呈报损失调查表

机关名称：重庆电话局　　　　　　　　民国二十九年八月十三日填报

姓名	孙干臣	损失原因		损失地点	仓坝子30号	离到日期	年 月 日 到局处
资格	长工			损失日期	8月9日		
职务				何方证明			年 月 日 离局处

损失情形	名称	数量	最低估值(元)	名称	数量	最低估值(元)
	被单	1件	12	蓝布衣	2件	14
	夹布衣	1套	26	小皮相〔箱〕	1件	6
		共计			共计	58

估计总额	预发慰偿金额：30元	由部核给慰偿金额
主管人员核签意见并签名盖章	黄如祖	呈报员工签名盖章　孙干臣

45)电务员工呈报损失调查表

机关名称：重庆电话局　　　　　　　　民国二十九年八月十三日填报

姓名	张树臣	损失原因		损失地点	仓坝子30号	离到日期	年 月 日 到局处
资格	长工			损失日期	8月9日		
职务				何方证明			年 月 日 离局处

损失情形	名称	数量	最低估值(元)	名称	数量	最低估值(元)
	被条	1件	10	蓝布衣	3件	18
	棉被	1床	20	呢帽	1顶	8
		共计			共计	56

估计总额	预发慰偿金额：30元	由部核给慰偿金额
主管人员核签意见并签名盖章	黄如祖	呈报员工签名盖章　张树臣

46) 电务员工呈报损失调查表

机关名称：重庆电话局　　　　　　　　　民国二十九年八月十三日填报

姓名	邓文彩	损失原因	于本月9日该处被敌机炸毁燃烧	损失地点	仓坝子30号	离到日期	年 月 日 到局处
资格	长工			损失日期	8月9日		
职务	长小工			何方证明			年 月 日 离局处

损失情形	名称	数量	最低估值(元)	名称	数量	最低估值(元)
	被盖	1床	20	蓝布衣服	2套	25
	脸盆	1个	7	棉衣	1套	15
	力士鞋	1双	9	毛巾	2条	4
	共计			共计		80

估计总额	80元。预发慰偿金额：30元	由部核给慰偿金额	
主管人员核签意见并签名盖章		黄如祖	呈报员工签名盖章	邓文彩

47) 电务员工呈报损失调查表

机关名称：重庆电话局　　　　　　　　　民国二十九年八月十三日填报

姓名	李华梁	损失原因	于本月9日被炸烧毁	损失地点	仓坝子30号	离到日期	年 月 日 到局处
资格	线工			损失日期	8月9日		
职务				何方证明			年 月 日 离局处

损失情形	名称	数量	最低估值(元)	名称	数量	最低估值(元)
	被盖	1床	32	制服	2套	44
	线毯	1床	16	磁盆	1个	12
	胶鞋	1双	9.5			
	共计			共计		113.5

估计总额	预发慰偿金额：40元	由部核给慰偿金额	
主管人员核签意见并签名盖章		黄如祖	呈报员工签名盖章	李华梁

48) 电务员工呈报损失调查表

机关名称：重庆电话局　　　　　　　　　　　　民国二十九年八月十三日填报

姓名	李南山	损失原因	于本月9日该处被敌机炸毁燃烧	损失地点	仓坝子30号	离到日期	年　月　日 到局处
资格	技工			损失日期	8月9日		
职务				何方证明			年　月　日 离局处
损失情形	名称	数量	最低估值(元)	名称	数量	最低估值(元)
	皮箱	1口	30	帐子	1床	12
	棉衣	2套	20	广锅	1口	10
	被盖	1床	25	大小磁碗	10个	5
	共计			共计		102
估计总额	102元。预发慰偿金额：40元			由部核给慰偿金额		
主管人员核签意见并签名盖章			黄如祖	呈报员工签名盖章	李南山

49) 电务员工呈报损失调查表

机关名称：电话局　　　　　　　　　　　　　　民国二十九年八月十三日填报

姓名	严启林	损失原因	因敌机轰炸房屋被焚烧	损失地点	仓坝子宿舍	离到日期	年　月　日 到局处
资格	工头			损失日期	8月9号		
职务				何方证明			年　月　日 离局处
损失情形	名称	数量	最低估值(元)	名称	数量	最低估值(元)
	绵〔棉〕布衣	1套	25	被褥	1床	30
	锅碗	15个	16	帽	1顶	4
	布制服	1套	18			
	共计			共计		93
估计总额	93元。预发慰偿金额：40元			由部核给慰偿金额		
主管人员核签意见并签名盖章			黄如祖	呈报员工签名盖章	严启林

50）电务员工呈报损失调查表

机关名称：电话局　　　　　　　　　　　民国二十九年八月十三日填报

姓名	李东山	损失原因	因敌机轰炸房屋被焚烧	损失地点	仓坝子宿舍	离到日期	年　月　日 到局处
资格	技工			损失日期	8月9号		
职务				何方证明			年　月　日 离局处

损失情形	名称	数量	最低估值(元)	名称	数量	最低估值(元)
	被单	1床	35	碗	12个	4
	棉袄子	1套	20	蓝制服	1套	15
	锅	1口	15			
	共计			共计		89

估计总额	89元。预发慰偿金额:40元	由部核给慰偿金额
主管人员核签意见并签名盖章	黄如祖	呈报员工签名盖章　李东山

51）电务员工呈报损失调查表

机关名称：重庆电话局　　　　　　　　民国二十九年八月九日填报

姓名	刘选福	损失原因	于本月9日该处被敌机炸毁燃烧	损失地点	仓坝子30号	离到日期	年　月　日 到局处
资格	技工			损失日期	8月9日		
职务				何方证明			年　月　日 离局处

损失情形	名称	数量	最低估值(元)	名称	数量	最低估值(元)
	被盖	1床	25	蓝布衣服	2套	30
	被单	1床	12	大衣	1件	20
	棉衣	1套	15	布鞋	2双	6
	共计			共计		108

估计总额	108元。预发慰偿金额:40元	由部核给慰偿金额
主管人员核签意见并签名盖章	黄如祖	呈报员工签名盖章　刘选福

52)电务员工呈报损失调查表

机关名称：重庆电话局　　　　　　　　　民国二十九年八月十三日填报

姓名	徐焕楗	损失原因	隔壁被炸震坏	损失地点	肖家凉亭11号3楼	离到日期	年　月　日 到局处
资格				损失日期	8月9号		
职务	线工			何方证明			年　月　日 离局处

损失情形	名称	数量	最低估值(元)	名称	数量	最低估值(元)
	木床	1张	20	碗锅零件	1部	15
	水缸	1只	5	鞋子	1双	9
	共计			共计		49

估计总额	49元。预发慰偿金额：40元	由部核给慰偿金额
主管人员核签意见并签名盖章	黄如祖	呈报员工签名盖章　徐焕楗

53)电务员工呈报损失调查表

机关名称：重庆电话局　　　　　　　　　民国二十九年八月十三日填报

姓名	熊松永	损失原因	于本月9日该处隔壁被炸全部被震坏	损失地点	肖家凉亭11号	离到日期	年　月　日 到局处
资格	技工			损失日期	8月9日		
职务				何方证明			年　月　日 离局处

损失情形	名称	数量	最低估值(元)	名称	数量	最低估值(元)
	广锅	1口	15	大小磁碗	15个	12
	水缸	1口	10	藤床	1架	21
	磁盆	1个	12			
	共计			共计		70

估计总额	70元。预发慰偿金额：40元	由部核给慰偿金额
主管人员核签意见并签名盖章	黄如祖	呈报员工签名盖章　熊松永

54）电务员工呈报损失调查表

机关名称：重庆电话局　　　　　　　　　民国二十九年八月十三日填报

姓名	李华周	损失原因	因隔壁被炸房屋震坏	损失地点	肖家凉亭11号	离到日期	到局处 年 月 日
资格	技工			损失日期	8月9日		
职务				何方证明			离局处 年 月 日

损失情形	名称	数量	最低估值（元）	名称	数量	最低估值（元）
	木床	1张	20	力士鞋	1双	9
	水缸	1口	6	广锅	1口	11
	大小磁碗	10余个	7			
	共计			共计		53

估计总额	预发慰偿金额：40元	由部核给慰偿金额
主管人员核签意见并签名盖章	黄如祖	呈报员工签名盖章　李华周

55）电务员工呈报损失调查表

机关名称：重庆电话局　　　　　　　　　民国二十九年八月十三日填报

姓名	张青山	损失原因	因本局后面防空洞被炸房屋震坏	损失地点	东升楼49号	离到日期	到局处 年 月 日
资格	技工			损失日期	8月9日		
职务				何方证明			离局处 年 月 日

损失情形	名称	数量	最低估值（元）	名称	数量	最低估值（元）
	广锅	1口	11	水缸	1口	6
	大小磁碗	10余个	7	被盖	1床	22
	力士鞋	1双	9			
	共计			共计		55

估计总额	预发慰偿金额：40元	由部核给慰偿金额
主管人员核签意见并签名盖章	黄如祖	呈报员工签名盖章　张青山

56)电务员工呈报损失调查表

机关名称:重庆电话局　　　　　　　　　民国二十九年八月十四日填报

姓名	陈士英	损失原因	8月9日敌机轰炸长安街二府衙一带,燃烧波及屋内	损失地点	长安街8号	离到日期	年 月 日 到局处
资格	业务员			损失日期	8月9日		
职务	扩工组料务股			何方证明			年 月 日 离局处
损失情形	名称	数量	最低估值(元)		名称	数量	最低估值(元)
	棕绷床	1具	22		卧单	1件	12
	棉被	1床	45		锅碗等		20
	共计				共计		99
估计总额		拟准慰偿金额:80元			由部核给慰偿金额		
主管人员核签意见并签名盖章	经查明属实				呈报员工签名盖章	黄如祖	陈士英

57)电务员工呈报损失调查表

机关名称:交通部重庆电话局　　　　　　民国二十九年八月十二日填报

姓名	柳文馨	损失原因	8月9日敌机袭渝,宿舍略被震坏,下开物件因而失去	损失地点	长安街长安旅馆房屋之21号宿舍	离到日期	年 月 日 到局处
资格	业务员			损失日期	29年8月9日		
职务	佐理员			何方证明			年 月 日 离局处
损失情形	名称	数量	最低估值(元)		名称	数量	最低估值(元)
	绸面棉被	1条	58		新皮鞋	1双	39.9
	共计				共计		97.9
估计总额		拟准慰偿金额:80元			由部核给慰偿金额		
主管人员核签意见并签名盖章					呈报员工签名盖章	黄如祖	柳文馨

四、交通部重庆电话局部分   1593

58) 电务员工呈报损失调查表

机关名称：　　　　　　　　　　　　　　　　　民国二十九年八月十日填报

姓名	李固	损失原因	8月9日将全部宿舍炸毁	损失地点	长安旅馆27号宿舍	离到日期	年 月 日 到局处
资格	值机			损失日期	8月9日		
职务	话务员			何方证明			年 月 日 离局处
损失情形	名称	数量	最低估值（元）	名称	数量	最低估值（元）
	席子	1床	5	青衣服	1件	18
	零碎东西		10	牙刷脸帕		3.5
	内衣服	2套	35			
	共计			共计		
估计总额	预发慰偿金额：60元	由部核给慰偿金额
主管人员核签意见并签名盖章	黄如祖	呈报员工签名盖章	李固

59) 电务员工呈报损失调查表

机关名称：　　　　　　　　　　　　　　　　　民国二十九年八月十日填报

姓名	梅崇珍	损失原因	8月9日敌机袭渝将宿舍全部炸毁	损失地点	本局35号宿舍	离到日期	年 月 日 到局处
资格	值机			损失日期	8月9日		
职务	话务员			何方证明			年 月 日 离局处
损失情形	名称	数量	最低估值（元）	名称	数量	最低估值（元）
	夹衣服	1件	18	零碎东西		24
	内衣服	各3套	33	席子	1床	5
	棉絮	1床	30			
	共计			共计		
估计总额	预发慰偿金额：60元	由部核给慰偿金额
主管人员核签意见并签名盖章	黄如祖	呈报员工签名盖章	梅崇珍

60) 电务员工呈报损失调查表

机关名称：重庆电话局　　　　　　　　民国二十九年八月十日填报

姓名	丁蕙荣	损失原因	敌机轰炸	损失地点	长安旅馆宿舍34号宿舍	离到日期	年　月　日 到局处
资格	话务员			损失日期	8月9日		
职务	值机			何方证明			年　月　日 离局处

损失情形	名称	数量	最低估值(元)	名称	数量	最低估值(元)
	棉被枕头	各1	40	衣箱	1口	10
	洋磁面盆碗	各1	10	蓝布旗袍	两件	30
	面巾牙刷	各1	2	汗衣	两件	10
	共计			共计		102

估计总额	预发慰偿金额：60元	由部核给慰偿金额	
主管人员核签意见并签名盖章		黄如祖	呈报员工签名盖章　丁蕙荣

61) 电务员工呈报损失调查表

机关名称：重庆电话局　　　　　　　　民国二十九年八月十二日填报

姓名	王诚宁	损失原因	敌机轰炸	损失地点	长安旅馆宿舍34号宿舍	离到日期	年　月　日 到局处
资格	话务员			损失日期	8月9日		
职务	值机			何方证明			年　月　日 离局处

损失情形	名称	数量	最低估值(元)	名称	数量	最低估值(元)
	被褥枕头	各1	40	皮鞋	1双	25
	面盆	1个	8	蓝布旗袍	两件	24
	面巾牙刷	各1	2			
	共计			共计		99

估计总额	预发慰偿金额：60元	由部核给慰偿金额	
主管人员核签意见并签名盖章		黄如祖	呈报员工签名盖章　王诚宁

62）电务员工呈报损失调查表

机关名称：重庆电话局　　　　　　　　　　　民国二十九年八月九日填报

姓名	赵纯绵	损失原因	8月9日被敌机炸毁	损失地点	总局后楼宿舍	离到日期	年　月　日 到局处
资格	业务员			损失日期	8月9日		
职务	管料员			何方证明			年　月　日 离局处

损失情形	名称	数量	最低估值(元)	名称	数量	最低估值(元)
	线毯	1床	20	内裤	2条	5
	衬衣	1件	15	电磁学(商务)[书]	1本	10
	白短裤	1条	15	有线电话学(商务)[书]	1本	1.5
	背心	1件	3			
	共计			共计		69.5

估计总额	69.5元。拟准慰偿金额：60元	由部核给慰偿金额
主管人员核签意见并签名盖章	黄如祖	呈报员工签名盖章　赵纯绵

63）电务员工呈报损失调查表

机关名称：重庆电话局　　　　　　　　　　　民国二十九年八月十三日填报

姓名	谭春林	损失原因	8月9日本局被炸	损失地点	60号宿舍	离到日期	年　月　日 到局处
资格	技工			损失日期	8月9日		
职务	机工			何方证明			年　月　日 离局处

损失情形	名称	数量	最低估值(元)	名称	数量	最低估值(元)
	中山服	1套	30	短裤	1条	8
	镜子	1把	1	被面	1床	8
	衬衣	1件	10	袜子	2双	3
	共计			共计		60

估计总额	60元正。拟准慰偿金额：40元	由部核给慰偿金额
主管人员核签意见并签名盖章	黄如祖	呈报员工签名盖章　谭春林

64) 电务员工呈报损失调查表

机关名称： 　　　　　　　　　　　　　民国二十九年八月十二日填报

姓名	彭圣宜	损失原因	敌机轰炸	损失地点	电话局总局54号宿舍	离到日期	年　月　日 到局处
资格	话务员			损失日期	8月9日		
职务	交换室			何方证明			年　月　日 离局处

损失情形	名称	数量	最低估值(元)	名称	数量	最低估值(元)
	皮鞋	1双	24	洗脸巾	1条	1.8
	面盆	1个	17	漱口碗	1个	3.5
	蓝布衣	1件	13			
	牙粉	1瓶	3			
	牙刷	1个	1.8			
	共计		58.8	共计		5.3

估计总额	64.1元。拟准慰偿金额：30元	由部核给慰偿金额	
主管人员核签意见并签名盖章	不及迁移新宿舍，被炸属实　　　　　黄如祖	呈报员工签名盖章	彭圣宜

65) 电务员工呈报损失调查表

机关名称： 　　　　　　　　　　　　　民国二十九年八月十日填报

姓名	李玉兰	损失原因	敌机轰炸	损失地点	电话总局54号宿舍	离到日期	年　月　日 到局处
资格	话务员			损失日期	8月9日		
职务				何方证明			年　月　日 离局处

损失情形	名称	数量	最低估值(元)	名称	数量	最低估值(元)
	毛呢鞋	1双	13	漱口杯	1只	3
	牙刷	2只	3	洗面巾	2条	3.5
	面盆	1只	18	墨水	2瓶	5
	牙粉	2瓶	6	梳子	1把	3
	共计			共计		54.6〔5〕

估计总额	拟准慰偿金额：30元	由部核给慰偿金额	
主管人员核签意见并签名盖章	不及迁移新宿舍，被炸属实　　　　　黄如祖	呈报员工签名盖章	李玉兰

66) 电务员工呈报损失调查表

机关名称：　　　　　　　　　　　　　　　民国二十九年八月十日填报

姓名	周静榆	损失原因	遭寇机轰炸	损失地点	电话局54号宿舍	离到日期	年　月　日 到局处
资格	话务员			损失日期	8月9日		
职务				何方证明			年　月　日 离局处
损失情形	名称	数量	最低估值(元)	名称	数量	最低估值(元)
	白面盆	1个	160	茶碗漱口碗	各1个	60
	洗脸毛巾	1条	21	铜墨盒	1个	48
	牙膏牙刷	各1件	35	鸡狼[毫]小楷笔	1枝	12
	圆镜子	1个	50			
	共计			共计		386
估计总额		拟准慰偿金额：60元			由部核给慰偿金额	
主管人员核签意见并签名盖章	不及迁移新宿舍，被炸属实　　　　　黄如祖				呈报员工签名盖章	周静榆

67) 电务员工呈报损失调查表

机关名称：　　　　　　　　　　　　　　　民国二十九年八月十一日填报

姓名	沈静贞	损失原因	敌机轰炸	损失地点	50号宿舍	离到日期	年　月　日 到局处
资格	话务员			损失日期	8月9日		
职务				何方证明			年　月　日 离局处
损失情形	名称	数量	最低估值(元)	名称	数量	最低估值(元)
	洗面巾	1条	1.7	被单	1床	23
	牙膏	1条	2.5	手帕	1条	2
	面盆	1只	19			
	共计			共计		48.2
估计总额		拟准慰偿金额：30元			由部核给慰偿金额	
主管人员核签意见并签名盖章	黄如祖				呈报员工签名盖章	沈静贞

68)电务员工呈报损失调查表

机关名称：　　　　　　　　　　　　　　民国二十九年八月十一日填报

姓名	胡国英	损失原因	敌机轰炸	损失地点	50号宿舍	离到日期	年 月 日 到局处
资格	话务员			损失日期	8月9日		
职务				何方证明			年 月 日 离局处
损失情形	名称	数量	最低估值(元)	名称	数量	最低估值(元)
	面盆	1只	18	象膏〔橡胶〕鞋	1双	11
	面巾	1条	2	手帕	两条	3
	牙膏	1条〔支〕	2.5	雪花膏	1瓶	3.8
	共计			共计		40.3
估计总额		拟准慰偿金额:30元		由部核给慰偿金额		
主管人员核签意见并签名盖章			黄如祖	呈报员工签名盖章		胡国英

69)电务员工呈报损失调查表

机关名称：　　　　　　　　　　　　　　民国二十九年八月十一日填报

姓名	王志宁	损失原因	敌机轰炸	损失地点	50号宿舍	离到日期	年 月 日 到局处
资格	话务员			损失日期	8月9号		
职务				何方证明			年 月 日 离局处
损失情形	名称	数量	最低估值(元)	名称	数量	最低估值(元)
	面盆	1个	18	牙膏	1条	2.4
	牙刷	1把	1.7	皮鞋	1双	25
	洗面巾	1条	1.8			
	共计			共计		48.9
估计总额		拟准慰偿金额:30元		由部核给慰偿金额		
主管人员核签意见并签名盖章			黄如祖	呈报员工签名盖章		王志宁

70)电务员工呈报损失调查表

机关名称:重庆市电话局　　　　　　　　民国二十九年八月 日填报

姓名	彭影尘	损失原因	本月9日本局被炸,话务员寝室倒塌,当时员因痢疾请假在局外治疗,故局中所放各物无法施救	损失地点	电话局第35号寝室	离到日期	年 月 日 到局处
资格	话务员			损失日期	8月9日		
职务	司机			何方证明			年 月 日 离局处
损失情形	名称	数量	最低估值(元)		名称	数量	最低估值(元)
	毯子(布)	1床	16		棉絮	1床	18
	毛毯	2床	40				
	共计				共计		74
估计总额		74元。拟准慰偿金额:60元			由部核给慰偿金额		
主管人员核签意见并签名盖章			黄如祖		呈报员工签名盖章		彭影尘

71)电务员工呈报损失调查表

机关名称:交通部重庆电话局　　　　　　民国二十九年八月十四日填报

姓名	孙嗣铭	损失原因	8月9日衣服因洗被炸,用具损坏遗失	损失地点	本局68号	离到日期	年 月 日 到局处
资格	业务员			损失日期	8月9日		
职务	长途零售处			何方证明			年 月 日 离局处
损失情形	名称	数量	最低估值(元)		名称	数量	最低估值(元)
	灰布短服	1套	15		短衣裤	1套	15
	白布被盖包毯	1床	20		温水瓶	1个	9
	黑〔黑〕皮鞋	1双	20		漱口杯	1个	3
	共计				共计		82
估计总额		拟准慰偿金额:70元			由部核给慰偿金额		
主管人员核签意见并签名盖章			黄如祖		呈报员工签名盖章		孙嗣铭

72) 电务员工呈报损失调查表

机关名称：　　　　　　　　　　　　　民国二十九年八月十三日填报

姓名	陈洁	损失原因	宿舍震坏	损失地点	重庆电话局	离到日期	年 月 日 到局处
资格	业务员			损失日期	8月9日		
职务	文书股佐理员			何方证明			年 月 日 离局处
损失情形	名称	数量	最低估值(元)	名称	数量	最低估值(元)
	热水瓶	1个	25	玻璃杯	2个	3
	被单	1件	15	镜子	1个	4
	枕头	2个	15	零星用品等	约10余件	23
	共计			共计		88
估计总额		拟准慰偿金额：80元		由部核给慰偿金额		
主管人员核签意见并签名盖章			黄如祖	呈报员工签名盖章		陈洁

73) 电务员工呈报损失调查表①

机关名称：　　　　　　　　　　　　　民国　年　月　日填报

姓名	严幼君	损失原因		损失地点	32号	离到日期	年 月 日 到局处
资格	话务			损失日期	8月9日		
职务	接线			何方证明			年 月 日 离局处
损失情形	名称	数量	最低估值(元)	名称	数量	最低估值(元)
	被盖	1床		皮鞋	1双	
	枕头	1个		洗脸盆	1个	
	衣服	3件				
	共计			共计		
估计总额		预发慰偿金额：60元		由部核给慰偿金额		
主管人员核签意见并签名盖章			黄如祖	呈报员工签名盖章		严幼君

---

① 本表无损失金额。

74) 电务员工呈报损失调查表[①]

机关名称：　　　　　　　　　　　民国　年　月　日填报

姓名	陈文秀	损失原因	8月9日本局被炸	损失地点	35号	离到日期	年 月 日到局处
资格	话务			损失日期	日		
职务	接线			何方证明			年 月 日离局处
损失情形	名称	数量	最低估值(元)		名称	数量	最低估值(元)
	被盖	1床			衣服	两件	
	皮鞋	1双			漱口杯	1个	
	面盆	1个			袜子	两双	
	共计				共计		
估计总额		预发慰偿金额：60元			由部核给慰偿金额		
主管人员核签意见并签名盖章				黄如祖	呈报员工签名盖章	陈文秀	

75) 电务员工呈报损失调查表

机关名称：重庆电话局　　　　　　民国　年　月　日填报

姓名	蒋心柏	损失原因	长安寺局屋中弹	损失地点	总局宿舍64#	离到日期	年 月 日到局处
资格	话务员			损失日期	8月9日		
职务				何方证明	局方		年 月 日离局处
损失情形	名称	数量	最低估值(元)		名称	数量	最低估值(元)
	被头	2条	50		漱口杯	1只	2
	士林布旗袍	1件	20		手巾	1条	1
	面盆	1个	20				
	共计				共计		93
估计总额		预发慰偿金额：60元			由部核给慰偿金额		
主管人员核签意见并签名盖章				黄如祖	呈报员工签名盖章	蒋心柏	

---

① 本表无损失金额。

76）电务员工呈报损失调查表

机关名称：重庆电话局　　　　　　　　民国二十九年八月十六日填报

姓名	沈志学	损失原因	长安饭店本局宿舍被炸	损失地点	4号宿舍	离到日期	年　月　日 到局处
资格	话务员			损失日期	8月9日		
职务	司机			何方证明			年　月　日 离局处
损失情形	名称	数量	最低估值（元）	名称	数量	最低估值（元）
	被盖	1床	38	皮鞋	1双	18
	毛毯	1床	45	箱子	1口	14
	长衫	2件	32	温水瓶	1个	12
	短裤	2条	8			
	共计			共计		167
估计总额		预发慰偿金额：60元		由部核给慰偿金额	
主管人员核签意见并签名盖章			黄如祖	呈报员工签名盖章	沈志学

77）电务员工呈报损失调查表

机关名称：重庆电话局　　　　　　　　民国二十九年八月十三日填报

姓名	龚壁〔璧〕	损失原因	本局宿舍被炸	损失地点	50号宿舍	离到日期	年　月　日 到局处
资格	话务员			损失日期	8月9日		
职务	班长			何方证明			年　月　日 离局处
损失情形	名称	数量	最低估值（元）	名称	数量	最低估值（元）
	被盖	1床	36	摇裤	2条	5
	皮箱	1口	18	面盆	1个	10
	长衣	3件	36	温水瓶	1个	12
	夹衫	1件	22	皮鞋	1双	15
	共计			共计		154
估计总额		预发慰偿金额：60元		由部核给慰偿金额	
主管人员核签意见并签名盖章	全部被炸		黄如祖	呈报员工签名盖章	龚壁〔璧〕

78) 电务员工呈报损失调查表

机关名称:重庆电话局　　　　　　　　　　　　民国二十九年八月十四日填报

姓名	吴厚芬	损失原因	本局宿舍被炸	损失地点	50号宿舍	离到日期	年　月　日 到局处
资格	话务员	^	^	损失日期	8月9日	^	^
职务	班长	^	^	何方证明		^	年　月　日 离局处

损失情形	名称	数量	最低估值(元)	名称	数量	最低估值(元)
^	被盖	1床	38	皮鞋	2双	28
^	毛毯	1床	45	面盆	1个	11
^	蓝布长衫	1件	15	短裤	2条	5
^	汗衣	1件	8			
^	共计			共计		150

估计总额		预发慰偿金额:60元	由部核给慰偿金额	
主管人员核签意见并签名盖章	全部被炸　　　　　　　黄如祖		呈报员工签名盖章	吴厚芬

79) 电务员工呈报损失调查表

机关名称:重庆电话局　　　　　　　　　　　　民国二十九年八月十四日填报

姓名	于立坤	损失原因	本局宿舍被炸	损失地点	50号宿舍	离到日期	年　月　日 到局处
资格	话务员	^	^	损失日期	8月9日	^	^
职务	司机	^	^	何方证明		^	年　月　日 离局处

损失情形	名称	数量	最低估值(元)	名称	数量	最低估值(元)
^	被盖	1床	35	皮鞋	1双	16
^	毯子	1床	18	蓝布衫	2件	30
^	枕头	1对	10	汗衣	2件	12
^	箱子	1口	12			
^	共计			共计		133

估计总额		预发慰偿金额:60元	由部核给慰偿金额	
主管人员核签意见并签名盖章	全部被炸　　　　　　　黄如祖		呈报员工签名盖章	于立坤

80) 电务员工呈报损失调查表

机关名称：　　　　　　　　　　　　　　　　民国　年　月　日填报

姓名	蔡淑君	损失原因	本局宿舍被炸倒塌	损失地点	本局宿舍28号	离到日期	年　月　日到局处
资格	话务员			损失日期	8月9日		
职务				何方证明			年　月　日离局处

损失情形	名称	数量	最低估值(元)	名称	数量	最低估值(元)
	棉絮	2床	20余元	瓷盅	3个	20余元
	被单及毯子	各1〔件〕	30余元	衣裳	5件	40余元
	面盆及镜子	各1〔件〕	10余元			
	共计			共计		

估计总额	预发慰偿金额：60元	由部核给慰偿金额
主管人员核签意见并签名盖章	黄如祖	呈报员工签名盖章　蔡淑君

81) 电务员工呈报损失调查表

机关名称：　　　　　　　　　　　　　　　　民国　年　月　日填报

姓名	谢正德	损失原因	本局宿舍被炸	损失地点	本局宿舍28号	离到日期	年　月　日到局处
资格	话务员			损失日期	8月9日		
职务	值机			何方证明			年　月　日离局处

损失情形	名称	数量	最低估值(元)	名称	数量	最低估值(元)
	棉絮	1床	20余	面盆	1个	10余
	被单及线毯	各1〔件〕	30余	绒大衣及布衣	各1	60余
	共计			共计		

估计总额	预发慰偿金额：60元	由部核给慰偿金额
主管人员核签意见并签名盖章	黄如祖	呈报员工签名盖章　谢正德

82）电务员工呈报损失调查表

机关名称：电话局　　　　　　　　　　　　民国二十九年八月十五日填报

姓名资格职务	刘大英	损失原因	被敌机轰炸	损失地点		离到日期	年　月　日到局处
	话务员			损失日期	8月9日		
	值机			何方证明			年　月　日离局处
损失情形	名称	数量	最低估值（元）	名称	数量	最低估值（元）
	皮箱	1只	20	毡子	1条	18
	皮鞋	1双	26	旗袍	2件	26
	面盆	1只	12			
	共计			共计		102
估计总额		预发慰偿金额：60元			由部核给慰偿金额	
主管人员核签意见并签名盖章			黄如祖		呈报员工签名盖章	刘大英

83）电务员工呈报损失调查表

机关名称：　　　　　　　　　　　　　　　民国二十九年八月十三日填报

姓名资格职务	李霞毓	损失原因	被炸	损失地点	长安旅馆宿舍3号	离到日期	年　月　日到局处
	话务员			损失日期	8月9日		
	值机			何方证明			年　月　日离局处
损失情形	名称	数量	最低估值（元）	名称	数量	最低估值（元）
	毡子	1床	30	面盆	1个	10
	皮鞋	1双	25	衣服	2件	32
	共计			共计		97
估计总额		预发慰偿金额：60元			由部核给慰偿金额	
主管人员核签意见并签名盖章			黄如祖		呈报员工签名盖章	李霞毓

84) 电务员工呈报损失调查表

机关名称： 　　　　　　　　　　　　　　民国　年　月　日填报

姓名	巫玉群	损失原因	被炸	损失地点	长安宿舍3号	离到日期	年　月　日 到局处
资格	话务员			损失日期	8月9日		
职务	接线			何方证明			年　月　日 离局处
损失情形	名称	数量	最低估值(元)		名称	数量	最低估值(元)
	皮鞋	1双	25		皮箱	1口	50
	面盆	1个	10				
	共计				共计		85
估计总额		预发慰偿金额:60元			由部核给慰偿金额		
主管人员核签意见并签名盖章			黄如祖		呈报员工签名盖章		巫玉群

85) 电务员工呈报损失调查表

机关名称：重庆电话局　　　　　　　　民国二十九年八月十三日填报

姓名	万盛瑶	损失原因	宿舍被炸	损失地点	长安寺话务员宿舍3号	离到日期	年　月　日 到局处
资格	话务员			损失日期	8月9日		
职务	司机			何方证明			年　月　日 离局处
损失情形	名称	数量	最低估值(元)		名称	数量	最低估值(元)
	被盖	1床	30		皮箱	1口	10
	毡子	1床	14		枕头	1双	14
	皮鞋	1双	25				
	衣服	3件	20				
	镜子	1面	4				
	面巾	2张	3				
	共计		96		共计		24
估计总额		预发慰偿金额:60元			由部核给慰偿金额		
主管人员核签意见并签名盖章			黄如祖		呈报员工签名盖章		万盛瑶

86) 电务员工呈报损失调查表

机关名称：重庆电话局　　　　　　　　民国　年　月　日填报

姓名	张基贤	损失原因	长安饭店本局宿舍被炸	损失地点		离到日期	年月日到局处
资格	话务员	^	^	损失日期	8月9日	^	^
职务	司机	^	^	何方证明		^	年月日离局处
损失情形	名称	数量	最低估值(元)		名称	数量	最低估值(元)
^	被盖	1床	38		蓝布衫	1件	18
^	毛毯	1床	45		面盆	1个	9
^	皮箱	2口	44		枕头	1对	12
^	皮鞋	1双	16				
^	共计				共计		182
估计总额		预发慰偿金额：60元			由部核给慰偿金额		
主管人员核签意见并签名盖章				黄如祖	呈报员工签名盖章		张基贤

87) 电务员工呈报损失调查表

机关名称：重庆电话局　　　　　　　　民国二十九年八月十六日填报

姓名	蒲雪筠	损失原因	本局宿舍被炸	损失地点		离到日期	年月日到局处
资格	话务员	^	^	损失日期	8月9日	^	^
职务	班长	^	^	何方证明		^	年月日离局处
损失情形	名称	数量	最低估值(元)		名称	数量	最低估值(元)
^	被盖	1床	38		长衫	2件	34
^	毯子	1床	18		面盆	1个	10
^	箱子	1口	12		温水瓶	1个	12
^	皮鞋	1双	18				
^	共计				共计		142
估计总额		预发慰偿金额：60元			由部核给慰偿金额		
主管人员核签意见并签名盖章				黄如祖	呈报员工签名盖章		蒲雪筠

88) 电务员工呈报损失调查表

机关名称：重庆电话局　　　　　　　　　　民国二十九年八月十六日填报

姓名	张璧瑶	损失原因	本局宿舍被炸	损失地点		离到日期	年　月　日 到局处
资格	话务员			损失日期	8月9日		
职务	司机			何方证明			年　月　日 离局处

损失情形	名称	数量	最低估值(元)	名称	数量	最低估值(元)
	被盖	1床	40	皮鞋	1双	18
	毯子	1床	20	皮箱	1口	24
	枕头	1对	14	面盆	1个	10
	长衫	1件	16	短裤	2条	6
	共计			共计		[148]

估计总额	预发慰偿金额：60元	由部核给慰偿金额	
主管人员核签意见并签名盖章	黄如祖	呈报员工签名盖章	张璧瑶

89) 电务员工呈报损失调查表

机关名称：重庆电话局　　　　　　　　　　民国二十九年八月十六日填报

姓名	王淑蕙	损失原因	本局宿舍被炸	损失地点		离到日期	年　月　日 到局处
资格	话务员			损失日期	8月9日		
职务	司机			何方证明			年　月　日 离局处

损失情形	名称	数量	最低估值(元)	名称	数量	最低估值(元)
	被盖	1床	38	长衫	1件	16
	毯子	1床	22	夹衫	1件	24
	皮箱	1口	25	短裤	2条	6
	皮鞋	1双	18			
	共计			共计		149

估计总额	预发慰偿金额：60元	由部核给慰偿金额	
主管人员核签意见并签名盖章	黄如祖	呈报员工签名盖章	王淑蕙

90) 电务员工呈报损失调查表

机关名称：重庆电话局　　　　　　　　　　民国二十九年八月十日填报

姓名	艾海清	损失原因	70号寝室房屋被炸	损失地点	电话局70号寝室	离到日期	年 月 日 到局处
资格	技工			损失日期	8月9日		
职务	修查线			何方证明			年 月 日 离局处
损失情形	名称	数量	最低估值(元)	名称	数量	最低估值(元)	
	被盖	1床	30	青篾席	1根	4	
	汗衣	1套	20	枕头	1个	3	
	洋磁盆	1个	6				
	共计			共计		63	
估计总额		预发慰偿金额:40元			由部核给慰偿金额		
主管人员核签意见并签名盖章			黄如祖　金履成		呈报员工签名盖章	艾海清	

91) 电务员工呈报损失调查表

机关名称：交通部电话局　　　　　　　　　民国二十九年八月十二日填报

姓名	郑炳轩	损失原因	55号房屋被炸	损失地点	电话局55号	离到日期	年 月 日 到局处
资格	技工			损失日期	8月9日		
职务	座设油机			何方证明			年 月 日 离局处
损失情形	名称	数量	最低估值(元)	名称	数量	最低估值(元)	
	棉衣	1套	36	皮鞋	1双	16	
	被盖	1床	32	篾席	1根	4	
	毯子	1床	16	茶壶	1个	3	
	单衣服	2套	40	茶中〔盅〕	1个	1.5	
	共计			共计		148.5	
估计总额		预发慰偿金额:40元			由部核给慰偿金额		
主管人员核签意见并签名盖章			黄如祖　金履成		呈报员工签名盖章	郑炳轩	

92) 电务员工呈报损失调查表

机关名称：交通部重庆电话局　　　　　　民国二十九年八月十日填报

姓名	张树宣	损失原因	55号寝室房屋被炸	损失地点	电话局55号	离到日期	年　月　日 到局处
资格	技工	^	^	损失日期	8月9日	^	^
职务	修查线	^	^	何方证明		^	年　月　日 离局处
损失情形	名称	数量	最低估值(元)	名称	数量	最低估值(元)
^	棉絮	1床	15	茶壶	1个	2
^	中棉衣	1件	22	帽子	1顶	5
^	席子	1根	2.5	胶鞋	1双	8
^	共计			共计		54.5
估计总额		预发慰偿金额：40元			由部核给慰偿金额	
主管人员核签意见并签名盖章		黄如祖　金履成			呈报员工签名盖章	张树宣

93) 电务员工呈报损失调查表

机关名称：交通部电话局　　　　　　　　民国二十九年八月十日填报

姓名	贺炎荣	损失原因	55号寝室房屋被炸	损失地点	电话局55号	离到日期	年　月　日 到局处
资格	技工	^	^	损失日期	8月9日	^	^
职务	查修线	^	^	何方证明		^	年　月　日 离局处
损失情形	名称	数量	最低估值(元)	名称	数量	最低估值(元)
^	棉袄	1件	18	草篾席	2根	5
^	夹裤	1条	9	磁盆	1个	8
^	被盖	1床	36	布胶鞋	各1双	15
^	共计			共计		91
估计总额		预发慰偿金额：40元			由部核给慰偿金额	
主管人员核签意见并签名盖章		黄如祖　金履成			呈报员工签名盖章	贺炎荣

94）电务员工呈报损失调查表

机关名称：交通部电话局　　　　　　　　民国二十九年八月十日填报

姓名	张裕泉	损失原因	55号寝室房屋被炸	损失地点	电话局55号	离到日期	年　月　日 到局处
资格	技工			损失日期	8月9日		
职务	查修线			何方证明			年　月　日 离局处
损失情形	名称	数量	最低估值(元)	名称	数量	最低估值(元)	
	被盖	1床	40	棉裤	1条	9	
	面盆	1个	7	衣箱	1口	5	
	草席	1根	3				
	共计			共计		64	
估计总额		预发慰偿金额：40元			由部核给慰偿金额		
主管人员核签意见并签名盖章		黄如祖　金履成			呈报员工签名盖章	张裕泉	

95）电务员工呈报损失调查表

机关名称：交通部电话局　　　　　　　　民国二十九年八月十日填报

姓名	刘松林	损失原因	被炸房屋70号被炸毁	损失地点	电话局70号	离到日期	年　月　日 到局处
资格	技工			损失日期	8月9日		
职务	修查线			何方证明			年　月　日 离局处
损失情形	名称	数量	最低估值(元)	名称	数量	最低估值(元)	
	被盖	1床	32	洋磁盆	1只	8.5	
	中服	1套	18	棉衣	1件	10	
	胶鞋	1双	12	席子	1根	3.5	
	共计			共计		84	
估计总额		预发慰偿金额：40元			由部核给慰偿金额		
主管人员核签意见并签名盖章		黄如祖　金履成			呈报员工签名盖章	刘松林	

96)电务员工呈报损失调查表

机关名称：交通部重庆电话局　　　　　　民国二十九年八月十日填报

姓名	李明兴	损失原因	房屋被炸70号	损失地点	电话局寝室70号	离到日期	年　月　日 到局处
资格	技工			损失日期	8月9日		
职务	查修线			何方证明			年　月　日 离局处
损失情形	名称	数量	最低估值(元)	名称	数量	最低估值(元)
	被盖	1床	30	夹裤	1条	10
	中服	1套	18	鞋子	1双	4
	棉衣	1件	12	洋磁盆	1口	8
	共计			共计		82
估计总额		预发慰偿金额：40元		由部核给慰偿金额	
主管人员核签意见并签名盖章		黄如祖　金履成		呈报员工签名盖章	李明兴

97)电务员工呈报损失调查表

机关名称：交通部重庆电话局　　　　　　民国二十九年八月十日填报

姓名	刘吉辉	损失原因	被炸房屋70号被炸	损失地点	电话局70号	离到日期	年　月　日 到局处
资格	技工			损失日期	8月9日		
职务	修查线			何方证明			年　月　日 离局处
损失情形	名称	数量	最低估值(元)	名称	数量	最低估值(元)
	被盖	1床	34	席子	1张	3.2
	中服	1套	16	洗脸帕	1张	1.2
	磁盆	1个	7.3			
	共计			共计		
估计总额		预发慰偿金额：40元		由部核给慰偿金额	
主管人员核签意见并签名盖章		黄如祖　金履成		呈报员工签名盖章	刘吉辉

98) 电务员工呈报损失调查表

机关名称：　　　　　　　　　　　　　民国　年　月　日填报

姓名	王雅辉	损失原因	本局被炸	损失地点	本局68号	离到日期	年　月　日到局处
资格	技工			损失日期	8月9日		
职务	修话机			何方证明			年　月　日离局处

损失情形	名称	数量	最低估值(元)	名称	数量	最低估值(元)
	蓝布工作服	1套	25	黑纹皮鞋	1双	35
	卫生汗衫	1件	8	温水瓶	1个	9
	短内裤	1件	2.5			
	共计			共计		79.5

估计总额	预发慰偿金额：40元	由部核给慰偿金额
主管人员核签意见并签名盖章	黄如祖　金履成	呈报员工签名盖章　王雅辉

99) 电务员工呈报损失调查表

机关名称：　　　　　　　　　　　　　民国　年　月　日填报

姓名	刘启信	损失原因	本局被炸	损失地点	本局68号	离到日期	年　月　日到局处
资格	技工			损失日期	8月9日		
职务	修话机			何方证明			年　月　日离局处

损失情形	名称	数量	最低估值(元)	名称	数量	最低估值(元)
	蓝布长衫	1件	18	绿帆布长裤	1件	18
	府绸衬衫	1件	14	漱口杯	1个	2
	短摇裤	1件	2.5	日常用品		6
	共计			共计		60.5

估计总额	预发慰偿金额：40元	由部核给慰偿金额
主管人员核签意见并签名盖章	黄如祖　金履成	呈报员工签名盖章　刘启信

100)电务员工呈报损失调查表

机关名称:重庆电话局　　　　　　　　　　　民国　年　月　日填报

姓名	高俊	损失原因	敌机轰炸	损失地点	长安寺本局55号宿舍	离到日期	年 月 日 到局处
资格	技工			损失日期	8月9日		
职务	机工			何方证明			年 月 日 离局处
损失情形	名称	数量	最低估值(元)		名称	数量	最低估值(元)
	被盖	1床	30		磁盆	1个	12
	卧单	1床	15		衣服	2套	50
	共计				共计		107
估计总额	107元。预发慰偿金额:40元				由部核给慰偿金额		
主管人员核签意见并签名盖章			黄如祖　金履成		呈报员工签名盖章		高俊

101)电务员工呈报损失调查表

机关名称:重庆电话局　　　　　　　　　　　民国　年　月　日填报

姓名	陈长生	损失原因	8月9日敌机袭渝,本局防空洞中弹1枚,本局61号宿舍震坏甚重	损失地点	长安街电话局	离到日期	年 月 日 到局处
资格	技工			损失日期	29年8月9日		
职务	测量室			何方证明			年 月 日 离局处
损失情形	名称	数量	最低估值(元)		名称	数量	最低估值(元)
	白短裤	1条	2.2		洋磁盆	1只	1.2
	洋磁面盆	1个	14		棉被絮	1床	8.4
	麻纱背心	1件	4.5		力士鞋	1双	9.5
	袜子	1双	1.8				
	牙刷	1把	1.6				
	黑人牙膏	1盒	2				
	共计		26.1		共计		19.1
估计总额	45.2元。预发慰偿金额:40元				由部核给慰偿金额		
主管人员核签意见并签名盖章			黄如祖　金履成		呈报员工签名盖章		陈长生

102) 电务员工呈报损失调查表

机关名称：重庆电话总局　　　　　　　　民国二十九年八月十三日填报

姓名	万林臣	损失原因	被敌机轰炸	损失地点	本局内宿舍	离到日期	年 月 日 到局处
资格	技工			损失日期	8月9号		
职务	修养股			何方证明			年 月 日 离局处
损失情形	名称	数量	最低估值(元)	名称	数量	最低估值(元)
	灰色呢帽	1顶	15.6	湖南青布衣服	1套	25.9
	力士鞋子	1双	9.5			
	共计			共计		51
估计总额		预发慰偿金额：40元		由部核给慰偿金额		
主管人员核签意见并签名盖章		黄如祖　金履成		呈报员工签名盖章	万林臣	

103) 电务员工呈报损失调查表

机关名称：重庆长安街电话总局　　　　　民国二十九年八月十三日填报

姓名	王聚卿	损失原因	被敌机轰炸	损失地点	本局内宿舍	离到日期	年 月 日 到局处
资格	技工			损失日期	8月9号		
职务	修养股			何方证明			年 月 日 离局处
损失情形	名称	数量	最低估值(元)	名称	数量	最低估值(元)
	肥皂	2块	1.8	白棉布衬衣	1件	10
	衣箱	1只	7.5	灰色麻线布裤	1条	7
	力士鞋	1双	9.5	洗脸手巾	1条	2
	布鞋	1双	3			
	共计			共计		48
估计总额		预发慰偿金额：40元		由部核给慰偿金额		
主管人员核签意见并签名盖章		黄如祖		呈报员工签名盖章	王聚卿	

104) 电务员工呈报损失调查表

机关名称：重庆电话局　　　　　　　　　　　民国　年　月　日填报

姓名	郑文质	损失原因	8月9日本局宿舍及地下室被炸	损失地点	本局宿舍69号及地下室	离到日期	年　月　日到局处
资格	机工			损失日期	8月9日		
职务	修养股			何方证明			年　月　日离局处

损失情形	名称	数量	最低估值(元)	名称	数量	最低估值(元)
	被盖	1床	30	毛巾	1条	2
	灰制服	1套	20	牙膏	1盒	2
	哔叽制服	1套	30	卫生衫	1件	7
	白衬衫	1件	6	面盆	1个	10
	绿短裤	1条	6	提箱	1个	10
	礼帽	1顶	10			
	青胶鞋	1双	10			
	共计			共计		143

估计总额	国币元143元。预发慰偿金额：40元	由部核给慰偿金额	
主管人员核签意见并签名盖章	黄如祖　金履成	呈报员工签名盖章	郑文质

105) 电务员工呈报损失调查表

机关名称：重庆市电话局　　　　　　　　　民国二十九年八月十三日填报

姓名	朱致祥	损失原因	于8月9日敌机狂炸渝市本局地下室及宿舍被炸	损失地点	本局宿舍69号	离到日期	年　月　日到局处
资格	话务员			损失日期	29年8月9日		
职务	测量员			何方证明			年　月　日离局处

损失情形	名称	数量	最低估值(元)	名称	数量	最低估值(元)
	被褥	各1床	40	牙刷	1把	1
	大褂	1件	14	鞋	2双	10
	小褂裤	1套	15	帽	1顶	6
	洋磁面盆	1只	10	单被	1床	5
	毛巾	1条	1.5	搪磁杯	1只	1.5
	共计			共计		104

估计总额	104元正。预发慰偿金额：40元	由部核给慰偿金额	
主管人员核签意见并签名盖章	黄如祖　金履成	呈报员工签名盖章	朱致祥

106) 电务员工呈报损失调查表

机关名称：重庆电话局　　　　　　　　　　民国二十九年八月十三日填报

姓名	刘金铭	损失原因	8月9日本局宿舍及地下室被敌机惨炸	损失地点	本局69号宿舍	离到日期	年 月 日 到局处
资格	技工			损失日期	8月9日		
职务	机工			何方证明			年 月 日 离局处

损失情形	名称	数量	最低估值(元)	名称	数量	最低估值(元)
	棉被	1床	30	毛巾	2条	3
	胶鞋	1双	10	卫生衣裤	2件	15
	布鞋	1双	6	肥皂	2块	1.5
	白褂裤	1套	18	牙刷	1把	1
	青袜子	2双	5	牙膏	1盒	1.8
	共计			共计		91.3

估计总额	国币91.3元。预发慰偿金额:40元	由部核给慰偿金额	
主管人员核签意见并签名盖章	黄如祖　金履成	呈报员工签名盖章	刘金铭

107) 电务员工呈报损失调查表

机关名称：重庆电话局　　　　　　　　　　民国二十九年八月 日填报

姓名	杨德富	损失原因	敌机袭渝,本局防空壕上中弹,致将所住宿舍震坏	损失地点	本局第67号房间	离到日期	年 月 日 到局处
资格	话务员			损失日期	8月9日		
职务	测量员			何方证明			年 月 日 离局处

损失情形	名称	数量	最低估值(元)	名称	数量	最低估值(元)
	精装辞源	全部	20	水瓶	1个	10
	被单	1床	15	衬衣	2件	15
	玻板	1面	15	面巾水盅牙刷等	各1件	4
	共计			共计		79

估计总额	预发慰偿金额:60元	由部核给慰偿金额	
主管人员核签意见并签名盖章	黄如祖　金履成	呈报员工签名盖章	杨德富

108)电务员工呈报损失调查表

机关名称:重庆电话局　　　　　　　　　　民国二十九年八月十二日填报

姓名	朱子瑜	损失原因	8月9日敌机惨炸,本局地下室及宿舍被炸	损失地点	69号宿舍	离到日期	年 月 日 到局处
资格	机务员			损失日期	29年8月9日		
职务	佐理员			何方证明			年 月 日 离局处

损失情形	名称	数量	最低估值(元)	名称	数量	最低估值(元)
	洋磁面盆	1个	18	毛巾	两条	3.4
	府绸衬衫	1件	16	牙膏	1盒	2
	标准布衬衫	1件	12	牙刷	1把	1.6
	三友实业社出品大床被单	1床	18	备注:本人所住69号宿舍(三楼)因毗连遭敌机投弹之地下室及70号宿舍,致墙壁震塌,门窗户扇一无幸存,床铺桌椅全部倒塌,于70号宿舍及地下室附近层楼上覆(69、70号宿舍系三楼,因轰炸结果上层四楼倾倒于三楼之上),抢救无从,致左列各项衣物,不系被毁于弹片飞石,即系因受强烈震动过激散失无踪,合并陈明		
	真麻纱汗衫	1件	9			
	热水瓶(磅半金星牌)	1个	18			
	皮鞋	1双	24			
	胶鞋	1双	8			
	洋绳背心	1件	20			
	草绿西卡机制服	1套	48			
	共计			共计		198

估计总额	国币198元正。预发慰偿金额:100元	由部核给慰偿金额	
主管人员核签意见并签名盖章	黄如祖　金履成	呈报员工签名盖章	朱子瑜

109) 电务员工呈报损失调查表

机关名称：重庆电话局　　　　　　　　　　　　民国二十九年八月十日填报

姓名资格职务	车乐泉	损失原因	敌机袭渝,本局防空壕上中弹致将所住宿舍震坏	损失地点	本局67号宿舍	离到日期		年 月 日到局处
	话务员			损失日期	8月9日			
	佐理员			何方证明				年 月 日离局处
损失情形	名称	数量	最低估值(元)		名称	数量		最低估值(元)
	白府绸衬衫	1件	18		竹席	1床		6
	洋布短裤	1件	5		衣刷	1把		3
	胶鞋	1双	14		磁茶壶	1把		6
	毛巾	2条	4		玻璃杯	2个		3
	袜子	1双	3		磁茶杯	2个		2
	呢帽	1顶	15		牙刷牙膏	各1只〔支〕		4
	共计		59		共计			24
估计总额		83元。预发慰偿金额:60元			由部核给慰偿金额			
主管人员核签意见并签名盖章				黄如祖　金履成		呈报员工签名盖章		车乐泉

110) 电务员工呈报损失调查表

机关名称：　　　　　　　　　　　　　　　　民国二十九年八月九日填报

姓名资格职务	许国麟	损失原因	敌机袭渝,本局防空壕上中弹,致将本室各物震毁及遗失	损失地点	本局67号宿舍	离到日期		年 月 日到局处
	话务员			损失日期	8月9日			
	测量长			何方证明				年 月 日离局处
损失情形	名称	数量	最低估值(元)		名称	数量		最低估值(元)
	纹皮鞋	1双	26		磅半热水瓶	1个		15
	布中山装裤	1条	16		手巾牙刷牙膏	各1〔件〕		4
	标准布衬衫	1件	12					
	共计				共计			73
估计总额		预发慰偿金额:60元			由部核给慰偿金额			
主管人员核签意见并签名盖章				黄如祖		呈报员工签名盖章		许国麟

111)电务员工呈报损失调查表

机关名称:交通部重庆电话局　　　　　　民国二十九年八月十二日填报

姓名	林菊如	损失原因	放在防空洞里被炸	损失地点	长安寺电话局	离到日期	年　月　日 到局处
资格	业务员			损失日期	8月9日		
职务	助理			何方证明	出纳股胡逸君		年　月　日 离局处
损失情形	名称	数量	最低估值(元)		名称	数量	最低估值(元)
	派克钢笔	1枝	150		印花白底床布	1条	15
	新买黑皮鞋	1双	38				
	共计				共计		203
估计总额		203元。拟准慰偿金额:80元			由部核给慰偿金额		
主管人员核签意见并签名盖章			黄如祖		呈报员工签名盖章		林菊如

112)电务员工呈报损失调查表

机关名称:重庆电话局　　　　　　民国二十九年八月十二日填报

姓名	胡逸	损失原因	8月9日长安寺总局防空洞为敌弹所炸,衣服等物因放于防空洞内,致遭波及	损失地点	长安寺总局	离到日期	年　月　日 到局处
资格	业务员			损失日期	8月9日		
职务	出纳员			何方证明	林菊如 叶汉漠		年　月　日 离局处
损失情形	名称	数量	最低估值(元)		名称	数量	最低估值(元)
	真牛皮箱	1只	40		汗衫	2件	8
	学生装	1套	120		印花被单	1条	28
	衬衫	2件	30				
	共计				共计		226
估计总额		226元。拟准慰偿金额:80元			由部核给慰偿金额		
主管人员核签意见并签名盖章			黄如祖		呈报员工签名盖章		胡逸

113) 电务员工呈报损失调查表

机关名称：交通部重庆电话局　　　　　　　民国二十九年八月十二日填报

姓名	马汝瑄	损失原因	衣包在防空[洞]内被炸	损失地点	长安寺电话局	离到日期	年 月 日 到局处
资格	业务员			损失日期	8月9日		
职务	股员			何方证明	文书股楚华安		年 月 日 离局处

损失情形	名称	数量	最低估值(元)	名称	数量	最低估值(元)
	纺绸裃裤	1套	40	短裤子	1条	6
	布衬衫	1件	7			
	共计			共计		53

估计总额	拟准慰偿金额:53元	由部核给慰偿金额	
主管人员核签意见并签名盖章		呈报员工签名盖章	
	黄如祖		马汝瑄

114) 电务员工呈报损失调查表

机关名称：重庆电话局　　　　　　　民国二十九年八月十二日填报

姓名	谈松僧	损失原因	电话局被炸	损失地点	电话局	离到日期	年 月 日 到局处
资格	业务员			损失日期	8月9日		
职务	收费员			何方证明			年 月 日 离局处

损失情形	名称	数量	最低估值(元)	名称	数量	最低估值(元)
	衬衫	1件	16	衬裤	1条	3.5
	灰帆布短裤	1条	15	袜子	1双	2.8
	汗衫	1件	8			
	共计			共计		45.3

估计总额	45.3元。拟准慰偿金额:45.3元	由部核给慰偿金额	
主管人员核签意见并签名盖章		呈报员工签名盖章	
	黄如祖		谈松僧

115) 电务员工呈报损失调查表

机关名称：重庆电话局　　　　　　　　民国二十九年八月十日填报

姓名	周颂山	损失原因	8月9日本局被炸，本人衣箱内储表列各项衣件置于防空洞进口处，因该处落弹，适受损失	损失地点	本局地下室（进口）	离到日期	年 月 日 到局处
资格	工役			损失日期	8月9日		
职务	修养股			何方证明			年 月 日 离局处

损失情形	名称	数量	最低估值(元)	名称	数量	最低估值(元)
	木箱	1个	12	短棉袄	1件	8
	衬衫	1件	12	短棉裤	1条	7
	袜子	两双	4	头绳背心	1件	12
	棉袍	1件	20			
	共计			共计		75

估计总额	国币75元。拟准慰偿金额：30元	由部核给慰偿金额	
主管人员核签意见并签名盖章	黄如祖	呈报员工签名盖章	周颂山

116) 电务员工呈报损失调查表

机关名称：重庆电话局　　　　　　　　民国　年　月　日填报

姓名	贺文灿	损失原因	被炸	损失地点	本局地下室	离到日期	年 月 日 到局处
资格	公役			损失日期	8月9日		
职务				何方证明			年 月 日 离局处

损失情形	名称	数量	最低估值(元)	名称	数量	最低估值(元)
	皮箱	1口	14	蓝布汗衣	1套	13.5
	棉衣长衫	1件	25	白布衬衣	1件	8
	棉衣长裤	1条	14	白布短裤	1条	2.5
	兰〔蓝〕布长衫	2件	26			
	共计			共计		

估计总额	103元正。拟准慰偿金额：30元	由部核给慰偿金额	
主管人员核签意见并签名盖章	黄如祖	呈报员工签名盖章	贺文灿

117)电务员工呈报损失调查表

机关名称：交通部重庆电话局　　　　　　　民国二十九年八月十二日填报

姓名	李银万	损失原因	防空洞被炸	损失地点	电话局防空洞	离到日期	年　月　日 到局处
资格	库丁			损失日期	8月9日		
职务	管材料			何方证明			年　月　日 离局处

损失情形	名称	数量	最低估值(元)	名称	数量	最低估值(元)
	被盖	1床	15	长衫	1件	16
	中服	1套	18	木箱	1口	3
	汗衣	1套	16			
	共计			共计		68

估计总额		拟准慰偿金额：30元		由部核给慰偿金额	
主管人员核签意见并签名盖章			黄如祖	呈报员工签名盖章	李银万

118)电务员工呈报损失调查表

机关名称：交通部重庆电话局　　　　　　　民国二十九年八月十六日填报

姓名	张海清	损失原因	防空洞被炸	损失地点	电话局防空洞	离到日期	年　月　日 到局处
资格	库丁			损失日期	8月9日		
职务	管材料			何方证明			年　月　日 离局处

损失情形	名称	数量	最低估值(元)	名称	数量	最低估值(元)
	中服	1套	18	包帕	1根	2.5
	汗衣	1套	16	洋汗衣	1件	5.5
	共计			共计		42

估计总额		拟准慰偿金额：30元		由部核给慰偿金额	
主管人员核签意见并签名盖章			黄如祖	呈报员工签名盖章	张海清

119) 电务员工呈报损失调查表

机关名称：嘉陵新村长途台　　　　　　　　民国二十九年八月一日填报

姓名	王晖如	损失原因	7月31日14时敌机袭渝宿舍全部被炸	损失地点	嘉陵新村二区26号	离到日期	29年7月31日到局处
资格	话务员			损失日期	7月31日		
职务	值机			何方证明	本局证明		年 月 日 离局处

损失情形	名称	数量	最低估值(元)	名称	数量	最低估值(元)
	中山呢制服	2套(全毁)	64	绒绒背心	1件(全毁)	15
	背单	1床(全毁)	18	布鞋	1双(全毁)	8
	衬裤	1条(全毁)	14	公文程式	1本(全毁)	1
	毛巾	2张(全毁)	6	毛刷	1只(全毁)	3
	毛哔叽上装	1件(全毁)	25	今日化学	1本(全毁)	5
	共计		127	共计		32

估计总额	159元。预发慰偿金额：60元	由部核给慰偿金额	
主管人员核签意见并签名盖章	毕庶琦　黄如祖	呈报员工签名盖章	王晖如

120) 电务员工呈报损失调查表

机关名称：嘉陵新村长途台　　　　　　　　民国二十九年八月一日填报

姓名	秦义诗	损失原因	7月31日下午2时敌机轰炸，宿舍中弹，衣物全毁	损失地点	嘉陵新村长途台	离到日期	年 月 日 到局处
资格	话务员			损失日期	7月31日		
职务	值机			何方证明			年 月 日 离局处

续表

	名称	数量	最低估值(元)	名称	数量	最低估值(元)
损失情形	白短裤(全毁)	2条	16	新民牌自来水笔(全毁)	1支	9.5
	白瓷漱口杯(全毁)	1个	5	白瓷面盆(全毁)	1个	14
	牙刷(全毁)	1把	2	蓝印花卧单(全毁)	1床	18
	毛巾(全毁)	2张	4	白卡〔咔〕叽卧单(全毁)	1床	22
	力士鞋(全毁)	1双	9	被盖(全毁)	1床	48
	白洋布(全毁)	1件	8	白布汗衣(全毁)	1件	6
	枕头(全毁)	1个	7	灰卡〔咔〕叽上装(全毁)	1件	13
				芝麻呢中山服(全毁)	1套	28
	共计		51	共计		158.5
估计总额	209.5元。预发慰偿金额:60元			由部核给慰偿金额		
主管人员核签意见并签名盖章	毕庶琦　黄如祖			呈报员工签名盖章	秦义诗	

121)电务员工呈报损失调查表

机关名称:嘉陵新村长途台　　　　　　　　　　　　民国二十九年八月一日填报

姓名	黄次卿	损失原因	7月31日下午2时许敌机轰炸,宿舍全毁	损失地点	嘉陵新村长途台	离到日期		年　月　日到局处
资格	话务员			损失日期	29年7月31日			
职务	司机			何方证明				年　月　日离局处

续表

<table>
<tr><td rowspan="6">损失情形</td><td>名称</td><td>数量</td><td>最低估值(元)</td><td>名称</td><td>数量</td><td>最低估值(元)</td></tr>
<tr><td>被盖(全毁)</td><td>1床</td><td>45</td><td>府绸衬衣(全毁)</td><td>1件</td><td>16</td></tr>
<tr><td>线毯(全毁)</td><td>1床</td><td>16</td><td>毛巾口杯(全毁)</td><td>各1件</td><td>4</td></tr>
<tr><td>人字呢大衣(全毁)</td><td>1件</td><td>52</td><td>白帆布短裤(全毁)</td><td>1件</td><td>8</td></tr>
<tr><td>面盆(全毁)</td><td>1个</td><td>12</td><td>草绿色制服(全毁)</td><td>1套</td><td>28</td></tr>
<tr><td>卫生衣裤(全毁)</td><td>1套</td><td>14</td><td>胶鞋(全毁)</td><td>1双</td><td>10</td></tr>
<tr><td colspan="3">共计</td><td colspan="2">139</td><td>共计</td><td>66</td></tr>
<tr><td>估计总额</td><td colspan="3">205元。预发慰偿金额:60元</td><td colspan="3">由部核给慰偿金额</td></tr>
<tr><td>主管人员核签意见并签名盖章</td><td colspan="3">毕庶琦　黄如祖</td><td>呈报员工签名盖章</td><td colspan="2">黄次卿</td></tr>
</table>

122)电务员工呈报损失调查表

机关名称:嘉陵新村长途台　　　　　　　　民国二十九年八月一日填报

<table>
<tr><td rowspan="3">姓名资格职务</td><td>李超</td><td rowspan="3">损失原因</td><td rowspan="3">7月31号敌机袭渝,宿舍全部炸毁</td><td>损失地点</td><td>嘉陵新村长途台</td><td rowspan="3">离到日期</td><td>年　月　日到局处</td></tr>
<tr><td>话务员</td><td>损失日期</td><td>7月31号</td><td rowspan="2">年　月　日离局处</td></tr>
<tr><td>班长</td><td>何方证明</td><td></td></tr>
<tr><td rowspan="8">损失情形</td><td>名称</td><td colspan="2">数量</td><td>最低估值(元)</td><td>名称</td><td>数量</td><td>最低估值(元)</td></tr>
<tr><td>面盆</td><td colspan="2">1只</td><td>12</td><td>美术卧单</td><td>1床</td><td>18</td></tr>
<tr><td>皮鞋</td><td colspan="2">1双</td><td>26</td><td>毛毯</td><td>1床</td><td>28</td></tr>
<tr><td>衬衣</td><td colspan="2">2件</td><td>30</td><td>黑哔[叽]呢大衣</td><td>1套</td><td>120</td></tr>
<tr><td>青哔[叽]呢中山服</td><td colspan="2">1套</td><td>170</td><td>毛线衣上身</td><td>1件</td><td>34</td></tr>
<tr><td>皮手套</td><td colspan="2">1付</td><td>9</td><td>草绿色军服</td><td>1套</td><td>28</td></tr>
<tr><td>被子</td><td colspan="2">1床</td><td>40</td><td></td><td></td><td></td></tr>
<tr><td>共计</td><td colspan="2"></td><td>287</td><td>共计</td><td></td><td>228</td></tr>
</table>

续表

估计总额	515元。预发慰偿金额:60元		由部核给慰偿金额	
主管人员核签意见并签名盖章		毕庶琦　黄如祖	呈报员工签名盖章	李超

123）电务员工呈报损失调查表

机关名称：嘉陵新村长途台　　　　　　　　民国二十九年八月一日填报

姓名	冯达	损失原因	7月31日本台被炸，宿舍中弹，各物随弹片飞无	损失地点	重庆嘉陵新村二区26号	离到日期	年　月　日　到局处
资格	话务员			损失日期	民国29年7月31日		
职务	班长			何方证明			年　月　日　离局处
损失情形	名称	数量	最低估值(元)	名称	数量	最低估值(元)	
	马裤呢军服	1套	170	被单	1床	15	
	丈青哔叽中山装	1套	120	毛线衣	1套	90	
	生毛线呢新西装裤	1条	70	呢大衣	1件	90	
	棉被	2床	140	背带	1根	12	
	长短筒黑皮鞋	2双[各一]	70	皮箱	1只	10	
	绸子衬衫	1件	25				
	毛毯	1床	40				
	共计		635	共计		217	
估计总额	852元。预发慰偿金额:60元			由部核给慰偿金额			
主管人员核签意见并签名盖章			毕庶琦　黄如祖	呈报员工签名盖章		冯达	

124) 电务员工呈报损失调查表

机关名称：　　　　　　　　　　　　　　民国二十九年八月一日填报

姓名	莫春生	损失原因	7月31日敌机袭渝被炸	损失地点	嘉陵新村	离到日期	年　月　日 到局处
资格	话务员			损失日期	7月31日		
职务	值机			何方证明			年　月　日 离局处
损失情形	名称	数量	最低估值(元)	名称	数量	最低估值(元)
	毯子	1件	40	被单	1件	10
	被[子]	1件	20	皮鞋	两双	40
	箱子(连衣)	1个	70	脸盆	1个	20
	共计		130	共计		70
估计总额	200元。预发慰偿金额：60元			由部核给慰偿金额		
主管人员核签意见并签名盖章			毕庶琦　黄如祖	呈报员工签名盖章	莫春生	

125) 电务员工呈报损失调查表

机关名称：交通部重庆电话局　　　　　　民国二十九年八月一日填报

姓名	姚镇寰	损失原因	因迁建区长〔途〕台宿舍被敌机炸毁	损失地点	嘉陵新村长途台	离到日期	年　月　日 到局处
资格	话务员			损失日期	29年7月31日		
职务	领班			何方证明			年　月　日 离局处
损失情形	名称	数量	最低估值(元)	名称	数量	最低估值(元)
	蚊帐	1顶	30	玻砖镜子	1只	15
	盥洗全用具	全套	25	棉大衣	1件	30
	白力士鞋	1双	15			
	共计			共计		115
估计总额	115元。预发慰偿金额：60元			由部核给慰偿金额		
主管人员核签意见并签名盖章			毕庶琦　黄如祖	呈报员工签名盖章	姚镇寰	

126)电务员工呈报损失调查表

机关名称：重庆电话局　　　　　　　　　　　民国二十九年八月四日填报

姓名	毕庶琦	损失原因	被敌机将宿舍炸倒	损失地点	重庆嘉陵新村长途台	离到日期	年 月 日 到局处
资格	技术员			损失日期	29年7月31日		
职务	工务课佐理员			何方证明			年 月 日 离局处

	名称	数量	最低估值(元)	名称	数量	最低估值(元)
损失情形	瓷脸盆	1[个]	14	洋瓷漱口杯	1[个]	2
	大面镜	1[面]	11	白胶梳	1[把]	1.8
	墨盒	1[个]	4	绸衬衣	1[件]	16
	白斜纹布单	1[床]	20	蚊帐	1[顶]	28
	茶壶	1[只]	2.2	肥皂盒连肥皂	1[个]	3.5
	大木衣箱	1[只]	8	牙刷牙膏	各1[支]	2.3
	毛巾	2[张]	2.4	小字笔	1[支]	1
	玻璃茶杯	2[个]	1.6	老头牌修面刀及刀片	1[只]	5.8
	共计		63.2	共计		60.4

估计总额	123.6元。预发慰偿金额：100元	由部核给慰偿金额	
主管人员核签意见并签名盖章		呈报员工签名盖章	
	黄如祖		毕庶琦

127)电务员工呈报损失调查表

机关名称：重庆电话局　　　　　　　　　　　民国二十九年八月十日填报

姓名	庆佩兰	损失原因	8月9日敌机投弹住宅被炸	损失地点	正阳街18号	离到日期	年 月 日 到局处
资格	话务员			损失日期	8月9日		
职务	领班			何方证明			年 月 日 离局处

续表

损失情形	名称	数量	最低估值(元)	名称	数量	最低估值(元)
	衣被家具	全部	约500			
	共计		约500	共计		

估计总额	预发慰偿金额：60元	由部核给慰偿金额	
主管人员核签意见并签名盖章	黄如祖	呈报员工签名盖章	庆佩兰

128）电务员工呈报损失调查表

机关名称：重庆电话局　　　　　　　　民国二十九年八月十二日填报

姓名	李义忠	损失原因	本月9日该处被敌机炸毁燃烧	损失地点	仓坝子30号	离到日期	年 月 日到局处
资格	学习线工			损失日期	8月9日		
职务				何方证明			年 月 日离局处

损失情形	名称	数量	最低估值(元)	名称	数量	最低估值(元)
	被盖	1床	20	力士鞋	1双	9
	棉衣	1套	15	制服	2套	25
	呢帽	1顶	10			
	共计			共计		79

估计总额	79元。预发慰偿金额：40元	由部核给慰偿金额	
主管人员核签意见并签名盖章	事前未报住址，复查损失属实　　黄如祖	呈报员工签名盖章	李义忠

129）电务员工呈报损失调查表

机关名称：重庆电话局　　　　　　　　　民国二十九年八月十三日填报

姓名	邓文秀	损失原因	于本月9日该处被敌机炸毁燃烧	损失地点	仓坝子30号	离到日期	年 月 日 到局处
资格				损失日期	8月9日		
职务	学习线工			何方证明			年 月 日 离局处

损失情形	名称	数量	最低估值（元）	名称	数量	最低估值（元）
	被盖	1床	20	蓝布衣服	2套	25
	脸盆	1个	7	棉衣	1套	15
	力士鞋	1双	9	毛巾	2条	4
	共计			共计		80

估计总额	80元。预发慰偿金额：40元	由部核给慰偿金额	
主管人员核签意见并签名盖章	事前未报住址，复查损失属实　　　　黄如祖	呈报员工签名盖章	邓文秀

130）电务员工呈报损失调查表

机关名称：重庆电话局　　　　　　　　　民国二十九年八月　日填报

姓名	高超学	损失原因	被炸	损失地点	电话局宿舍57号	离到日期	年 月 日 到局处
资格	线工			损失日期	29年8月9日		
职务	架设外线			何方证明			年 月 日 离局处

损失情形	名称	数量	最低估值（元）	名称	数量	最低估值（元）
	被盖	1床	35	面盆	1个	7
	毛毯	1床	50	毛巾	1根	1.4
	学生服	3套	70	胶鞋	1双	10
	共计			共计		173.4

估计总额	173.4元。预发慰偿金额：40元	由部核给慰偿金额	
主管人员核签意见并签名盖章	住址与前呈报不符。复查损失属实　　　　黄如祖	呈报员工签名盖章	高超学

131)电务员工呈报损失调查表

机关名称:重庆电话局　　　　　　　　民国二十九年八月　日填报

姓名	陈昌龄	损失原因	55号宿舍房屋被炸	损失地点	电话局宿舍	离到日期	年 月 日 到局处
资格	技工	^	^	损失日期	8月9日	^	^
职务	线工	^	^	何方证明			年 月 日 离局处

损失情形	名称	数量	最低估值(元)	名称	数量	最低估值(元)
	毯子	1床	16	绒汗衣	1套	18
	棉絮	1床	22	白汗衣	2套	24
	兰〔蓝〕中服	1套	21			
	共计			共计		101

估计总额	101元。预发慰偿金额:40元	由部核给慰偿金额	
主管人员核签意见并签名盖章	事后更改住址,无从调查。复查,查明损失属实　　　　黄如祖	呈报员工签名盖章	陈昌龄

132)电务员工呈报损失调查表

机关名称:重庆电话局　　　　　　　　民国二十九年八月　日填报

姓名	徐学山	损失原因	于本月9日该处被敌机炸毁燃烧	损失地点	仓坝子30号	离到日期	年 月 日 到局处
资格	技工	^	^	损失日期	8月9日	^	^
职务		^	^	何方证明			年 月 日 离局处

损失情形	名称	数量	最低估值(元)	名称	数量	最低估值(元)
	被盖	1床	20	皮鞋	1双	18
	木箱	1口	10	棉衣	1套	15
	铁床	1架	15	制服	2套	30
	共计			共计		108

估计总额	108元。预发慰偿金额:60元	由部核给慰偿金额	
主管人员核签意见并签名盖章	与原报住址不符。复查,移仓坝子30号属实　　　　黄如祖	呈报员工签名盖章	徐学山

133) 电务员工呈报损失调查表

机关名称：重庆电话局　　　　　　　　　　民国二十九年八月 日填报

姓名	赵伟	损失原因	被敌[机]轰炸	损失地点	第55号宿舍	离到日期	年 月 日 到局处
资格	话差			损失日期	本月9日		
职务				何方证明	本局		年 月 日 离局处

损失情形	名称	数量	最低估值(元)	名称	数量	最低估值(元)
	被盖	1床	28	棉短衣	1套	30
	制服	2套	40	手巾	2张	3
	皮鞋	1双	15	牙刷	1只	1
	面盆	1个	10			
	共计			共计		127

估计总额	127元。预发慰偿金额：30元	由部核给慰偿金额	
主管人员核签意见并签名盖章	该工住宿地点及损失情形经查属实　黄如祖　姜文渊	呈报员工签名盖章	话差赵伟

134) 电务员工呈报损失调查表

机关名称：交通部重庆电话局　　　　　　　民国二十九年八月 日填报

姓名	周体明	损失原因	因被敌机轰炸	损失地点	电话局第55号宿舍	离到日期	年 月 日 到局处
资格	一等警士			损失日期	8月9日		
职务	愿警			何方证明	同宿舍人等证明		年 月 日 离局处

损失情形	名称	数量	最低估值(元)	名称	数量	最低估值(元)
	被盖	1床	30	棉袄	1件	25
	礼帽	1顶	10	夹裤	1条	15
	皮匿箱	1口	14	牙刷	1把	1
	皮鞋	1双	20	漱口钟	1个	1
	面盆	1个	8			
	共计			共计		124

估计总额	124元。预发慰偿金额：30元	由部核给慰偿金额	
主管人员核签意见并签名盖章	该工住宿地点及损失情形经查属实　黄如祖　姜文渊	呈报员工签名盖章	周体明

135）电务员工呈报损失调查表

机关名称：重庆电话局　　　　　　　　　民国二十九年八月 日填报

姓名	龙秦氏	损失原因		损失地点	长安寺电话局	离到日期	年 月 日 到局处
资格	女役			损失日期	8月9日		
职务				何方证明			年 月 日 离局处
损失情形	名称	数量	最低估值(元)		名称	数量	最低估值(元)
	被盖	1条	30		枕头	1个	15
	布衣	4件	10		面盆	1个	5
	共计				共计		60
估计总额		70元。预发慰偿金额:30元			由部核给慰偿金额		
主管人员核签意见并签名盖章	所报住宿地点经查属实　　　　　　黄如祖				呈报员工签名盖章		龙秦氏

136）电务员工呈报损失调查表

机关名称：　　　　　　　　　　　　　　民国 年 月 日填报

姓名	李素华	损失原因		损失地点	长安饭店第4号	离到日期	年 月 日 到局处
资格	女工			损失日期	8月9号被炸		
职务				何方证明			年 月 日 离局处
损失情形	名称	数量	最低估值(元)		名称	数量	最低估值(元)
	被盖	1床	26		换洗衣服	3件	35
	毯子	1床	16		毛巾	1张	1.2
	共计				共计		78.2
估计总额		78.2元。预发慰偿金额:30元			由部核给慰偿金额		
主管人员核签意见并签名盖章	所报住宿地点经查属实　　　　　　黄如祖				呈报员工签名盖章		李素华

137) 电务员工呈报损失调查表

机关名称：　　　　　　　　　　　　　　民国　年　月　日填报

姓名	涂永仪	损失原因		损失地点	长安寺电话局35号	离到日期	年 月 日 到局处
资格	女役			损失日期	8月9日		
职务				何方证明			年 月 日 离局处
损失情形	名称	数量	最低估值(元)	名称	数量	最低估值(元)
	被盖	1床	30	草子	1捆	25
	席子	1床	4	单衣	1件	10
	雨伞	1把	3			
	共计			共计		72
估计总额	72元。预发慰偿金额：30元	由部核给慰偿金额
主管人员核签意见并签名盖章	所报住宿地点经查属实　　　　　　黄如祖	呈报员工签名盖章	涂永仪

138) 电务员工呈报损失调查表

机关名称：重庆电话局　　　　　　　　　民国　年　月　日填报

姓名	彭树清	损失原因	8月9日被敌机轰毁	损失地点	长安寺总局35号宿舍	离到日期	年 月 日 到局处
资格	女役			损失日期	8月9日		
职务				何方证明			年 月 日 离局处
损失情形	名称	数量	最低估值(元)	名称	数量	最低估值(元)
	被条	1床	25	鞋子	2双	6
	单衣	2套	40	习子	1床	3
	棉衣	1套	30	毯子	1床	20
	共计			共计		124
估计总额	124元。预发慰偿金额：30元	由部核给慰偿金额
主管人员核签意见并签名盖章	所报住宿地点经查属实　　　　　　黄如祖	呈报员工签名盖章	彭树清

139）电务员工呈报损失调查表

机关名称：重庆电话局　　　　　　　　　　　　民国　年　月　日填报

姓名	邓万顺	损失原因	被敌[机]轰炸	损失地点	本局55号宿舍	离到日期	年　月　日 到局处
资格	厨役			损失日期	8月9日		
职务				何方证明	本局		年　月　日 离局处
损失情形	名称	数量	最低估值(元)	名称	数量	最低估值(元)	
	被盖	1床	25	衫子	2件	50	
	制服	2套	40	面盆	1个	7	
	棉袄	1件	20				
	共计			共计		142	
估计总额		142元。预发慰偿金额：30元			由部核给慰偿金额		
主管人员核签意见并签名盖章		该工住宿地点及损失情形经查属实　　　　黄如祖　姜文渊			呈报员工签名盖章	厨役邓万顺	

140）电务员工呈报损失调查表

机关名称：交通部重庆电话局　　　　　　　　　民国　年　月　日填报

姓名	张治铭	损失原因	因本月9日被敌机狂炸	损失地点	电话局第56号宿舍	离到日期	年　月　日 到局处
资格	话差			损失日期	本月9日		
职务				何方证明	同住宿人证明		年　月　日 离局处
损失情形	名称	数量	最低估值(元)	名称	数量	最低估值(元)	
	被盖	1床	22	礼帽	1顶	7	
	棉袄	1件	18	面盆	1个	8	
	夹裤	1条	8	胶鞋	1双	8	
	共计			共计		71	
估计总额		损失费洋71元。预发慰偿金额：30元			由部核给慰偿金额		
主管人员核签意见并签名盖章		该工住宿地点及损失情形经查属实　　　　黄如祖　姜文渊			呈报员工签名盖章	张治铭	

141) 电务员工呈报损失调查表

机关名称：重庆电话局　　　　　　　　　　民国二十九年八月十日填报

姓名	赵伯年	损失原因	8月9日本局被炸	损失地点	本局55号宿舍	离到日期	年　月　日　到局处
资格	工役			损失日期			
职务	设置股			何方证明			年　月　日　离局处

损失情形	名称	数量	最低估值(元)	名称	数量	最低估值(元)
	棉被	1床	30	棉袍	1件	20
	毛毯	1床	12	棉裤	1条	10
	席	1床	4	面盆	1个	7
	枕头	1付	5			
	共计			共计		88

估计总额	88元。预发慰偿金额:30元	由部核给慰偿金额	
主管人员核签意见并签名盖章	该工住宿地点及损失情形证明属实　　黄如祖　姜文渊	呈报员工签名盖章	赵伯年

142) 电务员工呈报损失调查表

机关名称：　　　　　　　　　　　　　　民国二十九年八月九日填报

姓名	吴大才	损失原因	8月9号被敌机轰炸	损失地点	本局55号宿舍	离到日期	年　月　日　到局处
资格	公役			损失日期	29年8月9号		
职务	技工厨房			何方证明			年　月　日　离局处

损失情形	名称	数量	最低估值(元)	名称	数量	最低估值(元)
	被盖	1床		毯子	1床	
	中山服	2套				
	共计			共计		120余元

估计总额	120元。预发慰偿金额:30元	由部核给慰偿金额	
主管人员核签意见并签名盖章	该工住宿地点及损失情形经查属实　　黄如祖　姜文渊	呈报员工签名盖章	吴大才

143) 电务员工呈报损失调查表[①]

机关名称：　　　　　　　　　　　民国　年　月　日填报

姓名	蔡淑君	损失原因	敌机轰炸	损失地点		离到日期		年 月 日 到局处
资格	话务员			损失日期				
职务	班长			何方证明				年 月 日 离局处

损失情形	名称	数量	最低估值(元)	名称	数量	最低估值(元)
	被棉絮	各1床	□		□	□
	毯	1床	□		□	□
	辞源字典	各1本	□		□	□
	日用品		□		□	□
	共计		105	共计		□

估计总额	预发慰偿金额：30元	由部核给慰偿金额	
主管人员核签意见并签名盖章		呈报员工签名盖章	蔡淑君

144) 电务员工呈报损失调查表[②]

机关名称：　　　　　　　　　　　民国　年　月　日填报

姓名	韩娴	损失原因	敌机轰炸	损失地点		离到日期		年 月 日 到局处
资格	话务员			损失日期				
职务	司机			何方证明				年 月 日 离局处

损失情形	名称	数量	最低估值(元)	名称	数量	最低估值(元)
	被棉絮	各1床	□		□	□
	外衣	1件	□		□	□
	冬夏衣服	数件	□		□	□
	日用品		□		□	□
	共计		345	共计		□

估计总额	预发慰偿金额：60元	由部核给慰偿金额	
主管人员核签意见并签名盖章		呈报员工签名盖章	韩娴

---

① 该表右部分缺失。

② 该表右部分缺失。

145）电务员工呈报损失调查表

机关名称：交通部重庆电话局　　　　　　　　民国二十九年八月十日填报

姓名资格职务	邓芝德	损失原因	本月9日敌机狂炸本局，职所住局内35号寝室竟于是日同时被炸，所有室内放置之衣物被单遂于危难中全部损失无余	损失地点	本局35号宿舍	离到日期	年　月　日到局处
	话务员			损失日期	本年8月9日		
	值机			何方证明	同事职员证明		年　月　日离局处

损失情形	名称	数量	最低估值(元)	名称	数量	最低估值(元)
	皮鞋	1双	23	长布旗袍	1件	40
	被盖	1床	10	花布汗衣	2套	40
	牛毛毡	1床	30	花布小衣及白绸中衣	各2件	80
	洗脸盆及面巾	2只	10			
	共计			共计		233

估计总额	233元。预发慰偿金额：60元	由部核给慰偿金额	
主管人员核签意见并签名盖章	黄如祖	呈报员工签名盖章	邓芝德

146）电务员工呈报损失调查表

机关名称：　　　　　　　　　　　　　　民国二十九年八月十日填报

姓名资格职务	吴德华	损失原因	8月9日敌机将宿舍全部炸毁	损失地点	本局35号宿舍	离到日期	年　月　日到局处
	值机			损失日期	8月9日		
	话务员			何方证明			年　月　日离局处

损失情形	名称	数量	最低估值(元)	名称	数量	最低估值(元)
	被盖	1床	50	内衣服	1套	15
	漱口盆牙刷零碎东西		14	笔	1把	3
	共计			共计		

估计总额	预发慰偿金额：60元	由部核给慰偿金额	
主管人员核签意见并签名盖章	黄如祖	呈报员工签名盖章	吴德华

147)电务员工呈报损失调查表

机关名称：　　　　　　　　　　　　　　　　民国二十九年八月十日填报

姓名	吴德光	损失原因	8月9日敌机袭渝，将本局宿舍全部炸毁	损失地点	本局35号宿舍	离到日期	年　月　日 到局处
资格	值机			损失日期	8月9日		
职务	话务员			何方证明			年　月　日 离局处

损失情形	名称	数量	最低估值(元)	名称	数量	最低估值(元)
	席子	1床	5	蓝衣服	1件	18
	洗脸盆		12	胶鞋	1双	12
	棉絮	1床	30			
	共计			共计		

估计总额		预发慰偿金额：60元	由部核给慰偿金额	
主管人员核签意见并签名盖章		黄如祖	呈报员工签名盖章	吴德光

148)电务员工呈报损失调查表

机关名称：　　　　　　　　　　　　　　　　民国二十九年八月十日填报

姓名	马惠菁	损失原因	本局宿舍被炸	损失地点	电话局54号宿舍	离到日期	年　月　日 到局处
资格	话务员			损失日期	8月9日		
职务	班长			何方证明			年　月　日 离局处

损失情形	名称	数量	最低估值(元)	名称	数量	最低估值(元)
	棉被	2床	160	毛毯	1床	50
	面盆	2个	30	印度绸长衫	2件	70
	文皮鞋	1双	60	单被	1床	40
	共计			共计		410

估计总额		预发慰偿金额：60元	由部核给慰偿金额	
主管人员核签意见并签名盖章		黄如祖	呈报员工签名盖章	马惠菁

149) 电务员工呈报损失调查表

机关名称：重庆电话局　　　　　　　　民国二十九年八月十日填报

姓名	张玉卿	损失原因	敌机轰炸	损失地点	本局36号宿舍	离到日期	年　月　日 到局处
资格	话务员			损失日期	8月9日		
职务				何方证明			年　月　日 离局处
损失情形	名称	数量	最低估值(元)		名称	数量	最低估值(元)
	洋磁杯	1个	4		衣服	4件	50
	棉被	1床	15				
	共计				共计		69
估计总额			预发慰偿金额:60元			由部核给慰偿金额	
主管人员核签意见并签名盖章				黄如祖	呈报员工签名盖章	张玉卿	

150) 电务员工呈报损失调查表

机关名称：重庆电话局　　　　　　　　民国二十九年八月十三日填报

姓名	董德贞	损失原因	本局宿舍被炸	损失地点	本局35号宿舍	离到日期	年　月　日 到局处
资格	话务员			损失日期	8月9日		
职务	司机			何方证明			年　月　日 离局处
损失情形	名称	数量	最低估值(元)		名称	数量	最低估值(元)
	被盖	1床	35		皮鞋	1双	16
	袓〔毯〕子	1床	18		蓝布衫	2件	32
	面盆	1个	14		箱子	1口	20
	共计				共计		135
估计总额			预发慰偿金额:60元			由部核给慰偿金额	
主管人员核签意见并签名盖章				黄如祖	呈报员工签名盖章	董德贞	

151）电务员工呈报损失调查表

机关名称：重庆电话局　　　　　　　　　民国二十九年八月十三日填报

姓名资格职务	张芳	损失原因	本局宿舍被炸	损失地点	本局35号宿舍	离到日期	年 月 日 到局处
	话务员			损失日期	8月9日		
	司机			何方证明			年 月 日 离局处

损失情形	名称	数量	最低估值（元）	名称	数量	最低估值（元）
	被盖	1床	36	夹衫	1件	24
	毛祖〔毯〕	1床	50	汗衣	2件	16
	面盆	1个	12	皮鞋	1双	18
	蓝布衫	1件	15	箱子	1口	19
	共计			共计		190

估计总额	预发慰偿金额：60元	由部核给慰偿金额	
主管人员核签意见并签名盖章		黄如祖	呈报员工签名盖章	张芳

152）电务员工呈报损失调查表

机关名称：　　　　　　　　　　　　　　民国二十九年八月十日填报

姓名资格职务	洪樟	损失原因	敌机轰炸	损失地点	电话局54号宿舍	离到日期	年 月 日 到局处
	话务员			损失日期	8月9日		
	服务障碍台			何方证明			年 月 日 离局处

损失情形	名称	数量	最低估值（元）	名称	数量	最低估值（元）
	毛毯	1件	49	面盆	两个	30
	棉被	两床	160	水瓶	1个	30
	被单	两床	70	印度绸长衫	1件	40
	共计			共计		379

估计总额	预发慰偿金额：60元	由部核给慰偿金额	
主管人员核签意见并签名盖章		黄如祖	呈报员工签名盖章	洪樟

153)电务员工呈报损失调查表

机关名称：重庆电话局　　　　　　　　　民国二十九年八月十二日填报

姓名	王诚实	损失原因	敌机轰炸	损失地点	4号宿舍	离到日期	年　月　日到局处
资格	话务员			损失日期	8月9日		
职务	值机			何方证明			年　月　日离局处

损失情形	名称	数量	最低估值(元)	名称	数量	最低估值(元)
	被褥枕头	各1床〔件〕	45	皮鞋	1双	30
	面盆	1个	10	内外衣服	4套	40
	面巾牙刷	各1〔件〕	3			
	共计			共计		128

估计总额	预发慰偿金额:60元	由部核给慰偿金额
主管人员核签意见并签名盖章	黄如祖	呈报员工签名盖章　王诚实

154)电务员工呈报损失调查表

机关名称：重庆电话局　　　　　　　　　民国　年　月　日填报

姓名	陈淑贤	损失原因	8月9日局子被炸	损失地点	28号宿舍	离到日期	年　月　日到局处
资格	话务员			损失日期	8月9日		
职务	接线			何方证明			年　月　日离局处

损失情形	名称	数量	最低估值(元)	名称	数量	最低估值(元)
	被盖	2床	30	面盆	1个	20
	毯子	1床	18	脚盆	1个	5
	棉絮	2床	32	毛巾	1条	2
	枕头	1个	3			
	共计			共计		

估计总额	预发慰偿金额:60元	由部核给慰偿金额
主管人员核签意见并签名盖章	黄如祖	呈报员工签名盖章　陈淑贤

155) 电务员工呈报损失调查表

机关名称：重庆电话局　　　　　　　　　民国二十九年八月十二日填报

姓名	宁善诗	损失原因	敌机轰炸	损失地点	32号宿舍	离到日期	到局处 年 月 日
资格	话务员			损失日期	8月9日		
职务	值机			何方证明			离局处 年 月 日

损失情形	名称	数量	最低估值(元)	名称	数量	最低估值(元)
	被褥	2床	60	衣服(单夹)	6套	60
	铁床	1架	30	皮鞋	1双	20
	面盆	1个	6			
	共计			共计		176

估计总额	预发慰偿金额：60元	由部核给慰偿金额
主管人员核签意见并签名盖章	黄如祖	呈报员工签名盖章　宁善诗

156) 电务员工呈报损失调查表

机关名称：重庆电话局　　　　　　　　　民国二十九年八月十日填报

姓名	邓朝敏	损失原因	总局宿舍被炸	损失地点	本局36号宿舍	离到日期	到局处 年 月 日
资格	话务员			损失日期	8月9日		
职务				何方证明			离局处 年 月 日

损失情形	名称	数量	最低估值(元)	名称	数量	最低估值(元)
	皮箱	1口	80	皮鞋	1双	25
	被盖	1床	40	面盆	1个	8
	床毯	1床	15	手电筒	1只	6
	蓝布长衫	2件	24	洗面毛巾	1张	1.5
	麻纱长衫	1件	15			
	共计			共计		214.5

估计总额	拟准慰偿金额：60元	由部核给慰偿金额
主管人员核签意见并签名盖章	黄如祖	呈报员工签名盖章　邓朝敏

157)电务员工呈报损失调查表

机关名称:重庆电话局　　　　　　　　　民国二十九年八月十日填报

姓名	胡雪琼	损失原因	敌机轰炸	损失地点	总局54号宿舍	离到日期	年　月　日 到局处
资格	话务员			损失日期	8月9日		
职务				何方证明			年　月　日 离局处
损失情形	名称	数量	最低估值(元)		名称	数量	最低估值(元)
	洋磁面盆、碗	各1[只]	21		棉被	1床	32
	牙刷、牙膏、面巾	各1[件]	6		绳[线]衣	1件	18
	共计				共计		77
估计总额		拟准慰偿金额:60元				由部核给慰偿金额	
主管人员核签意见并签名盖章			黄如祖		呈报员工签名盖章		胡雪琼

158)电务员工呈报损失调查表

机关名称:重庆电话局　　　　　　　　　民国二十九年八月十二日填报

姓名	林曙	损失原因	敌机袭渝,宿[舍]炸毁,衣物失去	损失地点	本局17号宿舍	离到日期	年　月　日 到局处
资格	业务员			损失日期	8月9日		
职务	材料股佐理员			何方证明			年　月　日 离局处
损失情形	名称	数量	最低估值(元)		名称	数量	最低估值(元)
	长衫	4件	150		皮鞋	2双	50
	衬衣	2套	15		盆	1个	12
	共计				共计		227
估计总额		拟准慰偿金额:80元				由部核给慰偿金额	
主管人员核签意见并签名盖章			黄如祖		呈报员工签名盖章		林曙

159）电务员工呈报损失调查表

机关名称：　　　　　　　　　　　　　　民国二十九年八月十二日填报

姓名	黄慧	损失原因	宿舍震坏，衣物遗失	损失地点	重庆电话局17号	离到日期	年　月　日 到局处
资格	业务员			损失日期	8月9日		
职务	佐理员			何方证明			年　月　日 离局处

损失情形	名称	数量	最低估值（元）	名称	数量	最低估值（元）
	呢夹大衣	1件	150	脸盆	1个	12
	热水瓶	1个	30	其他零星日用品	共10件	30
	共计			共计		222

估计总额	拟准慰偿金额：80元	由部核给慰偿金额	
主管人员核签意见并签名盖章	黄如祖	呈报员工签名盖章	黄慧

160）电务员工呈报损失调查表

机关名称：重庆电话局　　　　　　　　　民国二十九年八月一日填报

姓名	王谦	损失原因	7月31日午后2时敌机轰炸宿舍中弹	损失地点	嘉陵新村长途台	离到日期	年　月　日 到局处
资格	话务员			损失日期	7月31日		
职务	值机			何方证明			年　月　日 离局处

损失情形	名称	数量	最低估值（元）	名称	数量	最低估值（元）
	棉被（全毁）	1床	40	短裤	2条	5
	毛毯	1床	20	脸盆	1个	15
	油布	1床	10	其他零物		10
	藏青毕〔哔〕叽制服	1套	150			
	雨衣	1件	25			
	府绸衬衫	2件	25			
	共计		270	共计		30

估计总额	300元。拟准慰偿金额60元。预发慰偿金额：30元	由部核给慰偿金额	
主管人员核签意见并签名盖章	该员已于八月一日革职　　　黄如祖　王佐	呈报员工签名盖章	王谦

161）电务员工呈报损失调查表

机关名称：嘉陵新村长途台　　　　　　　　民国二十九年八月一日填报

姓名资格职务	冯洁	损失原因	7月21日敌机袭渝被炸	损失地点	嘉陵新村长途台	离到日期	年 月 日 到局处
	话务员			损失日期	29年7月31日		
	值机			何方证明			年 月 日 离局处

损失情形	名称	数量	最低估值(元)	名称	数量	最低估值(元)
	洗具	1套	20	黑红皮鞋	各1双	60
	纱帐	1顶	20	草黄制服	1套	25
	衬衣	5件	40	呢大衣	1件	80
	共计		80	共计		165

估计总额	245元。预发慰偿金额：60元	由部核给慰偿金额	
主管人员核签意见并签名盖章		黄如祖	呈报员工签名盖章	冯洁

162）电务员工呈报损失调查表

机关名称：嘉陵新村长途台　　　　　　　　民国二十九年八月一日填报

姓名资格职务	邵厚圃	损失原因	7月31日下午2时许敌机投弹，宿舍全部炸毁	损失地点	嘉陵新村长途台	离到日期	29年7月31日到局处
	话务员			损失日期	7月31日		
	值机			何方证明			年 月 日 离局处

损失情形	名称	数量	最低估值(元)	名称	数量(全毁)	最低估值(元)
	面盆	1只(全毁)	20	牙刷	1只〔支〕(全毁)	2
	牙杯	1只(全毁)	5	毛巾	2条(全毁)	4
	衬衣	1件(全毁)	15	背心	2件(全毁)	10
	胶鞋	1双(全毁)	10	英文字典	1本(全毁)	15
	被单	1件(全毁)	20	被盖	1床(全毁)	60
	衬裤	1件(全毁)	3			
	共计		73	共计		91

估计总额	164元。预发慰偿金额：60元	由部核给慰偿金额	
主管人员核签意见并签名盖章		黄如祖	呈报员工签名盖章	邵厚圃

163）电务员工呈报损失调查表

机关名称：重庆电话局嘉陵新村长途台　　　　民国二十九年八月二日填报

姓名	李正华	损失原因	7月31日午后2时30分被敌机炸毁	损失地点	重庆两路口嘉陵新村二区26号	离到日期	年 月 日 到局处
资格	话务员			损失日期	7月31日		
职务	值机			何方证明	主管人员		年 月 日 离局处

损失情形	名称	数量	最低估值(元)	名称	数量	最低估值(元)
	大衣	1件	60	中山装	1套	30
	坦〔毯〕子	1床	20	面盆	1个	14
	布鞋	1双	4	衬衫	1件	10
	箱子	1口	20			
	共计			共计		158

估计总额	158元。预发慰偿金额：60元	由部核给慰偿金额
主管人员核签意见并签名盖章	黄如祖	呈报员工签名盖章　李正华

164）电务员工呈报损失调查表

机关名称：嘉陵新村长途台　　　　民国二十九年八月一日填报

姓名	唐明卿	损失原因	7月31日午后2时敌机轰炸宿舍全毁	损失地点	嘉陵新村长途台	离到日期	29年7月31日到局处
资格	局役			损失日期	7月31日		
职务	打杂			何方证明			年 月 日 离局处

损失情形	名称	数量	最低估值(元)	名称	数量	最低估值(元)
	被盖	1床(全毁)	35	中山服	1套(全毁)	18
	被单	1床(全毁)	18	衬衣	2件(全毁)	13
	长棉衣	1件(全毁)	25	面盆	1个(全毁)	11
	兰〔蓝〕布衫	2件(全毁)	38	毛巾	1条(全毁)	1
	夹裤	1条(全毁)	11			
	共计		127	共计		43

估计总额	170元。预发慰偿金额：30元	由部核给慰偿金额
主管人员核签意见并签名盖章	黄如祖	呈报员工签名盖章　唐明卿

165) 电务员工呈报损失调查表

机关名称：嘉陵新村长途台　　　　　　民国二十九年八月一日填报

姓名	廖华荣	损失原因	7月31日午后2时敌机轰炸,宿舍全毁	损失地点	嘉陵新村	离到日期	29年7月31日到局处
资格	局役			损失日期			
职务	挑水			何方证明			年 月 日 离局处

损失情形	名称	数量	最低估值(元)	名称	数量	最低估值(元)
	被盖	1床(全毁)	73	棉衣	1件(全毁)	18
	面盆	1个(全毁)	10	兰〔蓝〕布长衫	1件(全毁)	19
	被单	1床(全毁)	9	毛巾	1条(全毁)	1
	汗衣	1套(全毁)	12	夹背心	1件(全毁)	8
	共计		54	共计		46

估计总额	100元。预发慰偿金额:30元	由部核给慰偿金额	
主管人员核签意见并签名盖章		黄如祖	呈报员工签名盖章	廖华荣

166) 电务员工呈报损失调查表

机关名称：嘉陵新村长途台　　　　　　民国二十九年八月一日填报

姓名	夏文泉	损失原因	7月31日下午遭敌机投弹,宿舍全部被毁	损失地点	嘉陵新村	离到日期	年 月 日 到局处
资格	话务员			损失日期	7月31日下午		
职务	值机			何方证明			年 月 日 离局处

损失情形	名称	数量	最低估值(元)	名称	数量	最低估值(元)
	红洋瓷面盆 漱口杯	各1只(全毁)	21.5	被盖	1床(全毁)	55
	洋布衬衫	3件(全毁)	33	褥单	1条(全毁)	18

续表

名称	数量	最低估值(元)	名称	数量	最低估值(元)
府绸衬衫	2件(全毁)	30	黄色呢大衣	1件(全毁)	35
亨得利黑眼镜	1只(全毁)	18	麻布中山装	1套(全毁)	24
枕头	1只(全毁)	7			
皮鞋	1双(全毁)	26			
短中山裤	1条(全毁)	9			
教课书及英汉字典	10本(全毁)	30			
共计		174.5	共计		132

损失情形（左列）

估计总额	306.5元。预发慰偿金额：60元	由部核给慰偿金额	
主管人员核签意见并签名盖章	毕庶琦　黄如祖	呈报员工签名盖章	夏文泉

167) 电务员工呈报损失调查表

机关名称：交通部重庆电话局　　　　　　民国二十九年八月一日填报

姓名	钱杰	损失原因	7月31日敌机袭渝被炸	损失地点	嘉陵新村	离到日期	年　月　日 到局处
资格	话务员			损失日期	7月31日		
职务	值机			何方证明			年　月　日 离局处

名称	数量	最低估值(元)	名称	数量	最低估值(元)
帐子	1顶	15	箱子	1个	20
大衣	1件	50	皮鞋	1双	30
被	1床	40	黑制服	2套	50
被单	1件	10	面盆	1个	12
共计		115	共计		112

估计总额	227元。预发慰偿金额：60元	由部核给慰偿金额	
主管人员核签意见并签名盖章	毕庶琦　黄如祖	呈报员工签名盖章	钱杰

168) 电务员工呈报损失调查表

机关名称：嘉陵新村长途台　　　　　　　　民国二十九年七月三十一日填报

姓名	袁忠	损失原因	7月31日下午遭遇敌机，宿舍全部被炸	损失地点	嘉陵新村二区26号	离到日期	29年7月31日到局处
资格	话务员			损失日期	7月31日		
职务	值机			何方证明			年　月　日离局处

损失情形	名称	数量	最低估值(元)	名称	数量	最低估值(元)
	毛毯	1床	28	面盆	1只	15
	花被单	1床	17	牙杯	1只	5
	大衣	1件	25	毛巾	两条	3.4
	枕头	1对	17	牙刷	1把	1.8
	力士鞋	1双	9.5	牙膏	1瓶〔支〕	2
				英文会话	1本	5.6
	共计		96.5	共计		32.8

估计总额	129.3元。预发慰偿金额：60元	由部核给慰偿金额	
主管人员核签意见并签名盖章	毕庶琦　黄如祖	呈报员工签名盖章	袁忠

169) 电务员工呈报损失调查表

机关名称：嘉陵新村长途台　　　　　　　　民国二十九年八月一日填报

姓名	唐尚明	损失原因	7月31日下午2时敌机轰炸宿舍被炸拾〔什〕物全损	损失地点	嘉陵新村长途台	离到日期	年　月　日到局处
资格	话务员			损失日期	7月31日		
职务	值机			何方证明			年　月　日离局处

损失情形	名称	数量	最低估值(元)	名称	数量	最低估值(元)
	充派力司制服（全毁）	1套	50	辞源（全毁）	1部	20
	绸衬衣（全毁）	1件	30	皮鞋（全毁）	1双	25
	府绸衬衣（全毁）	1件	20	长统白袜（全毁）	1双	5

续表

损失情形	名称	数量	最低估值(元)	名称	数量	最低估值(元)
	棉被(全毁)	1床	40	华丰自来水笔(全毁)	1支	10
	白毕〔哔〕叽长裤(全毁)	1条	20	人字呢大衣(全毁)	1件	60
	毕〔哔〕叽布毯(全毁)	1床	20			
	英汉字典(全毁)	1本	10			
	共计		190	共计		120
估计总额	310元。预发慰偿金额:60元			由部核给慰偿金额		
主管人员核签意见并签名盖章			毕庶琦　黄如祖	呈报员工签名盖章	唐尚明	

170)电务员工呈报损失调查表

机关名称:嘉陵新村长途台　　　　　　　　民国二十九年八月一日填报

姓名	樊超俊	损失原因	7月31日下午2时许敌机投弹宿舍全部炸毁	损失地点	渝嘉陵新村长途台	离到日期	29年7月31日到局处
资格	话务员			损失日期	7月31日		
职务	值机			何方证明	主管人员		年　月　日离局处
损失情形	名称	数量	最低估值(元)	名称	数量	最低估值(元)	
	棉上衣	1件(全毁)	20	牙杯	1只(全毁)	5	
	填〔棉〕被	1条(全毁)	25	牙刷	1只〔支〕(全毁)	2	
	被单	1条(全毁)	20	背心	1件(全毁)	5	
	卫生衣裤	1套(全毁)	30	短裤	2件(全毁)	10	
	面盆	1只(全毁)	15				
	汗衫	1条(全毁)	10				
	胶鞋	1双(全毁)	15				
	共计		135	共计		22	
估计总额	157元。预发慰偿金额:60元			由部核给慰偿金额			
主管人员核签意见并签名盖章			毕庶琦　黄如祖	呈报员工签名盖章	樊超俊		

171)电务员工呈报损失调查表

机关名称:嘉陵新村长途台　　　　　　　民国二十九年八月一日填报

姓名	褚金祥	损失原因	7月31日下午2时许敌机投弹,宿舍全部被炸	损失地点	渝嘉陵新村长途台	离到日期	29年7月31日到局处
资格	话务员			损失日期	7月31日		
职务	值机			何方证明	主管人员		年 月 日离局处

损失情形	名称	数量	最低估值(元)	名称	数量	最低估值(元)
	帐子	1顶(全毁)	30	衬裤	3件(全毁)	12
	面盆	1只(全毁)	20	毛巾	3条(全毁)	6
	牙杯	1只(全毁)	6	背心	2件(全毁)	8
	草绿色制服	1套(全毁)	30	被盖	1床(全毁)	50
	衬衣	2件(全毁)	26	被单	1条(全毁)	20
	胶鞋	1双(全毁)	9			
	布鞋	1双(全毁)	10			
	共计		131	共计		96

估计总额	227元。预发慰偿金额:60元	由部核给慰偿金额	
主管人员核签意见并签名盖章	黄如祖	呈报员工签名盖章	褚金祥

172)电务员工呈报损失调查表

机关名称:嘉陵新村长途台　　　　　　　民国二十九年八月一日填报

姓名	胡臣芝	损失原因	7月31日午后2时许敌机轰炸宿舍全毁	损失地点	嘉陵新村长途台	离到日期	29年7月31日到局处
资格	话务员			损失日期	7月31日		
职务	值机			何方证明	主管人员		年 月 日离局处

续表

	名称	数量	最低估值(元)	名称	数量	最低估值(元)
损失情形	被盖	1床(全毁)	42	尧库〔内裤〕	2条(全毁)	11
	被单	2床(全毁)	24	毛线衣	1件(全毁)	25
	面盆	1只(全毁)	13	皮鞋	1双(全毁)	23
	毛葛夹衫	1件(全毁)	55	棉背心	1件(全毁)	7
	长棉衣	1件(全毁)	42	牙刷牙杯	1套(全毁)	5
	中山服	1套(全毁)	20	衬衣	3件(全毁)	21
	共计		196	共计		92
估计总额	288元。预发慰偿金额:60元			由部核给慰偿金额		
主管人员核签意见并签名盖章			毕庶琦　黄如祖	呈报员工签名盖章	胡臣芝	

173)电务员工呈报损失调查表

机关名称：　　　　　　　　　　　民国二十九年八月十日填报

姓名	陈明范	损失原因	敌机轰炸	损失地点	9号宿舍	离到日期	年　月　日 到局处
资格	话务员			损失日期	8月9日		
职务	司机			何方证明			年　月　日 离局处
损失情形	名称	数量	最低估值(元)	名称	数量	最低估值(元)	
	洋磁面盆碗	各1	13.8	毛巾袜子	各1	7.8	
	牙刷牙膏	各1	5.4				
	共计			共计		27	
估计总额	拟准慰偿金额:27元			由部核给慰偿金额			
主管人员核签意见并签名盖章			黄如祖	呈报员工签名盖章	陈明范		

174) 电务员工呈报损失调查表

机关名称：重庆电话局　　　　　　　　　民国二十九年八月九日填报

姓名	袁彩琴	损失原因	房屋被炸	损失地点	本局65号宿舍	离到日期	年　月　日 到局处
资格	话务员			损失日期	8月9日		
职务	话务员			何方证明			年　月　日 离局处
损失情形	名称	数量	最低估值(元)	名称	数量	最低估值(元)		
	皮鞋	1双	25	牙膏	1支	2		
	棉被	1床	60	漱口杯	1只	2		
	牙刷	1支	2	面盆	1只	12		
	共计			共计		103		
估计总额	103元。拟准慰偿金额：30元			由部核给慰偿金额			
主管人员核签意见并签名盖章	黄如祖			呈报员工签名盖章	袁彩琴		

175) 电务员工呈报损失调查表

机关名称：　　　　　　　　　　　　　　民国二十九年八月十二日填报

姓名	王韵秋	损失原因	宿舍炸坏	损失地点	重庆电话局	离到日期	年　月　日 到局处
资格	业务员			损失日期	8月9日		
职务	佐理员			何方证明			年　月　日 离局处
损失情形	名称	数量	最低估值(元)	名称	数量	最低估值(元)		
	铺盖单(氊毯)	1条	30	玻璃杯、茶壶、镜子等零用品		10		
	面盆	1只	12					
	共计			共计		52		
估计总额	拟准慰偿金额：52元			由部核给慰偿金额			
主管人员核签意见并签名盖章	黄如祖			呈报员工签名盖章	王韵秋		

176)电务员工呈报损失调查表

机关名称：重庆电话局　　　　　　　　　民国二十九年八月十三日填报

姓名	杨崇武	损失原因	8月9日敌机狂炸渝市，本局后进宿舍完全炸塌，故其损失	损失地点	本局后进宿舍	离到日期	年　月　日到局处
资格	技工			损失日期	8月9号		
职务				何方证明			年　月　日离局处

损失情形	名称	数量	最低估值(元)	名称	数量	最低估值(元)
	蓝布制服	1套	20	被单	1床	32
	小短裤	1件	2.5	鞋子	1双	10
	背心	1件	2			
	共计			共计		66.5

估计总额	66.5元。预发慰偿金额：40元	由部核给慰偿金额
主管人员核签意见并签名盖章	黄如祖	呈报员工签名盖章　杨崇武

177)电务员工呈报损失调查表

机关名称：电话局　　　　　　　　　　　民国二十九年八月十三日填报

姓名	彭锡浦	损失原因	本局被炸及震毁	损失地点	本局后楼70号	离到日期	年　月　日到局处
资格	线工			损失日期	8月9日		
职务	技工			何方证明			年　月　日离局处

损失情形	名称	数量	最低估值(元)	名称	数量	最低估值(元)
	被盖	1床	30	毯子	1床	25
	棉衣	2套	45	鞋子	2双	6
	单衣	1套	25	席子	1根	3
	共计			共计		134

估计总额	预发慰偿金额：40元	由部核给慰偿金额
主管人员核签意见并签名盖章	黄如祖	呈报员工签名盖章　彭锡浦

178) 电务员工呈报损失调查表

机关名称：　　　　　　　　　　　　　　民国二十九年八月十五日填报

姓名	胡炳南	损失原因	本局被炸及震毁	损失地点	本局宿舍67号	离到日期	到局处 年 月 日
资格	技工			损失日期	8月9日		
职务	外线领工			何方证明			离局处 年 月 日

损失情形	名称	数量	最低估值(元)	名称	数量	最低估值(元)
	三峡呢中山服	1套	36	玻砖口盂	1个	6
	麻纱卫生汗衣	1件	10	衬衣	1件	16
	袜子	1双	2.2	线毯	1床	24
	温水瓶	1个	10			
	共计			共计		104.2

估计总额	104.2元正。预发慰偿金额：40元	由部核给慰偿金额	
主管人员核签意见并签名盖章		黄如祖	呈报员工签名盖章	胡炳南

179) 电务员工呈报损失调查表

机关名称：重庆电话局　　　　　　　　　民国　年　月　日填报

姓名	黄纯儒	损失原因	本局被炸	损失地点	本局宿舍67号	离到日期	到局处 年 月 日
资格	技工			损失日期	8月9日		
职务				何方证明			离局处 年 月 日

损失情形	名称	数量	最低估值(元)	名称	数量	最低估值(元)
	皮箱	1口	6	衬衣	2件	20
	呢子中山服	1套	60	被面	1床	10
	毛线背心	1件	15	包单	1床	15
	毛线下装	1条	20			
	共计			共计		146

估计总额	146元。预发慰偿金额：40元	由部核给慰偿金额	
主管人员核签意见并签名盖章		黄如祖	呈报员工签名盖章	黄纯儒

180)电务员工呈报损失调查表

机关名称：重庆电话局　　　　　　　　　民国二十九年八月十三日填报

姓名	陆坤山	损失原因	本局院内中弹，69号宿舍受严重震动，门窗桌床全毁，西墙壁坍塌，南墙与地板裂开约9寸余之巨大隙缝	损失地点	局内宿舍69号	离到日期	年　月　日到局处
资格	话务员			损失日期	8月9日		
职务	设置股佐理员			何方证明			年　月　日离局处

损失情形	名称	数量	最低估值(元)	名称	数量	最低估值(元)
	府绸衬衫	1件	14.5			
	被单	1条	18			
	汗衫	2件	13			
	线袜	2双	4	附注：所开衣服及日用品书籍等损失，或系由门窗飞散无踪，或系漏遗他处无从寻找，或系震毁，因卧床靠近南墙，该处被震有裂缝		
	黑皮鞋	1双	25			
	直贡呢鞋	1双	9			
	手提箱	1只	14.5			
	2磅热水瓶	1只	25			
	大号面盆	1只	13.5			
	毛巾、牙膏、牙刷	各1	6.5			
	华英合解辞汇	1册	10			
	共计		153	共计		

估计总额	153元。预发慰偿金额：60元	由部核给慰偿金额	
主管人员核签意见并签名盖章		呈报员工签名盖章	陆坤山
	黄如祖		

181)电务员工呈报损失调查表

机关名称：　　　　　　　　　　　　　　民国　年　月　日填报

姓名	杨顺清	损失原因	被炸	损失地点	电话局55号	离到日期	年　月　日到局处
资格	小工			损失日期	8月9号		
职务	架设外线			何方证明			年　月　日离局处

续表

损失情形	名称	数量	最低估值(元)	名称	数量	最低估值(元)
	被盖	1床	32	胶鞋	1双	8
	中山服	1套	20	棉衣	1套	22
	汗衣	1套	18	磁盆	1个	7
	共计			共计		99
估计总额		预发慰偿金额:30元			由部核给慰偿金额	
主管人员核签意见并签名盖章			黄如祖	呈报员工签名盖章		杨顺清

182) 电务员工呈报损失调查表

机关名称： 　　　　　　　　　　　　民国　年　月　日填报

姓名	杜元良	损失原因	被炸	损失地点	电话局57号	离到日期	年 月 日 到局处
资格	线工			损失日期	8月9号		
职务	架设外线			何方证明			年 月 日 离局处

损失情形	名称	数量	最低估值(元)	名称	数量	最低估值(元)
	被盖	1床	34	面巾	1根	1.5
	汗衫	1套	22	布毯	1床	15
	共计			共计		计洋72.5
估计总额		预发慰偿金额:40元			由部核给慰偿金额	
主管人员核签意见并签名盖章			黄如祖	呈报员工签名盖章		杜元良

183) 电务员工呈报损失调查表

机关名称：　　　　　　　　　　　　民国　年　月　日填报

姓名	高克明	损失原因	被炸	损失地点	电话局57号	离到日期	年　月　日 到局处
资格	技工			损失日期	8月9日		
职务	架设外线			何方证明			年　月　日 离局处
损失情形	名称	数量	最低估值(元)		名称	数量	最低估值(元)
	被盖	1床	38		衬衣	2件	27
	作工服	3套	63		胶鞋	1双	9
	共计				共计		137
估计总额		拟准或预发慰偿金额：400元			由部核给慰偿金额		
主管人员核签意见并签名盖章			黄如祖		呈报员工签名盖章		高克明

184) 电务员工呈报损失调查表

机关名称：　　　　　　　　　　　　民国　年　月　日填报

姓名	杨显达	损失原因	被炸	损失地点	电话局57号	离到日期	年　月　日 到局处
资格	线工			损失日期	8月9号		
职务	架设外线			何方证明			年　月　日 离局处
损失情形	名称	数量	最低估值(元)		名称	数量	最低估值(元)
	被盖	1床	36		面盆	1个	7
	中山服	3套	60		毛巾	1根	1.2
	线毯	1床	14				
	共计				共计		118.2
估计总额		预发慰偿金额：40元			由部核给慰偿金额		
主管人员核签意见并签名盖章			黄如祖		呈报员工签名盖章		杨显达

185)电务员工呈报损失调查表

机关名称：　　　　　　　　　　　　　　　民国　年　月　日填报

姓名	谢树清	损失原因	被炸	损失地点	电话局宿舍56号	离到日期	年　月　日 到局处
资格	线工			损失日期	29年8月9号		
职务	架设外线			何方证明			年　月　日 离局处
损失情形	名称	数量	最低估值(元)		名称	数量	最低估值(元)
	被盖	1床	32		面盆	1个	6
	中山服	2套	45		毛巾	1根	1
	衬衫	2件	15		胶鞋	1双	9
	共计				共计		107
估计总额		拟准或预发慰偿金额:40元			由部核给慰偿金额		
主管人员核签意见并签名盖章			黄如祖		呈报员工签名盖章		谢树清

186)电务员工呈报损失调查表

机关名称：交通部电话局　　　　　　　　　民国二十九年八月十二日填报

姓名	刘树安	损失原因	55号宿舍房子被炸	损失地点	电话局寝室	离到日期	年　月　日 到局处
资格	技工			损失日期	8月9日		
职务	外线			何方证明			年　月　日 离局处
损失情形	名称	数量	最低估值(元)		名称	数量	最低估值(元)
	被盖	1床	30		篾席	1根	2
	中式服	1套	15				
	共计				共计		47
估计总额		拟准或预发慰偿金额:40元			由部核给慰偿金额		
主管人员核签意见并签名盖章			黄如祖		呈报员工签名盖章		刘树安

187) 电务员工呈报损失调查表

机关名称：　　　　　　　　　　　　　　　民国　年　月　日填报

姓名	邓光才	损失原因	被炸	损失地点	电话局宿舍55号	离到日期	年　月　日到局处
资格	线工			损失日期	29年8月9号		
职务	看守水线			何方证明			年　月　日离局处

损失情形	名称	数量	最低估值(元)	名称	数量	最低估值(元)
	被盖	1床	30	毛□巾	1根	1
	线毯	1床	10	面盆	1个	5
	中山服	2套	40	胶鞋	1双	10
	共计			共计		101

估计总额	拟准或预发慰偿金额：40元	由部核给慰偿金额	
主管人员核签意见并签名盖章		黄如祖	呈报员工签名盖章	邓光才

188) 电务员工呈报损失调查表

机关名称：交通部电话局　　　　　　　　民国二十九年八月十二日填报

姓名	包伦周	损失原因	55号寝室房屋被炸	损失地点	电话局寝室	离到日期	年　月　日到局处
资格	技工			损失日期	8月9日		
职务	学习线工			何方证明			年　月　日离局处

损失情形	名称	数量	最低估值(元)	名称	数量	最低估值(元)
	被盖	1床	36	簟席	1根	3
	棉衣	1件	15	中山服	1套	20
	呢帽	1顶	15			
	共计			共计		89

估计总额	拟准或预发慰偿金额：40元	由部核给慰偿金额	
主管人员核签意见并签名盖章		黄如祖	呈报员工签名盖章	包伦周

189)电务员工呈报损失调查表

机关名称:交通部电话局　　　　　　　　民国二十九年八月十二日填报

姓名	柳春山	损失原因	70号寝室房屋被炸	损失地点	电话局宿舍	离到日期	年　月　日 到局处
资格	技工			损失日期	8月9日		
职务	外线			何为证明			年　月　日 离局处

损失情形	名称	数量	最低估值(元)	名称	数量	最低估值(元)
	兰〔蓝〕中服	1套	14	被盖	1床	35
	灰制服	1套	13	细碗	3个	4
	青帆布衣	1件	10	胶鞋	1双	10
	棉衣裤	1套	24			110
	共计			共计		

估计总额	拟准或预发慰偿金额:40元	由部核给慰偿金额
主管人员核签意见并签名盖章	黄如祖	呈报员工签名盖章　柳春山

190)电务员工呈报损失调查表

机关名称:交通部重庆电话局　　　　　　民国二十九年八月十二日填报

姓名	潘绍荣	损失原因	被炸房屋,炸毁70号	损失地点	电话局70号	离到日期	年　月　日 到局处
资格	技工			损失日期	8月9日		
职务	架设外线			何为证明			年　月　日 离局处

损失情形	名称	数量	最低估值(元)	名称	数量	最低估值(元)
	被盖	1床	34	毛毡	1床	12
	中服	1套	16	棉衣	1套	22
	汗衣	1套	14	胶鞋	1双	8
	共计			共计		106

估计总额	拟准或预发慰偿金额:40元	由部核给慰偿金额
主管人员核签意见并签名盖章	黄如祖	呈报员工签名盖章　潘绍荣

191) 电务员工呈报损失调查表

机关名称：交通部电话局　　　　　　　　民国二十九年八月十二日填报

姓名	吴泽民	损失原因	55号寝室房屋被炸	损失地点	电话局寝室	离到日期	年　月　日 到局处
资格	技工			损失日期	8月9日		
职务	设置股外线			何方证明			年　月　日 离局处
损失情形	名称	数量	最低估值(元)	名称	数量	最低估值(元)	
	青中服	1套	21	被盖	1床	30	
	黄中服	1套	22	兰〔蓝〕汗衣	1套	17	
	毯子	1床	15				
	共计			共计		105	
估计总额		预发慰偿金额:40元			由部核给慰偿金额		
主管人员核签意见并签名盖章			黄如祖		呈报员工签名盖章		吴泽民

192) 电务员工呈报损失调查表

机关名称：　　　　　　　　　　　　　　民国　年　月　日填报

姓名	王学初	损失原因	被炸	损失地点	电话局56号	离到日期	年　月　日 到局处
资格	技工			损失日期	8月9日		
职务	外线			何方证明			年　月　日 离局处
损失情形	名称	数量	最低估值(元)	名称	数量	最低估值(元)	
	被盖	1床	35	茶壶	1个	2	
	学生服	2套	45	胶鞋	1双	10	
	面盆	1个	7				
	共计			共计		99	
估计总额		预发慰偿金额:40元			由部核给慰偿金额		
主管人员核签意见并签名盖章			黄如祖		呈报员工签名盖章		王学初

193）电务员工呈报损失调查表

机关名称：　　　　　　　　　　　　　　　民国　年　月　日填报

姓名	吕鹏臣	损失原因	被炸	损失地点	电话局57号	离到日期	年　月　日到局处
资格	技工			损失日期	8月9日		
职务	修理电缆			何方证明			年　月　日离局处

损失情形	名称	数量	最低估值(元)	名称	数量	最低估值(元)
	被盖	1床	36	毯子	1床	28
	中山服	2套	44	胶鞋	1双	9.5
	衬衫	2套	24			
	共计			共计		141.5

估计总额	预发慰偿金额:40元	由部核给慰偿金额	
主管人员核签意见并签名盖章	黄如祖	呈报员工签名盖章	吕鹏臣

194）电务员工呈报损失调查表

机关名称：交通部电话局　　　　　　　　民国二十九年八月十二日填报

姓名	曹焱清	损失原因	55号寝室房子被炸	损失地点	电话局寝室	离到日期	年　月　日到局处
资格	长小工			损失日期	8月9日		
职务	电缆组			何方证明			年　月　日离局处

损失情形	名称	数量	最低估值(元)	名称	数量	最低估值(元)
	青中山服	1套	18	被盖	1床	30
	棉衣	1套	24			
	共计			共计		72

估计总额	预发慰偿金额:30元	由部核给慰偿金额	
主管人员核签意见并签名盖章	黄如祖	呈报员工签名盖章	曹焱清

195) 电务员工呈报损失调查表

机关名称：　　　　　　　　　　　　　　　　民国　年　月　日填报

姓名	刘长江	损失原因	被炸	损失地点	电话局57号	离到日期	年月日到局处
资格	技工	^	^	损失日期	8月9日	^	^
职务		^	^	何方证明		^	年月日离局处
损失情形	名称	数量	最低估值(元)		名称	数量	最低估值(元)
^	被盖	1床	35		胶鞋	1双	9
^	磁盆	1个	6		线毯	1床	16
^	汗衫	2套	42				
^	共计				共计		118
估计总额		预发慰偿金额:40元			由部核给慰偿金额		
主管人员核签意见并签名盖章				黄如祖	呈报员工签名盖章		刘长江

196) 电务员工呈报损失调查表

机关名称：重庆电话局　　　　　　　　　民国二十九年八月十三日填报

姓名	黄炳光	损失原因	本月9号宿舍被炸	损失地点	本局70号宿舍	离到日期	年月日到局处
资格	技工	^	^	损失日期	8月9号	^	^
职务		^	^	何方证明		^	年月日离局处
损失情形	名称	数量	最低估值(元)		名称	数量	最低估值(元)
^	被盖	1床	28		中式短服	2套	34
^	线毯	1床	16		胶鞋	1双	9.5
^	制服	2套	40		磁盆	1个	12
^	共计				共计		139.5
估计总额		预发慰偿金额:40元			由部核给慰偿金额		
主管人员核签意见并签名盖章				黄如祖	呈报员工签名盖章		黄炳光

197) 电务员工呈报损失调查表

机关名称：重庆电话总局　　　　　　　民国　年　月　日填报

姓名	张季恕	损失原因	9日往南岸工作,解除警报归时,本局被炸,宿舍亦被震坏大半	损失地点	总局后面宿舍	离到日期	年　月　日到局处
资格	技工			损失日期	8月9日		
职务				何方证明			年　月　日离局处
损失情形	名称	数量	最低估值(元)	名称	数量	最低估值(元)		
	蓝工服	1套	20	玻璃牙缸	1个	2.8		
	皮鞋式力士鞋	1双	10	呢帽	1顶	12		
	席子	1床	6.5					
	共计		5	共计		51.3		
估计总额		预发慰偿金额:40元			由部核给慰偿金额		
主管人员核签意见并签名盖章			黄如祖		呈报员工签名盖章		张季恕

198) 电务员工呈报损失调查表

机关名称：重庆电话总局　　　　　　　民国二十九年八月十四日填报

姓名	林国华	损失原因	本月9号被敌机轰炸,宿舍亦被炸及,损物件如下。该天因往南岸工作,故物件等未及带出	损失地点	本局后背宿舍	离到日期	年　月　日到局处
资格	技工			损失日期	8月9号		
职务				何方证明	同房人证明		年　月　日离局处
损失情形	名称	数量	最低估值(元)	名称	数量	最低估值(元)		
	蓝布工服	1套	22.4	力士胶鞋	1双	9.5		
	被褥单	1床	10	白布衬衣	2件	18		
	共计		5	共计		59.9		
估计总额		预发慰偿金额:40元			由部核给慰偿金额		
主管人员核签意见并签名盖章			黄如祖		呈报员工签名盖章		林国华

199）电务员工呈报损失调查表

机关名称：　　　　　　　　　　　　　　民国　年　月　日填报

姓名	朱少楷	损失原因	本月9日敌机狂炸本局内后面宿舍	损失地点	本局后面宿舍	离到日期	年　月　日 到局处
资格	技工			损失日期	8月9日		
职务				何方证明			年　月　日 离局处

损失情形	名称	数量	最低估值(元)	名称	数量	最低估值(元)
	蓝制服	1套	20	皮鞋	1双	18
	布衬衣	1件	10	短外裤	1件	10
	呢帽	1顶	15			
	共计		5	共计		73

估计总额	预发慰偿金额：40元	由部核给慰偿金额
主管人员核签意见并签名盖章	黄如祖	呈报员工签名盖章　朱少楷

200）电务员工呈报损失调查表

机关名称：重庆电话局　　　　　　　　民国二十九年八月十三日填报

姓名	杨少庭	损失原因	于本月9日该处被敌机炸毁	损失地点	本局70号宿舍	离到日期	年　月　日 到局处
资格	技工			损失日期			
职务				何方证明			年　月　日 离局处

损失情形	名称	数量	最低估值(元)	名称	数量	最低估值(元)
	棉絮	1床	15	力士鞋	1双	9.5
	衬衫	2件	15	毛绒背心	1件	12
	制服	2套	30	毛巾	1条	2
	共计			共计		82.5

估计总额	82.5元。预发慰偿金额：40元	由部核给慰偿金额
主管人员核签意见并签名盖章	黄如祖	呈报员工签名盖章　杨少庭

201) 电务员工呈报损失调查表

机关名称： 　　　　　　　　　　　　　　　民国 年 月 日填报

姓名	陈连升	损失原因	被炸	损失地点	电话局57号	离到日期	年 月 日 到局处
资格	常工			损失日期	8月9号		
职务				何方证明			年 月 日 离局处

损失情形	名称	数量	最低估值(元)	名称	数量	最低估值(元)
	被盖	1床	30	棉汗衫	1套	14
	工服	2套	40	面巾	1根	1.5
	共计			共计		85.5

估计总额	预发慰偿金额：30元	由部核给慰偿金额	
主管人员核签意见并签名盖章		黄如祖	呈报员工签名盖章	陈连升

202) 电务员工呈报损失调查表

机关名称：重庆电话局　　　　　　　民国二十九年八月十一日填报

姓名	胡淑媛	损失原因	宿舍被炸	损失地点	本局54号宿舍	离到日期	年 月 日 到局处
资格	话务员			损失日期	8月9日		
职务	值机			何方证明			年 月 日 离局处

损失情形	名称	数量	最低估值(元)	名称	数量	最低估值(元)
	面盆	1个	16	小提箱	1口	60
	皮鞋	1双	27	其他日用品	多件	24
	热水瓶	1个	30			
	共计			共计		157

估计总额	157元。预发慰偿金额：60元	由部核给慰偿金额	
主管人员核签意见并签名盖章		黄如祖	呈报员工签名盖章	胡淑媛

203)电务员工呈报损失调查表

机关名称：重庆电话局　　　　　　　　民国二十九年八月十一日填报

姓名	陆三凤	损失原因	宿舍被炸	损失地点	本局54号宿舍	离到日期	年　月　日 到局处
资格	话务员			损失日期	8月9日		
职务	班长			何方证明			年　月　日 离局处

损失情形	名称	数量	最低估值(元)	名称	数量	最低估值(元)
	圆镜	1方	15	其他零碎日用品	各种	30
	玻璃杯	2个	4			
	面盆	1个	10			
	布鞋	1双	10			
	拖鞋	1双	8			
	热水瓶	1个	25			
	共计		72	共计		30

估计总额	102元。预发慰偿金额:60元	由部核给慰偿金额	
主管人员核签意见并签名盖章	黄如祖	呈报员工签名盖章	陆三凤

204)电务员工呈报损失调查表

机关名称：　　　　　　　　　　　　　民国二十九年八月十二日填报

姓名	刘耀仪	损失原因	局子被炸	损失地点	36号	离到日期	年　月　日 到局处
资格	话务员			损失日期	8月9日		
职务	接线			何方证明			年　月　日 离局处

损失情形	名称	数量	最低估值(元)	名称	数量	最低估值(元)
	被盖	1张	四十几	席子	1张	5.5
	褥子	1张	1.6	菜盒子	1口	16
	枕头	1对	10	雨伞	1把	1元多
	共计			共计		

估计总额	预发慰偿金额:60元	由部核给慰偿金额	
主管人员核签意见并签名盖章	黄如祖	呈报员工签名盖章	刘耀仪

205) 电务员工呈报损失调查表[①]

机关名称：　　　　　　　　　　　　　　民国　年　月　日填报

姓名	张祥宾	损失原因	8月9日局子被炸	损失地点	28	离到日期	年月日到局处
资格	话务员			损失日期			
职务	接线			何方证明			年月日离局处
损失情形	名称	数量	最低估值(元)		名称	数量	最低估值(元)
	被盖	2床	28		衣服	2件	
	皮鞋	1双	20		袜子	4双	
	鸡皮绸	2丈	二十几		布鞋	1双	
	枕头	1个	4		礼绸	2丈	
	毯子	1床	十几				
	共计				共计		
估计总额		预发慰偿金额:60元			由部核给慰偿金额		
主管人员核签意见并签名盖章				黄如祖	呈报员工签名盖章		张祥宾

206) 电务员工呈报损失调查表

机关名称：重庆电话局　　　　　　　　　民国　年　月　日填报

姓名	赵明蕙	损失原因	敌机轰炸	损失地点	34号宿舍	离到日期	年月日到局处
资格	话务员			损失日期	8月9日		
职务	值机			何方证明			年月日离局处
损失情形	名称	数量	最低估值(元)		名称	数量	最低估值(元)
	被褥枕头	各1	40		毯子	1床	15
	面盆	1个	20		衣服	2件	30
	足盆	1个	8				
	共计				共计		113
估计总额		预发慰偿金额:60元			由部核给慰偿金额		
主管人员核签意见并签名盖章				黄如祖	呈报员工签名盖章		赵明蕙

[①] 该表右边栏无损失估值。

207）电务员工呈报损失调查表

机关名称：重庆电话局　　　　　　　　　　民国二十九年八月十二日填报

姓名	程国孝	损失原因	8月9日局子被炸	损失地点	局内宿舍36号	离到日期	年　月　日 到局处
资格	话务员			损失日期	8月9日		
职务	副领班			何方证明			年　月　日 离局处

损失情形	名称	数量	最低估值(元)	名称	数量	最低估值(元)
	被盖	2床	100	自来水笔	1支	40
	枕头	2个	20	花其电棒	1支	30
	市布	1床	25	雨伞	1把	7
	文皮高跟鞋子	1双	50	席子	1床	7
	白帆布高跟鞋子	1双	15			
	面盆	2个	40			
	箱子及内存衣服	2口	400			
	共计		650	共计		84

估计总额	预发慰偿金额：60元	由部核给慰偿金额
主管人员核签意见并签名盖章	黄如祖	呈报员工签名盖章　程国孝

208）电务员工呈报损失调查表

机关名称：重庆电话局　　　　　　　　　　民国二十九年八月十日填报

姓名	张玉珍	损失原因	敌机轰炸	损失地点	本局35	离到日期	年　月　日 到局处
资格	话务员			损失日期	8月9日		
职务				何方证明			年　月　日 离局处

续表

损失情形	名称	数量	最低估值(元)	名称	数量	最低估值(元)
	被盖	1床	15	洋磁面盆	1只	10
	毛卧单	1床	20	衣服	2件	20
	芦花枕头	1个	10			
	共计			共计		75
估计总额		预发慰偿金额:60元			由部核给慰偿金额	
主管人员核签意见并签名盖章			黄如祖	呈报员工签名盖章		张玉珍

209)电务员工呈报损失调查表

机关名称:重庆电话局　　　　　　　　　　　民国　年　月　日填报

姓名	张昭悌	损失原因	敌机轰炸,家庭住宅被炸	损失地点	萧家凉亭30号	离到日期	年 月 日 到局处
资格				损失日期	29年8月9日		
职务	话务员			何方证明			年 月 日 离局处

损失情形	名称	数量	最低估值(元)	名称	数量	最低估值(元)
	水缸	1只	7	席子	2条	10
	皮箱	1只	60	面盆	1只	10
	被褥	1条	30			
	共计			共计		117
估计总额		预发慰偿金额:60元			由部核给慰偿金额	
主管人员核签意见并签名盖章			黄如祖	呈报员工签名盖章		张昭悌

(0346—1—48)

21.交通部重庆电话局为报1940年8月9日员工损失清册请核发慰偿金给交通部的代电(1940年11月14日)

交通部部、次长钧鉴:查本年八月九日止本局员工空袭损失调查表,经以九月事字第6532号回事代电附呈鉴核在案。际兹寒天在即,员工待济孔殷,理合遵照新颁救济办法填具实支薪给及直系家属各项清册,随电呈请鉴核迅赐示遵为祷。重庆电话局局长黄如祖叩。寒。

附员工损失清册2份

交通部重庆电话局呈报员工空袭损失清单

姓名	资格	实支薪给	服务课别	损失 日期	损失 地点	损失 估值	慰偿金 拟准	慰偿金 预发	慰偿金 核给	被炸时有无直系家属同寓	直系家属于事前已否疏散他处	备注
朱少楷	技工	30	工务课	8月9日	本局	73		40		无		一次被炸
林国华	技工	20	工务课	8月9日	本局	59.9		40		无		一次被炸
张季恕	技工	22	工务课	8月9日	本局	51.3		40		无		一次被炸
黄柄光	技工	26	工务课	8月9日	本局	139.5		40		无		一次被炸
刘长江	技工	20	工务课	8月9日	本局	28		40		无		一次被炸
曹焱清	长小工		工务课	8月9日	本局	72		30		无		一次被炸
吕鹏程	技工	30	工务课	8月9日	本局	141.5		40		无		一次被炸
王学初	技工	26	工务课	8月9日	本局	99		40		无		二次被炸
吴泽民	技工	20	工务课	8月9日	本局	105		40		无		一次被炸
潘绍荣	技工	26	工务课	8月9日	本局	106		40		无		一次被炸
柳春山	技工	20	工务课	8月9日	本局	110		40		无		一次被炸

续表

姓名	资格	实支薪给	服务课别	损失 日期	损失 地点	损失 估值	慰偿金 拟准	慰偿金 预发	慰偿金 核给	被炸时有无直系家属同寓	直系家属于事前已否疏散他处	备注
包伦周	学习线工	15	工务课	8月9日	本局	89		40		无		一次被炸
邓光才	技工	20	工务课	8月9日	本局	101		40		无		一次被炸
刘树安	学习线工	15	工务课	8月9日	本局	47		40		无		一次被炸
谢树清	技工	20	工务课	8月9日	本局	107		40		无		一次被炸
杨显达	技工	20	工务课	8月9日	本局	118.2		40		无		一次被炸
高克明	技工	20	工务课	8月9日	本局	137		40		无		一次被炸
杜元良	技工	20	工务课	8月9日	本局	72.5		40		无		一次被炸
熊松永	技工	28	工务课	8月9日	萧家凉亭11号	70		40		妻女2人	未	一次被炸
徐焕楗	线工	28	工务课	8月9日	萧家凉亭11号3楼	49		40		妻子2人	未	一次被炸
刘选福	技工	48	工务课	8月9日	仓坝子30号宿舍	108		40		无		一次被炸
李东山	技工	24	工务课	8月9日	仓坝子宿舍	89		40		无		一次被炸
严启林	技工	62	工务课	8月9日	仓坝子宿舍	93		40		无		一次被炸
李南山	技工	58	工务课	8月9日	仓坝子30号宿舍	102		40		无		一次被炸

续表

姓名	资格	实支薪给	服务课别	损失 日期	损失 地点	估值	慰偿金 拟准	慰偿金 预发	慰偿金 核给	被炸时有无直系家属同寓	直系家属于事前已否疏散他处	备注
李华梁	线工	55.6	工务课	8月9日	仓坝子30号宿舍	113.5		40		无		一次被炸
邓文彩	长工		工务课	8月9日	仓坝子30号宿舍	80		30		无		一次被炸
张树臣	长工		工务课	8月9日	仓坝子30号宿舍	56		30		无		一次被炸
孙干臣	长工		工务课	8月9日	仓坝子30号宿舍	58		30		无		一次被炸
黄长清	技工	45	工务课	8月9日	仓坝子30号宿舍	112		40		无		二次被炸
颜小山	线工	30	工务课	8月9日	仓坝子30号宿舍	108		40		无		一次被炸
张宝山	技工	22	工务课	8月9日	仓坝子30号宿舍	67		40		无		
严宝山	技工	48	工务课	8月9日	仓坝子30号宿舍	105		40		无		
张银山	线工	30	工务课	8月9日	仓坝子22号	292.5		40		妻母2人	未	
钟观成	线工	20	工务课	8月9日	仓坝子30号宿舍	266		40		无		

续表

姓名	资格	实支薪给	服务课别	损失 日期	损失 地点	估值	慰偿金 拟准	慰偿金 预发	慰偿金 核给	被炸时有无直系家属同寓	直系家属于事前已否疏散他处	备注
张远清	技工	22	工务课	8月9日	东升楼49号	60.5		40		妻子2人	未	
毛勋祥	技工	28	工务课	8月9日	萧家凉亭9号	54		40		妻子2人	未	
胡炎庭	技工	58	工务课	8月9日	萧家凉亭11号	52.7		40		妻子2人	未	
熊春山	技工	66	工务课	8月9日	萧家凉亭9号	60.5		40		妻子3人	未	
陈春山	技工	55.6	工务课	8月9日	东升楼	70		40		妻女2人	未	
李国扬	技工	74	工务课	8月9日	仓坝子宿舍	53		40		无		
张松廷	长工		工务课	8月9日	仓坝子宿舍	77		30		无		
张清山	长工		工务课	8月9日	仓坝子30号	45		30		无		二次被炸
张登元	技工	86	工务课	8月9日	长安街8号	91	40			妻1人	未	一次被炸
李固	话务员	28	工务课	7月22日	合川	值十万余元						该员住合川无法调查请大部核调贵阳局二次被炸

续表

姓名	资格	实支薪给	服务课别	损失 日期	损失 地点	损失 估值	慰偿金 拟准	慰偿金 预发	慰偿金 核给	被炸时有无直系家属同寓	直系家属于事前已否疏散他处	备注
胡克明	话务员	30	工务课	8月9日	长安旅舍7号	31.2	31.2			无		调贵阳局二次被炸
徐书隽	话务员	30	工务课	8月9日	长安旅舍7号	35	35			无		调贵阳局二次被炸
张咏兮	话务员	33	工务课	8月9日	本局	25	25			无		二次被炸
费韫娴	技术员	66	工务课	8月9日	长安旅舍	91.9	70			无		一次被炸
罗韵芬	话务员	33	工务课	8月9日	本局	21.2	21.2			无		调贵阳局
陈清照	话务员	33	工务课	8月9日	本局	22.5	22.5			无		二次被炸调贵阳局
陈卓如	话务员	30	工务课	8月9日	长安旅舍	130.6	30			无		二次被炸
金履成	技术员	262	工务课	8月9日	正阳街18号及总局66号宿舍	210		100		妻女	未	一次被炸调成都局
车德义	话务员	83.6	工务课	8月9日	操场坝24号	177.6		60		妻女	未	三次被炸
喻德荣	技工	48	工务课	8月9日	公园路19号	292		40		母妻女	未	

续表

姓名	资格	实支薪给	服务课别	损失 日期	损失 地点	损失 估值	慰偿金 拟准	慰偿金 预发	慰偿金 核给	被炸时有无直系家属同寓	直系家属于事前已否疏散他处	备注
李仲伦	技工	26	工务课	8月9日	仓坝子22号	133	40			妻	未	
司子成	线工	26	工务课	8月9日	操场坝29号	103	40			妻子	未	
吴永秀	话务员	28	工务课	8月9日	长安旅舍	138	60			无		二次被炸
程必琼	话务员	28	工务课	8月9日	长安旅舍	138	60			无		二次被炸
吴敏	话务员	45	工务课	8月9日	长安旅馆宿舍	164	60			无		二次被炸
王兴志	话务员	42	工务课	8月9日	长安旅馆宿舍	204	60			无		二次被炸
辜佩玉	话务员	30	工务课	8月9日	长安旅馆宿舍	47	47			无		二次被炸
张昭悌	话务员	36	工务课	8月9日	萧家凉亭5号	117	60			父母	未	二次被炸
沈海清	技工	55.6	工务课	8月9日	萧家凉亭10号	139	40			妻	未	
陈金山	技工	48	工务课	8月9日	仓坝子30号	73	40			无		
胡善保	话务员	55.6	工务课	8月9日	正阳街18号	1000		60		妻	未	
毕庶琦	技术员	75.6	工务课	7月8日	两路口大田湾41号	148		100		妻1人	未	
吴体仁	技工	50.8	工务课	6月26日	上清寺中三路143号	247				无		因宿舍震坏，被窃衣物无从调查，请大部核示

续表

姓名	资格	实支薪给	服务课别	损失日期	损失地点	估值	拟准	预发	核给	被炸时有无直系家属同寓	直系家属于事前已否疏散他处	备注
陈启荣	技工	20	工务课	7月8日	中一支路51号	1310	40			无		
罗树清	长工		工务课	7月9日	下安乐洞31号	117	30			妻1人	未	
何秋生	技工	39	工务课	6月12日	本局	93				无		该工被窃属实，应否核给慰偿金请大部核示
丁蕙荣	话务员	28	工务课	8月9日	长安旅馆宿舍	102	60			无		
王诚宁	话务员	28	工务课	8月9日	长安旅馆宿舍	99	60			无		二次被炸
胡雪琼	话务员	30	工务课	8月9日	本局宿舍	77	60			无		二次被炸
林曙	业务员	50	工务课	8月9日	本局宿舍	227	80			无		
邓朝敏	话务员	36	工务课	8月9日	本局宿舍	214	60			无		
杨顺清	小工		工务课	8月9日	本局	99	30			无		
陆坤山	话务员	64.4	工务课	8月9日	本局	53	60			无		
黄纯儒	技工	45	工务课	8月9日	本局	146	40			无		二次被炸

续表

姓名	资格	实支薪给	服务课别	损失 日期	损失 地点	损失 估值	慰偿金 拟准	慰偿金 预发	慰偿金 核给	被炸时有无直系家属同寓	直系家属于事前已否疏散他处	备注
胡炳南	技工	62	工务课	8月9日	本局	104.2		40		无		
彭锡浦	技工	20	工务课	8月9日	本局	134		40		无		二次被炸
杨崇武	技工	22	工务课	8月9日	本局	66.5		40		无		
袁彩琴	话务员	30	工务课	8月9日	本局	103	30			无		二次被炸
陈明范	话务员	30	工务课	8月9日	本局	27	27			无		二次被炸
张海浦	库丁	20	工务课	8月9日	本局	42	20			无		
周颂山	工役		工务课	8月9日	本局	75	30			无		
许国麟	测量长	80.4	工务课	8月9日	本局	73		60		无		
车乐泉	话务员	70.8	工务课	8月9日	本局	83		60		无		
朱子瑜	机务员	50	工务课	8月9日	本局	198		100		无		
杨德富	话务员	53.2	工务课	8月9日	本局	79		60		无		
刘金铭	技工	50.8	工务课	8月9日	本局	91.3		40		无		
朱致祥	测量员	61.2	工务课	8月9日	本局	104		60		无		二次被炸
郑文质	技工	36	工务课	8月9日	本局	143		40		无		
王聚卿	技工	20	工务课	8月9日	本局	48		40		无		

续表

姓名	资格	实支薪给	服务课别	损失 日期	损失 地点	损失 估值	慰偿金 拟准	慰偿金 预发	慰偿金 核给	被炸时有无直系家属同寓	直系家属于事前已否疏散他处	备注
李银万	库丁	20	工务课	8月9日	本局	68	30			无		
宁善诗	话务员	30	工务课	8月9日	本局	176	60			无		二次被炸
陈淑贤	话务员	28	工务课	8月9日	本局	103	60			无		二次被炸
王诚实	话务员	28	工务课	8月9日	本局	128	60			无		二次被炸
洪樟	话务员	30	工务课	8月9日	本局	379	60			无		二次被炸
张芳	话务员	42	工务课	8月9日	本局	190	60			无		
董德贞	话务员	28	工务课	8月9日	本局	135	60			无		二次被炸
张玉卿	话务员	28	工务课	8月9日	本局	69	60			无		
马惠菁	话务员	36	工务课	8月9日	本局	410	60			无		二次被炸
吴德光	话务员	28	工务课	8月9日	本局	78	60			无		二次被炸
吴德华	话务员	28	工务课	8月9日	本局	82	60			无		
邓芝德	话务员	28	工务课	8月9日	本局	233	60			无		三次被炸
张玉珍	话务员	36	工务课	8月9日	本局	75	60			无		
程咸孝	话务员	45	工务课	8月9日	本局	734	60			无		二次被炸

续表

姓名	资格	实支薪给	服务课别	损失 日期	损失 地点	损失 估值	慰偿金 拟准	慰偿金 预发	慰偿金 核给	被炸时有无直系家属同寓	直系家属于事前已否疏散他处	备注
赵明蕙	话务员	28	工务课	8月9日	本局	113	60			无		
张祥芬	话务员	28	工务课	8月9日	本局	92	60			无		
刘耀仪	话务员	28	工务课	8月9日	本局	88	60			无		二次被炸
陆三凤	话务员	36	工务课	8月9日	本局	102	60			无		二次被炸
胡淑媛	话务员	30	工务课	8月9日	本局	157	60			无		二次被炸
陈连升	长工		工务课	8月9日	本局	85.5	30			无		
孙嗣铭	业务员	53.2	事务课	8月9日	本局	82	70			无		二次被炸
陈洁	业务员	47	事务课	8月9日	本局	88	80			无		
林菊如	业务员	53.2	事务课	8月9日	本局	203	88			无		
胡逸	业务员	59.6	事务课	8月9日	本局	226	80			无		
马汝瑄	业务员	44	事务课	8月9日	本局	53	53			无		
谈松僧	业务员	41	事务课	8月9日	本局	45.3	45.3			无		
贺文灿	公役	15	事务课	8月9日	本局	323	30			无		
王韵秋	业务员	44	事务课	8月9日	本局	52	52			无		

续表

姓名	资格	实支薪给	服务课别	损失 日期	损失 地点	损失 估值	慰偿金 拟准	慰偿金 预发	慰偿金 核给	被炸时有无直系家属同寓	直系家属于事前已否疏散他处	备注
黄慧	业务员	47	事务课	8月9日	本局	222	80			无		
蒋晓云	业务员	59.6	事务课	8月9日	正阳街18号	515	80			有	未	
徐健之	业务员	122	事务课	8月9日	正阳街18号	530	80			有	未	
李固	话务员	28	工务课	8月9日	本局	68.5	60			无		三次被炸
柳文馨	佐理员	47	工务课	8月9日	本局	97.9	80			无		
陈士英	业务员	85.2	扩工组	8月9日	长安街8号	99	80			妻子女3人	未	
萧毓昌	技术员	66	扩工组	8月9日	操场坝9号	1490	100			妻女2人	未	
梅崇珍	话务员	28	工务课	8月9日	本局	74	70			无		二次被炸
张青山	技工	28	工务课	8月9日	东升楼49号	55	40			妻女2人	未	
李华周	技工	28	工务课	8月9日	萧家凉亭11号	53	40			妻子2人	未	
杨少庭	技工	22	工务课	8月9日	本局	82.5	40			无		
林寓臣	技工	48	工务课	8月9日	本局	51	40			无		
陈长生	技工	20	工务课	8月9日	本局	45.2	40			无		

续表

姓名	资格	实支薪给	服务课别	损失 日期	损失 地点	损失 估值	慰偿金 拟准	慰偿金 预发	慰偿金 核给	被炸时有无直系家属同寓	直系家属于事前已否疏散他处	备注
高俊	技工	20	工务课	8月9日	本局	107		40		无		
刘启信	技工	48	工务课	8月9日	本局	60.5		40		无		
王雅辉	技工	51	工务课	8月9日	本局	79.5		40		无		
刘吉辉	技工	24	工务课	8月9日	本局	□		40		无		
李明兴	技工	26	工务课	8月9日	本局	82		40		无		
刘松林	技工	24	工务课	8月9日	本局	84		40		无		二次被炸
张裕泉	技工	22	工务课	8月9日	本局	64		40		无		
贺炎荣	技工	26	工务课	8月9日	本局	91		40		无		
张树宣	技工	26	工务课	8月9日	本局	54.5		40		无		
郑炳轩	技工	20	工务课	8月9日	本局	148.5		40		无		
艾海清	技工	26	工务课	8月9日	本局	63		40		无		二次被炸
王淑惠	话务员	36	工务课	8月9日	本局	149		60		无		
张璧瑶	话务员	28	工务课	8月9日	本局	148		60		无		
蒲雪筠	话务员	39	工务课	8月9日	本局	142		60		无		二次被炸

续表

姓名	资格	实支薪给	服务课别	损失 日期	损失 地点	损失 估值	慰偿金 拟准	慰偿金 预发	慰偿金 核给	被炸时有无直系家属同寓	直系家属于事前已否疏散他处	备注
张基贤	话务员	28	工务课	8月9日	本局	182		60		无		三次被炸
万盛瑶	话务员	30	工务课	8月9日	本局	96		60		无		二次被炸
巫玉群	话务员	28	工务课	8月9日	本局	85		60		无		二次被炸
李霞毓	话务员	28	工务课	8月9日	本局	97		60		无		
刘大英	话务员	28	工务课	8月9日	本局	102		60		无		
谢正德	话务员	28	工务课	8月9日	本局	120		60		无		二次被炸
蔡淑君	话务员	42	工务课	8月9日	本局	120		60		无		二次被炸
于立坤	话务员	28	工务课	8月9日	本局	133		60		无		
吴厚芬	话务员	28	工务课	8月9日	本局	150		60		无		二次被炸
龚璧	话务员	42	工务课	8月9日	本局	154		60		无		三次被炸
沈志学	话务员	28	工务课	8月9日	本局	167		60		无		二次被炸
蒋心柏	话务员	28	工务课	8月9日	本局	93		60		无		
陈文秀	话务员	28	工务课	8月9日	本局			60		无		
严幼君	话务员	28	工务课	8月9日	本局			60		无		

续表

姓名	资格	实支薪给	服务课别	损失 日期	损失 地点	损失 估值	慰偿金 拟准	慰偿金 预发	慰偿金 核给	被炸时有无直系家属同寓	直系家属于事前已否疏散他处	备注
彭影尘	话务员	28	工务课	8月9日	本局	74	60			无		二次被炸
王志宁	话务员	28	工务课	8月9日	本局	48.9	30			无		二次被炸
胡国英	话务员	28	工务课	8月9日	本局	40.3	30			无		
沈静贞	话务员	28	工务课	8月9日	本局	48.2	30			无		二次被炸
周静榆	话务员	30	工务课	8月9日	本局	386	60			无		二次被炸
李玉兰	话务员	30	工务课	8月9日	本局	54.6	30			无		二次被炸
彭圣宜	话务员	30	工务课	8月9日	本局	58.5	30			无		
谭春林	技工	26	工务课	8月9日	本局	60	40			无		
赵纯绵	业务员	44	工务课	8月9日	本局	69.5	60			无		
庆佩兰	话务员	28	工务课	8月9日	正阳街18号	500		60		夫1人	未	二次被炸
王谦	话务员		工务课	7月31日	嘉陵新村长途台	300		30		无		该员已于8月1日革职
冯洁	话务员	28	工务课	7月31日	嘉陵新村	245		60		无		
廖华荣	局役	12	事务课	7月31日	嘉陵新村	100		30		无		

续表

姓名	资格	实支薪给	服务课别	损失 日期	损失 地点	损失 估值	慰偿金 拟准	慰偿金 预发	慰偿金 核给	被炸时有无直系家属同寓	直系家属于事前已否疏散他处	备注
唐明卿	局役	13	事务课	7月31日	嘉陵新村长途台	170		30		无		
李正华	话务员	28	工务课	7月31日	嘉陵新村2区26号	158		60		无		9月1日调川管局
邵厚圃	话务员	28	工务课	7月31日	嘉陵新村长途台	164		60		无		9月1日调川管局二次被炸
夏文泉	话务员	28	工务课	7月31日	嘉陵新村	306		60		无		
钱 杰	话务员	28	工务课	7月31日	嘉陵新村	227		60		无		
袁 忠	话务员	28	工务课	7月31日	嘉陵新村	129.3		60		无		
唐尚明	话务员	28	工务课	7月31日	嘉陵新村	310		60		无		开革
樊超俊	话务员	28	工务课	7月31日	嘉陵新村长途台	157		60		无		
褚金祥	话务员	28	工务课	7月31日	嘉陵新村长途台	227		60		无		
胡臣芝	话务员	28	工务课	7月31日	嘉陵新村长途台	288		60		无		
王晖如	话务员	28	工务课	7月31日	嘉陵新村长途台	167		60		无		

续表

姓名	资格	实支薪给	服务课别	损失 日期	损失 地点	估值	慰偿金 拟准	慰偿金 预发	慰偿金 核给	被炸时有无直系家属同寓	直系家属于事前已否疏散他处	备注
秦义诗	话务员	28	工务课	7月31日	嘉陵新村	209.5		60		无		
黄次卿	话务员	28	工务课	7月31日	嘉陵新村2区26号	205		60		无		8月31日调川管局
李超	话务员	28	工务课	7月31日	嘉陵新村长途台	515		60		无		
冯达	话务员	28	工务课	7月31日	嘉陵新村	852		60		无		
莫春生	话务员	30	工务课	7月31日	嘉陵新村	200		60		无		
姚镇寰	话务员	30	工务课	7月31日	嘉陵新村长途台	115		60		无		
毕庶琦	技术员	75.6	工务课	7月31日	嘉陵新村长途台	123		100		无		二次被炸
李义忠	学线工	15	工务课	8月9日	仓坝子30号	79		40		无		
邓文秀	学线工	15	工务课	8月9日	仓坝子9号	80		40		无		
高超学	学线工	15	工务课	8月9日	本局	173.4		40		无		
陈昌龄	技工	20	工务课	8月9日	本局	101		40		无		二次被炸
徐学山	技工	45	工务课	8月9日	仓坝子30号	108		40		无		
赵伟	话差	16	事务课	8月9日	本局	127		30		无		

续表

姓名	资格	实支薪给	服务课别	损失 日期	损失 地点	损失 估值	慰偿金 拟准	慰偿金 预发	慰偿金 核给	被炸时有无直系家属同寓	直系家属于事前已否疏散他处	备注
周体明	警士	16	事务课	8月9日	本局	124		30		无		
龙秦氏	女役	15	事务课	8月9日	本局	70		30		无		
李素华	女工	12	事务课	8月9日	本局	78.3		30		无		
涂永仪	女役	14	事务课	8月9日	本局	72		30		无		二次被炸
彭树清	女役	13	事务课	8月9日	本局	124		30		无		二次被炸
邓禹顺	厨役	12	事务课	8月9日	本局	142		30		无		
张治铭	话差	18	事务课	8月9日	本局	71		30		无		
赵伯年	工役	13	事务课	8月9日	本局	88		30		无		
吴大才	工役	13	事务课	8月9日	本局	120		30		无		
总计						1959.2	8130		拟准总数九月回事06532代电设为1899.3			

（0346—1—48）

22.交通部重庆电话局为报1940年8月19日、20日员工空袭损失调查清册给交通部的代电（1940年11月3日）

交通部钧鉴：本年八月十九、二十两日本局员工空袭损失以及预发慰偿金各情形，业经十月事字第6594号江事代电呈报在案。查此次敌机袭渝，滥炸狂烧，灾区广大，本局员工损失奇重，其有眷属者受害尤烈，员工薪给低微，值此百物腾贵之秋,购买无力,而寒天在即,衣被单薄,情殊可悯,待济之殷,如望云霓,拟请俯詧下情,从优予以救济,并请迅赐核发,以应急需而示体恤。是否有当,合亟缮具空袭损失员工清册电请鉴核,迅赐示遵,实为公便。衔名叩。东事。

附空袭损失员工清册2份

交通部重庆电话局空袭损失员工薪给家属清册

姓名	资格	实支薪给	服务课别	损失 日期	损失 地点	损失 估值	慰偿金 拟准	慰偿金 预发	慰偿金 核给	被炸时有无直系家属同寓	直系家属于事前已否疏散他处	备注
陈洁	业务员	47	事务课	8月20日	县庙街震旦公司3楼	480	80			无		
王祥□	业务员	66	事务课	8月20日	兴隆巷19号	395	80			无		
周君彝	业务员	66	事务课	8月20日	兴隆巷宿舍	188	80			无		
叶汉谟	业务员	41	事务课	8月20日	兴隆巷19号	670	80			无		
楚华安	业务员	41	事务课	8月20日	兴隆巷19号	220	80			无		
蒋晓云	业务员	59.6	事务课	8月19日	新生路15号	446	80			有	未	向元健
许仲藩	业务员	50	事务课	8月19日	南纪门金马寺22号	1337	80			有		
华光沛	业务员	80.4	事务课	8月20日	中正路216号	1500	80			有	未	向元健
陈国英	业务员	75.6	事务课	8月20日	兴隆巷19号	403.5	80			无		
谈松僧	业务员	41	事务课	8月20日	兴隆巷宿舍	462	80			无		
黄宝璜	文书股	138	事务课	8月20日	中正路218号	1412	80			有	未	向元健

续表

姓名	资格	实支薪给	服务课别	损失 日期	损失 地点	损失 估值	慰偿金 拟准	慰偿金 预发	慰偿金 核给	被炸时有无直系家属同寓	直系家属于事前已否疏散他处	备注
马汝瑄	营业股	44	事务课	8月20日	兴隆巷	302	80			无		
姜文渊	庶务股	96.4	事务课	8月20日	兴隆巷19号	180	80			无		
赵晓明	文书股	62.8	事务课	8月20日	兴隆巷宿舍	211.5	80			无		
胡 逸	出纳股	59.6	事务课	8月20日	兴隆巷19号	613	80			无		
叶剑青	业务员	44	事务课	8月20日	兴隆巷宿舍	340.9	80			无		
刘 钧	出纳股	41	事务课	8月20日	兴隆巷	305	80			无		
罗哲章	营业股	59.6	事务课	8月20日	兴隆巷	408	80			无		
熊同仁	文书股	85.2	事务课	8月20日	兴隆巷19号	188.5	80			无		
向元健	技术员	154	事务课长	8月20日	兴隆巷19号本局宿舍	100	100			无		
赵作钧	业务员	53.2	收费员	8月19日	林森路355号	410	80			有	未	
林菊如	业务员	53.2	助理员	8月20日	中正路兴隆巷	1327.5	80			无		
熊超群	话务员	58	佐理员	8月20日	兴隆巷	270	60			无		
蒋重仪	雇员	35	佐理员	8月20日	兴隆巷宿舍	307.2	60			无		
范松麟	雇员	30	外收发	8月20日	兴隆巷宿舍	179	60			无		
吴永才	雇员	30	营业股	8月20日	兴隆巷宿舍	230	60			无		

续表

姓名	资格	实支薪给	服务课别	损失 日期	损失 地点	损失 估值	慰偿金 拟准	慰偿金 预发	慰偿金 核给	被炸时有无直系家属同寓	直系家属于事前已否疏散他处	备注
徐志森	雇员	30	营业股	8月20日	兴隆巷宿舍	298	60			无		
廖华荣	工役	12		8月20日	兴隆巷	110	30			无		
周颂山	工役	12	修养股	8月20日	兴隆巷宿舍	73	30			无		
萧云栋	话差	16	零售处	8月20日	兴隆巷宿舍	104	30			无		
龚玉山	话差	16		8月20日	兴隆巷宿舍	186.7	30			无		
李汉民	厨役	13	兴隆巷	8月20日	兴隆巷	90	30			无		
王海林	厨役	12	兴隆巷	8月20日	兴隆巷	95	30			无		
张合顺	公役	12	看门	8月20日	兴隆巷	80	30			无		
唐明卿	工差	13		8月20日	兴隆巷	141	30			无		
洪传经	信差	16		8月20日	兴隆巷	110	30			无		
孔耀先	信差	16		8月20日	兴隆巷宿舍	61	30			无		
王德生	工役	15	庶务股	8月20日	兴隆巷宿舍	187	30			无		
贺文灿	工役	15	兴隆巷	8月20日	兴隆巷宿舍	85	30			无		
刘海清	工役	15	兴隆巷	8月20日	兴隆巷宿舍	54	30			无		
刘炳银	公役	13	扩工组	8月20日	兴隆巷宿舍	90	30			无		

续表

姓名	资格	实支薪给	服务课别	损失 日期	损失 地点	损失 估值	慰偿金 拟准	慰偿金 预发	慰偿金 核给	被炸时有无直系家属同寓	直系家属于事前已否疏散他处	备注
高义钦	公役	14	国务课	8月20日	兴隆巷宿舍	85.6		30		无		
陈国章	公役	12	营业股	8月20日	兴隆巷	95		30		无		
王绍清	厨役	13	兴隆巷	8月20日	兴隆巷	157		30		无		
刘其昌	公役	15	会计课	8月20日	兴隆巷	162		30		无		
梁福祥	公役	13	会计课	8月20日	兴隆巷	106		30		无		
张海鸣	会计员	154	会计课长	8月20日	兴隆巷宿舍	355		100		无	已	
魏采真	助理会计员	53.2	第一股股员	8月20日	□□□□□□	418		100		无		
龚涛	会计员	50	会计助理员	8月20日	兴隆巷宿舍	561.5		100		无	已	
卜有衡	会计员	70.8	第一股长	8月20日	长安街4号	829		100		无		
孙学文	会计员	50	助理会计员	8月20日	中正路296号	1183		100		有	未	
王永鑫	会计员	41	助理员	8月20日	兴隆巷19号	2113		100		有	未	
万子明	会计员	50	助理员	8月20日	兴隆巷宿舍	804		100		无		
甘鸣岐	会计员	41	助理员	8月20日	兴隆巷19号	620		100		无		

续表

姓名	资格	实支薪给	服务课别	损失 日期	损失 地点	估值	慰偿金 拟准	慰偿金 预发	慰偿金 核给	被炸时有无直系家属同寓	直系家属于事前已否疏散他处	备注
林荣桐	会计员	41	助理员	8月20日	兴隆巷19号	490		100		无		
万竞先	技术员	130	扩工组长	8月20日	大阳沟积庆里2号3楼（即小较场巷37号）	1605		100		有	未	
金恽敦	技术员	170	料务主任	8月20日	新丰街柏林旅社	1400		100		有	未	
王鹿笙	话务员	61.2	扩工组佐理员	8月20日	兴隆巷宿舍	359.4		60		无		
笪如森	话务员	80.4	佐务员	8月20日	罗汉寺街11号	302		60		有	未	
张瑞丞	话务员	58	扩工组	8月20日	兴隆巷宿舍	67.1	60			无		
汪遐年	话务员	70.8	扩工组	8月20日	兴隆巷19号	207.3		60		无		
陈士英	业务员	85.2	扩工组	8月20日	长安街8号	572		80		有	未	
陈乐山	业务员	50	佐理员	8月20日	兴隆巷宿舍	250	80			无		
苏义生	话务员	58	扩工组	8月20日	兴隆巷19号	232.9		60		无		
杨宋政	话务员	28	扩工组	8月20日	兴隆巷19号	231.3		60		无		
蒋心柏	话务员	28	值机	8月20日	中正路296号	260		60		无		
彭影尘	话务员	28	值机	8月20日	长安寺后街4号	2278		60		有	未	
王志宁	话务员	28		8月20日	中大梁子43号	1240		30		有	未	

续表

姓名	资格	实支薪给	服务课别	损失 日期	损失 地点	损失 估值	慰偿金 拟准	慰偿金 预发	慰偿金 核给	被炸时有无直系家属同寓	直系家属于事前已否疏散他处	备注
吴啬夫	技工	28	机工	8月20日	兴隆巷19号	76		40		无		
赵广泰	话务员	28	佐理员	8月20日	兴隆巷宿舍	302		60		无		
甘发林	技工	26		8月20日	红岩洞93号	320.2		40		有	未	
祝玉山	技工	58	修养股	8月20日	萧家凉亭	110		40		有	未	
王祖禹	技工	42	机工	9月20日	长安街	87		40		有	未	
谭春林	机工	26		8月20日	凤凰庄27号	240		40		无		
张森	技工	36	机工	9月20日	二府衙38号	104		40		有	未	
喻德荣	技工	48	机工	9月20日	公园路19号	900		40		有	未	
沈海清	技工	55.6	修养股	8月20日	萧家凉亭11号	125		40		有	未	
贺炎荣	技工	26	查修线	8月20日	小较场11号宿舍	50		40		有	未	
张树轩	技工	26	查修线	8月20日	小较场11号宿舍	27		27		有	未	
朱遇常	业务员	75.6	出纳	8月20日	兴隆巷宿舍	60	60			无		
李蕙贞	话务员	28		8月20日	本市西四街26号	343		60		有	未	
李寒斌	话务员	61.2	材料股助理员	8月20日	兴隆巷15号2楼	122		60		无		
邓芝德	话务员	28	值机	8月20日	本市机房街65号	120		60		有	未	

四、交通部重庆电话局部分　1697

续表

姓名	资格	实支薪给	服务课别	损失 日期	损失 地点	损失 估值	慰偿金 拟准	慰偿金 预发	慰偿金 核给	被炸时有无直系家属同寓	直系家属于事前已否疏散他处	备注
陈景璘	话务员	70.8	国际台班长	8月20日	青年会牙字宿舍56号	298	60			无		
杨崇武	技工	22		8月20日	小较场11号宿舍	77	40			无		
彭锡浦	技工	20	电缆组	8月20日	小较场11号	93	40			无		
李东山	技工	24		8月20日	小较场宿舍	115	40			无		
严启林	工头	62		8月20日	小较场宿舍	173	40			无		
吕鹏程	技工	30		8月20日	小较场11号	198	40			无		
刘长江	技工	20	架设外线	8月20日	小较场11号	180.4	40			无		
曹焱清	工长		外线	8月20日	小较场11号	129	30			无		
张登元	技工	86	铅工领工	8月20日	长安街8号	170	40			有	未	
杨显达	技工	20	外线	8月20日	小较场11号	61.5	40			无		
刘树安	技工	15		8月20日	小较场11号宿舍	86	40			无		
杨顺清	工长			8月20日	小较场11号宿舍	41	30			无		
邓光才	技工	20	看水线	8月20日	小较场11号	110.2	40			无		
柳春山	技工	20	外线组	8月20日	小较场11号	66.5	40			无		
杜元良	技工	20	外线	8月20日	小较场11号	49.7	40			无		

续表

姓名	资格	实支薪给	服务课别	损失 日期	损失 地点	损失 估值	慰偿金 拟准	慰偿金 预发	慰偿金 核给	被炸时有无直系家属同寓	直系家属于事前已否疏散他处	备注
吴泽民	技工	20	架设外线	8月20日	小较场11号宿舍	71		40		无		
潘绍荣	技工	26	架设外线	8月20日	小较场11号宿舍	68		40		无		
陈昌龄	技工	20	外线	8月20日	小较场11号	75		40		无		
王学初	技工	26	架设外线	8月20日	小较场11号	112.6		40		无		
高超学	技工	15	外线	8月20日	小较场11号	67		40		无		
高克明	技工	20	外线	8月20日	小较场11号宿舍	74		40		无		
韩云卿	技工	50.8		8月20日	东升楼53号	78		40		有	未	
张远清	技工	22		8月20日	东升楼49号	73		40		有	未	
黄炳光	技工	26		8月20日	小较场11号	72.4		40		无		
徐焕楗	技工	28		8月20日	萧家凉亭11号	73		40		有	未	
胡炎庭	技工	58		8月20日	萧家凉亭11号	61		40		有	未	
程从汉	技工	50.8		8月20日	东升楼53号	63		40		无		
熊春山	技工	66		8月20日	萧家凉亭9号	78		40		有	未	
陈连升	长工		外线	8月20日	小较场11号	59.8		30		无		
姚家儒	技工	22	铅工	8月20日	兴隆巷宿舍	141		40		无		

续表

姓名	资格	实支薪给	服务课别	损失 日期	损失 地点	损失 估值	慰偿金 拟准	慰偿金 预发	核给	被炸时有无直系家属同寓	直系家属于事前已否疏散他处	备注
包伦周	技工	15	架设外线电缆组	8月20日	小较场11号	119		40		无		
张银山	技工	30	架设外线电缆组	8月20日	小较场11号	112		40		无		
张清山	长工	28		8月20日	小较场11号	72		30		无		
钟观成	技工	20	线工	8月20日	小较场11号	147		40		无		
熊鳌永	技工	62		8月20日	东升楼53号	86		40		有	未	
李国扬	铅工	74	外线领工	8月20日	小较场11号	128		40		无		
严宝山	领工	48		8月20日	小较场11号	74		40		无		
熊松永	技工	28		8月20日	萧家凉亭11号	85		40		有	未	
吕学丹	技工	53.2		8月20日	萧家凉亭11号	70		40		有	未	
徐学山	线工	45		8月20日	小较场11号	75.5		40		无		
胡炳南	技工	62	外线领工	8月20日	小较场11号宿舍	100.5		40		无		
李义忠	技工	15		8月20日	小较场11号宿舍	87		40		无		
胡学允	技工	53.2		8月20日	东升楼53号2楼	91		40		有	未	
李华梁	技工	55.6		8月20日	小较场11号	58		40		无		
邓文秀	学习线工	15		8月20日	小较场11号	84		40		无		

续表

姓名	资格	实支薪给	服务课别	损失 日期	损失 地点	损失 估值	慰偿金 拟准	慰偿金 预发	慰偿金 核给	被炸时有无直系家属同寓	直系家属于事前已否疏散他处	备注
张季恕	技工	22		8月20日	小较场11号宿舍	108		40		无		
朱少楷	技工	30		8月20日	小较场11号宿舍	94		40		无		
林国华	技工	20		8月20日	小较场11号宿舍	98		40		无		
谢树清	技工	20	架设外线	8月20日	小较场11号	87.2		40		无		
邓文彩	小工			8月20日	小较场11号	79		30		无		
李华周	技工	28		8月20日	小较场11号	66		40		有	未	
李南山	技工	58		8月20日	筷子街22号	82		40		有	未	
颜小山	技工	30		8月20日	筷子街22号	77		40		有	未	
刘建清	常工			8月20日	小较场11号	62		30		无		
张国钧	小工			8月20日	兴隆巷宿舍	89		30		无		
刘选福	技工	48		8月20日	小较场11号	95		40		无		
陶继松	话务员	28	设置股佐理员	8月20日	兴隆巷19号	161		60		无		
徐泽森	业务员	59.6	工务课佐理员	8月20日	本局兴隆巷宿舍	201		80		无		

续表

姓名	资格	实支薪给	服务课别	损失 日期	损失 地点	损失 估值	慰偿金 拟准	慰偿金 预发	慰偿金 核给	被炸时有无直系家属同寓	直系家属于事前已否疏散他处	备注
周惠卿	业务员	44	规划股佐理员	8月20日	本局兴隆巷宿舍	304	80			无		
顾孝全	话务员	28		8月20日	兴隆巷	193	60			无		
刘华楚	话务员	28	佐理员	8月20日	半边街兴隆巷	146	60			无		
黄次卿	话务员	28	值机	8月20日	兴隆巷19号	121	60			无		
邵厚国	话务员	20	长途值机	8月20日	兴隆巷	195	60			无		
徐青醒	话务员	28		8月20日	兴隆巷宿舍	165	60			无		
邱玉琛	技术员	90	沙坪坝分局股主任	8月20日	兴隆巷19号宿舍	128	100			无		
刘渭玉	话务员	28	材料股佐理员	8月20日	半边街兴隆巷	173	60			无		
林 曙	业务员	50	佐理员	8月20日	新丰街75号	110	80			无		
杨志治	技术员	170	工务课佐理员	8月20日	兴隆巷19号宿舍	416	100			无		
王 佐	技术员	198	工务课课长	8月20日	兴隆巷19号宿舍	499	100			无		

续表

姓名	资格	实支薪给	服务课别	损失 日期	损失 地点	损失 估值	慰偿金 拟准	慰偿金 预发	慰偿金 核给	被炸时有无直系家属同寓	直系家属于事前已否疏散他处	备注
黄纯儒	技工	45		8月20日	筷子街39号	355		40		有	未	
谢合清	技工	42	工头	8月20日	红岩洞7号	274		40		有	未	
厉存度	技术员	274	规划股主任	8月20日	青年会宿舍101号	282		100		无		
陆坤山	话务员	64.4	设置股佐理员	8月20日	兴隆巷19号	80		60		无		
涂巨礼	技术员	66	设置股佐理员	8月20日	兴隆巷宿舍	194		100		无		
吕松山	报务员	85.2	设置股佐理员	8月20日	兴隆巷19号宿舍	245		100		无		
王能杰	技术员	262	设置股主任	8月20日	青年会101号	165		100		无		
张光瑄	技术员	286	管理股主任	8月20日	本局兴隆巷宿舍	1002		100		无		
朱良冰	话务员	28	佐理员	8月20日	兴隆巷19号	163		60		无		
以上共计壹万伍仟玖佰陆拾柒元													

(0346—1—49)

23.交通部重庆电话局为报1940年8月20日员工空袭损失调查表给交通部的代电(1940年10月3日)

交通部钧鉴：查八月二十日敌机袭渝，本局兴隆巷及小较场宿舍烧毁净尽，并职员私寓及寄住宿舍。各员工以抢救局屋不及赴救，所有衣物行李被焚如洗，损失情形经于八月养事#6274代电呈报在案。兹检具员工损失调查表161份再请鉴核，其损失情形严重急待救济者，并经爱照紧急救济办法，按照各员工资格及损失程度预发慰偿金。唯此次灾区辽阔，加之一部份〔分〕办公室被毁，职员四散，填表调查无法依限进行，事属特殊，谅荷俯□，至按照新颁救济办法应查明各该员工实支薪给及家属已否疏散各项，拟另列清单随后补呈。理合一并陈明。敬祈鉴核。衔名叩。江事。

附呈员工损失调查表160份，计一册。

1)电务员工呈报损失调查表

机关名称：重庆电话局　　　　　　　　　民国二十九年八月二十一日填报

姓名	徐志森	损失原因	被炸火烧	损失地点	兴隆巷	离到日期	年 月 日 到局处
资格	雇员			损失日期	29年8月20日		
职务	营业			何方证明	本局宿舍		年 月 日 离局处
损失情形	名称	数量	最低估值(元)		名称	数量	最低估值(元)
	被服	1条	90		衫裤	2套	30
	被单	2条	28		中山装	1套	50
	大衣	1件	100				
	共计				共计		298
估计总额	298元。预发慰偿金额：60元				由部核给慰偿金额		
主管人员核签意见并签名盖章	查该员住居本局宿舍被焚确实　　　　　黄如祖　向元健				呈报员工签名盖章		徐志森

2) 电务员工呈报损失调查表

机关名称： 　　　　　　　　　民国二十九年八月二十一日填报

姓名	廖华荣	损失原因	8月20日敌机轰炸渝市兴隆巷	损失地点	兴隆巷	离到日期	年　月　日 到局处
资格	工役			损失日期	8月20日		
职务				何方证明			年　月　日 离局处
损失情形	名称	数量	最低估值(元)	名称	数量	最低估值(元)	
	被盖	1床	50	衬衣	1套	20	
	便衣	1套	30	鞋子	1双	10	
	共计			共计		110元	
估计总额		110元。预发慰偿金额:30元			由部核给慰偿金额		
主管人员核签意见并签名盖章		黄如祖　向元健			呈报员工签名盖章	廖华荣	

3) 电务员工呈报损失调查表

机关名称:重庆电话局　　　　　　　民国　年　月　日填报

姓名	周颂山	损失原因		损失地点	兴隆巷宿舍	离到日期	年　月　日 到局处
资格	公役			损失日期	29年8月20日		
职务	修养股			何方证明			年　月　日 离局处
损失情形	名称	数量	最低估值(元)	名称	数量	最低估值(元)	
	棉被	1床	28	青布毯	1床	15	
	灰布大衣	1件	15	凉席	1床	2	
	灰布中山服	1件	13				
	共计			共计			
估计总额		73元。预发慰偿金额:30元			由部核给慰偿金额		
主管人员核签意见并签名盖章		黄如祖　向元健			呈报员工签名盖章	周颂山	

4) 电务员工呈报损失调查表

机关名称：重庆电话局　　　　　　　　　　　　民国　年　月　日填报

姓名	萧云栋	损失原因	被炸又[被]火烧	损失地点	兴隆巷舍宿	离到日期		年　月　日到局处	
资格	话差	^	^	损失日期	29年8月20日	^			
职务	总局零售处	^	^	何方证明	本局舍宿	^		年　月　日离局处	
损失情形	名称	数量	最低估值(元)	名称	数量	最低估值(元)				
^	棉被	1床	40	胶鞋	1双	3				
^	毛毯	1床	25	竹箱	1只	6				
^	被单	1床	10	衬衣	1套	20				
^	共计			共计						
估计总额	104元正。预发慰偿金额：30元	由部核给慰偿金额							
主管人员核签意见并签名盖章	黄如祖　向元健	呈报员工签名盖章	萧云栋						

5) 电务员工呈报损失调查表

机关名称：重庆电话局　　　　　　　　　　　民国二十九年八月二十一日填报

姓名	龚玉山	损失原因	8月20日敌机袭渝被炸焚烧	损失地点	兴隆巷19号	离到日期		年　月　日到局处	
资格	话差	^	^	损失日期	8月20日	^			
职务		^	^	何方证明		^		年　月　日离局处	
损失情形	名称	数量	最低估值(元)	名称	数量	最低估值(元)				
^	铺盖	1床	30	衬衫	1套	15				
^	棉絮	1床	15	袜子	2双	7.5				
^	线毯	1床	10	漱口杯	1个	8.5				
^	面盆	1个	15	牙膏	1瓶[支]	1.2				
^	中山装	2套	50	牙刷	1把	0.9				
^	皮鞋	1双	20	面巾	1条	2.4				
^	箱子	1个	10	洗澡毛巾	1条	1.2				
^	共计		150	共计		36.7				
估计总额	186.7元。预发慰偿金额：30元	由部核给慰偿金额							
主管人员核签意见并签名盖章	孙嗣铭　黄如祖　向元健	呈报员工签名盖章	龚玉山						

6) 电务员工呈报损失调查表

机关名称：重庆电话局　　　　　　　民国　年　月　日填报

姓名	李汉民	损失原因	被炸烧	损失地点	兴隆巷	离到日期	年　月　日 到局处
资格	厨役			损失日期	8月20日		
职务	兴隆巷			何方证明			年　月　日 离局处
损失情形	名称	数量	最低估值(元)	名称	数量	最低估值(元)
	被盖	1床	40	棉衣	1套	30
	单衣	1套	20			
	共计			共计		90
估计总额	90元。预发慰偿金额：30元			由部核给慰偿金额		
主管人员核签意见并签名盖章			黄如祖　向元健	呈报员工签名盖章		李汉民

7) 电务员工呈报损失调查表

机关名称：重庆电话局　　　　　　　民国　年　月　日填报

姓名	王海林	损失原因	被炸烧	损失地点	兴隆巷	离到日期	年　月　日 到局处
资格	厨役			损失日期	8月20日		
职务	兴隆巷			何方证明			年　月　日 离局处
损失情形	名称	数量	最低估值(元)	名称	数量	最低估值(元)
	被盖	1床	40	单衣	1套	25
	棉衣	1套	30			
	共计			共计		95
估计总额	95元。预发慰偿金额：30元			由部核给慰偿金额		
主管人员核签意见并签名盖章			黄如祖　向元健	呈报员工签名盖章		王海林

8) 电务员工呈报损失调查表

机关名称：重庆电话局　　　　　　　　民国　年　月　日填报

姓名	张合顺	损失原因	被炸烧	损失地点	兴隆巷宿舍	离到日期	年　月　日 到局处
资格				损失日期	8月20日		
职务	看门			何方证明			年　月　日 离局处

损失情形	名称	数量	最低估值(元)	名称	数量	最低估值(元)
	被盖	1床	50	棉衣	1套	30
	共计			共计		80

估计总额	80元。预发慰偿金额：30元	由部核给慰偿金额	
主管人员核签意见并签名盖章	黄如祖　向元健	呈报员工签名盖章	张合顺

9) 电务员工呈报损失调查表

机关名称：重庆电话局　　　　　　　　民国二十九年八月二十一日填报

姓名	唐明卿	损失原因	8月20日1时许敌机袭渝，兴隆巷宿舍全焚	损失地点	兴隆巷19号	离到日期	年　月　日 到局处
资格	工差			损失日期	29年8月20日		
职务				何方证明			年　月　日 离局处

损失情形	名称	数量	最低估值(元)	名称	数量	最低估值(元)
	被盖	1床	50	衬衣	1件	16
	线毯	1床	35	鞋子	1双	10
	中山装	1套	30			
	共计			共计		141

估计总额	141元。预发慰偿金额：30元	由部核给慰偿金额	
主管人员核签意见并签名盖章	黄如祖　向元健	呈报员工签名盖章	唐明卿

10) 电务员工呈报损失调查表

机关名称：重庆电话局　　　　　　　　　　　民国　年　月　日填报

姓名	洪传经	损失原因	被炸烧	损失地点	兴隆巷	离到日期	年月日到局处
资格	信差			损失日期	8月20日		
职务				何方证明			年月日离局处

损失情形	名称	数量	最低估值(元)	名称	数量	最低估值(元)
	被盖	1床	30	棉衣	1套	30
	单衣	1套	50			
	共计			共计		110

估计总额	110元。预发慰偿金额：30元	由部核给慰偿金额
主管人员核签意见并签名盖章	黄如祖　向元健	呈报员工签名盖章　洪传经

11) 电务员工呈报损失调查表

机关名称：重庆电话局　　　　　　　　　　　民国　年　月　日填报

姓名	孔耀先	损失原因	被炸又[被]烧	损失地点	兴隆巷宿舍	离到日期	年月日到局处
资格	信差			损失日期	8月20日		
职务				何方证明			年月日离局处

损失情形	名称	数量	最低估值(元)	名称	数量	最低估值(元)
	棉絮	1床	24	青哈[咔]叽下装	1条	14
	棉袄	1件	20	雨衣	1件	公物
	脸帕	1张	1.5	制服	1套	公物
	牙刷	1把	1.5			
	共计			共计		61

估计总额	61元。预发慰偿金额：30元	由部核给慰偿金额
主管人员核签意见并签名盖章	黄如祖　向元健	呈报员工签名盖章　孔耀先

12) 电务员工呈报损失调查表

机关名称：重庆电话局　　　　　　　　　　民国　年　月　日填报

姓名	王德生	损失原因	被炸烧	损失地点	兴隆巷宿舍	离到日期	年　月　日到局处
资格	公役			损失日期	29年8月20日		
职务	庶务股			何方证明			年　月　日离局处
损失情形	名称	数量	最低估值(元)	名称	数量	最低估值(元)	
	布中山装	2套	60	皮鞋	1双	25	
	被	1床	50	布鞋	1双	3	
	呢毯	2床	40	磁面盆	1只	9	
	共计			共计			
估计总额	187元正。预发慰偿金额：30元			由部核给慰偿金额			
主管人员核签意见并签名盖章	黄如祖　向元健			呈报员工签名盖章	王德生		

13) 电务员工呈报损失调查表

机关名称：重庆电话局　　　　　　　　　　民国　年　月　日填报

姓名	贺文灿	损失原因	被炸又[被]烧	损失地点	兴隆巷宿舍	离到日期	年　月　日到局处
资格	公役			损失日期	29年8月20日		
职务				何方证明			年　月　日离局处
损失情形	名称	数量	最低估值(元)	名称	数量	最低估值(元)	
	棉被	1床	45	布毯	1床	12	
	白衬衣	1件	9	短裤	1条	6	
	席子	1床	2	毛巾	1条	1.5	
	共计			共计		85.5	
估计总额	85.5元。预发慰偿金额：30元			由部核给慰偿金额			
主管人员核签意见并签名盖章	黄如祖　向元健			呈报员工签名盖章	贺文灿		

14) 电务员工呈报损失调查表

机关名称：重庆电话局　　　　　　　　　　民国　年　月　日填报

姓名	刘海清	损失原因	被炸烧	损失地点	兴隆巷宿舍	离到日期	年　月　日 到局处
资格	公役			损失日期	8月20日		
职务	兴隆巷宿舍			何方证明			年　月　日 离局处

损失情形	名称	数量	最低估值(元)	名称	数量	最低估值(元)
	棉絮	1床	24	棉袄	1件	15
	毯子	1床	15			
	共计			共计		54

估计总额	54元。预发慰偿金额：30元	由部核给慰偿金额
主管人员核签意见并签名盖章	黄如祖　向元健	呈报员工签名盖章　刘海清

15) 电务员工呈报损失调查表

机关名称：　　　　　　　　　　　　　　　民国　年　月　日填报

姓名	刘炳银	损失原因	被炸烧	损失地点	兴隆巷宿舍	离到日期	年　月　日 到局处
资格	公役			损失日期	8月20日		
职务	扩工组			何方证明			年　月　日 离局处

损失情形	名称	数量	最低估值(元)	名称	数量	最低估值(元)
	被盖	1床	40	棉衣	1套	30
	毯子	1床	20			
	共计			共计		90

估计总额	90元。预发慰偿金额：30元	由部核给慰偿金额
主管人员核签意见并签名盖章	黄如祖　向元健	呈报员工签名盖章　刘炳银

16) 电务员工呈报损失调查表

机关名称：电话局　　　　　　　　　　　　民国　年　月　日填报

姓名	高义钦	损失原因	宿舍全部被烧炸	损失地点	兴隆巷19号	离到日期	年 月 日 到局处
资格	公役			损失日期	8月20日		
职务	工务课			何方证明	本局宿舍		年 月 日 离局处
损失情形	名称	数量	最低估值(元)	名称	数量	最低估值(元)		
	棉絮	1床	30	蓝布包袱	1件	2		
	棉衣	1套	40	袜子	2双	1.6		
	白布衬衣	1套	12			85.6		
	共计			共计				
估计总额	85.6元。预发慰偿金额：30元				由部核给慰偿金额			
主管人员核签意见并签名盖章	黄如祖　向元健				呈报员工签名盖章	高义钦		

17) 电务员工呈报损失调查表

机关名称：交通部重庆电话局　　　　　　　民国　年　月　日填报

姓名	陈国章	损失原因	兴隆巷宿舍全部被焚	损失地点	半边街兴隆巷	离到日期	年 月 日 到局处
资格	公差			损失日期	29年8月20日		
职务	营业股佐理			何方证明	局方		年 月 日 离局处
损失情形	名称	数量	最低估值(元)	名称	数量	最低估值(元)		
	棉新被	1床	30	花布下装	2条	6		
	白布毯子	1床	16	面盆	1个	7		
	布中山服	1套	15	牙刷	1个	1		
	白布汗衣	2件	20	其他牙膏等				
	共计		81	共计		14		
估计总额	95元。预发慰偿金额：30元				由部核给慰偿金额			
主管人员核签意见并签名盖章	黄如祖　向元健				呈报员工签名盖章	陈国章		

18) 电务员工呈报损失调查表

机关名称：重庆电话局　　　　　　　　　民国　年　月　日填报

姓名	王绍卿	损失原因		损失地点	兴隆巷办事处	离到日期	年月日到局处
资格	厨役			损失日期	8月20日		
职务				何方证明			年月日离局处
损失情形	名称	数量	最低估值(元)	名称	数量	最低估值(元)
	被盖	1床	35	汗衣	1套	24
	长衫子	2件	38	棉衣	1套	40
	毯子	1床	20			
	共计			共计		157
估计总额	157元。预发慰偿金额：30元			由部核给慰偿金额		
主管人员核签意见并签名盖章			黄如祖　向元健	呈报员工签名盖章	王绍卿

19) 电务员工呈报损失调查表

机关名称：交通部重庆电话局　　　　　　民国二十九年八月三十一日填报

姓名	刘其昌	损失原因	兴隆巷被敌机投燃烧弹烧焚	损失地点	兴隆巷19号	离到日期	年月日到局处
资格	公役			损失日期	8月20日		
职务	会计课公役			何方证明			年月日离局处
损失情形	名称	数量	最低估值(元)	名称	数量	最低估值(元)
	被盖	1床	30	毛巾	2张	3
	棉絮	1床	20	球鞋	1双	8
	毛毯	1床	12	枕头	1个	5
	衬衫	2件	16	芝麻呢裤子	1条	10
	面盆	1个	8	皮箱	1只	10
	夹衫	1件	40			
	共计			共计		162
估计总额	162元。预发慰偿金额：30元			由部核给慰偿金额		
主管人员核签意见并签名盖章			向元健　黄如祖	呈报员工签名盖章	刘其昌

20) 电务员工呈报损失调查表

机关名称：交通部重庆电话局　　　　　　民国二十九年八月二十日填报

姓名	梁福祥	损失原因	兴隆巷被敌机投燃烧弹烧焚	损失地点	兴隆巷19号	离到日期	年　月　日到局处		
资格	公役	^	^	损失日期	8月20日	^	^		
职务	会计课公役	^	^	何方证明		^	年　月　日离局处		
损失情形	名称	数量	最低估值(元)		名称	数量	最低估值(元)		
^	被盖	1床	28		芝麻呢	1套	20		
^	卧丹〔单〕	1床	12		青灭〔篾〕席	1床	3		
^	棉絮	1床	20		面盆	1个	7		
^	毛巾	2张	4		枕头	1个	4		
^	衬衫	1件	8						
^	共计			共计			106		
估计总额	106元。预发慰偿金额：30元						由部核给慰偿金额		
主管人员核签意见并签名盖章					向元健　黄如祖	呈报员工签名盖章		梁福祥	

21) 电务员工呈报损失调查表

机关名称：重庆电话局　　　　　　　　　民国二十九年八月二十二日填报

姓名	张海鸣	损失原因	敌机袭渝，本局宿舍全部被焚	损失地点	兴隆巷19号宿舍	离到日期	年　月　日离局处		
资格	会计员	^	^	损失日期	8月20日	^	^		
职务	会计课长	^	^	何方证明		^	年　月　日到局处		
损失情形	名称	数量	最低估值(元)		名称	数量	最低估值(元)		
^	大木床	1张	30		鞋	2双	15		
^	棉被	2条	40		书籍		30		
^	丝棉薄被连被单绸面	1床	100		零星衣物		50		
^	美国木棉枕	2个	30		被单	1床	20		
^	铜面盆	1个	15		席	1床	10		
^	洗面用具	1套	15						
^	共计		230	共计		125			
估计总额	355元。预发慰偿金额：100元						由部核给慰偿金额		
主管人员核签意见并签名盖章					黄如祖	呈报员工签名盖章		张海鸣	

22) 电务员工呈报损失调查表

机关名称：重庆电话局　　　　　　　　　　民国二十九年八月二十一日填报

姓名	魏采真	损失原因	敌机20日袭渝，住处中燃烧弹全部被焚	损失地点	□道89号钟雨斋牙医院3楼	离到日期	年　月　日 到局处
资格	助理会计员			损失日期	29年8月20日		
职务	第一股股员			何方证明			年　月　日 离局处

	名称	数量	最低估值(元)	名称	数量	最低估值(元)
损失情形	皮鞋	3双	90	衣柜(楠木)	1只	50
	面盆	2个	36	木床	1只	30
	漱口杯	1只	2	藤椅	1只	11
	牙刷	1只	2	睡衣	1件	15
	牙膏	1支	8	马装	1套	40
	□□	1条	50	毛巾(1大3小)	4块	20
	被子	3条	60	席	1床	4
	共计		248	共计		170

估计总额	418元。预发慰偿金额：100元	由部核给慰偿金额	
主管人员核签意见并签名盖章	该员住处确系全部被焚　　　　　　　　　　黄如祖　张海鸣	呈报员工签名盖章	魏采真

23) 电务员工呈报损失调查表

机关名称：　　　　　　　　　　　　　　民国　年　月　日填报

姓名	龚涛	损失原因	敌机袭渝，宿舍中烧夷弹全部被焚	损失地点	重庆兴隆巷19号宿舍	离到日期	年　月　日 到局处
资格	会计员			损失日期	29年8月20日		
职务	会计助理员			何方证明	局方		年　月　日 离局处

续表

	名称	数量	最低估值(元)	名称	数量	最低估值(元)
损失情形	锦缎被盖(连白市布包单棉絮在内)	1床	55	黄哈叽摇裤	1条	10
	垫床棉絮重5斤	1床	25	白市叽摇裤	2条	12
	印花白斜纹毯子	1床	20	白市布汗衣	2件	44
	白市布挑花枕头	2个	16	袜子(麻纱及线质各2双)	4双	15
	油绸	1床	8	白洋磁大面盆	1个	25
	席子	1床	5	湖南纸伞	1把	6.5
	白哔叽下装	1条	100	皮拖鞋	1双	7
	虎〔府〕绸衬衣	2件	28	白皮箱子	1口	18
	白绸裤子	2条	34	漱洗用具(牙刷、牙粉、漱口宗〔盅〕、面巾)	全套	12
	白绸单衫	1件	45	书籍(会计学□□□、会计问题、公司会计)	3部	36
	兰〔蓝〕布单衫	1件	25	修胡刀	1把	15
	共计		361	共计		200.5
估计总额	561.5元。预发慰偿金额:100元			由部核给慰偿金额		
主管人员核签意见并签名盖章	该员确住本局宿舍　　　　　黄如祖　张海鸣			呈报员工签名盖章	龚涛	

24)电务员工呈报损失调查表

机关名称：重庆电话局　　　　　　　　　　民国二十九年八月　日填报

姓名	卜有衡	损失原因	敌机20日袭渝,投燃烧弹,宿舍全部被焚	损失地点	兴隆巷19〔号〕	离到日期	年　月　日 到局处
资格	会计员			损失日期	8月20日		
职务	第一股长			何方证明	本局		年　月　日 离局处
损失情形	名称	数量	最低估值(元)	名称	数量	最低估值(元)
	面盆	1只	25	驼绒袍	1件	120
	漱口杯	1只	3	夹袍	1件	65
	布袋	1个	4	纺绸短衫裤	2套	90
	毛巾	4条	7	布裤	2条	8
	木棉枕	1个	15	布长衫	3件	85
	棉被	2条	140	白皮鞋	1双	25
	夹被	1条	50	布短衫裤	2套	40
	油布	1条	15	单鞋	2双	20
	被单	1条	20	大手提藤篮	1只	7
	棕毯	1条	10	保险刀镜及会计书籍		80
	共计		289	共计		540
估计总额	829元。预发慰偿金额：100元			由部核给慰偿金额		
主管人员核签意见并签名盖章	该员确住本局宿舍　　　　　　　黄如祖　张海鸣			呈报员工签名盖章	卜有衡	

25) 电务员工呈报损失调查表

机关名称：交通部重庆电话局　　　　　　民国二十九年八月二十一日填报

姓名	孙学文	损失原因	8月20日敌机袭渝市区，家中房屋中燃烧弹全部焚毁无余	损失地点	长安街4号	离到日期	年 月 日到局处
资格	会计员	^	^	损失日期	8月20号	^	^
职务	助理会计员	^	^	何方证明	局方	^	年 月 日离局处

损失情形	名称	数量	最低估值(元)	名称	数量	最低估值(元)
^	综〔棕〕绷木床	1张	30	真呸吱〔哔叽〕中山服	1套	180
^	凉床	1张	10	府绸衬衫	3件	45
^	两抽桌	1张	20	礼帽	1顶	15
^	大方桌	1张	15	女驼绒袍	1件	50
^	椅子	4把	24	女夹大衣	1件	80
^	方凳子	4张	16	女衬绒袍	1件	40
^	大皮箱	1只	30	男女胶鞋	2双	30
^	夏布蚊帐	1顶	80	男女皮鞋	2双	50
^	棉被	2床	100	男女洋头绳衫裤	2套	160
^	垫被	1床	40	洗漱用具(面盆1、牙膏1、牙刷2、毛巾2、漱口杯2)	全套	30
^	印花褥单	1床	20	开伙食用具(水缸1、铁锅1、煤球1、铜□、蒸饭罐1、碗筷等)	全套	60
^	凉席	1床	8	其他零星物件	估计	50
^				尚有各种书籍价格无法统计		
^	共计		393	共计		790

估计总额	1183元。预发慰偿金额：100元正	由部核给慰偿金额	
主管人员核签意见并签名盖章	该员住处确系全部被焚　　黄如祖　张海鸣	呈报员工签名盖章	孙学文

26)电务员工呈报损失调查表

机关名称：重庆电话局　　　　　　　　民国二十九年八月二十二日填报

姓名	王永鑫	损失原因	敌机狂炸市区，住宅中燃烧弹全部被焚	损失地点	中正路296号3楼	离到日期	年　月　日 到局处
资格	会计员			损失日期	8月20日		
职务	助理员			何方证明			年　月　日 离局处

	名称	数量	最低估值(元)	名称	数量	最低估值(元)
损失情形	大小皮箱	2只	290	夹旗袍	1件	100
	驼绒夹袍及旗袍	2件	180	杠炭	1挑	28
	女棉大衣夹大衣	2件	130	木棉枕头	4个	80
	男女绒衫衣	4件	40	照相机	1具	150
	羊毛衫	2件	90	漱口杯	2个	6
	男女卫生衣裤	8件	80	面盆	2个	40
	旗袍	2件	40	大棕床	1张	30
	棉被	3条	180	方桌	1张	10
	棉絮	2条	60	茶几	1张	8
	羊毛毯	1条	120	椅子	4张	6
	线毯	1条	30	大小磁碗茶杯	26只	30
	男女皮鞋	2双	30	□盂	1个	5
	哔叽西服	1套	150	□种及零星动用物件估计		200
	共计		1420	共计		698

估计总额	2113元。预发慰偿金额：100元	由部核给慰偿金额	
主管人员核签意见并签名盖章	该员住处确系全部被焚　　　　　　黄如祖　张海鸣	呈报员工签名盖章	王永鑫

27) 电务员工呈报损失调查表

机关名称：重庆电话局　　　　　　　　　民国二十九年八月二十二日填报

姓名	万于明	损失原因	8月20日敌机投烧夷弹兴隆巷宿舍全部被焚	损失地点	兴隆巷宿舍	离到日期	年　月　日 到局处
资格	会计员	^	^	损失日期	8月20日	^	^
职务	助理会计员	^	^	何方证明	局方	^	年　月　日 离局处

	名称	数量	最低估值(元)	名称	数量	最低估值(元)
损失情形	被盖	2条	120	木棉枕	2个	18
	皮箱	2只	40	夹袍	1件	36
	洋磁大面盆	1个	28	棉袍	1件	56
	床毡	2条	36	纹皮鞋	1双	42
	青呢大衣	1件	70	胶套鞋	1双	12
	蓝布长衫	2件	40	直贡呢便鞋	1双	10
	灰布中山服	2套	70	洗面用具	1套	20
	衬衣	2件	28	羊毛汗衣	1件	62
	洋布短衫裤	2套	40	驼绒袍子	1件	76
	共计		472	共计		332

估计总额	804元。预发慰偿金额：100元	由部核给慰偿金额	
主管人员核签意见并签名盖章	该员确住本局宿舍　　　　　　黄如祖　张海鸣	呈报员工签名盖章	万于明

28) 电务员工呈报损失调查表

机关名称：交通部重庆电话局　　　　　　　　　民国　年　月　日填报

姓名	甘鸣岐	损失原因	8月20日敌机轰炸，重庆市区电话局宿舍及会计课办公室全部焚毁无余	损失地点	重庆兴隆巷19号	离到日期	年　月　日 到局处
资格	会计员	^	^	损失日期	29年8月20日	^	^
职务	助理会计	^	^	何方证明	局方	^	年　月　日 离局处

续表

	名称	数量	最低估值(元)	名称	数量	最低估值(元)
损失情形	被盖	2床	110	绒绒汗衫	1件	20
	卧单	1床	20	洋布衬衫	两件	30
	油布	1床	10	白绸衬衫	1件	36
	呢大衣	1件	80	洗面用具	1套	25
	三峡布中山服	两套	80	皮鞋	1双	32
	棉袄	1件	42	皮箱	1只	30
	洋布长衫	两件	50	毛线衣	1件	35
				书籍及什项零星物品		20
	共计		392	共计		228
估计总额		620元正。预发慰偿金额:100元		由部核给慰偿金额		
主管人员核签意见并签名盖章	该员确住本局宿舍 黄如祖 张海鸣			呈报员工签名盖章	甘鸣岐	

29)电务员工呈报损失调查表

机关名称:交通部重庆电话局　　　　　　　民国二十九年八月 日填报

姓名	林荣桐	损失原因	8月20日敌机袭渝,投燃烧弹,电话局兴隆巷19号宿舍全部焚毁	损失地点	兴隆巷19号	离到日期	年 月 日 到局处
资格	会计员			损失日期	29年8月20日		
职务	会计助理员			何方证明			年 月 日 离局处

	名称	数量	最低估值(元)	名称	数量	最低估值(元)
损失情形	被单	2条	50	纺绸短衫裤	2套	40
	被絮	2条	40	府绸短衫裤	2套	30
	褥单	1条	20	浴衣	1件	25
	木棉枕头	2个	15	皮鞋	1双	30
	哔叽中山装	1套	100	零星什物	估价	50
	衬衫	3件	30	洗面具	1套	20
	华丝纱长衫	1件	40			
	共计		295	共计		195

续表

估计总额	490元。预发慰偿金额:100元	由部核给慰偿金额	
主管人员核签意见并签名盖章	该员确住本局宿舍　　　　　　　　　　黄如祖　张海鸣	呈报员工签名盖章	林荣桐

30) 电务员工呈报损失调查表

机关名称:交通部重庆电话局　　　　　　　　民国二十九年八月二十二日填报

姓名	万竞先	损失原因	8月20日敌机狂炸渝市,住宅被投弹燃烧一空	损失地点	大阳沟积庆里2号3楼(即小较场巷37号)	离到日期	年　月　日到局处
资格	技术员			损失日期	8月20日		
职务	扩工组组长			何方证明			年　月　日离局处

损失情形	名称	数量	最低估值(元)	名称	数量	最低估值(元)
	绸夹被、被单	各3床	330	小孩夹裤褂	3套	30
	垫褥、蚊帐	各2床	130	呢帽	1顶	30
	厚绒毯、被包	各1床	180	皮箱	1只	60
	枕头	4个	20	衣橱、衣架	各1张	60
	木床、行军床	2张、3张	120	桌子、凳子	4张、8张	70
	棉织汗衫	2件	20	书架	2张	20
	羊毛衫	1件	40	电灯(连同皮线花线等)	4盏	120
	麻纱衬衫	4件	40	热水瓶、茶壶、茶杯等	1个、全套	60
	女布夹旗袍、布单旗袍	3件	55	面盆、大洋瓷盆、大木盆	2个、1个、1个	70
				厨房用具	1全套	150
	共计		935	共计		670

估计总额	1605元。预发慰偿金额:100元	由部核给慰偿金额	
主管人员核签意见并签名盖章	查明属实　　　　　　　　　　　　调查团　黄如祖	呈报员工签名盖章	万竞先

31)电务员工呈报损失调查表

机关名称：交通部重庆电话局　　　　　　民国二十九年八月二十二日填报

姓名	金恽敦	损失原因	被敌机投燃烧弹焚毁	损失地点	新丰街柏林旅社	离到日期	年　月　日 到局处
资格	技术员			损失日期	29年8月20日		
职务	料务主任			何方证明			年　月　日 离局处

	名称	数量	最低估值(元)	名称	数量	最低估值(元)
损失情形	绣花缎棉被	2床	180	灰柏力士西装	1套	160
	密林司丝棉被	1床	90	八音钟	1只	250
	黄驼毛毯	1床	250	热水瓶(3磅)	1只	40
	毛巾花被单	1床	30	布女夹袍	1件	30
	垫褥	1床	40	硬领富〔府〕绸衬衫	两件	40
	枕头(木棉)	1对	30	厨房家具及碗碟	1套	120
	行军床	1只	25	白帆布西装裤	1件	25
	厚毛线浴衣	1件	30	电信Pooket Book	1册	60
	共计		675	共计		725

估计总额	1400元正。预发慰偿金额：100元	由部核给慰偿金额	
主管人员核签意见并签名盖章	查明属实　　　　　　　调查团　万竞先　黄如祖	呈报员工签名盖章	金恽敦

32) 电务员工呈报损失调查表

机关名称：交通部重庆电话局　　　　　　民国二十九年八月二十二日填报

姓名	王鹿笙	损失原因	被敌机投燃烧弹焚毁	损失地点	兴隆巷15号职员宿舍	离到日期	年　月　日到局处
资格	话务员			损失日期	29年8月20日		
职务	扩工组佐理员			何方证明	本局空袭损失调查委员会		年　月　日离局处

损失情形	名称	数量	最低估值(元)	名称	数量	最低估值(元)
	棉被	1条	58	卫生衫裤	2套	48
	棉褥	1条	30	衬衫	1件	12
	军用毯	1条	12	黄布短裤	1条	7
	席子	1条	2.4	皮鞋	1双	28
	衣箱	1只	22	洗脸用物等	全件	20
	元〔原〕色哔叽中山服	1套	120			
	共计		244.4	共计		115

估计总额	359.4元。预发慰偿金额:60元	由部核给慰偿金额	
主管人员核签意见并签名盖章		黄如祖	呈报员工签名盖章	王鹿笙

33) 电务员工呈报损失调查表

机关名称：重庆电话局扩工组　　　　　　民国二十九年八月二十五日填报

姓名	笪如森	损失原因	住屋被敌机投弹完全被焚	损失地点	罗汉寺街12号	离到日期	年　月　日到局处
资格	话务员			损失日期	8月20日		
职务	佐务员			何方证明			年　月　日离局处

续表

损失情形	名称	数量	最低估值(元)	名称	数量	最低估值(元)
	棉被	3条	210	竹凳	5张	6
	棉垫褥	1条	32	锅炉碗缸食用等具	30余件	40
	竹桌	2张	14			
	共计			共计		302
估计总额	预发慰偿金额:60元			由部核给慰偿金额		
主管人员核签意见并签名盖章			黄如祖	呈报员工签名盖章	笪如森	

34) 电务员工呈报损失调查表

机关名称：重庆电话局　　　　　　　　　　民国二十九年八月二十一日填报

姓名	张瑞丞	损失原因	本月19日来局接洽事务并领取材料,在兴隆巷宿舍住宿,故将行李放置该处,二十日敌机投下燃烧弹被焚	损失地点	兴隆巷19号宿舍	离到日期	年 月 日到局处
资格	话务员			损失日期	8月20日		
职务	扩工组机械股调整自动总机			何方证明			年 月 日离局处

损失情形	名称	数量	最低估值(元)	名称	数量	最低估值(元)
	夹被	1床	30	牙刷	1把	1.5
	军毡	1床	20	藤篓	1个	8
	篾垫	1床	3	洋瓷杯	1个	3
	毛巾	1条	1.6			
	共计			共计		67.1
估计总额	拟准慰偿金额:60元			由部核给慰偿金额		
主管人员核签意见并签名盖章			黄如祖	呈报员工签名盖章	张瑞丞	

35) 电务员工呈报损失调查表

机关名称：重庆电话局　　　　　　　　民国二十九年八月二十二日填报

姓名	汪遐年	损失原因	8月20日兴隆巷19号职员宿舍全部被空袭烧毁	损失地点	兴隆巷19号	离到日期	年　月　日 到局处
资格	话务员			损失日期	8月20日		
职务	扩工组佐理员			何方证明			年　月　日 离局处
损失情形	名称	数量	最低估值(元)		名称	数量	最低估值(元)
	丝棉被	1床	84		手电筒	1只	8
	垫褥	1床	30		力士鞋	1双	12
	褥单	2床(新、旧)	20		面盆	1只	16
	军用毯	1床	9		手巾	2条	4
	枕头	2只	12		漱口盂	1只	2.5
	拖鞋	1双	6		牙刷	1把	2
					牙膏	1只〔支〕	1.8
	共计		161		共计		46.3
估计总额	207.3元。预发慰偿金额：60元					由部核给慰偿金额	
主管人员核签意见并签名盖章				黄如祖		呈报员工签名盖章	汪遐年

36) 电务员工呈报损失调查表

机关名称：交通部重庆电话局　　　　　民国二十九年八月二十二日填报

姓名	陈士英	损失原因	被敌机轰炸损毁住宅	损失地点	长安街8号	离到日期	年　月　日 到局处
资格	业务员			损失日期	8月20日		
职务	扩工组管料			何方证明			年　月　日 离局处

续表

	名称	数量	最低估值(元)	名称	数量	最低估值(元)
损失情形	锦缎棉被	2床	160	纹皮鞋(新)	1双	60
	垫褥	1床	40	桌子	1张	20
	枕头	2个	12	凳子	1张	10
	女绸夹旗袍	1件	45	厨房内锅碗盘等	1全套	70
	女印度绸单旗袍	1件	25			
	热水瓶	2只	40			
	大号矾石座钟	1座	80			
	大花瓶	2只	10			
	共计		412	共计		160
估计总额	572元。预发慰偿金额:80元			由部核给慰偿金额		
主管人员核签意见并签名盖章			黄如祖	呈报员工签名盖章		陈士英

37) 电务员工呈报损失调查表

机关名称:重庆电话局　　　　民国二十九年八月二十一日填报

姓名资格职务	陈乐山	损失原因	本人因暂调□分局协助抢修工作,将行李暂存宿舍中,并有同舍同事证明	损失地点	兴隆巷宿舍	离到日期	年 月 日 到局处
	业务员			损失日期	8月20日		
	佐理员			何方证明			年 月 日 离局处
损失情形	名称	数量	最低估值(元)	名称	数量	最低估值(元)	
	驼绒袍	1件	30	军毡	1条	10	
	被盖	2条	40	绒毡	1条	30	
	哔叽〔叽〕中山服	1套	80	绒线衫裤	3件	60	
	共计			共计		250	
估计总额		拟准慰偿金额:80元			由部核给慰偿金额		
主管人员核签意见并签名盖章			黄如祖	呈报员工签名盖章		陈乐山	

38) 电务员工呈报损失调查表

机关名称：重庆电话局　　　　　　　民国二十九年八月二十一日填报

姓名	苏义生	损失原因	8月20日敌机轰炸渝市，兴隆巷宿舍全部投燃烧弹焚毁	损失地点	中正路兴隆巷19号	离到日期	年　月　日 到局处
资格	话务员			损失日期	8月20日		
职务	扩工组佐理员			何方证明			年　月　日 离局处

损失情形	名称	数量	最低估值(元)	名称	数量	最低估值(元)
	棉被	1床	50	蓝洋布长褂	1件	20
	毡子	1床	20	驼绒袍子	1件	45
	条子布褂裤	1套	15	袜子	2双	6
	箱子	1个	15	雨伞	1把	2
	皮鞋	1双	20	洋瓷杯子	1只	3
	篾席子	1床	4			
	被单	1床	20			
	毛巾	1条	2			
	面盆	1个	10			
	肥皂	1块	0.9			
	共计		156.9	共计		76

估计总额	232.9元。预发慰偿金额：60元	由部核给慰偿金额	
主管人员核签意见并签名盖章	查明属实　　　　　调查团　万竞先　黄如祖	呈报员工签名盖章	苏义生

39) 电务员工呈报损失调查表

机关名称：重庆电话局　　　　　　　民国二十九年八月二十一日填报

姓名	杨宋政	损失原因	8月20日敌机轰炸渝市，兴隆巷宿舍被炸焚毁	损失地点	兴隆巷19号	离到日期	年　月　日 到局处
资格	话务员			损失日期	8月20日		
职务	扩工组佐理员			何方证明			年　月　日 离局处

续表

	名称	数量	最低估值(元)	名称	数量	最低估值(元)
损失情形	被盖	1床	50	面盆	1个	15
	毡毯	1床	25	衬衫	1件	10
	褥子	1床	20	被单	1床	20
	短棉衣	1件	20	力士鞋	1双	12
	棉裤	1条	18	毛巾	1条	2.5
	中山装草绿色制服	1套	30	牙刷	1支	2
	袜子	2双	5	牙膏	1支	1.8
	共计		168	共计		63.3
估计总额	231.3元。预发慰偿金额:60元			由部核给慰偿金额		
主管人员核签意见并签名盖章	查明属实 调查团 万竞先 黄如祖			呈报员工签名盖章	杨宋政	

40) 电务员工呈报损失调查表

机关名称:交通部重庆电话局　　　　　　民国二十九年八月二十四日填报

姓名	蒋心柏	损失原因	被敌机炸毁	损失地点	中正路296号	离到日期	年 月 日到局处
资格	话务员			损失日期	29年8月20日		
职务	值机			何方证明			年 月 日离局处
损失情形	名称	数量	最低估值(元)	名称	数量	最低估值(元)	
	衣箱(内藏四季衣服6件)	1	150	棉被	1	30	
	羊毛毯	1	80				
	共计			共计		260	
估计总额	260元。预发慰偿金额:60元			由部核给慰偿金额			
主管人员核签意见并签名盖章				呈报员工签名盖章	蒋心柏		

41) 电务员工呈报损失调查表

机关名称：交通部重庆电话局　　　　　　　民国二十九年八月二十四日填报

姓名	彭影尘	损失原因	敌机于本月20日狂炸渝市，住宅全部被焚	损失地点	长安寺后街4号	离到日期	年　月　日到局处
资格	话务员			损失日期	8月20日		
职务	值机			何方证明			年　月　日离局处

损失情形	名称	数量	最低估值(元)	名称	数量	最低估值(元)
	床	2间	30	磁盘	103个	412
	玻柜	1间	35	房屋	全向	1200
	五抽柜	1间	25	衣服棉被	多件	560
	兰〔蓝〕边白玉碗	2付	16			
	共计			共计		2278

估计总额	2278元。预发慰偿金额:60元	由部核给慰偿金额	
主管人员核签意见并签名盖章	黄如祖	呈报员工签名盖章	话务员 彭影尘

42) 电务员工呈报损失调查表

机关名称：　　　　　　　　　　　　　　民国二十九年八月二十六日填报

姓名	王志宁	损失原因	敌机轰炸被烧	损失地点	中大梁子43号	离到日期	年　月　日到局处
资格	话务员			损失日期	8月20号		
职务				何方证明			年　月　日离局处

损失情形	名称	数量	最低估值(元)	名称	数量	最低估值(元)
	皮箱	4只	500	面盆	5个	80
	被	6床	300	衣柜	2只	160
	褥单	8床	200			
	共计			共计		1240

估计总额	1240元。预发慰偿金额:30元	由部核给慰偿金额	
主管人员核签意见并签名盖章	黄如祖	呈报员工签名盖章	王志宁

43) 电务员工呈报损失调查表

机关名称：重庆电话总局　　　　　　　　民国二十九年八月二十一日填报

姓名	吴啬夫	损失原因	敌机袭渝,兴隆巷宿舍全部被炸烧毁	损失地点	兴隆巷19号	离到日期	年 月 日 到局处
资格	技工			损失日期	8月20日		
职务	机工			何方证明			年 月 日 离局处
损失情形	名称	数量	最低估值(元)		名称	数量	最低估值(元)
	棉被	1条	25		被单	1条	15
	夹衣	1套	16		毛毯	1条	10
	大衣	1件	10				
	共计				共计		76
估计总额	76元。预发慰偿金额:40元			由部核给慰偿金额			
主管人员核签意见并签名盖章				呈报员工签名盖章	黄如祖		技工吴啬夫

44) 电务员工呈报损失调查表

机关名称：重庆电话局　　　　　　　　民国二十九年八月二十一日填报

姓名	赵广泰	损失原因	兴隆巷被毁	损失地点	兴隆巷宿舍	离到日期	年 月 日 到局处
资格	话务员			损失日期	8月20日		
职务	佐理员			何方证明			年 月 日 离局处
损失情形	名称	数量	最低估值(元)		名称	数量	最低估值(元)
	被褥	1床	70		面盆	1只	12
	呢毯	1条	20		白磁缸	1只	5
	皮箱	1只	12				
	黄制服	2套	56				
	卫生衣裤	1套	40				
	毛线衣	1件	50				

续表

损失情形	名称	数量	最低估值(元)	名称	数量	最低估值(元)
	皮鞋	1双	25			
	力士鞋	1双	12			
	共计		285	共计		17

估计总额	302元。预发慰偿金额:60元	由部核给慰偿金额	
主管人员核签意见并签名盖章	黄如祖	呈报员工签名盖章	赵广泰

45)电务员工呈报损失调查表

机关名称：　　　　　　　　　　　　　　　民国　年　月　日填报

姓名	甘发林	损失原因	被炸烧	损失地点	红岩洞门牌93号	离到日期	年　月　日 到局处
资格	技工			损失日期	8月20号		
职务				何方证明			年　月　日 离局处

损失情形	名称	数量	最低估值(元)	名称	数量	最低估值(元)
	被盖	1床	47元	洗面巾	2根	3.2元
	毯子	1床	18元	厨房动用器具		
	学生服	5套	125元	锅	1口	18元
	女旗袍	4件	50元	木桌	1张	8元
	男皮鞋	1双	18元	方凳	4个	4元
	女皮鞋	1双	13元			
	面盆	1个	16元			
	共计			共计		320.2元

估计总额	320.2元。预发慰偿金额:40元	由部核给慰偿金额	
主管人员核签意见并签名盖章	黄如祖	呈报员工签名盖章	甘发林

46) 电务员工呈报损失调查表

机关名称:重庆电话局　　　　　　　　民国　年　月　日填报

姓名	祝玉山	损失原因	8月20日敌机狂炸全屋震动	损失地点	萧家凉亭	离到日期	年　月　日 到局处
资格	技工	^	^	损失日期	8月20日	^	^
职务	修养股	^	^	何方证明		^	年　月　日 离局处

损失情形	名称	数量	最低估值(元)	名称	数量	最低估值(元)
^	水缸	1口	10	棉袍	2件	40
^	锅	1口	8	被褥	1床	30
^	碗	8个	10	胶鞋	1双	12
^	共计			共计		110

估计总额	国币洋110元正。预发慰偿金额:40元	由部核给慰偿金额	
主管人员核签意见并签名盖章	黄如祖	呈报员工签名盖章	祝玉山

47) 电务员工呈报损失调查表

机关名称:重庆电话局　　　　　　　　民国二十九年九月二十一日填报

姓名	王祖禹	损失原因	敌机轰炸,门窗板壁坍倒,火烧近壁,抢救不及,衣物被火,家具损坏	损失地点	长安街8号	离到日期	年　月　日 到局处
资格	技工	^	^	损失日期	9月20号	^	^
职务	机工	^	^	何方证明		^	年　月　日 离局处

损失情形	名称	数量	最低估值(元)	名称	数量	最低估值(元)
^	棉被	1条	29	铁锅	1只	3
^	白布被单	1条	13	□□饭锅	1只	9
^	白洋布短衫裤	1套	14	接水缸	1只	5
^	大床架子	1付	6	米坛(内装米8升余)	1只,米8升余	8
^	共计			共计		87

估计总额	87元。预发慰偿金额:40元	由部核给慰偿金额	
主管人员核签意见并签名盖章	黄如祖	呈报员工签名盖章	王祖禹

48) 电务员工呈报损失调查表

机关名称：重庆电话局　　　　　　　　民国二十九年八月二十一日填报

姓名资格职务	谭春林 技工	损失原因	被炸	损失地点 损失日期 何方证明	凤凰庄27号 29年8月20日	离到日期	年 月 日 到局处 年 月 日 离局处
损失情形	名称	数量	最低估值(元)		名称	数量	最低估值(元)
	床	1张	60		家具一切		60
	椅子	4张	20		箱子	1只	100
	共计				共计		
估计总额		240元正。预发慰偿金额：40元				由部核给慰偿金额	
主管人员核签意见并签名盖章					黄如祖	呈报员工签名盖章	谭春林

49) 电务员工呈报损失调查表

机关名称：　　　　　　　　　　　　民国　年　月　日填报

姓名资格职务	张淼 机工 机工	损失原因	敌机轰炸，房屋坍倒又及等类及衣物家具损失	损失地点 损失日期 何方证明	二府衙38号 9月20日	离到日期	年 月 日 到局处 年 月 日 离局处
损失情形	名称	数量	最低估值(元)		名称	数量	最低估值(元)
	被服	1条	27		水缸	1个	5
	大衣	1件	23		米桶(内有米一小斗)	一小斗	4
	单被	2条	14				
	中山服	1套	26				
	面盆	1个	5				
	铁锅	1个	4				
	共计		104		共计		
估计总额		104元。预发慰偿金额：40元				由部核给慰偿金额	
主管人员核签意见并签名盖章					黄如祖	呈报员工签名盖章	张淼

50)电务员工呈报损失调查表

机关名称：重庆电话局　　　　　　　　民国二十九年九月二十一日填报

姓名	喻德荣	损失原因	敌机袭渝,住宅全部被炸且焚毁	损失地点	公园路19号	离到日期	年　月　日 到局处
资格	技工			损失日期	9月20日		
职务	机工			何方证明			年　月　日 离局处
损失情形	名称	数量	最低估值(元)		名称	数量	最低估值(元)
	房屋完全被焚,家用什物全未救出		900				
	共计		900		共计		
估计总额		预发慰偿金额:40元			由部核给慰偿金额		
主管人员核签意见并签名盖章				黄如祖	呈报员工签名盖章	喻德荣	

51)电务员工呈报损失调查表

机关名称：重庆电话局　　　　　　　　民国二十九年八月二十一日填报

姓名	沈海清	损失原因	8月20日敌机袭渝全屋受震	损失地点	萧家凉亭11号	离到日期	年　月　日 到局处
资格	技工			损失日期	8月20日		
职务	修养股			何方证明			年　月　日 离局处
损失情形	名称	数量	最低估值(元)		名称	数量	最低估值(元)
	水缸	1口	15		床	1个	30
	炉	1个	10		桌椅	4件	20
	大小碗	20个	20		被褥	1床	30
	共计				共计		125
估计总额		国币洋125元。预发慰偿金额:40元			由部核给慰偿金额		
主管人员核签意见并签名盖章				黄如祖	呈报员工签名盖章	沈海清	

四、交通部重庆电话局部分　1735

52)电务员工呈报损失调查表

机关名称:重庆电话局　　　　　　　民国二十九年八月二十三日填报

姓名	贺炎荣	损失原因	房屋被烧	损失地点	小较场11号宿舍	离到日期	年　月　日 到局处
资格	技工	^	^	损失日期	8月20日	^	^
职务	查修线	^	^	何方证明		^	年　月　日 离局处

损失情形	名称	数量	最低估值(元)	名称	数量	最低估值(元)
^	毯子	1床	8	棉衣	1套	26
^	席子	1根	3	枕头	1个	4
^	箱子	1口	9			
^	共计			共计		50

估计总额	50元。预发慰偿金额:40元	由部核给慰偿金额
主管人员核签意见并签名盖章	黄如祖	呈报员工签名盖章　贺炎荣

53)电务员工呈报损失调查表

机关名称:重庆电话局　　　　　　　民国二十九年八月二十二日填报

姓名	张树轩	损失原因	房屋被烧	损失地点	小较场11号宿舍	离到日期	年　月　日 到局处
资格	技工	^	^	损失日期	8月20日	^	^
职务	查修线	^	^	何方证明		^	年　月　日 离局处

损失情形	名称	数量	最低估值(元)	名称	数量	最低估值(元)
^	棉絮	1床	12	枕头	2个	6
^	草席	1根	4	鞋子	1双	5
^	共计			共计		27

估计总额	27元。预发慰偿金额:27元	由部核给慰偿金额
主管人员核签意见并签名盖章	黄如祖	呈报员工签名盖章　张树宣

54) 电务员工呈报损失调查表

机关名称： 民国二十九年八月二十三日填报

姓名	朱遇常	损失原因	敌机狂炸渝市	损失地点	兴隆巷宿舍	离到日期	年　月　日 到局处
资格	业务员			损失日期	8月20日		
职务	出纳			何方证明			年　月　日 离局处

损失情形	名称	数量	最低估值(元)	名称	数量	最低估值(元)
	棉被(该项棉被供来往渝市总局接洽公务住宿之用)	1条	50	呢毯	1条	10
	共计			共计		60

估计总额	60元。拟准慰偿金额：60元	由部核给慰偿金额	
主管人员核签意见并签名盖章	查明属实　　　　　王同华　黄如祖	呈报员工签名盖章	朱遇常

55) 电务员工呈报损失调查表

机关名称： 民国二十九年八月二十四日填报

姓名	李蕙贞	损失原因	因敌机投燃烧弹被烧	损失地点	本市西四街26号	离到日期	年　月　日 到局处
资格	话务员			损失日期	8月20日		
职务				何方证明			年　月　日 离局处

损失情形	名称	数量	最低估值(元)	名称	数量	最低估值(元)
	被子	2条	50	床	1张	15
	床单	2床	52	方桌	1张	8
	棉袍	2件	60	长桌	1张	8
	箱子	2只	70	小柜	1只	10
	皮鞋	2双	70			
	共计			共计		343

估计总额	343元。拟准慰偿金额：60元	由部核给慰偿金额	
主管人员核签意见并签名盖章	黄如祖	呈报员工签名盖章	李蕙贞

56) 电务员工呈报损失调查表

机关名称：重庆电话局　　　　　　　　　民国二十九年八月二十六日填报

姓名	李寒斌	损失原因	8月20日被寇机炸焚	损失地点	兴隆巷15号2楼	离到日期	年 月 日 到局处
资格	话务员			损失日期	8月20日		
职务	材料股助理员			何方证明			年 月 日 离局处
损失情形	名称	数量	最低估值(元)	名称	数量	最低估值(元)
	棉被	1床	70	油布	1床	12
	零星物料		40			
	共计			共计		122
估计总额	122元。拟准慰偿金额：60元			由部核给慰偿金额		
主管人员核签意见并签名盖章			黄如祖	呈报员工签名盖章		李寒斌

57) 电务员工呈报损失调查表

机关名称：交通部重庆电话局　　　　　　民国二十九年八月二十六日填报

姓名	邓芝德	损失原因	本年8月21日敌机用燃烧弹火狂炸,住家之宅全部被焚烧	损失地点	本市机房街65号	离到日期	年 月 日 到局处
资格	话务员			损失日期	29年8月21日		
职务	值机			何方证明	请予视查即知,一区警局有册登记		年 月 日 离局处
损失情形	名称	数量	最低估值(元)	名称	数量	最低估值(元)
	住家之宅所有一切家具什物及衣服等件全被焚烧	无计	1200			
	共计		1200	共计		
估计总额	1200元。拟准慰偿金额：60元			由部核给慰偿金额		
主管人员核签意见并签名盖章			黄如祖	呈报员工签名盖章		邓芝德

58) 电务员工呈报损失调查表

机关名称：重庆电话局　　　　　　　　民国二十九年八月二十五日填报

姓名	陈景璘	损失原因	敌机轰炸	损失地点	青年会牙字宿舍56号	离到日期	年 月 日 到局处
资格	话务员			损失日期	8月20号		
职务	国际台班长			何方证明			年 月 日 离局处
损失情形	名称	数量	最低估值(元)	名称	数量	最低估值(元)	
	单夹旗袍	6件	200	皮鞋	1双	23	
	面盆及零用品		25	被具		50	
	共计			共计		298	
估计总额	298元。拟准慰偿金额:60元			由部核给慰偿金额			
主管人员核签意见并签名盖章			黄如祖	呈报员工签名盖章	陈景璘		

59) 电务员工呈报损失调查表

机关名称：重庆电话局　　　　　　　　民国二十九年八月五日填报

姓名	杨崇武	损失原因	被敌机炸烧，将本局技工宿舍房屋烧毁，故其损失	损失地点	小较场巷11号宿舍	离到日期	年 月 日 到局处
资格	技工			损失日期	8月20号		
职务				何方证明			年 月 日 离局处
损失情形	名称	数量	最低估值(元)	名称	数量	最低估值(元)	
	棉被	1床	30	夹制服	1套	20	
	棉袄	1件	15	军毯	1床	8	
	面盆	1个	4				
	共计			共计		77	
估计总额	77元。预发慰偿金额:40元			由部核给慰偿金额			
主管人员核签意见并签名盖章			黄如祖	呈报员工签名盖章	杨崇武		

60) 电务员工呈报损失调查表

机关名称：交通部重庆电话局　　　　　　民国二十九年九月四日填报

姓名	彭锡浦	损失原因	房屋被焚	损失地点	小较场巷11号	离到日期	年 月 日 到局处
资格	技工	^	^	损失日期	8月20日	^	^
职务	电缆组	^	^	何方证明		^	年 月 日 离局处

损失情形	名称	数量	最低估值(元)	名称	数量	最低估值(元)
^	棉絮	1床	12	皮鞋	1双	20
^	毯子	1床	10	棉衣	1件	16
^	衣服	2套	28	面盆	1口	7
^	共计			共计		93

估计总额	93元。预发慰偿金额：40元	由部核给慰偿金额	
主管人员核签意见并签名盖章		黄如祖	呈报员工签名盖章	彭锡浦

61) 电务员工呈报损失调查表

机关名称：重庆电话局　　　　　　民国二十九年九月五日填报

姓名	李东山	损失原因	被敌机炸烧	损失地点	小较场宿舍	离到日期	年 月 日 到局处
资格	技工	^	^	损失日期	8月20号	^	^
职务		^	^	何方证明		^	年 月 日 离局处

损失情形	名称	数量	最低估值(元)	名称	数量	最低估值(元)
^	被单	1床	25	套鞋	1套	10
^	军毯	1床	10	线绒衣	1件	40
^	绵〔棉〕衣	1套	30			
^	共计			共计		115

估计总额	115元。预发慰偿金额：40元	由部核给慰偿金额	
主管人员核签意见并签名盖章		黄如祖	呈报员工签名盖章	李东山

62) 电务员工呈报损失调查表

机关名称：重庆电话局　　　　　　　　　民国二十九年九月五日填报

姓名	严启林	损失原因	被敌机轰炸房屋被毁	损失地点	小较场宿舍	离到日期	年　月　日 到局处
资格	工头			损失日期	8月20号		
职务				何方证明			年　月　日 离局处

损失情形	名称	数量	最低估值(元)	名称	数量	最低估值(元)
	棉制服	1套	25	面盆	1个	8
	棉被	1床	40	线毛衣	1套	80
	毯子	1床	20			
	共计			共计		173

估计总额	173元。预发慰偿金额：40元	由部核给慰偿金额	
主管人员核签意见并签名盖章	黄如祖	呈报员工签名盖章	严启林

63) 电务员工呈报损失调查表

机关名称：交通部重庆电话局　　　　　　民国　年　月　日填报

姓名	吕鹏程	损失原因	被炸烧	损失地点	小较场11号	离到日期	年　月　日 到局处
资格	技工			损失日期	8月20号		
职务				何方证明			年　月　日 离局处

损失情形	名称	数量	最低估值(元)	名称	数量	最低估值(元)
	被盖	1床	49	洗面毛巾	1张	2
	面盆	1个	10	衬衣	1件	24
	中山服	1套	69	毯子	1条	16
	皮鞋	1双	28			
	共计			共计		198

估计总额	198元。预发慰偿金额：40元	由部核给慰偿金额	
主管人员核签意见并签名盖章	黄如祖	呈报员工签名盖章	吕鹏程

64)电务员工呈报损失调查表

机关名称：　　　　　　　　　　　　　　　民国　年　月　日填报

姓名	刘长江	损失原因	被炸烧	损失地点	小较场11号	离到日期	年 月 日 到局处
资格	技工			损失日期	8月20号		
职务	架设外线			何方证明			年 月 日 离局处

损失情形	名称	数量	最低估值(元)	名称	数量	最低估值(元)
	皮箱	1口	15	洗面毛巾	1根	2.4
	中山服	2套	44	毯子	1床	20
	衬衣	1件	12	被盖	1床	40
	胶鞋	1双	10	鸭绒□	2件	37
	共计			共计		180.4

估计总额	180.4元。预发慰偿金额：40元	由部核给慰偿金额	
主管人员核签意见并签名盖章	黄如祖	呈报员工签名盖章	刘长江

65)电务员工呈报损失调查表

机关名称：交通部重庆电话局　　　　　　　民国　年　月　日填报

姓名	曹焱清	损失原因	被炸烧	损失地点	小较场11号	离到日期	年 月 日 到局处
资格	长工			损失日期	29年8月20号		
职务	外线			何方证明			年 月 日 离局处

损失情形	名称	数量	最低估值(元)	名称	数量	最低估值(元)
	被盖	1床	42	洗面毛巾	1根	2
	毯子	1床	16	面盆	1个	13
	中山服	2套	46	胶鞋	1双	10
	共计			共计		129

估计总额	129元。拟准或预发慰偿金额：30元	由部核给慰偿金额	
主管人员核签意见并签名盖章	黄如祖	呈报员工签名盖章	曹焱清

66)电务员工呈报损失调查表

机关名称：重庆电话局　　　　　　　　　　　民国二十九年九月四日填报

姓名	张登元	损失原因	被炸房屋受震坏	损失地点	长安街8号	离到日期	年　月　日 到局处
资格	技工			损失日期	8月20日		
职务	铅工领工			何方证明			年　月　日 离局处
损失情形	名称	数量	最低估值(元)	名称	数量	最低估值(元)
	饭锅	1只	16	女夹衫	1件	30
	饭碗	1付	6	长裤	1条	12
	桌子	1张	20	长衫	2件	38
	坐凳	3个	12	工作服	1套	26
	衣箱	1口	10			
	共计			共计		170
估计总额	170元。预发慰偿金额:40元			由部核给慰偿金额		
主管人员核签意见并签名盖章			黄如祖	呈报员工签名盖章		张登元

67)电务员工呈报损失调查表

机关名称：交通部重庆电话局　　　　　　　　民国二十九年九月四日填报

姓名	杨显达	损失原因	小较场房屋被焚	损失地点	小较场11号	离到日期	年　月　日 到局处
资格	技工			损失日期	8月20日		
职务	外线			何方证明			年　月　日 离局处
损失情形	名称	数量	最低估值(元)	名称	数量	最低估值(元)
	线毯	1床	12	毛巾	1根	1.5
	磁盆	1口	9	鞋子	1双	7
	衣服	2套	32			
	共计			共计		61.5
估计总额	61.5元。预发慰偿金额:40元			由部核给慰偿金额		
主管人员核签意见并签名盖章			黄如祖	呈报员工签名盖章		杨显达

68)电务员工呈报损失调查表

机关名称：交通部重庆电话局　　　　　　　　民国二十九年九月四日填报

姓名	刘树安	损失原因	房屋被烧	损失地点	小较场11号宿舍	离到日期	年　月　日 到局处
资格	技工			损失日期	8月20号		
职务				何方证明			年　月　日 离局处
损失情形	名称	数量	最低估值(元)	名称	数量	最低估值(元)	
	线毯	1床	25	棉衣	1件	18	
	席子	1根〔床〕	3	鞋子	1双	4	
	中服	2套	36				
	共计			共计		86	
估计总额	86元。预发慰偿金额：40元			由部核给慰偿金额			
主管人员核签意见并签名盖章			黄如祖	呈报员工签名盖章		刘树安	

69)电务员工呈报损失调查表

机关名称：交通部重庆电话局　　　　　　　　民国二十九年九月四日填报

姓名	杨顺清	损失原因	房屋被烧	损失地点	小较场11号	离到日期	年　月　日 到局处
资格	长工			损失日期	29年8月20号		
职务				何方证明			年　月　日 离局处
损失情形	名称	数量	最低估值(元)	名称	数量	最低估值(元)	
	毯子	1床	10	毛巾	1根	1	
	中山服	1套	20	布鞋	1双	3	
	胶鞋	1双	7				
	共计			共计		41	
估计总额	41元。预发慰偿金额：30元			由部核给慰偿金额			
主管人员核签意见并签名盖章			黄如祖	呈报员工签名盖章		杨顺清	

70）电务员工呈报损失调查表

机关名称：重庆电话局　　　　　　　　民国二十九年九月七日填报

姓名	李南山	损失原因	因敌机投大量烧夷弹，四周延烧甚烈，损失甚重	损失地点	筷子街22号	离到日期	年　月　日　到局处
资格	技工			损失日期	8月20日		
职务				何方证明			年　月　日　离局处

损失情形	名称	数量	最低估值(元)	名称	数量	最低估值(元)
	广锅	1口	10	力士鞋	1双	12
	大小磁碗	14个	20	被佃〔垫〕	1床	16
	大小单衣	3套	24			
	共计			共计		82

估计总额	82元正。预发慰偿金额：40元	由部核给慰偿金额	
主管人员核签意见并签名盖章		黄如祖	呈报员工签名盖章　李南山

71）电务员工呈报损失调查表

机关名称：渝话局　　　　　　　　　　民国二十九年九月八日填报

姓名	颜小山	损失原因	因敌机投大量烧夷弹，四周延烧甚烈，损失甚重	损失地点	筷子街22号	离到日期	年　月　日　到局处
资格	技工			损失日期	8月20日		
职务				何方证明			年　月　日　离局处

损失情形	名称	数量	最低估值(元)	名称	数量	最低估值(元)
	被条	1床	25	大小磁碗	12个	5
	被单	1床	15	呢帽	1顶	12
	广锅	1口	10	力士鞋	1双	10
	共计			共计		77

估计总额	77元。预发慰偿金额：40元	由部核给慰偿金额	
主管人员核签意见并签名盖章		黄如祖	呈报员工签名盖章　颜小山

72) 电务员工呈报损失调查表

机关名称：重庆电话局　　　　　　　　　民国　年　月　日填报

姓名	刘建清	损失原因	被炸烧	损失地点	小较场11号	离到日期	年月日到局处
资格	常工			损失日期	8月20日		
职务				何方证明			年月日离局处

损失情形	名称	数量	最低估值(元)	名称	数量	最低估值(元)
	棉被	1床	25	长裤	2条	12
	棉裤	1条	10	制服	1套	15
	共计			共计		62

估计总额	62元。预发慰偿金额：30元	由部核给慰偿金额	
主管人员核签意见并签名盖章		呈报员工签名盖章 黄如祖	刘建清

73) 电务员工呈报损失调查表

机关名称：重庆电话局　　　　　　　　　民国二十九年　月　日填报

姓名	张国钧	损失原因		损失地点	兴隆巷宿舍	离到日期	年月日到局处
资格	小工			损失日期	8月20日		
职务				何方证明			年月日离局处

损失情形	名称	数量	最低估值(元)	名称	数量	最低估值(元)
	棉被	1床	30	芝麻色制服	2套	32
	白衬衣	2件	14	力士鞋	1双	8
	短裤	2条	5			
	共计			共计		89

估计总额	89元。预发慰偿金额：30元	由部核给慰偿金额	
主管人员核签意见并签名盖章		呈报员工签名盖章 黄如祖	张国钧

74) 电务员工呈报损失调查表

机关名称：重庆电话局　　　　　　　　民国二十九年九月十日填报

姓名	刘选福	损失原因	本局宿舍被敌机投下燃烧弹烧毁	损失地点	小较场11号	离到日期	年　月　日 到局处
资格	技工			损失日期	8月20日		
职务				何方证明			年　月　日 离局处
损失情形	名称	数量	最低估值(元)	名称	数量	最低估值(元)	
	被条	1床	25	蓝布衣	2套	25	
	棉衣	1套	25	呢帽	1顶	10	
	力士鞋	1双	10				
	共计			共计		95	
估计总额	95元。预发慰偿金额：40元			由部核给慰偿金额			
主管人员核签意见并签名盖章			黄如祖	呈报员工签名盖章	刘选福		

75) 电务员工呈报损失调查表

机关名称：重庆电话局　　　　　　　　民国二十九年九月四日填报

姓名	陶继松	损失原因	8月20日上午敌机袭渝，本局兴隆巷员工宿舍中烧夷弹全部焚毁，致受损失	损失地点	兴隆巷19号	离到日期	年　月　日 到局处
资格	话务员			损失日期	29年8月20日		
职务	设置股佐理员			何方证明			年　月　日 离局处
损失情形	名称	数量	最低估值(元)	名称	数量	最低估值(元)	
	被盖(湖绉面)	1床	50	布质衬裤(自洗未干被焚)	1条	2	
	垫褥	1床	30	棉袜(自洗未干被焚)	1双	2	
	枕头	1个	8	油布	1床	6	
	印花布毯	1床	25				

续表

	名称	数量	最低估值(元)	名称	数量	最低估值(元)
损失情形	三峡布制服上装（自洗未干被焚）	1件	12			
	布衬衫（自洗未干被焚）	1件	7			
	搪瓷面盆	1只	12			
	玻璃漱口杯	1只	1.5			
	布鞋	1双	4.5			
	牙刷	1把	1			
	共计		151	共计		10
估计总额		161元。预发慰偿金额：60元			由部核给慰偿金额	
主管人员核签意见并签名盖章			黄如祖	呈报员工签名盖章		陶继松

76) 电务员工呈报损失调查表

机关名称：重庆电话局　　　　　　　　　　民国二十九年八月二十一日填报

姓名	徐泽霖	损失原因	被敌机投掷烧夷弹烧毁	损失地点	本局兴隆巷宿舍	离到日期	年 月 日 到局处
资格	业务员			损失日期	8月20日		
职务	工务股佐理员			何方证明			年 月 日 离局处

	名称	数量	最低估值(元)	名称	数量	最低估值(元)
损失情形	绿缎丝棉〔绵〕棉被	1条	90	雨伞	1把	3
	三友社青莲花被单	1条	26	毛巾	1条	2
	柳条布棉垫褥	1条	26			
	白包单	1床	12			
	白府绸枕头	1对	12			
	直贡呢单鞋	两双	22			
	白草帽	1顶	8			
	共计		196	共计		5

续表

估计总额	201元整。预发慰偿金额:80元		由部核给慰偿金额	
主管人员核签意见并签名盖章		黄如祖	呈报员工签名盖章	徐泽霖

77) 电务员工呈报损失调查表

机关名称：　　　　　　　　　　　　民国二十九年八月二十一日填报

姓名	周惠卿	损失原因	被敌机投燃烧弹炸毁	损失地点	本局兴隆巷宿舍	离到日期	年　月　日 到局处
资格	业务员	^	^	损失日期	8月20日	^	
职务	规划股佐理员	^	^	何方证明		^	年　月　日 离局处

	名称	数量	最低估值(元)	名称	数量	最低估值(元)
损失情形	棉被	2条	80	面盆	1只	12
	毯子	1条	15	袜子	1双	12
	油布	1块	15	雨伞牙刷毛巾牙膏等件		约10
	绸棉袍	1件	50	卫生衣裤	2件	30
	冬季衣服	2套	50	皮箱	1只	30
	共计			共计		

估计总额	304元。预发慰偿金额:80元		由部核给慰偿金额	
主管人员核签意见并签名盖章		黄如祖	呈报员工签名盖章	周惠卿

78) 电务员工呈报损失调查表

机关名称：　　　　　　　　　　　　民国二十九年八月二十二日填报

姓名	顾孝全	损失原因	8月20日敌机轰炸渝市,兴隆巷被□全部被烧	损失地点	兴隆巷	离到日期	年　月　日 到局处
资格	话务员	^	^	损失日期	8月20日	^	
职务		^	^	何方证明		^	年　月　日 离局处

续表

损失情形	名称	数量	最低估值(元)	名称	数量	最低估值(元)
	毛毯	1床	25	衬衣	2套	20
	学生服	1套	30	面盆	1个	10
	草绿色衣服	2套	50	洗漱用具	各1	8
	力士鞋	1双	9	被盖	1床	41
	共计			共计		193
估计总额	193元。预发慰偿金额:60元			由部核给慰偿金额		
主管人员核签意见并签名盖章			黄如祖	呈报员工签名盖章		顾孝全

79) 电务员工呈报损失调查表

机关名称:重庆电话局　　　　　　　民国二十九年八月二十一日填报

姓名	刘华楚	损失原因	8月20日兴隆巷宿舍全部被焚	损失地点	半边街兴隆巷	离到日期	年 月 日 到局处
资格	话务员			损失日期	8月20日		
职务	佐理员			何方证明			年 月 日 离局处

损失情形	名称	数量	最低估值(元)	名称	数量	最低估值(元)
	棉被	1床	50	袜子	2双	5
	布被单	1床	15			
	棉垫絮	1床	12			
	线布中山服	1套	40			
	衬衣	1件	10			
损失情形	力士鞋	1双	9			
	盥洗用具		5			
	共计		141	共计		5
估计总额	146元。预发慰偿金额:60元			由部核给慰偿金额		
主管人员核签意见并签名盖章			黄如祖	呈报员工签名盖章		刘华楚

80）电务员工呈报损失调查表

机关名称：重庆电话局　　　　　　　　民国二十九年八月二十一日填报

姓名资格职务	黄次卿	损失原因	8月20日1时许敌机袭渝，兴隆巷宿舍全体被焚	损失地点	兴隆巷19号	离到日期	年 月 日 到局处
	话务员			损失日期	29年8月20日		
	值机			何方证明			年 月 日 离局处
损失情形	名称	数量	最低估值（元）		名称	数量	最低估值（元）
	被盖（全毁）	1床	50		白短裤（全毁）	1条	7
	府绸衬衣（全毁）	2件	28		毛巾牙刷口杯（全毁）	各1件	5
	中山装（全毁）	1套	32				
	共计				共计		122
估计总额	122元。预发慰偿金额：60元				由部核给慰偿金额		
主管人员核签意见并签名盖章				黄如祖	呈报员工签名盖章		黄次卿

81）电务员工呈报损失调查表

机关名称：重庆电话局　　　　　　　　民国二十九年八月二十二日填报

姓名资格职务	邵厚圃	损失原因	8月20日敌机轰炸渝市，兴隆巷宿舍全部烧毁	损失地点	兴隆巷	离到日期	年 月 日 到局处
	话务员			损失日期	8月20日		
	长途值机			何方证明			年 月 日 离局处
损失情形	名称	数量	最低估值（元）		名称	数量	最低估值（元）
	被盖	1床	60		洗脸用具	4件	10
	被单	1条	20		枕头	1只	5
	蚊帐	1顶	20		布鞋	1双	10
	驼绒袍	1件	30				
	卫生绒裤	1件	10				
	草绿色制服	1套	30				
	共计		170		共计		25
估计总额	195元。预发慰偿金额：60元				由部核给慰偿金额		
主管人员核签意见并签名盖章				黄如祖	呈报员工签名盖章		邵厚圃

82) 电务员工呈报损失调查表

机关名称：重庆电话局　　　　　　　　民国二十九年八月二十一日填报

姓名资格职务	徐青醒	损失原因	8月20日敌机袭渝，兴隆巷被焚	损失地点	兴隆巷宿舍	离到日期	年 月 日到局处
	话务员			损失日期	8月20日		
				何方证明			年 月 日离局处

损失情形	名称	数量	最低估值(元)	名称	数量	最低估值(元)
	被褥	1条	40	皮鞋	1双	20
	床毯	1条	15	钢笔	1枝	15
	军毯	1条	10	面盆	1只	10
	衬衣	2件	25	中山装	1套	30
	共计			共计		165

估计总额	165元。预发慰偿金额：60元	由部核给慰偿金额	
主管人员核签意见并签名盖章		黄如祖	呈报员工签名盖章	徐青醒

83) 电务员工呈报损失调查表

机关名称：重庆电话局　　　　　　　　民国二十九年八月二十一日填报

姓名资格职务	邸玉琛	损失原因	本局总局宿舍被炸，全部焚毁，留存此间备来渝时应用之被褥行李完全损失	损失地点	兴隆巷19号宿舍	离到日期	年 月 日到局处
	技术员			损失日期	29年8月20日		
	沙坪坝分局股主任			何方证明			年 月 日离局处

损失情形	名称	数量	最低估值(元)	名称	数量	最低估值(元)
	被褥	1床	60	洗漱用具	1套	10
	毯子	1条	20	衬衫裤	1套	20
	脸盆	1个	15	袜子	1双	3
	共计			共计		128

估计总额	128元。预发慰偿金额：100元	由部核给慰偿金额	
主管人员核签意见并签名盖章		黄如祖	呈报员工签名盖章	邸玉琛

84)电务员工呈报损失调查表

机关名称：重庆电话局　　　　　　　　民国二十九年八月二十日填报

姓名	朱良冰	损失原因	兴隆巷宿舍焚毁	损失地点	兴隆巷19号	离到日期	年　月　日 到局处
资格	话务员			损失日期	8月20日		
职务	佐理员			何方证明			年　月　日 离局处

损失情形	名称	数量	最低估值(元)	名称	数量	最低估值(元)
	被盖	1床	60	脸盆	1只	20
	卧单	1床	20			
	凉席	1床	8			
	中山服	1套	35			
	衬衫	2件	20			
	共计		143	共计		20

估计总额	163元。预发慰偿金额：60元	由部核给慰偿金额	
主管人员核签意见并签名盖章		黄如祖	呈报员工签名盖章	朱良冰

85)电务员工呈报损失调查表

机关名称：重庆电话局　　　　　　　　民国二十九年八月二十一日填报

姓名	刘渭玉	损失原因	8月20日兴隆巷宿舍全部被炸焚烧	损失地点	半边街兴隆巷	离到日期	年　月　日 到局处
资格	话务员			损失日期	8月20日		
职务	材料股佐理员			何方证明			年　月　日 离局处

损失情形	名称	数量	最低估值(元)	名称	数量	最低估值(元)
	棉被	1条	70	漱口瓷缸	1只	5
	脸盆	1只	15	袜子	2双	7
	被单	1床	20	书籍文具		20
	衬衣	2件	25			
	鞋子	1双	5			
	短裤	2条	5			
	共计		140	共计		32

估计总额	172元。预发慰偿金额：60元	由部核给慰偿金额	
主管人员核签意见并签名盖章		黄如祖	呈报员工签名盖章	刘渭玉

86)电务员工呈报损失调查表

机关名称:重庆电话局　　　　　　　　　　民国　年　月　日填报

姓名资格职务	林曙	损失原因	8月20日新丰街175号(即林森路)住址被焚	损失地点	新丰街175号(林森路)	离到日期	年　月　日到局处
	业务员			损失日期	8月20日		
	佐理员			何方证明			年　月　日离局处
损失情形	名称	数量	最低估值(元)		名称	数量	最低估值(元)
	棉被	3床	200		被单	2床	50
	俄国毯子	1床	150		零星日用品		200
	皮箱	2口	500				
	共计				共计		1100
估计总额	1100元。预发慰偿金额:80元				由部核给慰偿金额		
主管人员核签意见并签名盖章				黄如祖	呈报员工签名盖章		林曙

87)电务员工呈报损失调查表

机关名称:重庆电话局　　　　　　　　　民国二十九年八月二十日填报

姓名资格职务	杨志治	损失原因	敌机投燃烧弹宿舍着火全部焚毁	损失地点	兴隆巷19号宿舍	离到日期	年　月　日到局处
	技术员			损失日期	8月19日		
	工务课佐理员			何方证明			年　月　日离局处
损失情形	名称	数量	最低估值(元)		名称	数量	最低估值(元)
	三友社棉被	1件	50		府绸洋纱褂裤	4件	35
	宽厚棉褥	1件	30		线袜	2双	4
	毛毯	1件	35		毛巾	2条	4
	印花毯	1件	20		面盆	1只	12
	木棉枕	1对	12		盥漱用品	5件	10
	毛巾睡衣	1件	20		木衣箱	1只	6

续表

	名称	数量	最低估值(元)	名称	数量	最低估值(元)
损失情形	洋布伞	1件	10	英文密□实用电话学	1册	40
	巴拿马草帽	1顶	25	中英辞典地图电学等书籍	6册	30
	胶套鞋	1双	15	热水瓶寒暑表	2件	23
	便鞋拖鞋	2双	15	零星杂物		20
	共计		232	共计		184
估计总额	416元。预发慰偿金额:100元			由部核给慰偿金额		
主管人员核签意见并签名盖章			黄如祖	呈报员工签名盖章		杨志治

88) 电务员工呈报损失调查表

机关名称:重庆电话局　　　　　　　　民国二十九年八月二十二日填报

姓名	王佐	损失原因	本月20日敌机投下燃烧弹,宿舍着火焚毁	损失地点	兴隆巷19号宿舍	离到日期	年 月 日 到局处
资格	技术员			损失日期	8月20日		
职务	工务课课长			何方证明			年 月 日 离局处

	名称	数量	最低估值(元)	名称	数量	最低估值(元)
损失情形	毛毯	1床	100	热水瓶	1个	20
	棉被	1床	50	电话无线电书籍	共8本	80
	枕头	1个	10	皮鞋	1双	40
	垫被	1床	30	皮拖鞋	1双	10
	被单	1床	20	擦鞋工具	1套	10
	油布	1张	10	洋磁面盆	1个	15
	呢帽	1顶	40	飞机箱	1只	34
	衬衫	2件	20	零星用具		10
	共计		280	共计		219

续表

估计总额	499元。预发慰偿金额：100元	由部核给慰偿金额	
主管人员核签意见并签名盖章		黄如祖	呈报员工签名盖章	王佐

89) 电务员工呈报损失调查表

机关名称：重庆电话局　　　　　　　　　　民国　年　月　日填报

姓名	黄纯儒	损失原因	中弹火烧	损失地点	筷子街39号	离到日期	年　月　日到局处
资格	技工			损失日期	8月20日		
职务				何方证明			年　月　日离局处

	名称	数量	最低估值(元)	名称	数量	最低估值(元)
损失情形	被盖	2床	60	木床	1架	20
	帐子	1床	50	桌子	1张	10
	布毯	2床	40	凳子	4根	6
	蓝布长衫	1件	20	铁锅	1口	12
	汗衣	1套	20	菜刀	1把	2
	女蓝布衫	2件	24	细料碗	1付	15
	女夹衫	1件	26	其他家具		30
	女汗衣	1套	20			
	共计		260	共计		95

估计总额	355元。预发慰偿金额：40元	由部核给慰偿金额	
主管人员核签意见并签名盖章		黄如祖	呈报员工签名盖章	黄纯儒

90) 电务员工呈报损失调查表

机关名称：　　　　　　　　　　　　民国　年　月　日填报

姓名	谢合清	损失原因	被炸烧	损失地点	红岩洞门牌107号	离到日期	年月日到局处
资格	技工			损失日期	8月20号		
职务	工头			何方证明			年月日离局处

	名称	数量	最低估值(元)	名称	数量	最低估值(元)
损失情形	被盖	2床	85	女皮鞋	1双	11
	毯子	2床	35	小女旗袍	3套	7
	中山服	3套	70	小皮鞋	1双	3
	女旗袍	2件	30	面盆	1个	15
	男皮鞋	1双	18			
	共计			共计		274

估计总额	274元。预发慰偿金额:40元	由部核给慰偿金额	
主管人员核签意见并签名盖章		黄如祖	呈报员工签名盖章	谢合清

91) 电务员工呈报损失调查表

机关名称：重庆电话局　　　　　　　民国二十九年八月二十三日填报

姓名	厉存度	损失原因	中弹火烧	损失地点	青年会宿舍101号	离到日期	年月日到局处
资格	技术员			损失日期	8月20日		
职务	规划股主任			何方证明			年月日离局处

	名称	数量	最低估值(元)	名称	数量	最低估值(元)
损失情形	线毯	1条	20	羊毛衫裤	1套	60
	毛巾毯	1条	20	草席	1条	6
	纺绸褂裤	1套	45	枕头	1个	5
	府绸褂裤	2套	50	直贡呢鞋	1双	12
	洋纱短裤	2条	14	其他零星		30
	汗衫	2件	20			
	共计		169	共计		113

估计总额	282元。预发慰偿金额:100元	由部核给慰偿金额	
主管人员核签意见并签名盖章		黄如祖	呈报员工签名盖章	厉存度

92）电务员工呈报损失调查表

机关名称：重庆电话局　　　　　　　民国二十九年八月二十二日填报

姓名	陆坤山	损失原因	本月20日敌机投燃烧弹宿舍被焚	损失地点	兴隆巷19号	离到日期	年 月 日 到局处
资格	话务员			损失日期	8月20日		
职务	设置股佐理员			何方证明			年 月 日 离局处

损失情形	名称	数量	最低估值（元）	名称	数量	最低估值（元）
	棉褥	1床	35	蓝布衬单	1条	10
	印花被单	1条	20	白斜纹布裤	1条	15
	共计			共计		80

估计总额	80元。预发慰偿金额：60元	由部核给慰偿金额	
主管人员核签意见并签名盖章		黄如祖	呈报员工签名盖章	陆坤山

93）电务员工呈报损失调查表

机关名称：　　　　　　　　　　　民国二十九年八月二十四日填报

姓名	涂巨礼	损失原因	中弹火烧	损失地点	兴隆巷宿舍	离到日期	年 月 日 到局处
资格	技术员			损失日期	8月20日		
职务	设置股佐理员			何方证明			年 月 日 离局处

损失情形	名称	数量	最低估值（元）	名称	数量	最低估值（元）
	棉被	1床	40	蓝色中山服	1套	30
	垫被	1床	25	英文模范字典	1本	2
	枕头	1个	5	电话工程学	1本	3.5
	被单	1床	15	其他零星		20
	皮箱	2只	30			
	皮鞋	1双	18			
	面盆	1个	5			
	共计		138	共计		56

续表

估计总额	194元。预发慰偿金额:100元		由部核给慰偿金额	
主管人员核签意见并签名盖章		黄如祖	呈报员工签名盖章	涂巨礼

94) 电务员工呈报损失调查表

机关名称： 民国二十九年八月二十一日填报

姓名资格职务	吕松山	损失原因	9月20日敌机袭渝,投掷燃烧弹多枚,大火成灾,本局宿舍被焚,致受损失	损失地点	兴隆巷19号宿舍	离到日期	年 月 日到局处
	报务员			损失日期	29年8月20日		
	设置股佐理员			何方证明			年 月 日离局处
损失情形	名称	数量	最低估值(元)	名称	数量	最低估值(元)	
	行军床	1件	12	白反布西装短裤(新)	1件	8	
	呢军毡	1条	8	蓝色西装衬衣(新)	1件	12	
	白布毡	1条	14	白衬裤(新)	1件	4	
	棉被	1条	45	袜子(新)	1双	2.4	
	枕头(连枕套)	2个	8	皮鞋(旧)	1双	4	
	黄哈达呢军裤	1条	26	面盆漱口坛牙刷	全[套]	14	
	灰哔叽西装上衣	1件	50	手巾	2条	2	
	酱色哔叽西装裤	1条	36	书	40余本	未估计	
	共计			共计		245.4	
估计总额	245.4元。预发慰偿金额:100元				由部核给慰偿金额		
主管人员核签意见并签名盖章				黄如祖	呈报员工签名盖章	吕松山	

95）电务员工呈报损失调查表

机关名称：重庆电话局　　　　　　　　民国二十九年八月二十七日填报

姓名资格职务	王能杰	损失原因	8月20日敌机炸渝市，所住青年会宿舍被焚一部分，纷乱中抢出衣箱等数件，余物俱遭损失	损失地点	青年会101号	离到日期	年　月　日到局处
	技术员			损失日期	8月20日		
	设置股主任			何方证明			年　月　日离局处

损失情形	名称	数量	最低估值(元)	名称	数量	最低估值(元)
	被服铺盖	1套	50	纹皮皮鞋	1双	30
	副〔府〕绸衬衫	2件	20	中西书籍	10余本	30
	草帽	1顶	10	零星物件	10余件	25
	共计			共计		165

估计总额	165元。预发慰偿金额：100元	由部核给慰偿金额	
主管人员核签意见并签名盖章		黄如祖	呈报员工签名盖章	王能杰

96）电务员工呈报损失调查表

机关名称：　　　　　　　　　　　　　民国二十九年六月十四日填报

姓名资格职务	黄宝潢	损失原因	敌机袭渝，巷内中弹十余枚，隔邻炸毁，本宅受震，并受飞石击，门窗板壁一律损坏	损失地点	兴隆巷17号	离到日期	年　月　日到局处
	业务员			损失日期	29年6月12日		
	文书股主任			何方证明			年　月　日离局处

损失情形	名称	数量	最低估值(元)	名称	数量	最低估值(元)
	白帆布西服	1套	60			
	白纺女旗袍	1件	18	备注：		
	白罗纱蚊帐	1床	35	1.西服及女旗袍因门窗损坏失踪。		
	锅鼎磁器料等		38	2.床架震散，床框折断，故须修理。		
	热水壶	1只	12			
	修理床		8			
	共计		171	共计		

估计总额	拟准慰偿金额：80元	由部核给慰偿金额	
主管人员核签意见并签名盖章		向元健	呈报员工签名盖章	黄宝潢

97)电务员工呈报损失调查表

机关名称：交通部重庆电话局　　　　　民国　年　月　日填报

姓名	邓光才	损失原因	被炸烧	损失地点	小较场11号宿舍	离到日期	年 月 日 到局处
资格	技工			损失日期	29年8月20号		
职务	看水线			何方证明			年 月 日 离局处
损失情形	名称	数量	最低估值(元)	名称	数量	最低估值(元)	
	被单	1床	25	洗面巾	1张	1.2	
	中山服	2套	44	面盆	1个	10	
	衬衣	2件	20	胶鞋	1双	10	
	共计			共计		110.2	
估计总额		110.2元。预发慰偿金额：40元			由部核给慰偿金额		
主管人员核签意见并签名盖章			黄如祖		呈报员工签名盖章	邓光才	

98)电务员工呈报损失调查表

机关名称：交通部重庆电话局　　　　　民国二十九年九月四日填报

姓名	柳春山	损失原因	房屋被烧	损失地点	小较场11号宿舍	离到日期	年 月 日 到局处
资格	技工			损失日期	8月20日		
职务	外线组			何方证明			年 月 日 离局处
损失情形	名称	数量	最低估值(元)	名称	数量	最低估值(元)	
	毯子	1床	16	鞋子	1双	4.5	
	衣服	1套	23	席子	1根	5	
	凉床	1架	12	呢帽	1顶	6	
	共计			共计		66.5	
估计总额		66.5元。预发慰偿金额：40元			由部核给慰偿金额		
主管人员核签意见并签名盖章			黄如祖		呈报员工签名盖章	柳春山	

99) 电务员工呈报损失调查表

机关名称：交通部重庆电话局　　　　　　　　民国　年　月　日填报

姓名	林元良	损失原因	房屋被烧	损失地点	小较场11号宿舍	离到日期	年 月 日到局处
资格	技工			损失日期	8月20日		
职务	外线			何方证明			年 月 日离局处
损失情形	名称	数量	最低估值(元)	名称	数量	最低估值(元)	
	草席	1床	3.2	面盆	1个	14	
	汗衫	1套	18	布鞋	1双	12	
	面巾	1根〔条〕	2.5				
	共计			共计		49.7	
估计总额		49.7元。预发慰偿金额：40元			由部核给慰偿金额		
主管人员核签意见并签名盖章				黄如祖	呈报员工签名盖章	杜元良	

100) 电务员工呈报损失调查表

机关名称：交通部重庆电话局　　　　　　　　民国二十九年九月四日填报

姓名	吴泽民	损失原因	房屋被烧	损失地点	小较场11号宿舍	离到日期	年 月 日到局处
资格	技工			损失日期	8月20号		
职务	架设外线			何方证明			年 月 日离局处
损失情形	名称	数量	最低估值(元)	名称	数量	最低估值(元)	
	中山服	1套	25	衬衣	1套	20	
	胶鞋	1双	11	席子	1根	5	
	洋瓷盆	1个	10				
	共计			共计		71	
估计总额		71元。预发慰偿金额：40元			由部核给慰偿金额		
主管人员核签意见并签名盖章				黄如祖	呈报员工签名盖章	吴泽民	

101)电务员工呈报损失调查表

机关名称：交通部重庆电话局　　　　　　　民国二十九年九月四日填报

姓名	潘绍荣	损失原因	房屋被烧	损失地点	小较场11号宿舍	离到日期	年　月　日 到局处
资格	技工			损失日期	8月20号		
职务	架设外线			何方证明			年　月　日 离局处
损失情形	名称	数量	最低估值(元)	名称	数量	最低估值(元)	
	中山服	1套	24	汗衣	1套	15	
	衬衣	1套	16	席子	1根	3	
	胶鞋	1双	10				
	共计			共计		68	
估计总额	68元。预发慰偿金额：40元			由部核给慰偿金额			
主管人员核签意见并签名盖章			黄如祖	呈报员工签名盖章		潘绍荣	

102)电务员工呈报损失调查表

机关名称：交通部重庆电话局　　　　　　　民国二十九年九月四日填报

姓名	陈昌龄	损失原因	房屋被烧	损失地点	小较场11号宿舍	离到日期	年　月　日 到局处
资格	技工			损失日期	8月20日		
职务	外线			何方证明			年　月　日 离局处
损失情形	名称	数量	最低估值(元)	名称	数量	最低估值(元)	
	被盖	1床	22	藤包	1个	5	
	兰〔蓝〕布衫子	1件	13	胶鞋	1双	8	
	汗衣	2件	12	衬衣短裤	1套	15	
	共计			共计		75	
估计总额	75元。预发慰偿金额：40元			由部核给慰偿金额			
主管人员核签意见并签名盖章			黄如祖	呈报员工签名盖章		陈昌龄	

103) 电务员工呈报损失调查表

机关名称：交通部重庆电话局　　　　　　民国　年　月　日填报

姓名	王学初	损失原因	被炸烧	损失地点	小较场11号宿舍	离到日期	年月日到局处
资格	技工			损失日期	29年8月20日		
职务	架设外线			何方证明			年月日离局处

损失情形	名称	数量	最低估值(元)	名称	数量	最低估值(元)
	毯子	1床	16	皮鞋	1双	22
	学生服	1套	26	洗面巾	1张	1.6
	衬衣	2件	28	蓝布长衫	1件	20
	共计			共计		112.6

估计总额	112.6元。预发慰偿金额：40元	由部核给慰偿金额	
主管人员核签意见并签名盖章	黄如祖	呈报员工签名盖章	王学初

104) 电务员工呈报损失调查表

机关名称：交通部重庆电话局　　　　　　民国二十九年九月四日填报

姓名	高超学	损失原因	房屋被烧	损失地点	小较场11号宿舍	离到日期	年月日到局处
资格	技工			损失日期	8月20日		
职务	外线			何方证明			年月日离局处

损失情形	名称	数量	最低估值(元)	名称	数量	最低估值(元)
	毯子	1床	15	汗衣	1件	5
	胶鞋	1双	7	布鞋	1双	5
	衬衣	2件	15	蓝布中山服	1套	20
	共计			共计		67

估计总额	67元。预发慰偿金额：40元	由部核给慰偿金额	
主管人员核签意见并签名盖章	黄如祖	呈报员工签名盖章	高超学

105) 电务员工呈报损失调查表

机关名称:交通部重庆电话局　　　　　　民国二十九年九月四日填报

姓名	高克明	损失原因	房屋被烧	损失地点	小较场11号宿舍	离到日期	年 月 日 到局处
资格	技工			损失日期	8月20日		
职务	外线			何方证明			年 月 日 离局处

损失情形	名称	数量	最低估值(元)	名称	数量	最低估值(元)
	衬衣	2件	15	中山服	1套	15
	汗衣	2件	12	席子	1根	5
	皮鞋	1双	20	面盆	1个	7
	共计			共计		74

估计总额	74元。预发慰偿金额:40元	由部核给慰偿金额
主管人员核签意见并签名盖章	黄如祖	呈报员工签名盖章　高克明

106) 电务员工呈报损失调查表

机关名称:重庆电话局　　　　　　民国二十九年九月四日填报

姓名	韩云卿	损失原因	因敌机投多〔大〕量燃烧弹,附近四周延烧甚烈,失落物件甚重	损失地点	东升楼53号	离到日期	年 月 日 到局处
资格	技工			损失日期	8月20日		
职务				何方证明			年 月 日 离局处

损失情形	名称	数量	最低估值(元)	名称	数量	最低估值(元)
	被卧	1床	20	广锅	1口	10
	衣箱	1口	40	卧单	1件	8
	共计			共计		78

估计总额	78元。预发慰偿金额:40元	由部核给慰偿金额
主管人员核签意见并签名盖章	黄如祖	呈报员工签名盖章　韩云卿

107) 电务员工呈报损失调查表

机关名称：重庆电话局　　　　　　　　　　民国二十九年九月四日填报

姓名	张远清	损失原因	因敌机投大量燃烧弹，附近四周延烧甚烈，故遭损失	损失地点	东升楼49号	离到日期	年　月　日到局处
资格	技工			损失日期	8月20日		
职务				何方证明			年　月　日离局处
损失情形	名称	数量	最低估值(元)	名称	数量	最低估值(元)	
	被卧	1床	30	卧单	1件	8	
	青制服	1套	20	线毯子	1床	15	
	共计			共计		73	
估计总额	73元。预发慰偿金额：40元				由部核给慰偿金额		
主管人员核签意见并签名盖章			黄如祖	呈报员工签名盖章	张远清		

108) 电务员工呈报损失调查表

机关名称：重庆电话局　　　　　　　　　　民国二十九年九月四日填报

姓名	黄柄光	损失原因	被炸烧毁	损失地点	小较场11号	离到日期	年　月　日到局处
资格	技工			损失日期	8月20号		
职务				何方证明			年　月　日离局处
损失情形	名称	数量	最低估值(元)	名称	数量	最低估值(元)	
	单被	1床	24.4	胶鞋	1双	12	
	中式短服	1套	22	呢帽	1顶	14	
	共计			共计		72.4	
估计总额	72.4元。预发慰偿金额：40元				由部核给慰偿金额		
主管人员核签意见并签名盖章			黄如祖	呈报员工签名盖章	黄柄光		

109) 电务员工呈报损失调查表

机关名称：重庆电话局　　　　　　　　民国二十九年九月四日填报

姓名	徐焕楗	损失原因	因敌机投大量燃烧弹，附近四周延烧甚烈，故遭损失	损失地点	萧家凉亭11号	离到日期	年　月　日 到局处
资格	技工			损失日期	8月20日		
职务				何方证明			年　月　日 离局处
损失情形	名称	数量	最低估值(元)	名称	数量	最低估值(元)	
	单被	1床	25	呢帽	1顶	15	
	制服	1套	20	汗衫	1件	13	
	共计			共计		73	
估计总额	73元。预发慰偿金额：40元				由部核给慰偿金额		
主管人员核签意见并签名盖章			黄如祖	呈报员工签名盖章		徐焕楗	

110) 电务员工呈报损失调查表

机关名称：重庆电话局　　　　　　　　民国二十九年九月四日填报

姓名	胡炎庭	损失原因	因敌机投大量燃烧弹，附近四周延烧甚烈，损失物件甚重	损失地点	萧家凉亭11号	离到日期	年　月　日 到局处
资格	技工			损失日期	8月20日		
职务				何方证明			年　月　日 离局处
损失情形	名称	数量	最低估值(元)	名称	数量	最低估值(元)	
	被卧	1床	30	广锅	1口	11	
	礼帽	1顶	12	卧单	1件	8	
	共计			共计		61	
估计总额	61元。预发慰偿金额：40元				由部核给慰偿金额		
主管人员核签意见并签名盖章			黄如祖	呈报员工签名盖章		胡炎庭	

111) 电务员工呈报损失调查表

机关名称：重庆电话局　　　　　　　　　　　民国二十九年九月四日填报

姓名资格职务	程从汉 技工	损失原因	因敌机投大量燃烧弹，附近四周延烧甚烈，损失物件甚重	损失地点 损失日期 何方证明	东升楼53号 8月20日	离到日期	年　月　日 到局处 年　月　日 离局处
损失情形	名称	数量	最低估值(元)		名称	数量	最低估值(元)
	被卧	1床	30		单褂裤	1套	14
	卧单	1件	8		力士鞋	1双	11
	共计				共计		63
估计总额	63元。预发慰偿金额：40元				由部核给慰偿金额		
主管人员核签意见并签名盖章				黄如祖	呈报员工签名盖章	程从汉	

112) 电务员工呈报损失调查表

机关名称：重庆电话局　　　　　　　　　　　民国二十九年九月四日填报

姓名资格职务	熊春山 技工	损失原因	因敌机投大量燃烧弹，附近四周延烧甚烈，失落物件甚重	损失地点 损失日期 何方证明	萧家凉亭9号 8月20日	离到日期	年　月　日 到局处 年　月　日 离局处
损失情形	名称	数量	最低估值(元)		名称	数量	最低估值(元)
	被卧	1件	30		毯子	1件	12
	衬衫	1件	8		卧单	1件	8
	皮鞋	1双	20				
	共计				共计		78
估计总额	78元。预发慰偿金额：40元				由部核给慰偿金额		
主管人员核签意见并签名盖章				黄如祖	呈报员工签名盖章	熊春山	

113) 电务员工呈报损失调查表

机关名称：交通部重庆电话局　　　　　　民国　年　月　日填报

姓名	陈连升	损失原因	被炸烧	损失地点	小较场11号宿舍	离到日期	年　月　日到局处
资格	长工			损失日期	29年8月20号		
职务	外线			何方证明			年　月　日离局处

损失情形	名称	数量	最低估值(元)	名称	数量	最低估值(元)
	毯子	1床	18	面盆	1个	10
	学生服	1套	20	胶鞋	1双	10
	洗面巾	1张	1.8			
	共计			共计		59.8

估计总额	59.8元。预发慰偿金额：30元	由部核给慰偿金额	
主管人员核签意见并签名盖章		黄如祖	呈报员工签名盖章	陈连升

114) 电务员工呈报损失调查表

机关名称：　　　　　　　　　　　　　　民国二十九年九月四日填报

姓名	姚家儒	损失原因	8月20日敌机袭渝时被炸焚毁	损失地点	兴隆巷宿舍	离到日期	年　月　日到局处
资格	技工			损失日期	8月20日		
职务	铅工			何方证明	局方证明之		年　月　日离局处

损失情形	名称	数量	最低估值(元)	名称	数量	最低估值(元)
	棉絮	2床	30	蓝布中山装	1套	24
	卧单	1条	20	衬衫	2件	30
	席子	1条	3	短裤	2条	5
	洗脸盆	1只	14	皮鞋	1双	12
	牙刷毛巾	2件	3			
	共计			共计		141

估计总额	141元。拟准或预发慰偿金额：40元	由部核给慰偿金额	
主管人员核签意见并签名盖章		黄如祖	呈报员工签名盖章	姚家儒

115) 电务员工呈报损失调查表

机关名称：交通部重庆电话局　　　　　　　民国　年　月　日填报

姓名	包伦周	损失原因	被炸烧	损失地点	小较场11号宿舍	离到日期	年　月　日到局处
资格	技工			损失日期	29年8月20号		
职务	架设外线			何方证明			年　月　日离局处

损失情形	名称	数量	最低估值(元)	名称	数量	最低估值(元)
	被盖	1床	42	面盆	1个	12
	中山服	2套	47	毯子	1床	16
	洗面毛巾	1张	2			
	共计			共计		119

估计总额	119元。预发慰偿金额：40元	由部核给慰偿金额	
主管人员核签意见并签名盖章		黄如祖	呈报员工签名盖章	包伦周

116) 电务员工呈报损失调查表

机关名称：交通部重庆电话局　　　　　　　民国二十九年九月五日填报

姓名	张银山	损失原因	房屋被烧	损失地点	小较场11号	离到日期	年　月　日到局处
资格	技工			损失日期	8月20日		
职务	电缆组			何方证明			年　月　日离局处

损失情形	名称	数量	最低估值(元)	名称	数量	最低估值(元)
	衣服	2套	50	胶鞋	1双	12
	棉絮	1床	20	面盆	1个	8
	毯子	1床	22			
	共计			共计		112

估计总额	112元。预发慰偿金额：40元	由部核给慰偿金额	
主管人员核签意见并签名盖章		黄如祖	呈报员工签名盖章	张银山

117)电务员工呈报损失调查表

机关名称：交通部重庆电话局　　　　　　民国二十九年九月五日填报

姓名	张清山	损失原因	房屋被焚	损失地点	小较场11号	离到日期	年 月 日 到局处
资格	长工			损失日期	8月20日		
职务				何方证明			年 月 日 离局处

损失情形	名称	数量	最低估值(元)	名称	数量	最低估值(元)
	衣服	2套	40	毛巾	1张	2
	单被	1床	24	布鞋	1双	6
	共计			共计		72

估计总额	72元。预发慰偿金额：30元	由部核给慰偿金额	
主管人员核签意见并签名盖章		黄如祖	呈报员工签名盖章　张清山

118)电务员工呈报损失调查表

机关名称：重庆电话局　　　　　　民国二十九年八月二十日填报

姓名	钟观成	损失原因	8月20号房屋全部焚毁	损失地点	小较场11号	离到日期	年 月 日 到局处
资格	技工			损失日期	8月20号		
职务	线工			何方证明			年 月 日 离局处

损失情形	名称	数量	最低估值(元)	名称	数量	最低估值(元)
	被盖	1床	40	蓝布短衣	2套	50
	毯子	1床	15	动用零星衣物	1套	28
	胶鞋	1双	14			
	共计			共计		147

估计总额	147元。预发慰偿金额：40元	由部核给慰偿金额	
主管人员核签意见并签名盖章		黄如祖	呈报员工签名盖章　钟观成

119) 电务员工呈报损失调查表

机关名称：　　　　　　　　　　　　　民国二十九年九月四日填报

姓名	熊鳌永	损失原因	因敌机投大量燃烧弹，附近四面延烧甚烈，损失甚重	损失地点	东升楼53	离到日期	年 月 日 到局处
资格	技工			损失日期	8月20日		
职务				何方证明			年 月 日 离局处
损失情形	名称	数量	最低估值(元)	名称	数量	最低估值(元)
	棉被	1条	40	力士鞋	1双	11
	衫裤	1套	20	衣箱	1只	15
	共计			共计		86
估计总额	86元。预发慰偿金额：40元			由部核给慰偿金额		
主管人员核签意见并签名盖章			黄如祖	呈报员工签名盖章	熊鳌永

120) 电务员工呈报损失调查表

机关名称：重庆电话局　　　　　　　　　民国二十九年九月三日填报

姓名	李国扬	损失原因	8月20日被寇机炸焚	损失地点	小较场11号	离到日期	年 月 日 到局处
资格	铅工			损失日期	8月20日		
职务	外线领工			何方证明			年 月 日 离局处
损失情形	名称	数量	最低估值(元)	名称	数量	最低估值(元)
	棉被	1床	60	雨伞	1把	3
	冬发口帽子	2顶	15	零星物件		50
	共计			共计		128
估计总额	128元。预发慰偿金额：40元			由部核给慰偿金额		
主管人员核签意见并签名盖章			黄如祖	呈报员工签名盖章	李国扬

121) 电务员工呈报损失调查表

机关名称：渝电话局　　　　　　　　　　民国二十九年九月七日填报

姓名	严宝山	损失原因	被敌机轰炸又被燃烧甚烈损失	损失地点	小铰场宿舍	离到日期	年　月　日 到局处
资格	领工			损失日期	8月20日		
职务				何方证明			年　月　日 离局处
损失情形	名称	数量	最低估值(元)	名称	数量	最低估值(元)	
	棉被盖	1床	30	被单	1床	12	
	□帽	1顶	13	南布衣	1套	19	
	共计			共计		74	
估计总额	74元。预发慰偿金额：40元			由部核给慰偿金额			
主管人员核签意见并签名盖章			黄如祖	呈报员工签名盖章		严宝山	

122) 电务员工呈报损失调查表

机关名称：渝话局　　　　　　　　　　民国二十九年九月七日填报

姓名	熊松永	损失原因	因是日该处四周被敌机投下燃烧弹，火势甚烈，故损失	损失地点	肖家凉亭11号	离到日期	年　月　日 到局处
资格	技工			损失日期	8月20日		
职务				何方证明			年　月　日 离局处
损失情形	名称	数量	最低估值(元)	名称	数量	最低估值(元)	
	被盖	1床	25	呢帽	1顶	12	
	蓝布衣	2套	30	力士鞋	1双	10	
	脸盆	1个	8				
	共计			共计		85	
估计总额	85元。预发慰偿金额：40元			由部核给慰偿金额			
主管人员核签意见并签名盖章			黄如祖	呈报员工签名盖章		熊松永	

123) 电务员工呈报损失调查表

机关名称：重庆电话局　　　　　　　　　　民国二十九年九月　日填报

姓名	吕学丹	损失原因	因是日该处四周被敌机投下燃烧弹，火势甚烈，并将家具等震坏	损失地点	肖家凉亭11号	离到日期	年　月　日 到局处
资格	技工			损失日期	8月20日		
职务				何方证明			年　月　日 离局处
损失情形	名称	数量	最低估值(元)		名称	数量	最低估值(元)
	广锅	1口	10		大小磁碗	12个	7
	水缸	1口	8		脸盆	1个	10
	被盖	2床	35				
	共计				共计		70
估计总额	70元。预发慰偿金额：40元				由部核给慰偿金额		
主管人员核签意见并签名盖章				黄如祖	呈报员工签名盖章		吕学丹

124) 电务员工呈报损失调查表

机关名称：电话局　　　　　　　　　　民国二十九年九月七日填报

姓名	徐学山	损失原因	8月20日被炸焚毁	损失地点	小较场口11号	离到日期	年　月　日 到局处
资格	线工			损失日期	8月20日		
职务	线工			何方证明			年　月　日 离局处
损失情形	名称	数量	最低估值(元)		名称	数量	最低估值(元)
	被服	1条	50		军毯	1条	6
	被单	1条	10		胶皮鞋	1双	9.5
	共计				共计		75.5
估计总额	75.5元。预发慰偿金额：40元				由部核给慰偿金额		
主管人员核签意见并签名盖章				黄如祖	呈报员工签名盖章		徐学山

125) 电务员工呈报损失调查表

机关名称:重庆电话局　　　　　　　　　　民国　年　月　日填报

姓名	胡炳南	损失原因	敌机轰炸被焚	损失地点	小较场11号宿舍	离到日期	年　月　日到局处
资格	技工	^	^	损失日期	8月20日	^	
职务	外线领工	^	^	何方证明		^	年　月　日离局处
损失情形	名称	数量	最低估值(元)		名称	数量	最低估值(元)
^	被褥	1床	45		灰布中山服	1套	26
^	贡呢鞋子	1双	11		牙刷	1把	1
^	毛巾	1条	2.5		牙膏	1盒	2
^	面盆	1个	13				
^	共计				共计		100.5
估计总额	100.5元。预发慰偿金额:40元				由部核给慰偿金额		
主管人员核签意见并签名盖章				黄如祖	呈报员工签名盖章		胡炳南

126) 电务员工呈报损失调查表

机关名称:重庆电话总局　　　　　　　　民国二十九年九月七日填报

姓名	李义忠	损失原因	8月20日敌机烧毁本局宿舍	损失地点	小较场11号宿舍	离到日期	年　月　日到局处
资格	技工	^	^	损失日期	8月20日	^	
职务		^	^	何方证明		^	年　月　日离局处
损失情形	名称	数量	最低估值(元)		名称	数量	最低估值(元)
^	棉衣	1套	30		军毯	1床	15
^	制服	1套	20		鞋	1双	12
^	脸盆	1只	10				
^	共计				共计		87
估计总额	87元。预发慰偿金额:40元				由部核给慰偿金额		
主管人员核签意见并签名盖章				黄如祖	呈报员工签名盖章		李义忠

127) 电务员工呈报损失调查表

机关名称：重庆电话总局　　　　　　　　　　民国二十九年九月七日填报

姓名	胡学允	损失原因	8月20日敌机狂炸渝市，房屋四周火巨，故□□□损失	损失地点	东升楼53号2楼	离到日期	年　月　日 到局处
资格	技工			损失日期	8月20日		
职务				何方证明			年　月　日 离局处
损失情形	名称	数量	最低估值(元)		名称	数量	最低估值(元)
	锅	1个	13		皮鞋	1双	18
	碗	18个	10		小孩童衣服	4套	30
	呢帽	1顶	20				
	共计				共计		91
估计总额	91元。预发慰偿金额：40元				由部核给慰偿金额		
主管人员核签意见并签名盖章				黄如祖	呈报员工签名盖章		胡学允

128) 电务员工呈报损失调查表

机关名称：重庆电话局　　　　　　　　　　民国二十九年九月七日填报

姓名	李华梁	损失原因	8月20日本局宿舍被敌机炸毁	损失地点	小较场11号	离到日期	年　月　日 到局处
资格	技工			损失日期	8月20日		
职务				何方证明			年　月　日 离局处
损失情形	名称	数量	最低估值(元)		名称	数量	最低估值(元)
	棉絮	1床	10		被单	1床	9
	脸盆	1个	9		棉衣	1件	20
	力士鞋	1双	10				
	共计				共计		58
估计总额	58元。预发慰偿金额：40元				由部核给慰偿金额		
主管人员核签意见并签名盖章				黄如祖	呈报员工签名盖章		李华梁

129）电务员工呈报损失调查表

机关名称：重庆电话局　　　　　　　　　　民国二十九年九月七日填报

姓名	邓文秀	损失原因	8月20日被敌机袭炸烧	损失地点	小较场11号	离到日期	年　月　日 到局处
资格				损失日期	8月20日		
职务	学习线工			何方证明			年　月　日 离局处

损失情形	名称	数量	最低估值(元)	名称	数量	最低估值(元)
	被盖	1床	30	毛巾	1条	2
	力士鞋	2双	20	单衣	1套	20
	脸盆	1个	12			
	共计			共计		

估计总额	84元正。预发慰偿金额：40元	由部核给慰偿金额	
主管人员核签意见并签名盖章		黄如祖	呈报员工签名盖章　邓文秀

130）电务员工呈报损失调查表

机关名称：重庆电话总局　　　　　　　　　民国二十九年九月七日填报

姓名	张季恕	损失原因	8月20日敌机狂炸渝市，本局宿舍被烧毁	损失地点	小较场11号宿舍	离到日期	年　月　日 到局处
资格	技工			损失日期	8月20日		
职务				何方证明			年　月　日 离局处

损失情形	名称	数量	最低估值(元)	名称	数量	最低估值(元)
	呢大衣	1件	35	义〔意〕大利的毛毡	1床	40
	小皮箱	1个	10	鞋子	1双	8
	卫生衣	1套	15			
	共计	5件		共计		108

估计总额	108元。预发慰偿金额：40元	由部核给慰偿金额	
主管人员核签意见并签名盖章		黄如祖	呈报员工签名盖章　张季恕

131)电务员工呈报损失调查表

机关名称：重庆电话总局　　　　　　　　民国二十九年九月七日填报

姓名	朱少楷	损失原因	8月20日敌机狂炸,将本局宿舍烧光	损失地点	小较场11号宿舍	离到日期	年　月　日到局处
资格	技工			损失日期	8月20日		
职务				何方证明			年　月　日离局处
损失情形	名称	数量	最低估值(元)	名称		数量	最低估值(元)
	被窝〔盖〕	1床	47	蓝布制服		1套	25
	窝单	1床	10	脸盆		1只	12
	共计		4件	共计			94
估计总额		94元。预发慰偿金额:40元				由部核给慰偿金额	
主管人员核签意见并签名盖章				黄如祖		呈报员工签名盖章	朱少楷

132)电务员工呈报损失调查表

机关名称：重庆电话总局　　　　　　　　民国二十九年九月七日填报

姓名	林国华	损失原因	8月20号因被敌机狂炸,本局之宿舍均被烧毁,故本人之物件均已烧完	损失地点	小较场11号宿舍	离到日期	年　月　日到局处
资格	技工			损失日期	8月20号		
职务				何方证明			年　月　日离局处
损失情形	名称	数量	最低估值(元)	名称		数量	最低估值(元)
	青线布中山服	1套	22.5	棉絮被		1床	25
	被褥单	1床	18.5	白布衬衫		2件	14
	短蓝布裤	2条	18				
	共计		7件	共计			98
估计总额		98元。预发慰偿金额:40元				由部核给慰偿金额	
主管人员核签意见并签名盖章				黄如祖		呈报员工签名盖章	林国华

133）电务员工呈报损失调查表

机关名称：交通部重庆电话局　　　　　民国　年　月　日填报

姓名	谢树清	损失原因	房炸烧	损失地点	小较场11号	离到日期	年 月 日 到局处
资格	技工			损失日期	29年8月20号		
职务	架设外线			何方证明			年 月 日 离局处

损失情形	名称	数量	最低估值(元)	名称	数量	最低估值(元)
	毯子	1床	18	洗面毛巾	1张	1.2
	中山服	2套	40	胶鞋	1双	10
	洗面盆	1个	8	衬衣	2件	22
	共计			共计		87.2

估计总额	87.2元。预发慰偿金额：40元	由部核给慰偿金额	
主管人员核签意见并签名盖章	黄如祖	呈报员工签名盖章	谢树清

134）电务员工呈报损失调查表

机关名称：渝话局　　　　　　　民国二十九年九月九日填报

姓名	邓文彩	损失原因	本局宿舍被敌机投下燃烧弹烧毁	损失地点	小较场11号	离到日期	年 月 日 到局处
资格	小工			损失日期	8月20日		
职务				何方证明			年 月 日 离局处

损失情形	名称	数量	最低估值(元)	名称	数量	最低估值(元)
	被单	1床	15	蓝布衣	2套	25
	夹衣	1套	25	毛巾	2条	4
	力士鞋	1双	10			
	共计			共计		79

估计总额	79元。预发慰偿金额：30元	由部核给慰偿金额	
主管人员核签意见并签名盖章	黄如祖	呈报员工签名盖章	邓文彩

135) 电务员工呈报损失调查表

机关名称：重庆电话局　　　　　　　　　民国二十九年九月七日填报

姓名	李华周	损失原因	因敌机投大量烧夷弹，四周延烧甚烈，损失甚重	损失地点	萧家凉亭11号	离到日期	年　月　日 到局处
资格	技工			损失日期	8月20日		
职务				何方证明			年　月　日 离局处
损失情形	名称	数量	最低估值(元)	名称	数量	最低估值(元)
	被卧	1床	25	力士鞋	1双	10
	卧单	1床	8	胶皮鞋	1双	12
	广锅	1口	11			
	共计			共计		66
估计总额	66元。预发慰偿金额:40元			由部核给慰偿金额		
主管人员核签意见并签名盖章			黄如祖	呈报员工签名盖章	李华周

136) 电务员工呈报损失调查表

机关名称：重庆电话局　　　　　　　　　民国二十九年八月二十四日填报

姓名	张光瑄	损失原因	兴隆巷宿舍敌机轰炸被焚	损失地点	本局兴隆巷宿舍	离到日期	年　月　日 到局处
资格				损失日期	29年8月20日		
职务				何方证明			年　月　日 离局处
损失情形	名称	数量	最低估值(元)	名称	数量	最低估值(元)
	□□	1件	120	洋绉夹袍	1件	80
	□□	1套	100	哔叽[叭]夹袄裤	1套	120
	□□	2件	120	洋毛毯	1床	80
	□□	3套	150			
	□□	1支	70			
	□□	2床	130			
	棉被	2床	50			
	共计		740	共计		280
估计总额	1020元。预发慰偿金额:100元			由部核给慰偿金额		
主管人员核签意见并签名盖章			黄如祖	呈报员工签名盖章	张光瑄

137) 电务员工呈报损失调查表

机关名称：　　　　　　　　　　　　　民国　年　月　日填报

姓名	叶汉谟	损失原因	被敌机投燃烧弹焚毁	损失地点	兴隆巷19号	离到日期	年　月　日到局处
资格				损失日期	29年8月20日		
职务				何方证明			年　月　日离局处

损失情形	名称	数量	最低估值(元)	名称	数量	最低估值(元)
	□□	1条	30	布长衫	2件	50
	□□	1条	40	绒线衫	1件	50
	□□	1条	100	皮箱	1只	□□
	□□	1条	50			
	□□	1件	100			
	中山装	1套	150			
	□□衫裤	1套	50			
	共计		520	共计		□□□

估计总额	□□□元。预发慰偿金额：80元	由部核给慰偿金额	
主管人员核签意见并签名盖章	查该员住居本局宿舍被焚确实　　黄如祖　向元健	呈报员工签名盖章	叶汉谟

138) 电务员工呈报损失调查表

机关名称：重庆电话局　　　　　　　　民国二十九年八月二十一日填报

姓名	楚华安	损失原因	8月20日敌机袭渝，宿舍被炸焚烧如洗	损失地点	兴隆巷19号	离到日期	年　月　日到局处
资格				损失日期	29年8月20日		
职务				何方证明	本局全体		年　月　日离局处

损失情形	名称	数量	最低估值(元)	名称	数量	最低估值(元)
	□□	1床	50	鸭绒枕头	□只	30
	□□	1块	20	面巾	1条	1.5
	□□	1条	20	牙刷	1把	1.5

续表

损失情形	□□	1床	20	袜子	2只	3.5
	□□	1套	30			
	衬衫裤(抚〔府〕绸)	2套	40			
	面盆	1只	12			
	盥口盅	1个	1.5			
	共计		193.5	共计		36.5
估计总额	230元。预发慰偿金额:80元			由部核给慰偿金额		
主管人员核签意见并签名盖章	查该员住居本局宿舍被焚确实　黄如祖　向元健			呈报员工签名盖章		楚华安

139)电务员工呈报损失调查表

机关名称:重庆电话局　　　　　　　　民国二十九年八月十九日填报

姓名资格职务	蒋晓云	损失原因	房屋全部被敌机投燃烧弹□□焚	损失地点	新生路15号	离到日期	年 月 日 到局处
				损失日期	8月19日		
				何方证明			年 月 日 离局处
损失情形	名称	数量	最低估值(元)	名称	数量	最低估值(元)	
	□□	2件	26	西装上身	1件	50	
	□□	2条	5	西装裤子	1件	30	
	□□	1只	15	皮箱	1只	□□	
	□□	2条	60	皮鞋	2双	□□	
	□□	1条	20	羊毛背心	1件	□□	
	床	1张	27	夹衣服	□件	□□	
	桌子	1张	25	油布	1件	□□	
	共计		178	共计		268	
估计总额	446元。预发慰偿金额:80元			由部核给慰偿金额			
主管人员核签意见并签名盖章	查该员住居该处被焚确实　黄如祖 向元健			呈报员工签名盖章		蒋晓云	

140)电务员工呈报损失调查表

机关名称：重庆电话局　　　　　　　　　　　民国　年　月　日填报

姓名	许仲藩	损失原因	29年8月19日金马寺街、凤凰台、双槐子街被炸被焚，原佃陈姓院内□□4间，6月28日炸毁1间半，余屋嗣经修理尚可暂住，此次全部被炸毁无存，请派员勘验	损失地点	南纪门金马寺街第22号	离到日期	年　月　日到局处
资格				损失日期	8月19日新街各厚慈街第110号		年　月　日离局处
职务				何方证明			

损失情形	名称	数量	最低估值(元)	名称	数量	最低估值(元)
	□□	共2间	50	藤箱(内储书画)	2口	200
	□□	共2张	30	大木板箱棕箱(内储器)	共2口	200
	□□	共3张	40	书厨柜	1个	10
	□□	共2个	40	书箱(储书)	2口	□□
	□□	半堂	25	铺被	共4件	□□
	白木平柜	1个	10	厨房全部家	无法计数	□□
	白木长条凳	8根	8	零星动用器	无法计数	□□
	白木大方凳	4个	24			
	共计			共计		1337

估计总额	1337元。预发慰偿金额：80元	由部核给慰偿金额	
主管人员核签意见并签名盖章	查该员住居该处被焚确实　　　　黄如祖　向元健	呈报员工签名盖章	业务员许仲藩填呈

141)电务员工呈报损失调查表

机关名称：交通部重庆电话局　　　　　　　　民国二十九年八月二十五日填报

姓名	华光沛	损失原因	被敌机炸毁，全家衣服家具以及日常生活用品悉数被焚	损失地点	中正路296号	离到日期	年　月　日到局处
资格	业务员			损失日期	29年8月20日		
职务	佐理员			何方证明			年　月　日离局处

续表

	名称	数量	最低估值(元)	名称	数量	最低估值(元)
损失情形	衣服(本人及妻子共3人)	2大箱	1000	厨房用具(锅炉碗筷等)	全套	130
	衣箱(樟木皮各1)	2只	120	热水瓶(茶杯盘等)	10件	50
	家具(床桌椅等)	12件	150	皮鞋	3双	50
	共计			共计		1500
估计总额	1500元。预发慰偿金额:80元			由部核给慰偿金额		
主管人员核签意见并签名盖章	查该员住居该处被焚确实　　　黄如祖　向元健			呈报员工签名盖章		华光沛

142)电务员工呈报损失调查表

机关名称:重庆电话局　　　　　　　　　民国二十九年八月二十一日填报

姓名	陈国英	损失原因	敌机袭渝宿舍被炸延烧	损失地点	重庆市兴隆巷19号	离到日期	年　月　日到局处
资格	业务员			损失日期	8月20日		
职务	文书股佐理员			何方证明	本局全体		年　月　日离局处

	名称	数量	最低估值(元)	名称	数量	最低估值(元)
损失情形	棉被	1床	60	夏布短衫裤	2套	36
	垫毯	1床	20	华达呢夹长衫	1件	80
	竹席	1床	5	皮箱	1口	20
	鸭绒枕头	1个	30	面盆	1个	□□
	印度绸长衫	1件	50	盥具	1全套	□□
	纺绸衬衫	1件	24	皮鞋	1双	20
	袜子	4双	10	布鞋	1双	2.5
	夏布长衫	1件	20			
	共计		219	共计		184.5
估计总额	403.5元。预发慰偿金额:80元			由部核给慰偿金额		
主管人员核签意见并签名盖章	查该员住居本局宿舍被焚确实　　　黄如祖　向元健			呈报员工签名盖章		陈国英

143)电务员工呈报损失调查表

机关名称：重庆电话局　　　　　　　　民国二十九年八月二十一日填报

姓名资格职务	谈松僧 业务员 收费员	损失原因	兴隆巷宿舍被炸焚	损失地点 损失日期 何方证明	兴隆巷宿舍 8月20日	离到日期	年　月　日 到局处 年　月　日 离局处
损失情形	名称	数量	最低估值(元)		名称	数量	最低估值(元)
	棉被	1床	60		皮鞋	1双	35
	棉褥	1条	30		毛巾牙刷等	1付	6
	被单	1条	24		驼绒袍	1件	85
	灰军毯	1床	30		衬绒衫裤	1付	80
	枕头	1个	7		绒布衫裤	2付	50
	面盆	1个	17		长衫	1件	25
	球鞋	1双	13				
	共计		181		共计		281
估计总额	462元。预发慰偿金额：80元				由部核给慰偿金额		
主管人员核签意见并签名盖章	查该员住居本局宿舍被焚确实　　　　黄如祖　向元健				呈报员工签名盖章	谈松僧	

144)电务员工呈报损失调查表

机关名称：重庆电话局　　　　　　　　民国二十九年八月二十一日填报

姓名资格职务	黄宝潢 文书股主任	损失原因	住宅全部焚烧	损失地点 损失日期 何方证明	中正路218 29年8月20日	离到日期	年　月　日 到局处 年　月　日 离局处
损失情形	名称	数量	最低估值(元)		名称	数量	最低估值(元)
	青直贡呢西装	1套	160		直贡呢女大衣	1件	120
	灰毕〔哔〕支〔叽〕纱上装	1件	80		印度绸女衣	4件	120

续表

<table>
<tr><td rowspan="6">损失情形</td><td>名称</td><td>数量</td><td>最低估值(元)</td><td>名称</td><td>数量</td><td>最低估值(元)</td></tr>
<tr><td>哔吱[叽]单大衣</td><td>1件</td><td>85</td><td>驼绒女旗袍</td><td>2件</td><td>140</td></tr>
<tr><td>白帆布裤</td><td>2条</td><td>32</td><td>木器全部</td><td>12件</td><td>160</td></tr>
<tr><td>白虎[衬]绸衬衫</td><td>3件</td><td>45</td><td>卧具</td><td>全副</td><td>180</td></tr>
<tr><td>灰绸驼绒袍</td><td>1件</td><td>90</td><td>饮食器具</td><td>全副</td><td>80</td></tr>
<tr><td>线川丝棉衣裤</td><td>1套</td><td>80</td><td>其他零星物件</td><td colspan="2">不计</td></tr>
<tr><td></td><td>纱长衫</td><td>1件</td><td>50</td><td></td><td></td><td></td></tr>
<tr><td></td><td>共计</td><td></td><td>612</td><td>共计</td><td></td><td>800</td></tr>
<tr><td>估计总额</td><td colspan="4">1412元。预发慰偿金额:80元</td><td colspan="2">由部核给慰偿金额</td></tr>
<tr><td>主管人员核签意见并签名盖章</td><td colspan="4">查该员住居该处被焚确实
　　　　　　　　　黄如祖　向元健</td><td>呈报员工签名盖章</td><td>黄宝潢</td></tr>
<tr><td>备注</td><td colspan="6">住宅全部焚毁,衣物损失净尽,物价高昂,购置困难,拟请依照院令规定核给慰偿,以示体恤。</td></tr>
</table>

145)电务员工呈报损失调查表

机关名称:交通部重庆电话局　　　　　　　　民国二十九年八月二十二日填报

<table>
<tr><td rowspan="3">姓名资格职务</td><td>马汝瑄</td><td rowspan="3">损失原因</td><td rowspan="3">兴隆巷宿舍全部被焚</td><td>损失地点</td><td>兴隆巷</td><td rowspan="2">离到日期</td><td rowspan="2">年　月　日
到局处</td></tr>
<tr><td>业务员</td><td>损失日期</td><td>29年8月20日</td></tr>
<tr><td>营业股佐理</td><td>何方证明</td><td></td><td></td><td>年　月　日
离局处</td></tr>
<tr><td rowspan="8">损失情形</td><td>名称</td><td>数量</td><td colspan="2">最低估值(元)</td><td>名称</td><td>数量</td><td>最低估值(元)</td></tr>
<tr><td>棉被</td><td>2床</td><td colspan="2">80</td><td>布制服</td><td>1套</td><td>20</td></tr>
<tr><td>毛毯</td><td>1床</td><td colspan="2">30</td><td>夹袍</td><td>1件</td><td>20</td></tr>
<tr><td>蚊帐</td><td>1顶</td><td colspan="2">30</td><td>长裤</td><td>1件</td><td>15</td></tr>
<tr><td>呢大衣</td><td>1件</td><td colspan="2">30</td><td>棉裤</td><td>1条</td><td>15</td></tr>
<tr><td>面盆</td><td>1只</td><td colspan="2">10</td><td>短裤</td><td>1条</td><td>12</td></tr>
<tr><td>书籍</td><td>12本</td><td colspan="2">20</td><td>其余零星物品</td><td></td><td>20</td></tr>
<tr><td>共计</td><td></td><td colspan="2">200</td><td>共计</td><td></td><td>102</td></tr>
<tr><td>估计总额</td><td colspan="4">302元。预发慰偿金额:80元</td><td colspan="2">由部核给慰偿金额</td></tr>
<tr><td>主管人员核签意见并签名盖章</td><td colspan="4">查该员住居本局宿舍被焚确实
　　　　　　　　　黄如祖　向元健</td><td>呈报员工签名盖章</td><td>马汝瑄</td></tr>
</table>

146）电务员工呈报损失调查表

机关名称：　　　　　　　　　　　　　　　民国二十九年八月二十一日填报

姓名	姜文渊	损失原因	被炸	损失地点	兴隆巷19号宿舍	离到日期	年　月　日 到局处
资格	业务员			损失日期	8月20日		
职务	庶务主任			何方证明			年　月　日 离局处

损失情形	名称	数量	最低估值（元）	名称	数量	最低估值（元）
	棉被	1床	40	席	1张	2
	垫被	1床	40	油布	1张	
	被单	1床	10	书籍	1箱	
	绒毯	1床	20			
	共计			共计		180

估计总额	180元。预发慰偿金额：80元	由部核给慰偿金额	
主管人员核签意见并签名盖章	查该员住居本局宿舍被焚确实　　　　黄如祖　向元健	呈报员工签名盖章	姜文渊

147）电务员工呈报损失调查表

机关名称：　　　　　　　　　　　　　　　民国　年　月　日填报

姓名	赵晓明	损失原因	被敌机投燃烧弹焚毁	损失地点	兴隆巷本局宿舍	离到日期	年　月　日 到局处
资格	业务员			损失日期			
职务	文书股佐理员			何方证明			年　月　日 离局处

损失情形	名称	数量	最低估值（元）	名称	数量	最低估值（元）
	铁皮箱	1只	30	布被褥	1条	12
	大绸棉袍	1件	50	毛毯	1条	20
	冲哔叽夹袍	1件	20	布单被	1条	10
	大绸棉被	1条	60	藤蓝〔篮〕	1只	6.5
	共计			共计		

估计总额	211.5元。预发慰偿金额：80元	由部核给慰偿金额	
主管人员核签意见并签名盖章	查该员住居本局宿舍被焚确实　　　　黄如祖　向元健	呈报员工签名盖章	赵晓明

148)电务员工呈报损失调查表

机关名称：　　　　　　　　　　　　　　民国　年　月　日填报

姓名	胡逸	损失原因	8月20号敌机以烧夷弹图毁灭我行都之精华,奈下弹无的,除少数民房及空地炸烧外,余均安然,而我等所住之宿舍竟以是日毁之于火	损失地点	兴隆巷19号	离到日期	年　月　日到局处		
资格	业务员	^	^	损失日期	8月20号	^	^		
职务	出纳员	^	^	何方证明	尽人皆知	^	年　月　日离局处		
损失情形	名称	数量	最低估值(元)	名称	数量	最低估值(元)			
^	湖州丝棉〔绵〕被	1条	120	席子	1条	4			
^	帐子	1顶	15	面盆	1只	10			
^	全部经济系书籍	1箱	300	方巾	1条	2			
^	褥单	1条	10	雨衣	1件	30			
^	褥子	1条	30	大衣(布质)	1件	30			
^	木棉枕头	2个	12	其他什物		50			
^	共计		487	共计		126			
估计总额	613元。预发慰偿金额:80元				由部核给慰偿金额				
主管人员核签意见并签名盖章	查该员住居本局宿舍被焚确实　　　　　　　黄如祖　向元健				呈报员工签名盖章	胡逸			

149)电务员工呈报损失调查表

机关名称:重庆电话局　　　　　　　民国二十九年八月二十一日填报

姓名	叶剑青	损失原因	半边街兴隆巷宿舍被敌机轰炸焚烧	损失地点	兴隆巷宿舍	离到日期	年　月　日到局处
资格	业务员	^	^	损失日期	8月20日	^	^
职务		^	^	何方证明		^	年　月　日离局处
损失情形	名称	数量	最低估值(元)	名称	数量	最低估值(元)	
^	大棉被	1条	70	大洗脸盆	1个	10	
^	小棉被及被单	各1条	30	漱口缸	1个	2	
^	白线毯	1条	15	袜子	2双	3.1	
^	线呢大衣	1件	80	鞋子	1双	6	

续表

损失情形	名称	数量	最低估值(元)	名称	数量	最低估值(元)
	草绿中山装	1套	25	草席	1条	1.8
	黑呢中山装	1套	80			
	衬衣	1件	12			
	草黄短裤	1条	6			
	共计		318	共计		22.9
估计总额	340.9元。预发慰偿金额：80元			由部核给慰偿金额		
主管人员核签意见并签名盖章	查该员住居本局宿舍被焚确实　　　黄如祖　向元健			呈报员工签名盖章	叶剑青	

150）电务员工呈报损失调查表

机关名称：交通部重庆电话局　　　　　　　　　　　民国　年　月　日填报

姓名	刘钧	损失原因	兴隆巷宿舍全部被焚	损失地点	半边街兴隆巷	离到日期	年　月　日到局处
资格	业务员			损失日期	29年8月20日		
职务	出纳股佐理员			何方证明	局方		年　月　日离局处

损失情形	名称	数量	最低估值(元)	名称	数量	最低估值(元)
	鸡皮绉绣花棉被	1床	70	面盆	1个	8
	青呢中山服	1套	90	皮鞋	1双	25
	毛呢毯子	1床	25	布草黄色中山服	1套	18
	白印花毯子	1床	18	衬衣	2件	16
	白羊毛衣	1件	35	其他牙刷牙膏胡琴镜子等		
	共计		238	共计		67
估计总额	305元。预发慰偿金额：80元			由部核给慰偿金额		
主管人员核签意见并签名盖章	查该员住居本局宿舍被焚确实　　　黄如祖　向元健			呈报员工签名盖章	刘钧	

151) 电务员工呈报损失调查表

机关名称：重庆电话局　　　　　　　　民国二十九年八月二十二日填报

姓名	罗哲章	损失原因	兴隆巷宿舍全部焚毁	损失地点	兴隆巷	离到日期	年　月　日 到局处
资格	业务员			损失日期	29年8月20日		
职务	营业股佐理			何方证明			年　月　日 离局处

	名称	数量	最低估值(元)	名称	数量	最低估值(元)
损失情形	棉被	2床	160	白府绸汗衣	1件	15
	绒被单	1床	80	瓷面盆	1个	16
	毯子	1床	30	瓷杯	1个	15
	枕头	1个	15	瓷盆	1个	8
	呢礼帽	1顶	15	皮靴	1双	25
	布衫	1件	14	保险刀	全套	15
	共计		314	共计		94

估计总额	408元。预发慰偿金额:80元	由部核给慰偿金额	
主管人员核签意见并签名盖章	查该员住居本局宿舍被焚确实　　　　　　黄如祖　向元健	呈报员工签名盖章	罗哲章

152) 电务员工呈报损失调查表

机关名称：重庆电话局　　　　　　　　民国二十九年八月二十一日填报

姓名	熊同仁	损失原因	因兴隆巷员工宿舍中烧夷弹宿舍被焚	损失地点	兴隆巷19号	离到日期	29年5月6日 到局处
资格	业务员			损失日期	8月20日下午1时		
职务	文书股佐理员			何方证明	本宿舍全体员工		年　月　日 离局处

续表

	名称	数量	最低估值(元)	名称	数量	最低估值(元)
损失情形	油布	1条	10	面盆	1个	10
	被褥(绸面)	1床	60	手巾	1条	1
	垫褥	1个	40	牙刷	1只	1
	席子	1条	3	漱嘴杯	1个	1
	绸褂裤	1套	40	布鞋	1双	3
	枕头	1个	8			
	手杖	1根	1.5			
	共计			共计		188.5
估计总额	188.5元。预发慰偿金额：80元			由部核给慰偿金额		
主管人员核签意见并签名盖章	查该员住居本局宿舍被焚确实　　　　　黄如祖　向元健			呈报员工签名盖章	熊同仁	

153) 电务员工呈报损失调查表

机关名称：重庆电话局　　　　　　　　民国二十九年八月二十一日填报

姓名	向元健	损失原因	宿舍被炸焚毁	损失地点	兴隆巷19号本局宿舍	离到日期	年　月　日 到局处
资格	技术员			损失日期	8月20日		
职务	事务课长			何方证明			年　月　日 离局处
损失情形	名称	数量	最低估值(元)	名称	数量	最低估值(元)	
	被盖皮靴及日常用具		100				
	共计		100	共计			
估计总额	预发慰偿金额：100元			由部核给慰偿金额			
主管人员核签意见并签名盖章	黄如祖			呈报员工签名盖章	向元健		

154)电务员工呈报损失调查表

机关名称：重庆电话局　　　　　　　　　　　　民国　年　月　日填报

姓名	赵作钧	损失原因	29年8月19日敌机袭渝轰炸，本街中国银行及西南公司落弹，被破片将本局铺房住屋及其家具什物□震坏不堪，形同被炸	损失地点	林森路第355号	离到日期	年　月　日到局处
资格	业务员	^	^	损失日期	29年8月19日	^	^
职务	收费员	^	^	何方证明		^	年　月　日离局处
损失情形	名称	数量	最低估值(元)		名称	数量	最低估值(元)
^	柏木写字台	1张	30		铁锅	1口	20
^	柏木玻砖衣柜	1个	80		锡器磁碗缸钵等	无法计数	130
^	柏木架子床	1间	30		屋盖房瓦		120
^	共计				共计		410
估计总额	410元。拟准慰偿金额：80元				由部核给慰偿金额		
主管人员核签意见并签名盖章	黄如祖				呈报员工签名盖章	业务员赵作钧	

155)电务员工呈报损失调查表

机关名称：重庆电话局　　　　　　　　　　　　民国　年　月　日填报

姓名	林菊如	损失原因	8月20日兴隆巷中敌烧夷弹，整个宿舍顷刻化为灰烬	损失地点	中正路兴隆巷	离到日期	年　月　日到局处
资格	业务员	^	^	损失日期	8月20日	^	^
职务	助理员	^	^	何方证明	众人皆知	^	年　月　日离局处
损失情形	名称	数量	最低估值(元)		名称	数量	最低估值(元)
^	金山洋毯	1件	250		面盆	1只	7.5
^	丝棉[绵]被	1件	80		衬衣	3件	45
^	绒冬大衣	1件	200		背心短裤	3套	30
^	绒冬西装	1套	400		牙膏牙刷面巾浴巾		10
^	黄黑皮鞋		65		中西书籍		100
^	被单枕头	2对	70		其他杂物		50
^	皮套鞋	1对	20				
^	共计		1085		共计		242.5
估计总额	1327.5元。预发慰偿金额：80元				由部核给慰偿金额		
主管人员核签意见并签名盖章	查该员住居本局宿舍被焚确实　　黄如祖　向元健				呈报员工签名盖章	林菊如	

156) 电务员工呈报损失调查表

机关名称：重庆电话局　　　　　　　民国二十九年八月二十一日填报

姓名资格职务	熊超群	损失原因	兴隆巷14号寄宿舍被炸	损失地点	兴隆巷	离到日期	年　月　日到局处
	话务员			损失日期	20号		
	佐理员			何方证明			年　月　日离局处
损失情形	名称	数量	最低估值(元)	名称	数量	最低估值(元)	
	棉絮	2床	40	卧单	1床	15	
	枕头	1对	10	被面	1床	20	
	礼帽	1顶	15	中山服	2套	80	
	雨伞	1把	5	皮鞋	1双	60	
	面盆	1个	20				
	毛巾	2条	5				
	共计		95	共计		175	
估计总额	270元。预发慰偿金额：60元			由部核给慰偿金额			
主管人员核签意见并签名盖章	查该员住居本局宿舍被焚确实　　　黄如祖　向元健			呈报员工签名盖章		熊超群	

157) 电务员工呈报损失调查表

机关名称：重庆电话局　　　　　　　民国二十九年八月二十一日填报

姓名资格职务	蒋重仪	损失原因	被敌机投弹全部焚毁	损失地点	兴隆巷宿舍	离到日期	年　月　日到局处
	雇员			损失日期	8月20日		
	出纳股佐理员			何方证明			年　月　日离局处
损失情形	名称	数量	最低估值(元)	名称	数量	最低估值(元)	
	棉被	2条	80	面盆	1个	7	
	绒中山装	1套	70	毛巾	1条	1.2	
	短裤	2条	28	牙刷	1把	1	
	衬衣	2件	20				
	旧西装	1套	100				
	共计		298	共计		9.2	
估计总额	307.2元。预发慰偿金额：60元			由部核给慰偿金额			
主管人员核签意见并签名盖章	查该员住居本局宿舍被焚确实　　　黄如祖　向元健			呈报员工签名盖章		蒋重仪	

158)电务员工呈报损失调查表

机关名称：重庆电话局　　　　　　　　　　　　　民国　年　月　日填报

姓名资格职务	范松麟	损失原因	被炸又火烧	损失地点	兴隆巷宿舍	离到日期	年　月　日到局处
	雇员			损失日期	29年8月20日		
	外收发			何方证明	本局宿舍		年　月　日离局处

损失情形	名称	数量	最低估值(元)	名称	数量	最低估值(元)
	棉被	2床	90	夹袍	1件	25
	呢毯	1床	25	洋磁面盆	1只	9
	棉袍	1件	30			
	共计			共计		

估计总额	179元正。预发慰偿金额：60元	由部核给慰偿金额	
主管人员核签意见并签名盖章	查该员住居本局宿舍被焚确实　　　　　　　　　黄如祖　向元健	呈报员工签名盖章	范松麟

159)电务员工呈报损失调查表

机关名称：重庆电话局　　　　　　　　　　　民国二十九年八月二十一日填报

姓名资格职务	吴永才	损失原因	被炸又火烧	损失地点	兴隆巷	离到日期	年　月　日到局处
	雇员			损失日期	29年8月20日		
	营业股			何方证明	本局宿舍		年　月　日离局处

损失情形	名称	数量	最低估值(元)	名称	数量	最低估值(元)
	被服	1条	40	衫裤	2套	42
	被单	2条	32	棉袍	1件	60
	雨衣	1件	30	夹衣	1套	35
	共计	11件		共计		239

估计总额	239元正。预发慰偿金额：60元	由部核给慰偿金额	
主管人员核签意见并签名盖章	查该员住居本局宿舍被焚确实　　　　　　　　　黄如祖　向元健	呈报员工签名盖章	吴永才

(0346—1—48)

24.交通部重庆电话局为请核杨富贵1940年9月13日被炸损失调查表给交通部的代电(1940年10月14日)

交通部钧鉴：据本局修养股主任金履成转据技工杨富贵报称：工住马家店南坪场正街150号，九月十三日敌机在寓所四周投弹，墙壁倾塌，衣物各项均被震毁，填具损失调查表转请赐予救济。等情。理合检同该损失调查表送请鉴核示遵，实为公便。衔名叩。寒事。

附技工杨富贵损失调查表1纸

电务员工呈报损失调查表

机关名称：　　　　　　　　　　民国二十九年九月十三日填报

姓名	杨富贵	损失原因	敌机在寓四周投弹，门窗墙壁倾坍不堪，致表列各项均被震毁	损失地点	马家店南坪场正街150号	离到日期		年　月　日 到局处
资格	技工			损失日期	9月13日			
职务	机工			何方证明				年　月　日 离局处
损失情形	名称	数量	最低估值(元)		有无眷属同在服务机关所在地	实支月薪数额	最低估值(元)	
	6磅热水瓶	1只	48		妻女2人	48元		
	2磅热水瓶	1只	18					
	座钟	1只	60					
	大号镜子	1只	6					
	大小饭碗	20只	10					
	共计		142		共计			
估计总额		预发慰偿金额			由部核给慰偿金额			
主管人员核签意见并签名盖章		黄如祖　王佐　金履成			呈报员工签名盖章		杨富贵	

(0346—1—49)

25.交通部重庆电话局为请核熊同仁1940年10月10日被炸损失调查表给交通部的代电(1940年10月25日)

交通部钧鉴：据本局北碚分局股主任王同华呈。据本股业务员熊同仁呈称：职寓北碚济南路14号房屋,已于本年十月十日被敌机投弹炸塌,填具损失调查表请予救济。等情。当经前往被炸地点查勘,签注意见,转请鉴核等情前来。理合检同该员调查损失表送请鉴核示遵为祷。衔名叩。有事。

附熊同仁损失调查表1纸

电务员工呈报损失调查表

机关名称：重庆电话局北碚分局　　　　　　民国二十九年十月十二日填报

姓名	熊同仁	损失原因	敌机在住寓门首投下一弹,爆炸后房屋震塌	损失地点	北碚济南路14号	离到日期	年 月 日 到局处
资格	业务员			损失日期	10月10日		
职务	佐理员			何方证明			年 月 日 离局处

	名称	数量	最低估值(元)	名称	数量	最低估值(元)
损失情形	帐子	2顶	120	水缸	1只	8
	瓷罐子	1对	20	工作所在地有无眷属同住：母妻儿女共8人		
	瓷瓶	1只	8	现支薪额：94元		
	瓷茶壶	1只	8			
	大小瓷碗	10余个	8			
	钢盅锅(大号)	1只	20			
	共计		184	共计		8

估计总额	192元。拟准慰偿金额134.4元	由部核给慰偿金额	
主管人员核签意见并签名盖章	经职往被炸地点查勘,见所损物件中有尚可修补者,拟照所开损失数以7折计算,合134.4元。 　　　　　　　　　　　　黄如祖　王同华	呈报员工签名盖章	熊同仁

(0346—1—49)

26.交通部重庆电话局为请核史吉人等1940年10月25、26日被炸损失调查表给交通部的代电(1940年11月17日)

交通部钧鉴：查本年十月二十五、二十六两日敌机袭渝，本局雇员史吉人、话务员万素贞、张秀兰等住屋震毁，兹据该员等填具损失调查表请求救济前来，理合检呈该调查表送请鉴核示遵为祷。衔名叩。筱事。

附史吉人等损失调查表3纸

1)电务员工呈报损失调查表

机关名称：交通部重庆电话局　　　　　　民国二十九年十月二十五日填报

姓名	史吉人	损失原因	10月25日敌机袭渝，将房屋震毁，屋瓦无存，物件损失甚巨，被盖器具等打坏	损失地点	重庆余家巷15号	离到日期	年　月　日到局处
资格	雇员			损失日期	10月25日		
职务	缮办表册			何方证明			年　月　日离局处

损失情形	名称	数量	最低估值(元)	名称	数量	最低估值(元)
	粗细被盖	2床	150	有无眷属同在服务机关地	有妻子〔女〕共5人	
	布棉褥子	1条	20			
	白布床单	1件	10	实支月薪数额	30元	
	哈〔咔〕机〔叽〕西服	1套	30			
	布长衫	1件	22			
	木架床	1架	35			
	木厨柜	1个	20			
	温水瓶	1个	40			
	细磁茶壶	1把	5			
	铁锅	1口	16			
	水缸	1个	12			
	磁茶饭碗盘子	35个	35			
	藤椅	2把	33			
	共计		428	共计		

估计总额	拟准救济金额：180元	由部核给慰偿金额	
主管人员核签意见并签名盖章	房屋被炸属实 王佐　黄如祖	呈报员工签名盖章	史吉人

2)电务员工呈报损失调查表

机关名称：重庆电话局　　　　　　　　　　民国二十九年十月二十七日填报

姓名资格职务	万素贞	损失原因	敌机26日袭渝，房屋被炸	损失地点	金汤街26号附1号	有无眷属同在服务机关地	祖母1人
	话务员			损失日期	10月26日		
	佐理员			何方证明		实支月薪数额	33元

损失情形	名称	数量	最低估值（元）	名称	数量	最低估值（元）
	木床	2张	50	短衣裤	2套	50
	写字台	1张	30	方凳	2张	20
	方桌	1张	30	热水瓶	1只	35
	被	2条	200	玻璃杯	6只	5
	褥单	1条	30	厨房用家具		80
	箱子	1只	20			
	棉袍	1件	60			
	共计			共计		610

估计总额	拟准慰偿金额：180元	由部核给慰偿金额	
主管人员核签意见并签名盖章	房屋被炸属实　　　　　　黄如祖	呈报员工签名盖章	万素贞

3)电务员工呈报损失调查表

机关名称：　　　　　　　　　　　　　　　民国二十九年十月三十一日填报

姓名资格职务	张秀兰	损失原因	敌机26日袭渝被炸	损失地点	临江门大井巷16号	有无眷属同在服务机关地	父母2人
	话务员			损失日期	10月26日		
	值机			何方证明		实支月薪数额	30元

续表

<table>
<tr><td rowspan="12">损失情形</td><td>名称</td><td>数量</td><td>最低估值(元)</td><td>名称</td><td>数量</td><td>最低估值(元)</td></tr>
<tr><td>木床</td><td>3张</td><td>32</td><td>棉袍</td><td>6件</td><td>200</td></tr>
<tr><td>方桌</td><td>1张</td><td>12</td><td>长衫</td><td>8件</td><td>70</td></tr>
<tr><td>长桌</td><td>2张</td><td>20</td><td>衬里汗衣</td><td>6套</td><td>60</td></tr>
<tr><td>椅子</td><td>6张</td><td>24</td><td>夹衣</td><td>6件</td><td>130</td></tr>
<tr><td>凳子</td><td>2张</td><td>10</td><td>热水瓶</td><td>1只</td><td>28</td></tr>
<tr><td>被</td><td>3条</td><td>300</td><td>锅</td><td>2只</td><td>30</td></tr>
<tr><td>褥单</td><td>3条</td><td>80</td><td>碗</td><td>20只</td><td>15</td></tr>
<tr><td>军毯</td><td>3条</td><td>50</td><td>碗厨</td><td>1个</td><td>12</td></tr>
<tr><td>垫被</td><td>3条</td><td>190</td><td>零星物件</td><td></td><td>100</td></tr>
<tr><td>箱子</td><td>1只</td><td>36</td><td></td><td></td><td></td></tr>
<tr><td colspan="3">共计</td><td colspan="2">共计</td><td>1399</td></tr>
<tr><td>估计总额</td><td colspan="3">拟准慰偿金额:180元</td><td colspan="2">由部核给慰偿金额</td><td></td></tr>
<tr><td>主管人员核签意见并签名盖章</td><td colspan="3">房屋炸坏属实　　　　　　　黄如祖</td><td colspan="2">呈报员工签名盖章</td><td>张秀兰</td></tr>
</table>

(0346—1—49)

27.交通部重庆电话局为报蒋玉如、夏长寿1941年5月3日、10日损失调查表请核发慰偿金给交通部的代电(1941年5月27日)

交通部部、次长钧鉴:查本年五月三日及十日敌机袭渝,本局业务员蒋玉如、技工夏长寿住宅先后被炸,兹据该员工填具损失调查表并证明书,请予核发慰偿金等情,当经派员查勘,尚属实情,理合检同调查表暨证明书呈请鉴核示遵,实为公便。衔名叩。感事。

附损失调查表2纸、证明书1纸

1) 电务员工呈报损失调查表

机关名称：重庆电话局　　　　　　　　　民国三十年五月七日填报

姓名	蒋玉如	损失原因	敌机侵入市空，在住屋附近投弹，屋面全部被毁	损失地点	重庆市曾家岩19号	离到日期	年　月　日　到局处
资格	业务员			损失日期	5月3日		
职务	营业股			何方证明	曾家岩第四保保长吴济安		年　月　日　离局处

损失情形	名称	数量	最低估值(元)	名称	数量	最低估值(元)
	热水瓶	2只	80	镜子	1只	15
	江西磁饭碗	8只	32	洋铁壶	1只	15
	大小菜碗	10只	35	茶壶	1只	6
	玻璃杯	2只	4	水桶	1只	5
	酱油碟汤匙等	16件	8	痰盂沙锅瓶罐等	8件	18
	共计			共计		218

估计总额	拟准慰偿金额44元	由部核给慰偿金额	
主管人员核签意见并签名盖章		呈报员工签名盖章	蒋玉如

实支薪给：44元

被炸时有无直系亲属同居：有

直系亲属于事前已否疏散：未

2) 电务员工呈报损失调查表

机关名称：重庆电话局　　　　　　　　　民国三十年五月十日填报

姓名	夏长寿	损失原因	嘉陵新村机务站宿舍被轰炸	损失地点	嘉陵新村14号	离到日期	年　月　日　到局处
资格	技工			损失日期	30年5月10号		
职务	驻段线工			何方证明			年　月　日　离局处

续表

损失情形	名称	数量	最低估值(元)	名称	数量	最低估值(元)
	夏布蚊帐	1床	51	白布衬衣	1件	15
	蓝布工作服	1套	40.5	袜子	2双	8
	胶鞋	1双	22	茶壶	1个	3.2
	洗面盆	1个	19			
	共计			共计		158.7

估计总额	158.7元。拟准或预发慰偿金额:40元	由部核给慰偿金额	
主管人员核签意见并签名盖章	5月10日嘉陵新村机务站内确被敌机投中一弹,该工衣物等因受房上瓦木等塌下打毁有据　　　　　　　　　黄	呈报员工签名盖章	夏长寿

实支薪给:

被炸时有无直系亲属同居:无

直系亲属于事前已否疏散:已

(0346—1—49)

28.交通部重庆电话局为报方根孝1941年5月16日被炸损失调查表请核发慰偿金给交通部的代电(1941年6月2日)

交通部钧鉴:据本局机务员方根孝呈称:本年五月十六日敌机袭渝,中二路27号寓所中弹,全部炸毁,填具损失调查表请予救济等情,当经派员查勘,确属实情,理合检同该调查表送请鉴核,准予核发救济费,实为公便。衔名叩。冬事。

附损失调查表1纸

电务员工呈报损失调查表

机关名称:重庆电话局　　　　　　　　　　民国三十年五月十日填报

姓名	方根孝	损失原因	5月16日敌机袭渝时被轰炸	损失地点	中二路27号	离到日期	年　月　日到局处
资格	机务员			损失日期	5月16日		
职务	城区地下室装机			何方证明			年　月　日离局处

续表

损失情形	名称	数量	最低估值(元)	名称	数量	最低估值(元)
	棉被	1条	85	驼绒袍	1件	100
	褥单	1条	45	衬衣裤	4件	60
	枕头	1个	12	面盆漱口盂及零星等件		50
	布中山装	1套	60			
	共计			共计		410
估计总额		410元。拟准慰偿金额:198元		由部核给慰偿金额		
主管人员核签意见并签名盖章	经查属实 王佐　黄如祖			呈报员工签名盖章	方根孝	
实支薪给:66元						
被炸时有无直系亲属同居:无						
直系亲属于事前已否疏散:已						

方根孝签呈：

敬签呈者：窃职前以本局宿舍不敷分配，一向寄居中二路念七号财政部电话总机室宿舍友人处，曾经向局方登记在案。顷因本月十六日寇机滥炸渝市，该处亦遭投弹，职所有之行李什物被毁殆尽。在此生活费用奇昂之际，实不堪荷此重大之损失。兹特上陈，拟恳钧长垂察下情，予以救济，借资弥补，实为德便。其所损失等件，兹附列清单于后。

此上

主任侯转呈

课长王转呈

局长黄钧鉴

职　方根孝　谨呈

五.十九

计开：

棉被1条，约值85元

褥单1条，约值45元

枕头1个，约值12元

驼绒袍1件，约值100余元

布中山装1套，约值60元

衬衣裤4件，约值60元

其他面盆、漱口盂及零星等件，约值50余元

总计损失之值达410余元

报告调查经过

三十年五月二十七日

为报告事。奉谕前赴中二路27号调查机务员方根孝住所于五月十六日被敌机轰炸所受损害情形，当于五月二十七日下午前往该处勘查如下。

查该员住所为财政部之宿舍部分，该日敌机轰炸渝市，于该处上行石级左方落弹1枚，适中在其住屋之处，将该住屋完全炸毁，所有附近石级树木砖墙屋面均遭波及，除中弹处坑窟业经填平、石级正在整修外，所有墙上为弹片炸毁之处及炸毁之树木依然存在，该住屋仅有墙基痕迹，及探询该部职员朱柄华君，据云：方君为其友人介绍，住此甚久，平日早出晚归，白天向不在此，且屡次警报均未来过。等语。如该员于当时因职务关系衣物未及抢出，则所受损害当系实在。所查以上情形是实，理合呈复，请予鉴核。

谨呈

课长王

局长

职　车德义　谨呈

（0346—1—49）

29.交通部重庆电话局为报1941年6月1日、6月2日、6月5日员工被炸损失请核发慰偿金给交通部的代电（1941年6月30日）

交通部钧鉴：查本月一、二、五日敌机连续袭渝，本局员工住宅被炸，受损

者计有柳春山等16人,经各填具损失调查表前来,当由各主管人员亲往勘察,签注意见,照章按情拟核给慰偿金额共2338元,理合填具动用概算请示表1纸,连同损失调查表16份、清单1纸,电请鉴核,准予列支以示体恤,并拨款归垫为祷。全衔叩,陷事。

附呈损失调查表16纸、清单1纸、动用概算请示表1纸

1)电务员工呈报损失调查表

机关名称:重庆电话局　　　　　　　　　民国三十年六月一日填报

姓名	柳春山	被敌炸烧敌机投弹过后,所住房屋即燃烧,所有房屋及屋内衣被物件全部焚毁	损失地点	东升楼28〔号〕	离到日期	年 月 日 到局处
资格	技工		损失日期	6月1号		
职务	架设外线		何方证明	甲长证明		年 月 日 离局处
损失情形	名称	数量	最低估值(元)	名称	数量	最低估值(元)
	被盖	1床	45	平架木床	1间	25
	绵[棉]絮	1床	15	方木桌	1张	10
	线毯	1床	12	方木凳	4个	4
	中山服	2套	56	烧饭锅	1口	12
	衬衣	2件	20	洋磁面盆	1个	16
	蓝色旗袍	2件	54	面巾	2张	3
	共计		202	共计		70
估计总额	272元。拟准慰偿金额:180元 预发慰偿金额:80元			由部核给慰偿金额		
主管人员核签意见并签名盖章	查该工所住房屋即在局后,确系被焚属实,屋内被焚衣被物件核与技工一家需用物品尚属相称,拟请从优救济 　　　　　　　设置股主任王能杰　王佐			呈报员工签名盖章	柳春山	

实支薪给:24元
被炸时有无直系亲属同居:有妻、子各一人
直系亲属于事前已否疏散:未

2) 电务员工呈报损失调查表

机关名称:重庆电话局　　　　　　　　　　　民国三十年六月二日填报

姓名	谢合清	损失原因	被敌炸毁敌机投弹中洪岩洞岩上,巨石数十块下坍,将技工所住房屋及屋内各种物件登时□炸全毁	损失地点	洪岩洞59号	离到日期	年　月　日到局处
资格	技工			损失日期	6月2号		
职务	架设外线			何方证明	保甲证明		年　月　日离局处

损失情形	名称	数量	最低估值(元)	名称	数量	最低估值(元)
	被盖	2床	75	平木床	1间	25
	绵[棉]絮	1床	15	方木桌	1张	14
	帐子	1笼	30	方木凳	8个	11
	中山服	3套	90	烧饭锅	2口	15
	衬衣	2件	24	铁顶锅	1口	16
	蓝布女衫	3件	65	洋磁盆	1个	18
	女夹衫	1件	26	洗面巾	3张	7
	闹钟	1个	70	食米	1斗7升	34
	共计		395	共计		140

估计总额	535元。拟准慰偿金额:200元	由部核给慰偿金额	
主管人员核签意见并签名盖章	经派员查明该工所住房屋59号,因岩石被炸下坍压毁房屋,器具全部损毁,衣被等件损坏亦多,该工所报尚属实在,拟请从优慰偿救济 　　　　　　　设置股主任　王能杰　王佐	呈报员工签名盖章	谢合清

实支薪给:42元

被炸时有无直系亲属同居:妻女各一人

直系亲属于事前已否疏散:未

3) 电务员工呈报损失调查表

机关名称:重庆电话局　　　　　　　　　　　民国三十年六月 日填报

姓名	周明光	损失原因	该地投掷炸弹炸毁	损失地点	江家巷1号	离到日期	年　月　日到局处
资格	技工			损失日期	民30年6月1号		
职务	技工			何方证明	二区寒家镇第一保长冉月徽		年　月　日离局处

续表

	名称	数量	最低估值(元)	名称	数量	最低估值(元)
损失情形	厨房用具全	全套	80	棉絮(平价)	1床	10
	米	4斗	84	蓝布衣服(长衫)	2件	60
	帐子	1床	50	绵毯	1床	30
	皮箱	1口	30			
	挑箱	2个	30			
	被条	2床	100			
	共计		374	共计		100
估计总额	474元。拟准慰偿金额:160元			由部核给慰偿金额		
主管人员核签意见并签名盖章	该工住屋被炸经查属实 　　　　　　　王佐　侯楷			呈报员工签名盖章	周明光	

实支薪给:28元

被炸时有无直系亲属同居:有妻1人

直系亲属于事前已否疏散:未

报告调查经过　三十年六月五日

为报告事。奉谕往查江家巷1号技工周明光住宅被炸情形,查该工与技工贺炎荣同门居住,同时被炸,室内损失虽非完全毁灭,唯全部损害情形实亦不赀,除由该处保长盖章证明外,理合将调查经过报请鉴核。谨呈

课长王

附该工损失调查表2纸

职　车德义　谨呈

4）电务员工呈报损失调查表

机关名称：重庆电话局　　　　　　　　　　　　　　民国三十年六月三日填报

姓名	贺炎荣	损失原因	房屋受爆炸弹打滥〔烂〕倒(塌)	损失地点	城内江家巷第一号	离到日期	年 月 日 到局处
资格	技工			损失日期	6月1日		
职务	修养股查线			何方证明	第二区寨家桥镇第一保保长冉月徽		年 月 日 离局处

损失情形	名称	数量	最低估值(元)	名称	数量	最低估值(元)
	被盖	2床	75	夹裤	2条	30
	木床	1架	20	锅头	1口	15
	平柜	1个	32	板凳	4根	12
	木椅	2把	20	水缸	1口	15
	棉絮	1床	12	泡菜坛	2个	12
	兰[蓝]布中服	2套	45	大小白玉碗	7个	14
	絮袄	2件	70	大小粗碗	12个	5
				大脚盆	1口	8
				食米	2斗	45
				缸钵	3个	8
				面盆	1个	10
				大板箱	1口	20
				白玉茶壶	1个	10
				特殊扎用具		70
	共计		274	共计		274

估计总额	548元。拟准慰偿金额:180元	由部核给慰偿金额	
主管人员核签意见并签名盖章	该工住址被炸经查属实	呈报员工签名盖章	贺炎荣

实支薪给:28元

被炸时有无直系亲属同居:父妻子

直系亲属于事前已否疏散:未

报告调查经过 三十年六月四日

为报告事。奉谕往江家巷1号调查技工贺炎荣住宅于六月一日被炸所受损害情形,当于六月四日上午前赴该处勘查如下:

查该工住宅系门面房2间,依墙而建,进深不及1丈,左为卧房,右为厨房,六月一日该宅附近落弹1枚,似系空中爆炸性质,屋面全行揭去,木板门面均为弹片摧毁,室内一目了然,靠墙未倒壁上悬橱未坠,尚存破桌1张,土灶1口,卧房已空无所有,其损害程度虽非完全摧毁,损失当亦不赀。除向该处第二区寨家桥镇第一保冉月徽保长取得证明并加盖私章于"何方证明"栏内外,理合将所查损害情形呈报鉴核。谨呈

课长王

附电务员工呈报损失调查表2纸

职　车德义　谨呈

再核损失调查表所填右方"最低估值栏"内多填70元并未指出名称、数量,应否于"估计总额"数内减去70元,为478元,理合附呈鉴核。

5)电务员工呈报损失调查表

机关名称:　　　　　　　　　　　　民国三十年六月六日填报

姓名	彭少清	损失原因	神仙洞新街77号对面落弹1枚,将77号房屋震坏倒塌,所有衣物等件损毁	损失地点	神仙洞新街77号	离到日期	年　月　日 到局处
资格	技工			损失日期	30年6月5日夜		
职务				何方证明	十一保九甲甲长		年　月　日 离局处
损失情形	名称	数量	最低估值(元)	名称	数量	最低估值(元)
	被盖	2床	160	白玉饭碗	10个	20
	帐子	1床	80	白玉中碗	5个	10
	皮箱	1个	30			
	中山服	3套	120			
	木床	1架	40			
	饭锅	1口	20			
	水缸	1口	10			
	共计		460元	共计		30元

续表

估计总额	490元。拟准慰偿金额：120元	由部核给慰偿金额
主管人员核签意见并签名盖章	损失属实，估价较高　　　　　　　王佐　侯楷	呈报员工签名盖章　　彭少清

实支薪给：28元

被炸时有无直系亲属同居：妻子各一名

直系亲属于事前已否疏散：未

报告调查经过 三十年六月七日

为报告事。奉谕往神仙洞街新街77号调查六月五日晚间被炸之技工彭少清、周荣枫、周合鑫等住宅损失情形，当于六月七日早晨前往。查该屋对面落弹1枚，连同78号遭受同样损害，计楼面震塌，上层为彭少清、周合鑫合住，楼下为周荣枫独居，均有家眷同住，灾后状况凌乱，损毁之物尚未清除，当激烈震动弹片横飞之际，而易为震坏之器具均遭破碎，其被服木器亦为弹片损毁，所报损失情形尚属实在，除经甲长证明盖章外，理合据情报请课长鉴核。

附彭少清、周荣枫、周合鑫损失表各2份

职　车德义　谨呈

6) 电务员工呈报损失调查表

机关名称：　　　　　　　　　　　民国三十年六月六日填报

姓名	周荣枫	损失原因	神仙洞新街77号对面落弹1枚，将77号房屋震坏倒塌，所有衣物等件损毁	损失地点	神仙洞新街77号	离到日期	年　月　日到局处
资格	机工			损失日期	30年6月5日夜		
职务				何方证明	十一保九甲甲长		年　月　日离局处

损失情形	名称	数量	最低估值(元)	名称	数量	最低估值(元)
	帐子	1床	60	饭锅	1口	15
	被盖	2床	210	白玉饭碗	5个	10
	毯子	1床	40	白玉中碗	4个	12
	厂床	1架	60			
	衬衫	2件	40			
	中山服	2套	120			
	毛线背心	1件	40			
	共计		570元	共计		37元

续表

估计总额	607元。拟准慰偿金额：140元		由部核给慰偿金额	
主管人员核签意见并签名盖章	损失属实，估价较高	王佐　侯楷	呈报员工签名盖章	周荣枫

实支薪给：48元

被炸时有无直系亲属同居：妻子各1

直系亲属于事前已否疏散：未

7) 电务员工呈报损失调查表

机关名称：　　　　　　　　　　　　　　　民国三十年六月六日填报

姓名	周合鑫	损失原因	神仙洞新街77号对面落弹1枚，将77号房屋震坏倒塌，所有衣物等件损毁	损失地点	神仙洞新街77号	离到日期	年　月　日 到局处
资格	技工			损失日期	30年6月5日夜		
职务				何方证明	十一保九甲甲长		年　月　日 离局处

	名称	数量	最低估值(元)	名称	数量	最低估值(元)
损失情形	木箱	1口	18	中碗	10个	16
	竹床	1架	16	帐子	1床	40
	绵[棉]衣	男女2件	110	饭锅	1口	12
	饭碗	20个	25			
	共计			共计		237元

估计总额	237元。拟准慰偿金额：100元	由部核给慰偿金额	
主管人员核签意见并签名盖章	损失尚属实情	呈报员工签名盖章	周合鑫

实支薪给：28元

被炸时有无直系亲属同居：妻1子1女1

直系亲属于事前已否疏散：未

8)电务员工呈报损失调查表

机关名称： 　　　　　　　　　　　　　　　　民国三十年六月五日填报

姓名	王学初	损失原因	所住91号门口被炸，房屋炸毁，日用家具全部炸毁，衣被等件迨警报解除去查已经数〔散〕失无存	损失地点	神仙洞91号	离到日期	年　月　日　到局处
资格	技工			损失日期	6月5日夜		
职务	架设外线			何方证明	甲长罗绍清		年　月　日　离局处

损失情形	名称	数量	最低估值(元)	名称	数量	最低估值(元)
	被盖	2床	85	小平间	2间	42
	绵[棉]絮	2床	38	写字台	1张	25
	绵毯	2床	42	方木凳	7个	14
	帐子	2笼	75	方桌	1张	18
	中山服	3套	95	水缸	1口	12
	衬衣	2件	22	烧饭锅	1口	15
	蓝布女旗袍	3件	90	白玉碗	13个	20
	女夹衫	2件	78	食米	2斗7升	54
	小孩中山服	3套	45	洗面盆	1个	18
				洗面巾	4张	10
	共计		570	共计		228

估计总额	798元。拟准慰偿金额：180元	由部核给慰偿金额

主管人员核签意见并签名盖章	访查神仙洞街91号确系因附近中弹连带炸毁，该工屋中家具全毁，衣被等物捡出无多，有该管第九甲甲长证明。拟请从优慰偿 　　　　　设置股主任王能杰　王佐	呈报员工签名盖章	王学初

实支薪给：28元

被炸时有无直系亲属同居：妻1子1女1

直系亲属于事前已否疏散：未

9）电务员工呈报损失调查表

机关名称：电话局长途台　　　　　　　　　　　民国三十年六月九日填报

姓名	李清秋	损失原因	6月5日晚敌机袭渝被炸	损失地点	神仙洞后街84号	离到日期	年　月　日 到局处
资格	话务员	^	^	损失日期	6月5日	^	
职务	长途值机	^	^	何方证明		^	年　月　日 离局处

损失情形	名称	数量	最低估值(元)	名称	数量	最低估值(元)
	床	1张	80	肥皂盒	1个	5
	桌	1张	30	面盆	1个	30
	椅	2把	20	漱口杯	2个	10
	玻璃砖镜	1面	30			
	茶碗及盘	各4	20			
	饭碗	8个	20			
	花瓶	1个	10			
	共计		210	共计		45

估计总额	255元。拟准慰偿金额：140元正	由部核给慰偿金额	
主管人员核签意见并签名盖章	住所因附近落弹震坏属实　　　　　　王佐	呈报员签名盖章	李清秋

实支月薪数额：28元

有无眷属同在服务机关地：有夫

10）电务员工呈报损失调查表

机关名称：重庆纯阳洞电话局　　　　　　　　民国三十年六月六日填报

姓名	卢志英	损失原因	被炸	损失地点	神仙洞街85号	离到日期	年　月　日 到局处
资格	话务员	^	^	损失日期	6月5日晚	^	
职务	长途股佐理员	^	^	何方证明		^	年　月　日 离局处

续表

	名称	数量	最低估值(元)	名称	数量	最低估值(元)
损失情形	大皮箱	1只	100	枕头连枕套	各两件	30
	驼绒袍、衬绒袍、夹袍	各1件	160	袜子	6双	24
	单旗袍	4件	100	皮鞋	2双	100
	衬衣衫裤	4套	40	热水瓶	2个	60
	五斗柜	1个	96	茶壶杯	全套	30
	木床、竹床、棕垫	各1件	80	方桌方凳	全套	40
	珠罗纱帐 罗纹帐	各1顶	120	饭碗汤碗	19只	50
	被褥	2条	150	镜子面巾牙刷牙膏漱口杯	各1件	30
	被褥单	2条	80	面盆脚盆大小木盆木桶	各1只	90
				厨房家具	全套	100
	共计		926	共计		554
估计总额	1480元。拟准慰偿金额:342元正 预发慰偿金额:100元正			由部核给慰偿金额		
主管人员核签意见并签名盖章	住所被炸属实 王佐			呈报员工签名盖章	卢志英	

11)电务员工呈报损失调查表

机关名称:重庆电话局　　　　　　　　民国三十年六月六日填报

姓名	顾煜楣	损失原因	被炸	损失地点	神仙洞街85号	离到日期	年 月 日 到局处
资员	话务员			损失日期	6月5日晚		
职务	副领班			何方证明			年 月 日 离局处

续表

<table>
<tr><td rowspan="14">损失情形</td><td>名称</td><td>数量</td><td>最低估值(元)</td><td>名称</td><td>数量</td><td>最低估值(元)</td></tr>
<tr><td>棕垫床架</td><td>1只</td><td>40</td><td>羊毛绒线外衣</td><td>1件</td><td>50</td></tr>
<tr><td>席子</td><td>1条</td><td>10</td><td>袜子</td><td>4双</td><td>20</td></tr>
<tr><td>被褥</td><td>1条</td><td>90</td><td>皮鞋</td><td>2双</td><td>70</td></tr>
<tr><td>被单</td><td>2条</td><td>40</td><td>皮箱</td><td>1只</td><td>40</td></tr>
<tr><td>床毡</td><td>1条</td><td>70</td><td>茶壶</td><td>1把</td><td>5</td></tr>
<tr><td>罗纹帐子</td><td>1顶</td><td>50</td><td>茶杯</td><td>2只</td><td>3</td></tr>
<tr><td>绸夹旗袍</td><td>1件</td><td>70</td><td>洋瓷洗脸盆</td><td>1只</td><td>15</td></tr>
<tr><td>布夹旗袍</td><td>1件</td><td>40</td><td>热水瓶</td><td>1只</td><td>30</td></tr>
<tr><td>绸衬绒旗袍</td><td>1件</td><td>70</td><td>漱口杯</td><td>1只</td><td>3</td></tr>
<tr><td>布单旗袍</td><td>3件</td><td>60</td><td>肥皂缸</td><td>1只</td><td>3</td></tr>
<tr><td>绸单旗袍</td><td>1件</td><td>50</td><td>镜子</td><td>1面</td><td>8</td></tr>
<tr><td>衬衣裤衫</td><td>3套</td><td>40</td><td>木梳</td><td>1只</td><td>4</td></tr>
<tr><td colspan="2">共计</td><td>630</td><td>共计</td><td colspan="2">251</td></tr>
<tr><td>估计总额</td><td colspan="3">881元。拟准慰偿金额：256元正</td><td colspan="3">由部核给慰偿金额</td></tr>
<tr><td>主管人员核签意见并签名盖章</td><td colspan="3">住所被炸属实

王佐</td><td>呈报员工签名盖章</td><td colspan="2">顾煜楣</td></tr>
</table>

12）电务员工呈报损失调查表

机关名称：纯阳洞电话局　　　　　　　　　　　民国三十年六月六日填报

<table>
<tr><td>姓名</td><td>丁明德</td><td rowspan="3">损失原因</td><td rowspan="3">于本月5日□被敌机投弹将屋内日常之用具打碎</td><td>损失地点</td><td>黄家垭口97〔号〕</td><td rowspan="3">离到日期</td><td>年 月 日到局处</td></tr>
<tr><td>资格</td><td>线工</td><td>损失日期</td><td>30年6月5日</td><td rowspan="2">年 月 日离局处</td></tr>
<tr><td>职务</td><td>工</td><td>何方证明</td><td>保甲</td></tr>
<tr><td rowspan="6">损失情形</td><td>名称</td><td>数量</td><td colspan="2">最低估值(元)</td><td>名称</td><td>数量</td><td>最低估值(元)</td></tr>
<tr><td>铁锅</td><td>1口</td><td colspan="2">16</td><td>大磁碗</td><td>5只</td><td>10</td></tr>
<tr><td>茶壶</td><td>1只</td><td colspan="2">15</td><td>小磁碗</td><td>6只</td><td>6</td></tr>
<tr><td>茶杯</td><td>4只</td><td colspan="2">4</td><td>水缸</td><td>1口</td><td>10</td></tr>
<tr><td>米缸</td><td>1只</td><td colspan="2">12</td><td>铁炊</td><td>1把</td><td>8</td></tr>
<tr><td colspan="2">共计</td><td colspan="2">47</td><td>共计</td><td colspan="2">34</td></tr>
</table>

续表

估计总额	81元。拟准慰偿金额:50元正		由部核给慰偿金额	
主管人员核签意见并签名盖章	住所震坏属实 　　　　　　王佐　侯楷		呈报员工签名盖章	丁明德

实支薪给:30元

被炸时有无直系亲属同居:有

直系亲属于事前已否疏散:无〔未〕

13)电务员工呈报损失调查表

机关名称:交通部重庆电话局　　　　　　　民国三十年六月六日填报

姓名	胡贤元	损失原因	兹于6月5日下午7时许敌机连空轰炸,将房屋家具等件震毁	损失地点	黄家垭口97〔号〕	离到日期	年　月　日 到局处
资格				损失日期	6月5日下午7时		
职务	技工			何方证明	保甲长证明		年　月　日 离局处

损失情形	名称	数量	最低估值(元)	名称	数量	最低估值(元)
	锅	1口	20	灯泡	1个	3
	水缸	1口	20	米缸	1个	15
	碗	4个	8	茶盏	4个	4
	茶壶	1把	7			
	共计			共计		77

估计总额	77元。拟准慰偿金额:50元正		由部核给慰偿金额	
主管人员核签意见并签名盖章	住所震坏属实 　　　　　　王佐　侯楷		呈报员工签名盖章	胡贤元

实支薪给:30元

被炸时有无直系亲属同居:有

直系亲属于事前已否疏散:无〔未〕

14) 电务员工呈报损失调查表

机关名称：纯阳洞电话局　　　　　　　　　民国三十年六月六日填报

姓名	黄光玉	损失原因	于本月5日夜被敌机投弹将日常之用具震毁及打碎	损失地点	黄家垭口97〔号〕	离到日期	年　月　日 到局处
资格	铅工			损失日期	30年6月5日		
职务	工			何方证明	保甲		年　月　日 离局处

损失情形	名称	数量	最低估值(元)	名称	数量	最低估值(元)
	水缸	1口	20	小磁碗	2只	4
	米缸	1口	12	磁茶杯	3只	3
	食米	2斗	42	玻璃杯	4只	8.8
	热水瓶	1个	35	铁锅	1口	16
	大磁碗	2只	5.6			
	共计		114.6	共计		31.8

估计总额	146.4元。拟准慰偿金额：80元正	由部核给慰偿金额	
主管人员核签意见并签名盖章	住所震坏属实　　　　　　　　　王佐　侯楷	呈报员工签名盖章	黄光玉

实支薪给：36元

被炸时有无直系亲属同居：有

直系亲属于事前已否疏散：无〔未〕

15) 电务员工呈报损失调查表

机关名称：纯阳洞电话分局　　　　　　　　民国三十年六月六日填报

姓名	汪子卿	损失原因	被敌机投弹将房屋震毁，家用之器具及日常所用物件被震毁	损失地点	重庆黄家垭口97号	离到日期	年　月　日 到局处
资格	技工			损失日期	30年6月5日		
职务	修机			何方证明	九保十一甲		年　月　日 离局处

续表

	名称	数量	最低估值(元)	名称	数量	最低估值(元)
损失情形	热水瓶	1个	40	漱口缸	1个	5
	饮茶器具	1套	20	粉缸	1个	5
	锅	1个	18	面盆	1个	30
	灯泡	1个	8	菜碗	1个	8
	饭碗	1个	6	铁壶	1个	8
	肥皂缸	1个	5	镜子	1个	15
	共计		97	共计		71
估计总额	168元。拟准慰偿金额:80元正			由部核给慰偿金额		
主管人员核签意见并签名盖章	住所震坏属实　　　　　　王佐　侯楷			呈报员工签名盖章	汪子卿	

实支薪给:57元

被炸时有无直系亲属同居:有

直系亲属于事前已否疏散:无〔未〕

报告调查经过　三十年六月十日

为报告事。奉谕往黄家垭口97号调查技工丁明德、汪子卿、黄光玉、胡贤元等及往神仙洞街85号话员顾煜楣、卢志英,84号李清秋等住宅于六月五日被炸损害情形。遵于六月十日下午前往各该处,分别调查实在损失情形如下:查技工丁明德等所住之处即为神仙洞新街之后面楼屋,亦即前查被炸技工彭少清等住屋之后面,丁工等所受损害即为该弹同时所震毁,屋面为炸飞石块所击,各屋均有数处洞穿,以故易于碰碎之物均少幸免,该工等所报尚属实在,并由该处保甲长证明。继往神仙洞街调查,话员顾煜楣等所住之屋毗连,均在楼上,该屋左方落弹1枚,将路基炸断,以致炸弹爆发力将该屋炸毁,尤以楼上所受损害为最烈,85号楼面落地,84号损失较轻,细软尚能保全,勘察损失情形,与所报尚属相符,复经该处保甲长证明,理合检同各该员工等调查损失单二份,附证明文件,汇请鉴核。谨呈

课长王

附调查损失单14纸(附粘证件)

职　车德义　谨呈

16)电务员工呈报损失调查表

机关名称：　　　　　　　　　　　　　　　　　民国三十年六月五日填报

姓名	赵瑞武	损失原因	炸弹震毁	损失地点	黄家垭口新99号（老103号）	离到日期	到局处	年 月 日
资格	技工			损失日期	民国30年6月5号			
职务	金钢塔下装机室领工			何方证明	甲长 保长		离局处	年 月 日

损失情形	名称	数量	最低估值(元)	名称	数量	最低估值(元)
	磁盒	大小5个	18	茶杯	2只	5
	铁饭锅	1个	22.8			
	磁汤锅	1个	6.5			
	铜水壶	1个	18			
	菜碗	6个	24.5			
	饭碗	4个	13.6			
	茶壶	大小各1个	16			
	共计		119.4	共计		5

估计总额	124.4元。拟准慰偿金额：80元正	由部核给慰偿金额
主管人员核签意见并签名盖章	被炸属实　　　　　　　　　　　　　　侯楷	呈报员工签名盖章　　赵瑞武

实支薪给：57元

被炸时有无直系亲属同居：有

直系亲属于事前已否疏散：

谨呈者：查机工赵瑞武整日在金刚塔下装机，于六月九日始将损失单报到，即经当日送组，至缺少保长证明，已令该工补填附送，拟请准予调查以示体恤。谨上

组长万转呈

局长黄

机械主任　侯楷　谨呈

卅年六月十四日

附赵瑞武损失调查表1份(2纸)〈原缺〉

(0346—1—99)

30.交通部重庆电话局陈金山关于1941年6月15日被炸损毁私物请求借款的签呈(1941年6月16日)

谨签呈者:窃工兹因患病甚危,据云郊外水土与病有碍,曾呈请调进城内,以便养病,免负覃家岗料库责任,并经得许可,工兹于本月十四日随带家属搬送城内萧家凉亭10号居住,不幸次日(十五日)敌机袭渝,该屋中弹1枚,房屋倒塌,损失颇重。维工近来经济异常困苦,加之渝市百物高贵,购买家具甚感困难,特此恳请借支薪津150元,以资料家务,并请作为三月扣除为祷。

   谨呈

主任金鉴转

组长万核转

局长黄

机工 陈金山 谨呈

六月十六日

查该工确系病重调来总局,本月十五日遭敌机炸毁住所亦属实在,情景可怜,拟乞准照紧急救济金办法先予借支以应急需而资体恤。

六月十七日

(0346—1—50)

31.交通部重庆电话局扩工组关于技工陈金山1941年6月15日被炸私物损失情形的签呈(1941年6月17日)

查技工陈金山确住萧家院子10号,于本月十五日被炸,损失惨重,业经取得当地保甲之证明,请照电务员工遭受空袭损失暂行救济办法第三条规定呈部请发救济费200元,并请念该工损失惨重,有施行紧急救济之必要,预发救济费150元,以示体恤。是否可行,尚祈鉴核示遵。此上

局长

附损失调查表2张、保甲证明书1张〈原缺〉

万竞先　谨签

六月十七日

(0346—1—50)

32.交通部重庆电话局扩工组关于1941年6月15日被炸损毁私人财物请求发给救济费清册的签呈(1941年6月17日)

查本月十五日午后1时敌机袭渝,在本局附近投弹甚夥,局内宿舍亦中弹炸毁,技术员吴学谨、金恽敦,话务员王鹿笙、杨宋政,雇员陈琴波、钟维毅,技工侯钧鉴,库丁周志、刘子清,工役龙海清、周树林等,均住该宿舍中,又技工熊昌鑫确住萧家凉亭该处,于同日被炸,业经取得保甲证明,该员工等所报损失均经派员查明属实。

此上

局长

附呈请发救济费清单1张、损失调查表24张

万竞先　谨签

六月十七日

请发本组员工空袭损失救济费清单

职别	姓名	实支月薪(元)	呈报损失数目(元)	大部规定救济费最高额(元)	请发救济费(元)
技术员	吴学谨	270	222	二个月实支薪	222
技术员	金恽敦	200	867	三个月实支薪	600
话务员	王鹿笙	68	281	四个月实支薪	272
话务员	杨宋政	28	200.6	四个月实支薪	112
雇员	陈琴波	35	79.8	四个月实支薪	79.8
雇员	钟维毅	35	207.8	四个月实支薪	140
技工	熊昌鑫	48	58	100	58
技工	侯钧鉴	28	280	100	100
库丁	周志	20	148	100	100

续表

职别	姓名	实支月薪（元）	呈报损失数目（元）	大部规定救济费最高额（元）	请发救济费（元）
库丁	刘子清	20	247.2	100	100
工役	龙海清	12	167.3	100	100
工役	周树林	12	234	100	100

上列员工在被炸时均无眷属同住，所请发救济费系按照电务员工遭受空袭损失暂行救济办法第二条（甲）及第三条规定之数目

(0346—1—50)

33.交通部重庆电话局为报1941年6月5日、6月14日、6月15日员工被炸损失调查表请核发慰偿金给交通部的代电稿（1941年7月11日）

交通部钧鉴：查本年六月五、十四、十五等日敌机袭渝，滥肆轰炸，本局员工沈义山等88人均受空袭损失。兹据该员工等填具空袭损失调查表呈请救济前来，当经复查属实，并已将损失估计分别核减，拟具救济费数目共计国币9253元，理合缮造清单，连同损失调查表、动用概算请示表一并送请鉴核，准予列支，并恳即予拨款归垫，实为公便。衔名叩。真事。

附空袭损失员工清单1份、空袭损失调查表88纸、动用概算请示表1纸

1）交通部重庆电话局员工空袭损失拟准慰偿金清单

姓名	资格	损失日期	损失原因	损失估值	有无眷属	慰偿金 拟准数目	慰偿金 预发数目	慰偿金 核准数目	备注
沈义山	工	6月5日	被炸	102	有	40			#101
赵鼎新	工	6月5日	被炸	120.3	有	50			#102
任立里	工	6月5日	被炸	156.5	有	60			#103
孟继云	工	6月5日	被炸	117	有	60			#104
谢正德	员	6月14日	被炸	1620	有	180			#100

续表

姓名	资格	损失日期	损失原因	损失估值	有无眷属	慰偿金 拟准数目	慰偿金 预发数目	慰偿金 核准数目	备注
孙嗣铭	员	6月15日	被炸	558	有	232			#12
白洁	员	6月15日	被炸	450	有	180			#13已报未发
陈金山	工	6月15日	被炸	413	有	160	80		#14
王佐	员	6月15日	被炸	210	无	210			#15
张春芳	员	6月15日	被炸	762.9	无	200	80		#16
赵纯绵	员	6月15日	被炸	434	无	200	80		#17
励芝谦	员	6月15日	被炸	474	无	200	80		#18
徐泽霖	员	6月15日	被炸	360	无	246	50		#19
周惠卿	员	6月15日	被炸	466	无	232	100		#20
张照桢	员	6月15日	被炸	650.5	无	256	100		#21
姚镇寰	员	6月15日	被炸	310	无	132	50		#22
李蹇斌	员	6月15日	被炸	467.4	无	256	100		#23
曹燮	工	6月15日	被炸	370	无	100			#24
陈长生	工	6月15日	被炸	185.7	无	80	40		#25
唐银轩	工	6月15日	被炸	158	无	80			#26
张季恕	工	6月15日	被炸	343	无	100			#27
周韶华	工	6月15日	被炸	306	无	100			#28
祝玉山	工	6月15日	被炸	1330	有	200	80		#29
车德义	员	6月15日	被炸	177	有	120			#30
尝胆伙食团		6月15日	被炸	359.5					#31呈核
吴学谨	员	6月15日	被炸	220	无	212			#32
金恽敦	员	6月15日	被炸	867	无	400			#33
王鹿笙	员	6月15日	被炸	281	无	192			#34
杨宋政	员	6月15日	被炸	200.6	无	112			#35
陈琴波	员	6月15日	被炸	79.8	无	50			#36
钟维毅	员	6月15日	被炸	207.8	无	105			#37
侯钧鉴	工	6月15日	被炸	280	无	200			#38
周志	工	6月15日	被炸	148	无	80			#39

续表

姓名	资格	损失日期	损失原因	损失估值	有无眷属	慰偿金 拟准数目	慰偿金 预发数目	慰偿金 核准数目	备注
刘子清	工	6月15日	被炸	247.2	无	100			#40
龙海清	工	6月15日	被炸	177.3	无	80			#41
周树林	工	6月15日	被炸	234	无	100			#42
熊昌鑫	工	6月15日	被炸	58	无	30			#43
王韫华	员	6月15日	被炸	64	无	40			#44
甘海光	工	6月15日	被炸	196	无	100			#52
杨国兴	工	6月15日	被炸	120	无	60			#55
万显云	工	6月15日	被炸	138	无	70			#56
李华周	工	6月15日	被炸	250	有	120			#57
徐焕楳	工	6月15日	被炸	232	有	120			#58
李东山	工	6月15日	被炸	203	有	100			#59
胡炎廷	工	6月15日	被炸	187	有	90			#60
吕学丹	工	6月15日	被炸	202.6	有	100			#61
熊松永	工	6月15日	被炸	237	有	120			#62
陈少卿	工	6月15日	被炸	411.6	有	200			#63
熊春山	工	6月15日	被炸	153	有	70			#64
程从汉	工	6月15日	被炸	507	无	100			#65
熊鳌永	工	6月15日	被炸	117	有	50			#66
陈春山	工	6月15日	被炸	199	有	80			#67
胡学元	工	6月15日	被炸	230	有	100			#68
韩云卿	工	6月15日	被炸	254	有	110			#69
李华梁	工	6月15日	被炸	283	无	100			#70
李南山	工	6月15日	被炸	314	有	110			#71
颜小山	工	6月15日	被炸	185	有	100			#71
张青山	工	6月15日	被炸	217	有	80			#73
严启林	工	6月15日	被炸	211	有	100			#74
严宝山	工	6月15日	被炸	291.5	有	120			#75
郭士贵	工	6月15日	被炸	157	无	60			#76
朱遇常	员	6月15日	被炸	180	无	100			#77
马蕙菁	员	6月15日	被炸	53	无	30			#78

续表

姓名	资格	损失日期	损失原因	损失估值	有无眷属	慰偿金 拟准数目	慰偿金 预发数目	慰偿金 核准数目	备注
洪樟	员	6月15日	被炸	100	无	63			#79
张祥芬	员	6月15日	被炸	52.2	无	28			#80
朱蕊	员	6月15日	被炸	180	无	112			#81报局未发
刘长江	工	6月15日	被炸	70	无	30			#82
李德安	工	6月15日	被炸	189	无	90			#83
陈万福	工	6月15日	被炸	152	无	80			#84
邓里和	工	6月15日	被炸	148	无	60			#85
江朝斗	工	6月15日	被炸	148	无	60			#86
李森	工	6月15日	被炸	40	无	100			#87
张世远	工	6月15日	被炸	133	无	40			#88
牟国荣	工	6月15日	被炸	115	无	40			#89
邓文秀	工	6月15日	被炸	121	无	40			#90
万技良	工	6月15日	被炸	57.5	无	20			#91
李义忠	工	6月15日	被炸	232	无	40			#92
夏炳臣	工	6月15日	被炸	263	无	40			#93
李云辉	工	6月15日	被炸	262	无	40			#94
李仲伦	工	6月15日	被炸	350	有	100			#95
李明兴	工	6月15日	被炸	217	无	90			#96
张银山	工	6月15日	被炸	220	有	80			#97
沈海清	工	6月15日	被炸	105	有	60			#98
艾海清	工	6月15日	被炸	316	有	160			#99
吴卉生	工	6月15日	被炸	87.9	无	35			#106
何超	工	6月15日	被炸	658	无	100			#107
钟竹筠	工	6月15日	被炸	500	有	80			#108
严格	员	6月5日	被炸	330	有	80			#105

2)电务员工呈报损失调查表

机关名称：重庆市交通部电话局　　　　　　民国三十年六月十五日填报

姓名资格职务	谢正德 话务员	损失原因	6月14日午后2时敌机□□□中一重量空中爆炸弹，房屋□□奇重	损失地点	本市百子巷老门牌15号	离到日期	年 月 日 到局处
				损失日期	30年6月14日		
				何方证明	保长及甲长证明		年 月 日 离局处

	名称	数量	最低估值(元)	名称	数量	最低估值(元)
损失情形	厨房用具（如锅碗水缸等）	全套	400左右	皮箱	1口	70
	木桌	1张	30	被盖	2床	180
	木凳	4个	50	毯子	1床	40
	木床	1间	40	旧棉絮	2床	60
	茶壶	1个	12	大衣	2件	370
	茶杯	7个	6	布衫	3件	90
	木洗脸架	1个	40	内衣	4件	57
	米	1斗6升	100	桌布	1张	20
	水木盆	1个	5	枕头	3个	50
	共计		683	共计		937

估计总额	1620元。拟准慰偿金额：180元	由部核给慰偿金额	
主管人员核签意见并签名盖章	查该屋附近中弹甚多，屋面门窗均已炸坏，各物被炸破损程度不等 　　　　　　　　　　　王佐 查所报地址及同住家属相符	呈报员工签名盖章	谢正德

实支薪给：30元

被炸时有无直系亲属同居：有

直系亲属于事前已否疏散：无〔未〕

报告调查经过　三十年六月十七日

　　为报告事。奉谕往百子巷老门牌15号调查话员谢正德于六月十四日被炸所受损害情形。遵于六月十六日下午前往该处调查，谨将调查情形列陈如下：查该员住屋为百子巷之北端，其附近自新门牌143号起，所有房屋约数十幢悉为炸弹所糜烂罄净,其落弹之数当在二三十枚,折栋圯垣,地翻三尺,身历灾区,步履危殆,居人全无,兼以该员所报老门牌无从查悉,乃多方探询,始指出一较为完好之房屋,细察该屋损失情形,仅屋外及屋面窗门被炸,楼下中心部尚属完好,内有老妪中觉,唤醒询问,云谢小姐业已于昨日搬出,所查该员损失情形,以无破损物具可稽,未能断定损害之程度,所报厨房用具及易于损破物难免损失,其细软部份[分]以未经寓目未便臆断。

  谨呈
课长王
附损失单2纸、保甲证明1纸

职 车德义 谨呈

3)电务员工呈报损失调查表

机关名称:重庆电话局　　　　　　　　民国　年　月　日填报

姓名资格	沈义山	损失原因	本年6月5日夜被敌机投弹,房屋震毁,将日常用具打碎	损失地点	黄家垭口97号	离到日期	年 月 日 到局处
				损失日期	30年6月5日		
职务	员工			何方证明	保甲		年 月 日 离局处
损失情形	名称	数量	最低估值(元)	名称	数量	最低估值(元)	
	铁锅	1个	15	大磁碗	7只	16	
	茶壶	1把	16	小磁碗	6只		
	水缸	1个	12	铁炊	1把	7	
	玻璃杯	4只	6	温水瓶	1只	30	
	共计		49	共计		53	
估计总额	102元。拟准或预发慰偿金额:40元正			由部核给慰偿金额			
主管人员核签意见并签名盖章	该工住屋附近中弹,用具确有受震损坏<div style="text-align:right">王佐</div>			呈报员工签名盖章	沈义山		

实支薪给:□元
被炸时有无直系亲属同居:□
直系亲属于事前已否疏散:□

4) 电务员工呈报损失调查表

机关名称：纯阳洞电话局　　　　　　　　民国三十年六月六日填报

姓名	赵鼎新	损失原因	本年6月5日夜敌机空袭投弹，将日常之用具震破打碎及屋瓦全落	损失地点	黄家垭口97〔号〕	离到日期	年 月 日 到局处
资格	铅工	^	^	损失日期	30年6月5日	^	^
职务	工	^	^	何方证明	保甲长	^	年 月 日 离局处

损失情形	名称	数量	最低估值(元)	名称	数量	最低估值(元)
^	大水缸	1口	20	大菜碟	4个	10
^	大锅	1口	16	小菜碟	4个	6
^	大磁碗	4个	11.2	土沙罐	1个	3
^	小磁碗	4个	8	条根	4个	1.6
^	磁茶呼〔壶〕	1把	16	茶杯	3个	3
^	电灯泡	1只	5	盐罐	1个	0.5
^	水炊〔吹〕〔风〕	1把	8	米缸	1个	12
^	共计		84.2	共计		36.1

估计总额	120.3元。拟准慰偿金额:50元正	由部核给慰偿金额	
主管人员核签意见并签名盖章	该工住屋附近中弹，用具确有受震损坏 　　　　　　　　　　　王佐　侯楷 查该工所报地址及同住眷属(有妻同住)符合	呈报员工签名盖章	赵鼎新

实支薪给:33元

被炸时有无直系亲属同居:有

直系亲属于事前已否疏散:无〔未〕

5) 电务员工呈报损失调查表

机关名称：交通部新市区电话分局　　　　　　　　民国三十年六月六日填报

姓名	任立里	损失原因	敌机于附近投弹多枚，家用器具及被褥等均被震毁	损失地点	重庆黄家垭口(旧门牌103号)97号	离到日期	年 月 日 到局处
资格	技工	^	^	损失日期	30年6月5日	^	^
职务		^	^	何方证明	邻户(九保十一甲)	^	年 月 日 离局处

续表

<table>
<tr><td rowspan="9">损失情形</td><td>名称</td><td>数量</td><td>最低估值(元)</td><td>名称</td><td>数量</td><td>最低估值(元)</td></tr>
<tr><td>褥单</td><td>1床</td><td>40</td><td>漱口缸</td><td>1个</td><td>5</td></tr>
<tr><td>水缸</td><td>1只</td><td>10</td><td>铁壶</td><td>1把</td><td>8</td></tr>
<tr><td>热水瓶</td><td>1个</td><td>40</td><td>面盆</td><td>1只</td><td>30</td></tr>
<tr><td>茶壶</td><td>1只</td><td>8</td><td></td><td></td><td></td></tr>
<tr><td>茶盅</td><td>2个</td><td>2</td><td></td><td></td><td></td></tr>
<tr><td>饭碗</td><td>5个</td><td>6</td><td></td><td></td><td></td></tr>
<tr><td>粉缸</td><td>1个</td><td>6</td><td></td><td></td><td></td></tr>
<tr><td>盘子</td><td>1个</td><td>1.5</td><td></td><td></td><td></td></tr>
<tr><td colspan="3">共计　　　　113.5</td><td colspan="3">共计　　　　43</td></tr>
<tr><td>估计总额</td><td colspan="3">156.5元。拟准慰偿金额:60元正</td><td colspan="3">由部核给慰偿金额</td></tr>
<tr><td>主管人员核签意见并签名盖章</td><td colspan="3">该工住屋附近中弹,用具确有受震损坏
　　　　　　　　　　　王佐　侯楷
查该工所报地址及同住眷属与登记册符合</td><td>呈报员工签名盖章</td><td colspan="2">任立里</td></tr>
</table>

实支薪给:42元

被炸时有无直系亲属同居:

直系亲属于事前已否疏散:

6) 电务员工呈报损失调查表

机关名称:重庆电话局　　　　　　　　　　　　民国三十年六月五日填报

<table>
<tr><td>姓名</td><td colspan="2">孟继云</td><td rowspan="3">损失原因</td><td rowspan="3">房屋被敌机炸毁</td><td>损失地点</td><td>黄家垭口106号</td><td rowspan="3">离到日期</td><td>到局处</td><td>年　月　日</td></tr>
<tr><td>资格</td><td colspan="2">工务人员技工</td><td>损失日期</td><td>6月5日夜晚</td><td rowspan="2">离局处</td><td rowspan="2">年　月　日</td></tr>
<tr><td>职务</td><td colspan="2">交通部电话局</td><td>何方证明</td><td>保甲证明</td></tr>
<tr><td rowspan="6">损失情形</td><td>名称</td><td>数量</td><td colspan="2">最低估值(元)</td><td>名称</td><td>数量</td><td colspan="2">最低估值(元)</td></tr>
<tr><td>铁锅</td><td>1</td><td colspan="2">16</td><td>茶壶</td><td>1</td><td colspan="2">4</td></tr>
<tr><td>水缸</td><td>1</td><td colspan="2">20</td><td></td><td></td><td colspan="2"></td></tr>
<tr><td>木脚盆</td><td>1</td><td colspan="2">12</td><td></td><td></td><td colspan="2"></td></tr>
<tr><td>电灯泡</td><td>1</td><td colspan="2">8</td><td></td><td></td><td colspan="2"></td></tr>
<tr><td>电灯罩</td><td>1</td><td colspan="2">2</td><td></td><td></td><td colspan="2"></td></tr>
</table>

续表

损失情形	名称	数量	最低估值(元)	名称	数量	最低估值(元)
	饭碗	12	35			
	木床	1	30			
	热水瓶	1	60			
	共计		183	共计		4

估计总额	187元。拟准慰偿金额:60元正	由部核给慰偿金额	
主管人员核签意见并签名盖章	该工住屋附近中弹,用具确有受震损坏 查该工所报地址及同住眷属符合 王佐	呈报员工签名盖章	孟继云

实支薪给:28元
被炸时有无直系亲属同居:有
直系亲属于事前已否疏散:无〔未〕

7)电务员工呈报损失调查表

机关名称： 　　　　　　　　　民国 　年 　月 　日填报

姓名	严格	损失原因	因间壁被炸,本人房屋受震动倾塌	损失地点	神仙洞街70号	离到日期	年 月 日 到局处
资格	话务员			损失日期	6月5日晚上		
职务	值机			何方证明			年 月 日 离局处

损失情形	名称	数量	最低估值(元)	名称	数量	最低估值(元)
	水缸	1口	15	时钟	1个	50
	锅	1口	25	面盆	1个	30
	饭碗	7个	15	热水瓶	1个	65
	菜碗	8个	19.5	玻璃杯	4个	10
	其他厨房用具		40	蚊帐	1顶	45
	面镜	1把	15.7			
	共计		130.2	共计		200

估计总额	330.2元。拟准慰偿金额:80元正	由部核给慰偿金额	
主管人员核签意见并签名盖章	该员住所附近中弹,家具什物确有震坏 王佐	呈报员工签名盖章	严格

8) 电务员工呈报损失调查表

机关名称：交通部重庆电话局　　　　　　民国三十年六月十六日填报

姓名	孙嗣铭	损失原因	6月15日被敌机轰炸震坏碎片击损	损失地点	长安寺后街8号	离到日期	到局处 年　月　日
资格	业务员	^	^	损失日期	6月15日	^	^
职务	零售处管理员	^	^	何方证明		^	离局处 年　月　日
损失情形	名称	数量	最低估值(元)		名称	数量	最低估值(元)
^	火[伙]食用具	数十件	145		冬季男女衣服	数件	183
^	被褥毯	5件	176		洗面用具	数件	54
^	共计				共计		558
估计总额	558元正。拟准慰偿金额：232元正				由部核给慰偿金额		
主管人员核签意见并签名盖章	经查屋面被震，略有损失　　　　　　　　　　王应麒				呈报员工签名盖章		孙嗣铭

实支薪给：58元

被炸时有无直系亲属同居：妻子2人

直系亲属于事前已否疏散：否〔未〕

9) 电务员工呈报损失调查表

机关名称：重庆市电话局　　　　　　民国三十年六月十五日填报

姓名	白洁	损失原因	敌机轰炸	损失地点	林森路打锣巷11号	离到日期	到局处 年　月　日
资格	雇员	^	^	损失日期	6月15日	^	^
职务	助理员	^	^	何方证明	保甲	^	离局处 年　月　日
损失情形	名称	数量	最低估值(元)		名称	数量	最低估值(元)
^	衣箱1件	内有各季衣6件,夹衣2件	310		皮鞋	1双	55
^	帐子	1顶	65		厨房用具	锅碗	30
^	共计				共计		450
估计总额	450元正。拟准慰偿金额：180元正				由部核给慰偿金额		

续表

主管人员核签意见并签名盖章	隔邻被炸确有损失 王应麒		呈报员工签名盖章	白洁
实支薪给:30元				
被炸时有无直系亲属同居:有				
直系亲属于事前已否疏散:未				

10) 电务员工呈报损失调查表

机关名称:重庆电话局　　　　　　　　民国三十年六月十六日填报

姓名	陈金山	损失原因		损失地点	萧家凉亭10号	离到日期		年　月　日 到局处
资格				损失日期	30年6月15日			
职务				何方证明				年　月　日 离局处
损失情形	名称	数量	最低估值(元)	名称	数量	最低估值(元)		
			84	平价米	约5斗以上	65		
			57	洋布汗衣	3件	24		
			39	牙刷	2把	7.4		
			17	镜子	2把	17		
			9.4	梳子	1把	5.7		
损失情形			48					
			40					
	共计		294.4	共计		119.1		
估计总额	413.5元。拟准慰偿金额:160元正　预发慰偿金额:80元正			由部核给慰偿金额				
主管人员核签意见并签名盖章				呈报员工签名盖章	陈金山			
实支薪给:48元								
被炸时有无直系亲属同居:有								
直系亲属于事前已否疏散:未								

11) 电务员工呈报损失调查表

机关名称：重庆电话局　　　　　　　　　　民国三十年六月十六日填报

姓名	王佐	损失原因	6月15日敌机袭渝,总局宿舍落弹被炸	损失地点	长安寺总局	离到日期	年　月　日 到局处
资格	主任工程师			损失日期	6月15日		
职务	兼工务课长			何方证明			年　月　日 离局处

损失情形	名称	数量	最低估值(元)	名称	数量	最低估值(元)
	棉被	1床	120	棉垫褥	1床	40
	白线布垫单	1条	50			
	共计			共计		210

估计总额	210元。拟准慰偿金额:210元正	由部核给慰偿金额	
主管人员核签意见并签名盖章	被炸属实　　　　　　　黄如祖	呈报员工签名盖章	王佐

实支薪给:400元
被炸时有无直系亲属同居:无
直系亲属于事前已否疏散:已

12) 电务员工呈报损失调查表

机关名称：重庆电话局　　　　　　　　　　民国三十年六月十六日填报

姓名	张春芳	损失原因	本月15日敌机27架狂炸市区,本局新宿舍中弹全损	损失地点	总局新宿舍	离到日期	年　月　日 到局处
资格	业务员			损失日期	30年6月15日		
职务	助理员			何方证明			年　月　日 离局处

损失情形	名称	数量	最低估值(元)	名称	数量	最低估值(元)
	棉垫被	1条	60	#2搪磁面盆	1面	42
	十字布枕头	1对	16	黄皮鞋	1双	75
	24吋帆布箱	1口	24	力士鞋	1双	28
	青平呢大衣	1件	220	黑人牙膏	2瓶	6.4

损失情形	青平呢中山装	1套	180	小玻璃镜	1面	4	
	湖色毕机[哔叽]西装上身	1件	50	牛角梳子	1把	3.5	
	卫生裤	1条	18	毛巾	1条	3.2	
	线袜	2双	6.8	双线套鞋	1双	26	
	共计		574.8	共计		188.1	
估计总额	762.9元。拟准慰偿金额:200元正。预发慰偿金额:80元			由部核给慰偿金额			
主管人员核签意见并签名盖章	住址被炸属实 王佐			呈报员工签名盖章	张春芳		
实支薪给:50元							
被炸时有无直系亲属同居:无							
直系亲属于事前已否疏散:							

查六月十五日总局宿舍及员工在外寄宿地点被炸,所有被难员工有急待救济者,纷据填单请予核发前来,惟以各员工损失情形轻重不同,依照公布规则第三条之规定,究应预发慰偿金若干或规定最少金额先行救济之处,拟请核示,以便饬领。此上

局长

损失单已均送事务课

王佐

六月十七日

13) 电务员工呈报损失调查表

机关名称：重庆电话局　　　　　　　　民国三十年六月十六日填报

姓名	赵纯绵	损失原因	敌机六月十五日袭渝时投炸弹1颗,落于寝室内爆发,将衣物全部炸毁	损失地点	长安寺电话总局宿舍	离到日期	年 月 日 到局处
资格	业务员			损失日期	30年6月15日		
职务	管料员			何方证明	五课长证明		年 月 日 离局处

损失情形	名称	数量	最低估值(元)	名称	数量	最低估值(元)
	丝棉〔绵〕被盖	1床	120	背心及内裤	1套	10
	垫被	2床	40	帆布下装	2条	50
	棉毯	1床	30	西装呢下装	1条	30
	枕头	1只	10	袜子	4双	8
	府绸衬衣	2件	30	洗脸用具	1套	80
	汗衣衫	1件	6			
	制帽	1顶	20			
	共计		256	共计		178

估计总额	434元。拟准慰偿金额:200元正。预发慰偿金额:80元	由部核给慰偿金额	
主管人员核签意见并签名盖章	住址被炸属实　　　　　　王佐	呈报员工签名盖章	赵纯绵

实支薪给:50元
被炸时有无直系亲属同居:无
直系亲属于事前已否疏散：

14) 电务员工呈报损失调查表

机关名称：重庆电话局　　　　　　　　民国三十年六月十六日填报

姓名	励芝谦	损失原因	6月15日敌机袭渝,宿舍落弹被毁	损失地点	长安寺总局宿舍	离到日期	年 月 日 到局处
资格	业务员			损失日期	30年6月15日		
职务	佐理员			何方证明			年 月 日 离局处

续表

	名称	数量	最低估值(元)	名称	数量	最低估值(元)
损失情形	棉被	1床	100	搪磁面盆	1只	30
	线呢棉袍	1件	60	毛哔吱〔叽〕制服	1套	100
	黑斜纹夹裤	1条	20	漱口杯	1只	4
	蓝哔吱〔叽〕夹袄	1件	40	牙刷	1把	2
	毛葛棉背心	1件	20	梳子	1把	3
	士林布罩衫	1件	30	粗毯	1条	15
	毛织衫	1件	50			
	共计		320	共计		154

估计总额	474元。拟准慰偿金额：200元正。预发慰偿金额：80元	由部核给慰偿金额
主管人员核签意见并签名盖章	住址被炸属实　　　　　　　　　　　　　　　　　　王佐	呈报员工签名盖章　励芝谦

实支薪给：50元
被炸时有无直系亲属同居：无
直系亲属于事前已否疏散：

15) 电务员工呈报损失调查表

机关名称：重庆电话局　　　　　　　　　民国三十年六月十六日填报

姓名	徐泽霖	损失原因	6月15日敌机袭渝,总局宿舍落弹被炸	损失地点	长安寺总局	离到日期	年　月　日到局处
资格	业务员			损失日期	6月15日		
职务	工务课佐理员			何方证明			年　月　日离局处

	名称	数量	最低估值(元)	名称	数量	最低估值(元)
损失情形	川缎棉被	1床	140	真直贡呢单鞋	1双	30
	三友社白垫单	1条	30	毛口绳背心	1件	50
	白洋布套棉垫褥	1床	40			
	磁面盆	1个	30			

续表

损失情形	芦花枕头	1对	20		
	军毯	1条	20		
	共计		280	共计	80
估计总额	360元。拟准慰偿金额:246元正。预发慰偿金额:			由部核给慰偿金额	
主管人员核签意见并签名盖章	住址被炸属实　　　　　　　　　　　　王佐			呈报员工签名盖章	徐泽霖

实支薪给:82元

被炸时有无直系亲属同居:无

直系亲属于事前已否疏散:已疏散

16) 电务员工呈报损失调查表

机关名称:重庆电话局　　　　　　　　民国三十年六月十六日填报

姓名	周惠卿	损失原因	6月15日敌机袭渝，本局宿舍落弹被炸毁	损失地点	长安寺总局宿舍	离到日期	年 月 日 到局处
资格	业务员			损失日期	30年6月15日		
职务	规划股佐理员			何方证明			年 月 日 离局处
损失情形	名称	数量	最低估值(元)	名称	数量		最低估值(元)
	棉被	2床	180	鞋子	1双		25
	毛毯	1条	30	袜子	1双		12
	草绿色中山装	1付	70	白衬衫	1件		25
	草绿色短裤	2条	40	汗背心	1件		8
	白绒毯子	1条	50	牙刷牙膏肥皂等			10
	席子	1条〔张〕	6	毛巾	1条		5
	共计		376	共计			85
估计总额	461元。拟准慰偿金额:232元正。预发慰偿金额:100元			由部核给慰偿金额			
主管人员核签意见并签名盖章	住址被炸属实　　　　　　　　　　　王佐			呈报员工签名盖章	周惠卿		

实支薪给:58元

被炸时有无直系亲属同居:无

直系亲属于事前已否疏散:已

17) 电务员工呈报损失调查表

机关名称：重庆电话局　　　　　　　　　　　　　民国　年　月　日填报

姓名	张照桢	损失原因	本月15日本局宿舍被炸	损失地点	总局新宿舍	离到日期	年月日到局处
资格	话务员	^	^	损失日期	30年6月15日	^	
职务	助理员	^	^	何方证明		^	年月日离局处

损失情形	名称	数量	最低估值(元)	名称	数量	最低估值(元)
	青呢大衣	1件	200	皮鞋油	1盒	2.5
	灰布短夹袄	1件	50	青布鞋	1双	12
	青元条子哔叽布夹裤	1件	30	棉被	1床	120
	假华达呢单裤	1件	15	绸篮	1只	6
	条子绵布单褂裤	2套	70	搪瓷面盆	1只	32
	毛袜	2双	20	搪瓷杯	1只	4
	线袜	2双	8	老头牌保险刀连片	1套	30
	皮鞋	1双	32	剪刀	1把	4
	拖鞋	1双	12	肥皂盒	1只	3
	共计		437	共计		203.5

估计总额	650.5元。拟准慰偿金额：256元正。预发慰偿金额：100元	由部核给慰偿金额	
主管人员核签意见并签名盖章	住址被炸属实　　　　　　　　　　王佐	呈报员工签名盖章	张照桢

实支薪给：64元
被炸时有无直系亲属同居：无
直系亲属于事前已否疏散：

18) 电务员工呈报损失调查表

机关名称：重庆电话局　　　　　　　　　　　　民国三十年六月十五日填报

姓名	姚镇寰	损失原因	敌机袭渝宿舍炸毁	损失地点	总局宿舍	离到日期	年月日到局处
资格	话务员	^	^	损失日期	6月15日	^	
职务	佐理员	^	^	何方证明		^	年月日离局处

续表

损失情形	名称	数量	最低估值(元)	名称	数量	最低估值(元)
	棉絮	2条	91	面盆毛巾等用品		约50
	竹凉席	1张	18	网蓝〔篮〕	1只	15
	竹枕席	1张	5	木屐线帽袜等零星用品		约36
	棉袍	1件	95			
	共计			共计		310

估计总额	310元。拟准慰偿金额:132元正。预发慰偿金额:50	由部核给慰偿金额
主管人员核签意见并签名盖章	住址被炸属实　　　　　　　　王佐	呈报员工签名盖章　姚镇寰

实支薪给:33元

被炸时有无直系亲属同居:无

直系亲属于事前已否疏散:已疏散

19) 电务员工呈报损失调查表

机关名称:重庆电话局　　　　　　　　民国三十年六月十六日填报

姓名	李蹇斌	损失原因	宿舍被寇机炸毁	损失地点	长安街总局	离到日期	年 月 日 到局处
资格	话务员			损失日期	30年6月15日		
职务	材料股佐理员			何方证明			年 月 日 离局处

损失情形	名称	数量	最低估值(元)	名称	数量	最低估值(元)
	棉被	1床	120	衣箱	1只	40
	线毯	1床	40	麻纱袜	2双	7
	长夹衫	1件	50	磁茶壶	1把	8
	单长衫	1件	30	玻璃茶杯	1把	1.8
	汗衫汗裤	2套	80	时钟	1只	30
	胶鞋	1双	20			
	面盆	1只	32			
	洗面毛巾	1条	3			
	牙膏	1只	3			
	牙刷	1把	2.6			
	共计		380.6	共计		86.8

续表

估计总额	467.4元。拟准慰偿金额:256元正。预发慰偿金额:100元	由部核给慰偿金额	
主管人员核签意见并签名盖章	住址被炸属实　　　　　　　　　　　　王佐	呈报员工签名盖章	李寒斌

实支薪给:64元

被炸时有无直系亲属同居:无

直系亲属于事前已否疏散:已

20)电务员工呈报损失调查表

机关名称:重庆长安寺电话局　　　　　　　民国三十年六月十六日填报

姓名	曹燮	损失原因	本月15号寇机袭渝时,所住之宿舍全部被炸倒毁	损失地点	长安寺电话局	离到日期	年 月 日到局处
资格	机工			损失日期	6月15日		
职务				何方证明			年 月 日离局处

	名称	数量	最低估值(元)	名称	数量	最低估值(元)
损失情形	被服	2条	120	力士鞋	1双	20
	军毯	1条	20	黑斜纹布中山装	1套	50
	印花卧单	1条	35			
	卫生衣	1件	30			
	绒背心	1件	40			
	洗脸盆	1只	35			
	标准布衬衣	1件	20			
	共计		300	共计		70

估计总额	370元正。拟准慰偿金额:100元正	由部核给慰偿金额	
主管人员核签意见并签名盖章	住址被炸属实　　　　　　　　　　　　王佐	呈报员工签名盖章	曹燮

实支薪给:30元

被炸时有无直系亲属同居:无

直系亲属于事前已否疏散:

21)电务员工呈报损失调查表

机关名称：重庆电话局　　　　　　　　　　　民国三十年六月十六日填报

姓名	陈长生	损失原因	本月15日敌机袭渝，本局四周投弹，本局左侧宿舍中弹1枚，全部被炸	损失地点	本局左侧宿舍	离到日期	年　月　日　到局处
资格	机工			损失日期	30年6月15日		
职务	配线架值班			何方证明			年　月　日　离局处

损失情形	名称	数量	最低估值(元)	名称	数量	最低估值(元)
	被絮	1床	48	洗口杯	1只	5.4
	棉短袄	1件	24.8	花饭碗	1个	1.8
	粗呢学生服(上装)	1件	20	褥子	1床	10
	牙刷	1把	3.6	席子	1床	3
	黑人牙膏	1条	1.8	游泳牌汗衫	1件	18.5
	红花面盆	1只	37	高商簿记教科书	1本	7.64
	枕头	1只	4.2			
	共计		139.4	共计		46.34

估计总额	185.74元。拟准慰偿金额：80元正。预发慰偿金额：40元正	由部核给慰偿金额	
主管人员核签意见并签名盖章	住址被炸属实　　　　　　　　　　　王佐	呈报员工签名盖章	陈长生

实支薪给：28元

被炸时有无直系亲属同居：无

直系亲属于事前已否疏散：

22)电务员工呈报损失调查表

机关名称：重庆电话局　　　　　　　　　　　民国三十年六月十六日填报

姓名	唐银轩	损失原因	宿舍被炸	损失地点	长安寺总局	离到日期	年　月　日　到局处
资格	库丁			损失日期	30年6月15日		
职务				何方证明			年　月　日　离局处

续表

	名称	数量	最低估值(元)	名称	数量	最低估值(元)
损失情形	棉絮	1床	40	毛巾	1条	2
	灰军毯	1条	20	凉席	1条	3.2
	洗面盆	1只	28			
	黄皮鞋	1双	35			
	青布衫裤	1套	30			
	共计		153	共计		5.2

估计总额	158.2元。拟准慰偿金额:80元正	由部核给慰偿金额
主管人员核签意见并签名盖章	住址被炸属实 王佐	呈报员工签名盖章 唐银轩

实支薪给:20元
被炸时有无直系亲属同居:无
直系亲属于事前已否疏散:

23)电务员工呈报损失调查表

机关名称:重庆电话局　　　　　　　　　民国三十年六月十六日填报

姓名	张季恕	损失原因	本月15日敌机袭渝,本局左侧宿舍中弹1枚,全部被炸	损失地点	本局左侧宿舍	离到日期	年 月 日 到局处
资格	线工			损失日期	30年6月15日		
职务	装机			何方证明			年 月 日 离局处

	名称	数量	最低估值(元)	名称	数量	最低估值(元)
损失情形	被胎	1床	15	力士鞋	1双	25
	羊毛毯	1床	50	黄皮鞋	1双	52
	新旧蓝色服装	2套	105			
	白色面盆	1只	35			
	白色牙罐	1只	6			
	七吋钳子起子	各1把	25			
	呢帽	1顶	30			
	共计		266	共计		77

估计总额	343元。拟准慰偿金额:100元正	由部核给慰偿金额

续表

主管人员核签意见并签名盖章	住址被炸属实		王佐	呈报员工签名盖章	张季恕

实支薪给:28元

被炸时有无直系亲属同居:无

直系亲属于事前已否疏散:

24)电务员工呈报损失调查表

机关名称:重庆电话局　　　　　　　　　　民国三十年六月十六日填报

姓名	周韶华	损失原因	六月十五日被敌机炸毁	损失地点	电话局油机室	离到日期	年 月 日 到局处
资格	技工			损失日期	6月15日		
职务	油机室大车			何方证明	局方		年 月 日 离局处
损失情形	名称	数量	最低估值(元)	名称	数量	最低估值(元)
	被盖	1床	80	背心	1件	6
	垫被	1床	40	内裤	2件〔条〕	5
	毛毡	1床	40	短袜	3双	8
	线毡	1床	15	面盆	1只	20
	工作服	2件	40	毛巾牙刷牙膏	1套	10
	枕头	2只	12			
	绸衬衣	2件	30			
	共计		257	共计		49
估计总额	306元。拟准慰偿金额:100元正			由部核给慰偿金额		
主管人员核签意见并签名盖章	住址被炸属实		王佐	呈报员工签名盖章	周韶华

实支薪给:51元

被炸时有无直系亲属同居:无

直系亲属于事前已否疏散:

25）电务员工呈报损失调查表

机关名称：重庆电话局　　　　　　　　　民国三十年六月十六日填报

姓名	祝玉山	损失原因	本月15日遭敌机炸毁住宅,损失甚巨	损失地点	萧家凉亭10号	离到日期	年　月　日 到局处
资格	机工			损失日期	6月15日		
职务	油机室			何方证明	局方证实		年　月　日 离局处

损失情形	名称	数量	最低估值(元)	名称	数量	最低估值(元)
	被单	2床	120	水缸	1口	20
	棉絮	2床	80	锅碗	全套	80
	卧单	2床	60	水桶	1只	10
	短棉袄裤	2套	180	帐子	1床	60
	夹袄夹裤	2套	120	长棉袍	1件	80
	白府绸褂裤	4套	200	木床	1副	60
	木箱	2口	40	棕铺	1个	40
	胶鞋	1双	20	桌椅凳	4件	100
	皮鞋	1双	60			
	共计		880	共计		450

估计总额	损失国币1330元。拟准慰偿金额:200元正。预发慰偿金额:80元正	由部核给慰偿金额	
主管人员核签意见并签名盖章	住址被炸属实　　　　　　　　　　王佐	呈报员工签名盖章	祝玉山

实支薪给:64元

被炸时有无直系亲属同居:有

直系亲属于事前已否疏散:未

26）电务员工呈报损失调查表

机关名称：重庆电话局　　　　　　　　　　　　民国三十年六月十六日填报

姓名资格职务	车德义 话务员 工务课佐理员	损失原因	被敌机轰炸，对面落弹数枚，本宅三楼屋面炸飞，楼下落燃烧弹1枚，幸未燃，本人住屋损害甚烈	损失地点 损失日期 何方证明	重庆萧家凉亭11号 6月15日	离到日期	年 月 日 到局处 年 月 日 离局处
损失情形	名称	数量	最低估值(元)	名称	数量	最低估值(元)		
	热水瓶	1只	30	水缸	1口	20		
	磁茶壶	1把	16	煤炉	1具	10		
	茶杯	3只	3	泡菜坛	1个	5		
	饭碗	5只	11	汤罐	1个	3		
	铁锅	1口	20	电灯泡	1个	6		
	菜碗	3只	15	修缮房门窗扇隔板工料费计		20		
	磁盘	6只	18					
	共计		113	共计		64		
估计总额	177元。拟准慰偿金额：120元正			由部核给慰偿金额			
主管人员核签意见并签名盖章	该员住所对面落弹属实 王佐			呈报员工签名盖章	车德义		

实支薪给：96元
被炸时有无直系亲属同居：妻
直系亲属于事前已否疏散：未

27）电务员工呈报损失调查表

机关名称：重庆电话总局　　　　　　　　　　　民国三十年六月十六日填报

姓名资格职务	尝胆伙食团 料务股交换股 同人组织	损失原因	6月15日总局油机房侧宿舍及厨房全部被敌机炸毁	损失地点 损失日期 何方证明	局后厨房 6月15日	离到日期	年 月 日 到局处 年 月 日 离局处

续表

	名称	数量	最低估值(元)	名称	数量	最低估值(元)
损失情形	饭锅	1只	22	米	4斗	90
	菜刀	1把	5	煤	1.5担	18
	菜碗	16个	32	晚餐□	16碗	18
	饭碗	34个	68	菜锅	1个	16
	饭桶	1个	32	筷及零星用品		50
	火镰	1个	8.5			
	共计		167.5	共计		192

估计总额	359.5元。拟准慰偿金额:元	由部核给慰偿金额
主管人员核签意见并签名盖章	呈核 王应麒 黄如祖	呈报员工签名盖章	尝胆伙食团总管金挥敦 会计 出纳王鹿笙

28)电务员工呈报损失调查表

机关名称:交通部重庆电话局　　　　　　民国三十年六月十六日填报

姓名	吴学谨	损失原因	6月15日午后1时左右敌机空袭陪都,投弹话局,致将局内员工宿舍全部炸毁	损失地点	重庆长安寺街1号	离到日期	29年9月3日到局
资格	技术员			损失日期	30年6月15日		
职务	设计主任			何方证明			年 月 日离局处

	名称	数量	最低估值(元)	名称	数量	最低估值(元)
损失情形	自备西式中号木床连棕棚〔垫〕	1张	56	待洗麻纱袜	1双	5
	待洗三圈牌府绸衬衫	2件	60	□哔叽西式布鞋	1双	28
	待洗府绸衬裤	1件	8	搪磁面盆	1只	40
	待洗麻纱短袖汗衫	1件	25			
	共计			共计		222

估计总额	222元。拟准慰偿金额:222元正	由部核给慰偿金额
主管人员核签意见并签名盖章	查明属实 万竞先	呈报员工签名盖章	吴学谨

续表

实支薪给:270元
被炸时有无直系亲属同居:无
直系亲属于事前已否疏散:在汕头乡村

29)电务员工呈报损失调查表

机关名称:交通部重庆电话局　　　　　　　　民国　年　月　日填报

姓名	金恽敦	损失原因	6月15日(星期日)午后1时许长安寺总局内左边职员宿舍全部被敌机炸毁(本人因星期日下乡探家)	损失地点	重庆长安街1号	离到日期	28年2月11日到局
资格	技术员			损失日期	30年6月15日		
职务	料务主任			何方证明			年　月　日离局处
损失情形	名称	数量	最低估值(元)		名称	数量	最低估值(元)
	自备西式双人棕棚木床	1具	80		胶鞋	1双	22
	自备西式圆桌	1只〔张〕	30		雨衣(Victor牌)	1件	80
	自备方桌	1只〔张〕	30		棉褥	各1床	130
	自备四方木凳	4只	32		被单		
	自备红木椅子	1只	40		待洗衬衫(上海星光牌)	1件	45
	(上开各项木器家具因局方屡次被炸,未便供给,由职家中搬来公用,同室人均可作证)				领带	2条	30
	面盆毛巾镜子漱口杯牙刷牙膏等	1套	70		待洗短裤	1件	6
					待洗麻纱背心	两件	40
					待洗麻纱袜子	两双	12
					米色派立司西装裤	1条	220
	共计		282		共计		585
估计总额		867元。拟准慰偿金额:400元正			由部核给慰偿金额		

续表

主管人员核签意见并签名盖章	查明属实		呈报员工签名盖章	金恽敦
		万竞先		

实支薪给:200元

被炸时有无直系亲属同居:无

直系亲属于事前已否疏散:已

30)电务员工呈报损失调查表

机关名称:交通部重庆电话局　　　　　　　　民国三十年六月十六日填报

姓名	王鹿笙	损失原因	6月15日敌机袭渝时,局内中弹1枚,将左边及□三层楼员工宿舍一幢全部炸毁	损失地点	重庆长安街1号	离到日期	28年3月15日到局
资格	话务员			损失日期	民国30年6月15日		
职务	扩工组佐理员			何方证明			年 月 日离局处

	名称	数量	最低估值(元)	名称	数量	最低估值(元)
损失情形	褥子	1条	30	待洗白布短裤	1条	5
	军毯	1条	24	待洗黑袜	1双	3
	草席	1条	6	平等胶底鞋	1双	20
	黄哔叽中山服	1套	120	拖鞋	1双	6
	待洗白府绸衬衫	1件	25	面盆	1个	30
				盥洗用具	1付	12
	共计		205	共计		76

估计总额	281元。拟准慰偿金额:192元正	由部核给慰偿金额	
主管人员核签意见并签名盖章	查明属实　　　　　　　　万竞先	呈报员工签名盖章	王鹿笙

实支薪给:64元

被炸时有无直系亲属同居:无

直系亲属于事前已否疏散:吴兴

31）电务员工呈报损失调查表

机关名称：交通部重庆电话局　　　　　　　　民国三十年六月十六日填报

姓名	杨宋政	损失原因	6月15日敌机袭渝,长安寺电话局交换室左边员工宿舍全部被炸毁	损失地点	长安街1号（总局）	离到日期	年　月　日到局处
资格	话务员	^	^	损失日期	6月15日	^	
职务	扩工组料务股佐理员	^	^	何方证明		^	年　月　日离局处

损失情形	名称	数量	最低估值(元)	名称	数量	最低估值(元)
	待洗灰色冲毛呢中山装	1套	80	待洗短袖麻丝衬衫	1件	20
	胶鞋(雨天用)	1只	22	布鞋	1双	9
	雨伞	1把	8	牙刷	1把	2
	面盆	1个	30			
	待洗衬衫	1件	22			
	毛巾	1张	3.8			
	漱口杯	1个	3.8			
	共计		169.6	共计		31

估计总额	国币200.6元正。拟准慰偿金额:112元正	由部核给慰偿金额	
主管人员核签意见并签名盖章	查明属实　　　　　　　　　　　万竞先	呈报员签名盖章	杨宋政

实支薪给:28元
被炸时有无直系亲属同居:无
直系亲属于事前已否疏散:已

32）电务员工呈报损失调查表

机关名称：交通部重庆电话局　　　　　　　　民国三十年六月十六日填报

姓名	陈琴波	损失原因	民国三十年六月十五日午后1时许长安寺电话局左侧员工宿社[舍]被敌机炸毁	损失地点	长安寺1号	离到日期	年　月　日到局处
资格	雇员	^	^	损失日期	30年6月15日	^	
职务	扩工组设计股佐理员	^	^	何方证明		^	年　月　日离局处

续表

	名称	数量	最低估值（元）	名称	数量	最低估值（元）
损失情形	洗脸盆	1[个]	40	布鞋	1[双]	12
	漱口盅	1[个]	6	鞋刷	1[支]	2
	牙刷	1[把]	3	毛巾	2[面]	5.6
	牙膏	1[支]	2.8	皮鞋油	1[盒]	2.4
	肥皂	1[块]	1	袜子	1[双]	5
	共计		52.8	共计		27
估计总额		79.8元正。拟准慰偿金额：50元正		由部核给慰偿金额		
主管人员核签意见并签名盖章	查明属实			万竞先	呈报员工签名盖章	陈琴波

实支薪给：35元

被炸时有无直系亲属同居：无

直系亲属于事前已否疏散：已

33）电务员工呈报损失调查表

机关名称：交通部重庆电话局　　　　　　民国三十年六月十六日填报

姓名	钟维毅	损失原因	6月15日敌机袭渝，长安寺电话总局员工宿舍全部炸毁	损失地点	长安寺1号	离到日期	年　月　日 到局处
资格	雇员			损失日期	6月15日		
职务	扩工组料务股佐理员			何方证明			年　月　日 离局处
损失情形	名称	数量	最低估值（元）	名称	数量	最低估值（元）	
	黄呢中山装	1套	160	小皮箱	1口	20	
	毛巾	1张	4	卫生衣	1件	20	
	漱口杯	1个	3.8				
	共计			共计		207.8	
估计总额		207.8元。拟准慰偿金额：105元正		由部核给慰偿金额			
主管人员核签意见并签名盖章	查明属实			万竞先	呈报员工签名盖章	钟维毅	

实支薪给：35元

被炸时有无直系亲属同居：无

直系亲属于事前已否疏散：已

34) 电务员工呈报损失调查表

机关名称：重庆电话局　　　　　　　　　民国　年　月　日填报

姓名	侯钧鉴	损失原因	被炸		损失地点	长安寺电话局	离到日期	年月日到局处
资格	机工				损失日期	6月15日		
职务	机键				何方证明			年月日离局处
损失情形	名称	数量	最低估值(元)		名称	数量	最低估值(元)	
	衬衫	2件	50		皮鞋	1双	70	
	衣服	2套	120		脸盆	1个	40	
	共计				共计		280	
估计总额	280元。拟准慰偿金额：100元正				由部核给慰偿金额			
主管人员核签意见并签名盖章	查明属实　　　　　　　　　万竞先				呈报员工签名盖章	侯钧鉴		

实支薪给：28元
被炸时有无直系亲属同居：□
直系亲属于事前已否疏散：未

35) 电务员工呈报损失调查表

机关名称：交通部重庆电话局　　　　　　民国三十年六月十五日填报

姓名	周志	损失原因	6月15日敌机袭渝，长安街1号电话局员工宿舍炸毁	损失地点	长安寺1号	离到日期	年月日到局处
资格	库丁			损失日期	6月15日		
职务	料务股库丁			何方证明			年月日离局处
损失情形	名称	数量	最低估值(元)	名称	数量	最低估值(元)	
	棉被	1床	30	毛毯	1床	30	
	面盆	1个	30	毛巾	1张	2	
	衬衣	1件	24	蓝布衣	1件	26	
	共计			共计		148	

续表

估计总额	148元。拟准慰偿金额:80元正		由部核给慰偿金额	
主管人员核签意见并签名盖章	查明属实	万竞先	呈报员工签名盖章	周志
实支薪给:20元				
被炸时有无直系亲属同居:无				
直系亲属于事前已否疏散:疏散				

36)电务员工呈报损失调查表

机关名称:交通部重庆电话局　　　　　　民国三十年六月十五日填报

姓名	刘子清	损失原因	6月15日敌机袭渝,长安街1号电话局员工宿舍炸毁	损失地点	长安寺1号	离到日期	年 月 日 到局处
资格	库丁			损失日期	6月15日		
职务	料务股库丁			何方证明			年 月 日 离局处
损失情形	名称	数量	最低估值(元)	名称	数量	最低估值(元)	
	棉被	1床	4	皮鞋	1双	40	
	花毛毯	1床	40	青布鞋	1双	10	
	面盆	1个	30	牙刷	1把	3.6	
	青布棉衣	1件	30	牙膏	1支	1.8	
	蓝布长衣	1件	24				
	毛巾	1张	3.8				
	共计		191.8	共计		55.4	
估计总额	247.2元。拟准慰偿金额:100元正			由部核给慰偿金额			
主管人员核签意见并签名盖章	查明属实		万竞先	呈报员工签名盖章		刘子清	
实支薪给:20元							
被炸时有无直系亲属同居:无							
直系亲属于事前已否疏散:已							

37)电务员工呈报损失调查表

机关名称:交通部重庆电话局　　　　　　　民国三十年六月十六日填报

姓名资格职务	龙海清 / 公役 / 扩工组公役	损失原因	6月15日敌机袭渝,长安寺1号电话局员工宿舍炸毁	损失地点 / 损失日期 / 何方证明	长安寺1号 / 6月15日 /	离到日期	年 月 日到局处 / 年 月 日离局处

损失情形	名称	数量	最低估值(元)	名称	数量	最低估值(元)
	蓝市布长衣	1件	38	漱口瓷杯	1个	6.5
	青布长裤	1件	16	布鞋	1双	12
	棉被	1床	30	牙刷	1支	3.5
	面盆	1个	30	牙膏	1支	3.8
	衬衣	1件	24			
	毛巾	1张	3.5			
	共计		141.5	共计		25.8

估计总额	167.3元。拟准慰偿金额:80元正		由部核给慰偿金额
主管人员核签意见并签名盖章	查明属实	万竞先	呈报员工签名盖章	龙海清

实支薪给:12元正

被炸时有无直系亲属同居:无

直系亲属于事前已否疏散:已

38)电务员工呈报损失调查表

机关名称:交通部重庆电话局　　　　　　　民国三十年六月十六日填报

姓名资格职务	周树林 / 差役 / 料务股差役	损失原因	六月十五日敌机袭渝,长安寺1号电话局员工宿舍全部炸毁	损失地点 / 损失日期 / 何方证明	长安寺1号 / 6月15日 /	离到日期	年 月 日到局处 / 年 月 日离局处

续表

损失情形	名称	数量	最低估值(元)	名称	数量	最低估值(元)
	被盖	1床	60	布鞋	1双	10
	蓝布衣	1套	50	面盆	1个	30
	皮鞋	1双	50	行军床	1□	34
	共计			共计		234

估计总额	234元正。拟准慰偿金额:100元正	由部核给慰偿金额	
主管人员核签意见并签名盖章	查明属实　　　　　　　　　万竞先	呈报员工签名盖章	周树林

实支薪给:12元

被炸时有无直系亲属同居:无

直系亲属于事前已否疏散:已

39) 电务员工呈报损失调查表

机关名称:重庆电话局　　　　　　　民国　年　月　日填报

姓名	熊昌鑫	损失原因	被炸破坏	损失地点	萧家凉亭9号	离到日期	年　月　日到局处
资格	技工			损失日期	6月15日		
职务	扩工组机械股机工			何方证明			年　月　日离局处

损失情形	名称	数量	最低估值(元)	名称	数量	最低估值(元)
	锅	1支〔只〕	22	小碗	6支〔只〕	9
	水缸	1支〔只〕	13	茶杯	3支〔只〕	4
	大碗	5支〔只〕	10			
	共计			共计		58

估计总额	58元。拟准慰偿金额:30元正	由部核给慰偿金额	
主管人员核签意见并签名盖章	查明属实　　　　　　　　　万竞先	呈报员工签名盖章	熊昌鑫

实支薪给:48元

被炸时有无直系亲属同居:□

直系亲属于事前已否疏散:未

40) 电务员工呈报损失调查表

机关名称：重庆电话局　　　　　　　　　　民国三十年六月十七日填报

姓名	王韫华	损失原因	被震	损失地点	本局宿舍	离到日期	年　月　日 到局处
资格	股员			损失日期	6月15日		
职务	佐理员			何方证明			年　月　日 离局处
损失情形	名称	数量	最低估值(元)	名称		数量	最低估值(元)
	牙刷	1把	3	汗衫		1件	24
	磁杯	1只	8	花瓶		1个	15
	鞋子	1双	14				
	共计			共计			64
估计总额	64元正。拟准慰偿金额：40元			由部核给慰偿金额			
主管人员核签意见并签名盖章				呈报员工签名盖章		王韫华	

实支薪给：30元

被炸时有无直系亲属同居：无

直系亲属于事前已否疏散：无

41) 电务员工呈报损失调查表

机关名称：　　　　　　　　　　　　　　民国三十年六月十六日填报

姓名	甘海光	损失原因	被炸	损失地点	本局	离到日期	年　月　日 到局处
资格	木工			损失日期	6月15日		
职务	修理门窗			何方证明			年　月　日 离局处

续表

损失情形	名称	数量	最低估值(元)	名称	数量	最低估值(元)
	被盖	1床	65	铇铁	3张	19
	中山服	2套	72	锯子	5把	16
	锯子	2把	24			
	共计			共计		196

估计总额	196元。拟准慰偿金额:100元正	由部核给慰偿金额	
主管人员核签意见并签名盖章	查甘工该日在纯阳洞金刚塔内作工,所报损失经查尚属实情	呈报员工签名盖章	甘海光

实支薪给:29元

被炸时有无直系亲属同居:无

直系亲属于事前已否疏散:

42)电务员工呈报损失调查表

机关名称:重庆电话局　　　　　　　民国三十年六月十五日填报

姓名	杨国兴	损失原因	总局宿舍被炸	损失地点	电话局宿舍	离到日期	年 月 日到局处
资格	材料股			损失日期	6月15日午后1钟		
职务	库丁			何方证明			年 月 日离局处

损失情形	名称	数量	最低估值(元)	名称	数量	最低估值(元)
	中山服	1套	48	鞋子	1双	6
	被单	1床	35	青蔑[篾]席	1根	9
	汗小衣	1套	18	包帕	1根	4
	共计			共计		120

估计总额	120元。拟准慰偿金额:60元正	由部核给慰偿金额	
主管人员核签意见并签名盖章	该丁住所被炸属实　　　　　王佐	呈报员工签名盖章	杨国兴

实支薪给:20元

被炸时有无直系亲属同居:无

直系亲属于事前已否疏散:

43) 电务员工呈报损失调查表

机关名称：重庆电话局　　　　　　　　　　　民国三十年六月十五日填报

姓名	万显云	损失原因	总局宿舍被炸	损失地点	电话局宿舍	离到日期	年 月 日 到局处
资格	材料股			损失日期	6月15日午后1钟		
职务	库丁			何方证明			年 月 日 离局处

损失情形	名称	数量	最低估值(元)	名称	数量	最低估值(元)
	被条	1床	52	草席	1根	4
	中山服	1套	38	鞋子	1双	12
	汗小衣	2套	32			
	共计			共计		138

估计总额	138元。拟准慰偿金额：70元正	由部核给慰偿金额	
主管人员核签意见并签名盖章	该丁住所被炸属实　　　　　　　　　　王佐	呈报员工签名盖章	万显云

实支薪给：20元

被炸时有无直系亲属同居：无

直系亲属于事前已否疏散：

44) 电务员工呈报损失调查表

机关名称：　　　　　　　　　　　　　　　民国三十年六月十七日填报

姓名	李华周	损失原因	敌机6月15日投弹，附近震坏，住宅损失颇大	损失地点	萧家凉亭11号	离到日期	年 月 日 到局处
资格	线工			损失日期	6月15日		
职务	设置股			何方证明	东升楼镇七保五甲甲长冯银章		年 月 日 离局处

损失情形	名称	数量	最低估值(元)	名称	数量	最低估值(元)
	水缸	1口	27	磁面盆	1个	23.5
	铁锅	1口	15	桌子	1个	12
	帐子	1床	42	茶壶	1个	5.5
	棕铺	1个	47	菜饭碗	17个	14
	米缸	1口	13	椅子	2个	8
	米	1斗	46			
	共计		194	共计		56

续表

估计总额	损失国币250元。拟准慰偿金额:120元正		由部核给慰偿金额	
主管人员核签意见并签名盖章	该工住屋离中弹之处较近,震动颇烈,损失略重 王佐　设置股主任王能杰		呈报员工签名盖章	李华周

实支薪给:33[元]

被炸时有无直系亲属同居:有

直系亲属于事前已否疏散:未

45) 电务员工呈报损失调查表

机关名称:　　　　　　　　　　　　　民国　年　月　日填报

姓名	徐焕楒	损失原因	6月15号敌机袭渝时,该屋侧面投弹数枚,内部全已震毁	损失地点	萧家凉亭11号3楼	离到日期	年　月　日到局处
资格	技工	^	^	损失日期	6月15日	^	^
职务	设置股	^	^	何方证明	保甲	^	年　月　日离局处
损失情形	名称	数量	最低估值(元)	名称	数量	最低估值(元)	
^	棕床	1张	56	热水瓶	1个	48	
^	水缸	1只	15	牙刷缸	1个	3	
^	铁锅	1个	14	茶壶	1个	12	
^	菜饭碗	10个	19	洋铁壶	1个	10	
^	桌子	1双	18	洋铁水桶	1个	24	
^	米缸	1只	7	茶杯	4个	6	
^	共计		129	共计		103	
估计总额	232元。拟准慰偿金额:120元正			由部核给慰偿金额			
主管人员核签意见并签名盖章	该工住屋离中弹之处较近,震动颇烈,损失略重 王佐　设置股主任王能杰			呈报员工签名盖章	徐焕楒		

实支薪给:33[元]

被炸时有无直系亲属同居:有

直系亲属于事前已否疏散:未

46) 电务员工呈报损失调查表

机关名称：重庆电话局　　　　　　　　　　民国　年　月　日填报

姓名资格职务	李东山 技工 铅工	损失原因	6月15号敌机袭渝时，侧面投弹，房屋内部全已倒塌	损失地点	萧家凉亭11号	离到日期	年　月　日 到局处
				损失日期	6月15日		
				何方证明	保甲		年　月　日 离局处
损失情形	名称	数量	最低估值(元)	名称	数量	最低估值(元)	
	炉子	1口	14	桌子	1张	18	
	水缸	1口	20	板凳	4把	17	
	棕床	1张	54	铜壶	1把	24	
	广锅	1口	16	大小缸盆	3个	12	
	碗一□	10个	14	茶壶	1个	14	
	共计		118	共计		85	
估计总额		法币203元。拟准慰偿金额：100元正			由部核给慰偿金额		
主管人员核签意见并签名盖章		该工住屋离中弹之处较近，震动颇烈，损失略重 　　　　　　　　王佐　设置股主任王能杰			呈报员工签名盖章		李东山

实支薪给：24〔元〕

被炸时有无直系亲属同居：有

直系亲属于事前已否疏散：未

47) 电务员工呈报损失调查表

机关名称：重庆电话局　　　　　　　　　　民国　年　月　日填报

姓名资格职务	胡炎廷 技工 设置股	损失原因	6月15号敌机袭渝时，该屋侧面投弹1枚，内部全已倒塌	损失地点	萧家凉亭11号3楼	离到日期	年　月　日 到局处
				损失日期	6月15日		
				何方证明	保甲		年　月　日 离局处
损失情形	名称	数量	最低估值(元)	名称	数量	最低估值(元)	
	圆桌	1张	20	热水瓶	1个	30	
	棕床	1张	50	碗大小	8个	11	
	面盆	1只	30	铁锅	1个	15	
	水缸	1个	15				
	茶壶	1个	8				
	洋铁壶	1个	8				
	共计		131	共计		56	

续表

估计总额	187元。拟准慰偿金额:90元正	由部核给慰偿金额	
主管人员核签意见并签名盖章	该工住屋离中弹之处较近,震动颇烈,损失略重 王佐　设置股主任王能杰	呈报员工签名盖章	胡炎廷

实支薪给:64[元]

被炸时有无直系亲属同居:有

直系亲属于事前已否疏散:无

48)电务员工呈报损失调查表

机关名称:重庆电话局　　　　　　　　　　　　民国　年　月　日填报

姓名	吕学丹	损失原因	6月15号敌机袭渝时,该屋侧面投弹1枚,内部全已倒塌	损失地点	萧家凉亭11号2楼	离到日期	年　月　日 到局处
资格	技工			损失日期	6月15日		
职务	设置股			何方证明	七保五甲		年　月　日 离局处

	名称	数量	最低估值(元)	名称	数量	最低估值(元)
损失情形	方桌	1张	18	板凳	2条	8
	水缸	1口	20	椅子	4个	16
	炉子	1个	16	大广锅	1口	24
	大小碗	14个	26	大小缸盆	2个	12
	广锅	1口	18	茶壶	1把	7
	漱口杯		2.6	热水壶		27
	洋铁开水壶		8			
	共计		108.6	共计		94

估计总额	法币202.6元。拟准慰偿金额:100元正	由部核给慰偿金额	
主管人员核签意见并签名盖章	该工住屋离中弹之处较近,震动颇烈,损失略重 王佐　设置股主任王能杰	呈报员工签名盖章	吕学丹

实支薪给:60元

被炸时有无直系亲属同居:有

直系亲属于事前已否疏散:未

49) 电务员工呈报损失调查表

机关名称：　　　　　　　　　　　　　民国　年　月　日填报

姓名	熊松永	损失原因	6月15号敌机袭渝时,该屋侧面投弹1枚,内部全已震毁	损失地点	萧家凉亭11号3楼	离到日期	年　月　日 到局处
资格	技工			损失日期	6月15		
职务	设置股			何方证明	保甲		年　月　日 离局处

损失情形	名称	数量	最低估值(元)	名称	数量	最低估值(元)
	方桌	1张	22	饭菜碗	11个	22
	水缸	1个	26	凳子	4个	16
	木架床	1张	40	米缸	1个	8
	铁锅	1个	16	面盆	1个	32
	茶壶	1个	12	热水壶	1个	35
	洋铁壶	1个	8			
	共计		124	共计		113

估计总额	237元。拟准慰偿金额:120元正	由部核给慰偿金额	
主管人员核签意见并签名盖章	该工住屋离中弹之处较近,震动颇烈,损失略重 　　　　　　王佐　设置股主任王能杰	呈报员工签名盖章	熊松永

实支薪给:33元
被炸时有无直系亲属同居:有
直系亲属于事前已否疏散:无〔未〕

50) 电务员工呈报损失调查表

机关名称:重庆电话局　　　　　　　　　民国三十年六月十五日填报

姓名	陈少卿	损失原因	被振〔震〕损失	损失地点	萧家凉亭9号	离到日期	年　月　日 到局处
资格	线工			损失日期	6月15日		
职务	设置股铅工			何方证明			年　月　日 离局处

续表

损失情形	名称	数量	最低估值(元)	名称	数量	最低估值(元)
	失落衣箱(内有衣服20余件)	1只	360	水缸	1只	14
	锅	1只	24	茶杯	5只	6
	大碗	7只	16	茶壶	1只	7
	小碗	8只	14			
	共计		24件	共计		441

估计总额	441元。拟准慰偿金额：200元正	由部核给慰偿金额	
主管人员核签意见并签名盖章	该工住屋受震情形与附近他工相类，□请衣箱1只因该工有病不能携带，经调查确系失落，损失甚巨，拟请从优慰偿　　　　　　王佐　设置股主任王能杰	呈报员工签名盖章	陈少卿

实支薪给：28元

被炸时有无直系亲属同居：有

直系亲属于事前已否疏散：未

51) 电务员工呈报损失调查表

机关名称：重庆电话局　　　　　　　　　民国三十年六月十五日填报

姓名	熊春山	损失原因	被振〔震〕破坏	损失地点	萧家凉亭9号	离到日期	年　月　日到局处
资格	线工			损失日期	30年6月15日		
职务	设置股线工工头			何方证明			年　月　日离局处

损失情形	名称	数量	最低估值(元)	名称	数量	最低估值(元)
	府绸衬衫	1件	26	小碗	7支〔只〕	11
	呢帽	1件〔顶〕	55	茶壶	1支〔只〕	4
	锅	1支〔只〕	26	茶杯	3支〔只〕	4
	水缸	1支〔只〕	12	汤匙	4支〔只〕	3
	大碗	6支〔只〕	12			
	共计		25	共计		153

估计总额	153元。拟准慰偿金额：70元正	由部核给慰偿金额	
主管人员核签意见并签名盖章	该工住屋受附近炸弹震动，损失尚轻　　　　　　王佐　设置股主任王能杰	呈报员工签名盖章	熊春山

实支薪给：72元

被炸时有无直系亲属同居：有

直系亲属于事前已否疏散：未

52）电务员工呈报损失调查表

机关名称：重庆电话局　　　　　　　　　　民国三十年六月十五日填报

姓名	程从汉	损失原因	被炸	损失地点	肖家凉亭8号	离到日期	年　月　日 到局处
资格	线工			损失日期	6月15日		
职务	设置股线工			何方证明			年　月　日 离局处

损失情形	名称	数量	最低估值(元)	名称	数量	最低估值(元)
	棉被	1件	80	茶壶	1件	7
	被单	1件	22	茶杯	3件	5
	棉花	1件	18	锅	1支〔只〕	23
	皮鞋	1双	60	大碗	6支〔只〕	12
	大衣	1件	160	小碗	5支〔只〕	10
	布衣服	2套	80	单人床	1件	30
	共计		420	共计		87

估计总额	507元。拟准慰偿金额：100元正	由部核给慰偿金额	
主管人员核签意见并签名盖章	该工住屋受附近炸弹震动,损失尚轻 　　王佐　设置股主任王能杰	呈报员工签名盖章	程从汉

实支薪给：51元
被炸时有无直系亲属同居：无
直系亲属于事前已否疏散：

53）电务员工呈报损失调查表

机关名称：重庆电话局　　　　　　　　　　民国三十年六月十五日填报

姓名	熊鳌永	损失原因	被振〔震〕坏	损失地点	东升楼53号	离到日期	年　月　日 到局处
资格	线工			损失日期	30年6月15日		
职务	设置股铅工			何方证明			年　月　日 离局处

续表

	名称	数量	最低估值(元)	名称	数量	最低估值(元)
损失情形	锅	1支〔只〕	25	热水瓶	1支〔只〕	28
	水缸	1支〔只〕	13	洗口杯	1支〔只〕	4
	茶壶	1支〔只〕	6	汤匙	5支〔只〕	6
	大碗	8支〔只〕	16			
	小碗	7支〔只〕	14			
	茶杯	4支〔只〕	7			
	共计		81	共计		38
估计总额	119元。拟准慰偿金额:50元正			由部核给慰偿金额		
主管人员核签意见并签名盖章	该工住屋受附近炸弹震动,损失尚轻 王佐　设置股主任王能杰			呈报员工签名盖章	熊鳌永	

实支薪给:65元

被炸时有无直系亲属同居:妻子女

直系亲属于事前已否疏散:未疏散

54)电务员工呈报损失调查表

机关名称:重庆电话局　　　　　　　　　　　民国　年　月　日填报

姓名	陈春山	损失原因	本月15日敌机袭渝,该屋侧面投弹,内部全部震坏	损失地点	东升楼53号	离到日期	年月日到局处
资格	技工			损失日期	6月15日		
职务	设置股			何方证明	六保九甲		年月日离局处

	名称	数量	最低估值(元)	名称	数量	最低估值(元)
损失情形	广锅	1口	20	毛巾	5条	6
	方桌	1张	25	米缸	1口	8
	水缸	1口	20	中等米	2斗	45
	磁碗	12个	15	椅子	4把	20
	木床	1张	40			
	共计		120	共计		79
估计总额	法币199元。拟准慰偿金额:80元正			由部核给慰偿金额		
主管人员核签意见并签名盖章	该工住屋受附近炸弹震动,损失尚轻 王佐　设置股主任王能杰			呈报员工签名盖章	陈春山	

实支薪给:57元

被炸时有无直系亲属同居:有

直系亲属于事前已否疏散:未

55）电务员工呈报损失调查表

机关名称：　　　　　　　　　　　　　民国　年　月　日填报

姓名	胡学元	损失原因	本月15号敌机袭渝时，该屋侧面投弹数枚，内部全已震坏	损失地点	东升楼53号	离到日期	年月日到局处
资格	技工			损失日期	6月15日		
职务	设置股			何方证明	保甲		年月日离局处

	名称	数量	最低估值(元)	名称	数量	最低估值(元)
损失情形	水缸	1只	18	钢宗锅	1只	48
	米缸	1只	8	茶壶	1把	9.5
	铁锅	1只	16	铜水壶	1把	32
	菜饭碗	12只	22	茶杯	6个	9
	竹椅子	4张	16	平价米	1斗5	37.5
	木桌	1张	14			
	共计		94	共计		136

估计总额	230元。拟准慰偿金额：100元正	由部核给慰偿金额	
主管人员核签意见并签名盖章	该工住屋受附近炸弹震动，损失尚轻 　　　　王佐　设置股主任王能杰	呈报员工签名盖章	胡学元

实支薪给：57元
被炸时有无直系亲属同居：有
直系亲属于事前已否疏散：未

56）电务员工呈报损失调查表

机关名称：　　　　　　　　　　　　　民国三十年六月十七日填报

姓名	韩云卿	损失原因	本月15日遭敌机投弹，附近破片及飞石打坏住宅家具等件甚重	损失地点	东升楼53号3楼	离到日期	年月日到局处
资格	线工			损失日期	6月15日		
职务	设置股			何方证明	局方证明		年月日离局处

续表

损失情形	名称	数量	最低估值(元)	名称	数量	最低估值(元)
	铁锅	1口	25	茶壶	1个	10
	饭碗	10个	15	铁壶	1个	8
	菜碗	8个	24	棕铺	1个	40
	水缸	1口	20	木床	1个	40
	木盆	1个	12			
	方桌	1个	20			
	凳子	4个	40			
	共计		156	共计		98

估计总额	损失国币254元。拟准慰偿金额:110元正	由部核给慰偿金额	
主管人员核签意见并签名盖章	该工住屋受附近炸弹震动,损失尚轻 王佐 设置股主任王能杰	呈报员工签名盖章	韩云卿

实支薪给:54元

被炸时有无直系亲属同居:有

直系亲属于事前已否疏散:未

57)电务员工呈报损失调查表

机关名称:重庆电话局　　　　　　　　民国三十年六月十七日填报

姓名	李华梁	损失原因	于6月15日被敌机投弹,宿舍墙坍并破片穿入箱内	损失地点	育婴堂街1号宿舍	离到日期	年 月 日 到局处
资格	技工			损失日期	6月15日		
职务	线工			何方证明	第八保第九甲长黄金山		年 月 日 离局处

损失情形	名称	数量	最低估值(元)	名称	数量	最低估值(元)
	木箱	1只	15	蓝布工裤褂	1套	50
	棉衣	1套	90	线毯	1条	58
	斜文布夹衣	1套	70			
	共计			共计		283

估计总额	283元。拟准慰偿金额:100元正	由部核给慰偿金额	
主管人员核签意见并签名盖章	该工衣箱虽遭破片炸坏,衣服尚可收回一部分,损失不重 王佐 设置股主任王能杰	呈报员工签名盖章	李华梁

实支薪给:60元

被炸时有无直系亲属同居:无

直系亲属于事前已否疏散:已

58）电务员工呈报损失调查表

机关名称：重庆电话局　　　　　　　　　　民国三十年六月十七日填报

姓名	李南山	损失原因	于本月15日遭敌机投弹附近,震坏家具甚重	损失地点	萧家凉亭31号	离到日期	年 月 日 到局处
资格	线工			损失日期	6月15日		
职务	设置股			何方证明	东升镇第七保七甲甲长吴炳泉		年 月 日 离局处

损失情形	名称	数量	最低估值(元)	名称	数量	最低估值(元)
	铁锅	1只	25	脚盆	1只	16
	水缸	1只	18	木床	1张	30
	饭碗	15只	26	时钟	1只	95
	菜碗	8只	20			
	方桌	1张	30			
	木凳	5张	25			
	茶壶	1把	9			
	共计		153	共计		161

估计总额	314元。拟准慰偿金额：110元正	由部核给慰偿金额	
主管人员核签意见并签名盖章	该工住屋受附近炸弹震动,损失尚轻　　　王佐　设置股主任王能杰	呈报员工签名盖章	李南山

实支薪给：64元
被炸时有无直系亲属同居：有
直系亲属于事前已否疏散：未

59）电务员工呈报损失调查表

机关名称：重庆电话局　　　　　　　　　　民国三十年六月十五日填报

姓名	颜小山	损失原因	于本月15日遭敌机投弹附近,震坏家具等件甚重	损失地点	萧家凉亭31号	离到日期	年 月 日 到局处
资格	线工			损失日期	6月15日		
职务	设置股			何方证明	东升楼镇七保七甲长吴炳泉		年 月 日 离局处

续表

名称	数量	最低估值(元)	名称	数量	最低估值(元)
铁锅	1口	20	茶壶	1个	6
水缸	1口	15.2	脚盆	1个	13
饭碗	10个	14.8	床铺	1套	60
菜碗	6个	12			
方桌	1个	25			
木凳	4个	20			
共计		106	共计		79

损失情形

估计总额	损失国币285元。拟准慰偿金额：100元正	由部核给慰偿金额	
主管人员核签意见并签名盖章	该工住屋受附近炸弹震动,损失尚轻 　　　　　王佐　设置股主任王能杰	呈报员工签名盖章	颜小山

实支薪给：36元

被炸时有无直系亲属同居：有

直系亲属于事前已否疏散：未

60) 电务员工呈报损失调查表

机关名称：重庆电话局　　　　　　　　　　民国三十年六月十五日填报

姓名	张青山	损失原因	敌机狂炸,房屋震坏,因四周投弹甚多,房门震倒,衣箱被盗偷去	损失地点	东升楼49号	离到日期	年　月　日 到局处
资格	技工			损失日期	6月15日		
职务	外线			何方证明	东升镇第六保第八甲甲长任海泉		年　月　日 离局处

名称	数量	最低估值(元)	名称	数量	最低估值(元)
铁锅	1个	14	棉衣	2套	106
饭碗菜碗	8个	8			
饭薄[钵]	1个	3			
水缸	1个	15			
男女胶鞋	2双	41			
衣服	1套	30			
共计		111	共计		106

损失情形

估计总额	217元。拟准慰偿金额：80元正	由部核给慰偿金额	
主管人员核签意见并签名盖章	该工住屋受附近炸弹震动,损失尚轻 　　　　　王佐　设置股主任王能杰	呈报员工签名盖章	张青山

实支薪给：33元

被炸时有无直系亲属同居：妻

直系亲属于事前已否疏散：未

61）电务员工呈报损失调查表

机关名称：重庆电话局　　　　　　　　　　　民国　年　月　日填报

姓名	严启林	损失原因	本月15日敌机袭渝，该屋侧面投弹，内部全部震坏	损失地点	东升楼53号	离到日期	年　月　日到局处
资格	技工			损失日期	6月15日		
职务	设置股			何方证明	六保九甲		年　月　日离局处

	名称	数量	最低估值(元)	名称	数量	最低估值(元)
损失情形	水缸	1口	18	木架床	1张	26
	广锅	1口	19	米缸	1口	6
	热水壶	1个	25	椅子	4把	17
	大小磁碗	15个	20	洋铁壶	1把	8
	桌子	1张	15	遗失衣箱	1口	45
	磁缸	2个	12			
	共计		109	共计		102

估计总额	法币211元正。拟准慰偿金额：100元正	由部核给慰偿金额	
主管人员核签意见并签名盖章	该工住屋受附近炸弹震动，损失尚轻 　　　　　　　　王佐　设置股主任王能杰	呈报员工签名盖章	严启林

实支薪给：68元

被炸时有无直系亲属同居：有

直系亲属于事前已否疏散：未

62）电务员工呈报损失调查表

机关名称：重庆电话局　　　　　　　　　　　民国三十年六月十六日填报

姓名	严宝山	损失原因	6月15日被敌机轰炸，侧面中弹2个，房屋震倒及内部楼板震下	损失地点	育婴堂街1号	离到日期	年　月　日到局处
资格	技工			损失日期	6月15日		
职务	领工			何方证明	第八保九甲甲长黄金山		年　月　日离局处

续表

	名称	数量	最低估值(元)	名称	数量	最低估值(元)
损失情形	绷子床	1张	65	茶胡[壶]	1个	9
	菜碗	6个	18	洗面盆	1个	24
	茶碗	4个	8	棉被	1床	32
	饭碗	7个	17.5			
	小锅	1口	28			
	下布帐子	1床	90			
	共计		226.5	共计		65
估计总额	291.5元。拟准慰偿金额:130元			由部核给慰偿金额		
主管人员核签意见并签名盖章	该领工及眷属所住之处确遭震坍,所报损失情形尚属实在,惟估价略高,拟请照章从优慰偿 　　　　　王佐　设置股主任王能杰			呈报员工签名盖章	严宝山	

实支薪给:48元

被炸时有无直系亲属同居:妻及女

直系亲属于事前已否疏散:未

63) 电务员工呈报损失调查表

机关名称:重庆电话局　　　　　　民国三十年六月十五日填报

姓名	郭士贵	损失原因	总局宿舍被炸	损失地点	总局宿舍	离到日期	年 月 日 到局处
资格	公役			损失日期	6月15日午后1钟		
职务	庶务股			何方证明			年 月 日 离局处
损失情形	名称	数量	最低估值(元)	名称	数量	最低估值(元)	
	灰色中山服	1套	50	衬衫	2件	28	
	毛巾	1张	4	面盆	1个	27	
	被单	1床	35	黄裤	1条	13	
	共计			共计		157	
估计总额	157元。拟准慰偿金额:60元正			由部核给慰偿金额		
主管人员核签意见并签名盖章	查郭役系寄宿该宿舍内 　　　　　　　　王应麒			呈报员工签名盖章	郭士贵	

实支薪给:12元

被炸时有无直系亲属同居:无

直系亲属于事前已否疏散:

64) 电务员工呈报损失调查表

机关名称：重庆电话局　　　　　　　　民国三十年六月十七日填报

姓名	朱遇常	损失原因	6月15日敌机袭渝,总局宿舍落弹被炸	损失地点	长安寺总局	离到日期	年　月　日 到局处
资格	业务员			损失日期	6月15日		
职务				何方证明			年　月　日 离局处
损失情形	名称	数量	最低估值(元)	名称	数量	最低估值(元)
	棉被	1床	100	毛毯	1床	40
	被单	1条	40			
	共计			共计		180
估计总额	180元。拟准慰偿金额：100元正			由部核给慰偿金额		
主管人员核签意见并签名盖章	经查属实　　　　　　　　　　　王佐			呈报员工签名盖章	朱遇常	

实支薪给：168元
被炸时有无直系亲属同居：无
直系亲属于事前已否疏散：已疏散

65) 电务员工呈报损失调查表

机关名称：重庆电话局　　　　　　　　民国三十年六月十七日填报

姓名	马蕙菁	损失原因	邻近宿舍中弹被震	损失地点	本局宿舍	离到日期	年　月　日 到局处
资格	话务员			损失日期	6月15日		
职务	班长			何方证明			年　月　日 离局处
损失情形	名称	数量	最低估值(元)	名称	数量	最低估值(元)
	镜子	1面	26	漱口杯	1只	9
	茶壶	1把	15	墨水	1瓶	3
	共计			共计		53元
估计总额	53元。拟准慰偿金额：30元			由部核给慰偿金额		

续表

主管人员核签意见并签名盖章	查系被震损坏属实		呈报员工签名盖章	马蕙菁
		王佐		

实支薪给：39元

被炸时有无直系亲属同居：无

直系亲属于事前已否疏散：

66）电务员工呈报损失调查表

机关名称：重庆电话局　　　　　　　　民国三十年六月十七日填报

姓名	洪樟	损失原因	被震邻近宿舍中弹	损失地点	本局宿舍	离到日期	年　月　日到局处
资格	话务员			损失日期	6月15日		
职务	障碍台			何方证明			年　月　日离局处
损失情形	名称	数量	最低估值（元）	名称	数量	最低估值（元）
	洗脸盆	1个	30	鞋子	1双	24
	热水瓶	1个	42	茶杯	1只	4
	共计			共计		100元
估计总额		拟准慰偿金额：33元			由部核给慰偿金额	
主管人员核签意见并签名盖章	查明震损散失属实		王佐	呈报员工签名盖章	洪樟

实支薪给：33元

被炸时有无直系亲属同居：

直系亲属于事前已否疏散：无

67) 电务员工呈报损失调查表

机关名称:重庆电话局　　　　　　　　　　　民国三十年六月十七日填报

姓名	张祥芬	损失原因	邻近宿舍中弹被震	损失地点	本局宿舍	离到日期	年　月　日 到局处
资格	话务员			损失日期	6月15日		
职务	司机			何方证明			年　月　日 离局处

损失情形	名称	数量	最低估值(元)	名称	数量	最低估值(元)
	洗脸帕	1条	3	牙膏	1条〔支〕	2.5
	玻璃杯	1只	2	皮鞋	1双	45
	共计			共计		52.5

估计总额	拟准慰偿金额:28元	由部核给慰偿金额	
主管人员核签意见并签名盖章	查明实系震损或散失　　　　　　　　王佐	呈报员工签名盖章	张祥芬

实支薪给:28元
被炸时有无直系亲属同居:无
直系亲属于事前已否疏散:

68) 电务员工呈报损失调查表

机关名称:电话总局　　　　　　　　　　　民国　年　月　日填报

姓名	朱蕊	损失原因	6月15日空袭时为安全起见,将行李放入电话总局71号卷洞室,不料局内遭炸,该室受震过猛,将壁上所挂之王水一瓶震下,全部倾在行李上,以致行李大部烂坏	损失地点	电话总局71号卷洞室	离到日期	年　月　日 到局处
资格				损失日期	6月15日		
职务	话务员			何方证明	本局铅线领工李国杨		年　月　日 离局处

续表

损失情形	名称	数量	最低估值(元)	名称	数量	最低估值(元)
	印花卧单	1床	50	枕头	1个	10
	棉被	1床	120			
	共计			共计		180

估计总额	拟准慰偿金额：112元	由部核给慰偿金额	
主管人员核签意见并签名盖章	该员卧具为镪水腐烂属实　　　　　　王佐	呈报员工签名盖章	朱蕊

实支薪给：28元

被炸时有无直系亲属同居：无

直系亲属于事前已否疏散：

69) 电务员工呈报损失调查表

机关名称：　　　　　　　　　　　　　　民国　年　月　日填报

姓名	刘长江	损失原因	本局被炸，洗衣没有收	损失地点	本局	离到日期	年　月　日到局处
资格	技工			损失日期	6月15日		
职务				何方证明			年　月　日离局处

损失情形	名称	数量	最低估值(元)	名称	数量	最低估值(元)
	中山服	1套	42	黄色短裤	1条	12
	衬衣	1件	16			
	共计			共计		70

估计总额	70元。拟准慰偿金额：30元正	由部核给慰偿金额	
主管人员核签意见并签名盖章	据调查该工晒衣未收损失是实，但该工自己亦有疏忽之处，应否慰偿，请裁夺　　　　　王佐　设置股主任王能杰	呈报员工签名盖章	刘长江

实支薪给：24元

被炸时有无直系亲属同居：无

直系亲属于事前已否疏散：

70) 电务员工呈报损失调查表

机关名称：重庆电话局　　　　　　　　　民国三十年六月十五日填报

姓名	李德安	损失原因	总局宿舍被炸	损失地点	电话总局宿舍	离到日期	年 月 日 到局处
资格	材料股			损失日期	6月15日午后1中〔钟〕		
职务	库丁			何方证明			年 月 日 离局处

损失情形	名称	数量	最低估值(元)	名称	数量	最低估值(元)
	卧单	1床	36	被盖	1床	38
	汗小衣	2套	35	长衫	2件	46
	胶鞋	1双	16	面盆	1个	18
	共计			共计		189

估计总额	189元。拟准慰偿金额：90元正	由部核给慰偿金额	
主管人员核签意见并签名盖章	查该工确住在被炸宿舍内之一间，损失衣件在所难免，拟请酌予慰偿　　　　　　　　　王佐	呈报员工签名盖章	李德安

实支薪给：20元
被炸时有无直系亲属同居：无
直系亲属于事前已否疏散：

71) 电务员工呈报损失调查表

机关名称：重庆电话局　　　　　　　　　民国三十年六月十六日填报

姓名	陈万福	损失原因	6月15日敌机袭渝本局宿舍被炸	损失地点	本局宿舍	离到日期	年 月 日 到局处
资格	铅工			损失日期	6月15日		
职务	接焊			何方证明	同室被难同人张世远、邓里和		年 月 日 离局处

续表

损失情形	名称	数量	最低估值(元)	名称	数量	最低估值(元)
	毯子	1床	25	袜子	2双	7
	布鞋	1双	8	棉衣	1套	50
	力士鞋	1双	22	洗面盆	1个	30
	席子	1床	10			
	共计			共计		152

估计总额	拟准慰偿金额:80元	由部核给慰偿金额	
主管人员核签意见并签名盖章	查该工确住在被炸宿舍内之一间,损失衣件在所难免,拟请酌予慰偿 王佐　设置股主任王能杰	呈报员工签名盖章	陈万福

实支薪给:28元

被炸时有无直系亲属同居:无

直系亲属于事前已否疏散:

72)电务员工呈报损失调查表

机关名称:重庆电话局　　　　　　　　　民国三十年六月十七日填报

姓名	邓里和	损失原因	6月15日敌机袭渝本局宿舍被炸	损失地点	本局宿舍	离到日期	年　月　日 到局处
资格	铅工			损失日期	6月15日		
职务				何方证明	同室被难同仁张世远、邓文秀		年　月　日 离局处

损失情形	名称	数量	最低估值(元)	名称	数量	最低估值(元)
	面盆	1	27	旧棉絮	1床	40
	漱口缸	1	5	布鞋	1双	10
	毛巾	1	3			
	力士鞋	1	23			
	洗了未干衣服	1套	40			
	共计		98	共计		50

估计总额	148元。拟准慰偿金额:60元正	由部核给慰偿金额	
主管人员核签意见并签名盖章	查该工确住在被炸宿舍内之一间,损失衣件在所难免,拟请酌予慰偿 王佐　设置股主任王能杰	呈报员工签名盖章	邓里和

实支薪给:28元

被炸时有无直系亲属同居:无

直系亲属于事前已否疏散:

73)电务员工呈报损失调查表

机关名称：重庆电话局　　　　　　　　　　民国三十年六月十七日填报

姓名	江朝斗	损失原因	6月15日敌机袭渝本局宿舍被炸	损失地点	本局宿舍	离到日期	年 月 日 到局处
资格	铅工			损失日期	6月15日		
职务	接焊			何方证明	同室被难同仁李森、万技良		年 月 日 离局处

损失情形	名称	数量	最低估值(元)	名称	数量	最低估值(元)
	力士鞋	1[双]	25	棉絮	1[床]	35
	布鞋	1[双]	10	衣服	1套	48
	面盆	1[个]	30			
	共计			共计		148

估计总额	148元。拟准慰偿金额:60元	由部核给慰偿金额	
主管人员核签意见并签名盖章	查该工确住在被炸宿舍内之一间,损失衣件在所难免,拟请酌予慰偿 　　　　　王佐　设置股主任王能杰	呈报员工签名盖章	江朝斗

实支薪给:28元

被炸时有无直系亲属同居:无

直系亲属于事前已否疏散:

74)电务员工呈报损失调查表

机关名称：重庆电话局　　　　　　　　　　民国三十年六月十六日填报

姓名	李森	损失原因	6月15日敌机袭渝本局宿舍被炸	损失地点	重庆长安街电话局	离到日期	年 月 日 到局处
资格	铅工			损失日期	6月15日		
职务	接焊			何方证明	同室被难同人陈万福、牟国荣		年 月 日 离局处

续表

损失情形	名称	数量	最低估值(元)	名称	数量	最低估值(元)
	棉絮	1床	40			
	共计		40	共计		

估计总额	拟准慰偿金额：10元正	由部核给慰偿金额	
主管人员核签意见并签名盖章	该工未住在被炸宿舍，惟据面称衣服寄存在被炸宿舍内之同事处，因此损失。如何慰偿之处请裁夺　王佐　设置股主任王能杰	呈报员工签名盖章	李森

实支薪给：28元

被炸时有无直系亲属同居：无

直系亲属于事前已否疏散：

75) 电务员工呈报损失调查表

机关名称：　　　　　　　　　　　民国三十年六月十七日填报

姓名	张世远	损失原因	6月15日敌机袭[渝]本宿舍被炸	损失地点	本局宿舍	离到日期	年　月　日到局处
资格	铅工			损失日期	6月15日		
职务				何方证明	同室被难同仁万技良、李森		年　月　日离局处

损失情形	名称	数量	最低估值(元)	名称	数量	最低估值(元)
	竹箱	1口	7	面盆	1个	30
	灰制服	1套	45	漱口缸	1个	4
	内裤	1条	3.5	油印[匣]	1个	8
	青线袜	2只	7			
	佔[蘸]水笔	1支	3			
	信件	2杂	5			
	毛巾	1根	2.5			
	胶鞋	1双	18			
	共计		91	共计		42

估计总额	133元。拟准慰偿金额：40元	由部核给慰偿金额	
主管人员核签意见并签名盖章	查该工确住在被炸宿舍内之一间,损失衣件在所难免,拟请酌予慰偿　　　王佐　设置股主任王能杰	呈报员工签名盖章	张世远

实支薪给：28元

被炸时有无直系亲属同居：无

直系亲属于事前已否疏散：

76)电务员工呈报损失调查表

机关名称:重庆电话局　　　　　　　　　　民国三十年六月十六日填报

姓名	牟国荣	损失原因	6月15日敌机袭渝本局宿舍被炸	损失地点	本局宿舍	离到日期	年　月　日 到局处
资格	铅工			损失日期	6月15日		
职务	接焊			何方证明	同室被难同仁张世远、邓里和		年　月　日 离局处
损失情形	名称	数量	最低估值(元)	名称	数量	最低估值(元)
	棉絮	1	40	卫生衣	1	20
	皮鞋	1	30	被单	1	25
	共计			共计		115
估计总额	115元。拟准慰偿金额:40元			由部核给慰偿金额		
主管人员核签意见并签名盖章	该工未住在被炸宿舍,惟据面称衣服寄存在被炸宿舍内之同事处,因此损失。如何慰偿之处请裁夺　　　　　王佐　设置股主任王能杰				呈报员工签名盖章	牟国荣

实支薪给:28元

被炸时有无直系亲属同居:无

直系亲属于事前已否疏散:

77)电务员工呈报损失调查表

机关名称:重庆电话局　　　　　　　　　　民国三十年六月十六日填报

姓名	邓文秀	损失原因	6月15敌机袭渝本局宿舍被炸	损失地点	本局宿舍	离到日期	年　月　日 到局处
资格	铅工			损失日期	6月15日		
职务				何方证明	同室被难同仁牟国荣、邓里和		年　月　日 离局处
损失情形	名称	数量	最低估值(元)	名称	数量	最低估值(元)
	棉衣	1套	39	棉絮	1床	36
	力士鞋	1双	24	毯子	1床	22
	共计			共计		121
估计总额	121元。拟准慰偿金额:40元			由部核给慰偿金额		
主管人员核签意见并签名盖章	该工未住在被炸宿舍,惟据面称衣服寄存在被炸宿舍内之同事处,因此损失。如何慰偿之处请裁夺　　　　　王佐　设置股主任王能杰				呈报员工签名盖章	邓文秀

实支薪给:24元

被炸时有无直系亲属同居:无

直系亲属于事前已否疏散:

78) 电务员工呈报损失调查表

机关名称：重庆电话局　　　　　　　　民国三十年六月十六日填报

姓名资格职务	万技良	损失原因	6月15日敌机袭渝本局宿舍被炸	损失地点	重庆长安街电话局	离到日期	年 月 日 到局处
	铅工			损失日期	6月15日		
	接焊			何方证明	同室被难同仁陈万福、牟国荣		年 月 日 离局处
损失情形	名称	数量	最低估值(元)	名称		数量	最低估值(元)
	面盆	1个	25	席子		1床	10
	漱口钟	1个	3	力士胶鞋		1双	18
	牙刷	1把	1.5				
	共计			共计			59.5
估计总额	59.5元。拟准慰偿金额:20元正			由部核给慰偿金额			
主管人员核签意见并签名盖章	该工未住在被炸宿舍,惟据面称衣服寄存在被炸宿舍内之同事处,因此损失。如何慰偿之处请裁夺　　　　　　王佐　设置股主任王能杰			呈报员工签名盖章		万技良	

实支薪给:28元

被炸时有无直系亲属同居:无

直系亲属于事前已否疏散:

79) 电务员工呈报损失调查表

机关名称：　　　　　　　　　　　民国三十年六月十七日填报

姓名资格职务	李义忠	损失原因	本月15号遭敌机投弹附近,震坏衣服箱子等件	损失地点	育婴堂1号	离到日期	年 月 日 到局处
	线工			损失日期	6月15号		
	设置股			何方证明	龙王镇八保九甲黄金山		年 月 日 离局处
损失情形	名称	数量	最低估值(元)	名称	数量		最低估值(元)
	面盆	1个	30	呢鞋子	1双		22
	尚□棉衣	1件	40	中山服	1套		50
	毛线□衣	1件	60	呢帽	1顶		30
	共计			共计			
估计总额	232元。拟准慰偿金额:40元			由部核给慰偿金额			
主管人员核签意见并签名盖章	该工所住之处确遭弹片炸毁,惟该工在轰炸之前早已派往南岸工作,所报损失衣服虽有甲长证明,但无从查实　　　　　　王佐　设置股主任王能杰			呈报员工签名盖章		李义忠	

续表

实支薪给:24元
被炸时有无直系亲属同居:无
直系亲属于事前已否疏散:

80)电务员工呈报损失调查表

机关名称:重庆电话局　　　　　　　　　民国三十年六月十七日填报

姓名	夏炳臣	损失原因	于6月15日被敌机投弹于宿舍墙侧被震楼坍	损失地点	育婴堂街1号	离到日期	年 月 日 到局处
资格	长工			损失日期	6月15日		
职务				何方证明	龙王镇第八保九甲黄金山		年 月 日 离局处
损失情形	名称	数量	最低估值(元)	名称	数量	最低估值(元)
	芝麻呢中山服	1套	60	青色直贡呢中山服	1套	85
	老蓝布工衣	1套	55	篮球鞋	1双	28
	毛线背心	1件	35			
	共计			共计		263
估计总额	263元。拟准慰偿金额:40元			由部核给慰偿金额		
主管人员核签意见并签名盖章	该工所住之处确遭弹片炸毁,惟该工在轰炸之前早已派往南岸工作,所报损失衣件虽有甲长证明,但无从查实　　　　　　　　　　王佐　设置股主任王能杰			呈报员工签名盖章	夏炳臣	

实支薪给:16元
被炸时有无直系亲属同居:无
直系亲属于事前已否疏散:已

81) 电务员工呈报损失调查表

机关名称：重庆电话局　　　　　　　　　民国三十年六月十七日填报

姓名	李云辉	损失原因	于6月15日被敌机投弹，墙侧面被震，楼板坍倒，并中破片	损失地点	育婴堂街1号	离到日期	年　月　日 到局处
资格	长工			损失日期	6月15日		
职务				何方证明	龙王庙镇第八保九甲长黄金山		年　月　日 离局处

损失情形	名称	数量	最低估值(元)	名称	数量	最低估值(元)
	毛线衣	1件	60	篮球鞋	1双	23
	礼帽	1顶	45	羊毛绒袜子	1双	18
	芝麻呢夹衣	1套	63	蓝布工衣	1套	53
	共计			共计		262

估计总额	262元。拟准慰偿金额：40元	由部核给慰偿金额	
主管人员核签意见并签名盖章	该工所住之处遭遇弹片炸毁，惟该工在轰炸之前早已派往南岸工作，所报损失衣件虽有甲长证明，但无从查实　王佐　设置股主任王能杰	呈报员工签名盖章	李云辉

实支薪给：16元
被炸时有无直系亲属同居：无
直系亲属于事前已否疏散：已

82) 电务员工呈报损失调查表

机关名称：重庆电话局　　　　　　　　　民国　年　月　日填报

姓名	李仲伦	损失原因	被炸。动用家具亦被炸坏	损失地点	苍坝子22号	离到日期	年　月　日 到局处
资格	技工			损失日期	6月15日		
职务	查线工作			何方证明			年　月　日 离局处

四、交通部重庆电话局部分　1881

续表

名称	数量	最低估值(元)	名称	数量	最低估值(元)
被盖	1床	48	牙木床	1间	15
军毯	1床	14	烧饭锅	1口	18
绵〔棉〕絮	1床	16	白玉饭碗	12个	18
绵〔棉〕衫	1件	26	吃饭木桌	1张	12
中山服	2套	75	食米	1斗6升	32
衬衣	2件	28	水缸	1口	12
女夹衫	1件	36			
共计		243	共计		107

损失情形（左侧合并单元格）

估计总额	350元。拟准慰偿金额：100元	由部核给慰偿金额	
主管人员核签意见并签名盖章	该工住所附近中弹,衣服什物难免震坏或为碎片打烂,拟请酌予慰偿　王佐	呈报员工签名盖章	李仲伦

实支薪给：28元

被炸时有无直系亲属同居：2人

直系亲属于事前已否疏散：

83) 电务员工呈报损失调查表

机关名称：重庆电话局　　　　　　　　民国三十年六月十五日填报

姓名	李明兴	损失原因	6月15日苍坝子22号被炸	损失地点	东升楼苍坝子22号	离到日期	年 月 日 到局处
资格	技工			损失日期	6月15日午后1钟		
职务	查线			何方证明			年 月 日 离局处

名称	数量	最低估值(元)	名称	数量	最低估值(元)
被条	1床	62	烧饭锅	1口	16
绵〔棉〕旗袍	1件	32	水桶	1挑	15
锦心	1件	20	白米	8升	17
汗小衣	2套	35	大小碗	2付	7
水缸	1口	13			
共计			共计		

估计总额	217元。拟准慰偿金额：90元	由部核给慰偿金额	
主管人员核签意见并签名盖章	该工住所附近中弹,衣服什物不无震坏受碎片打烂,拟请酌予慰偿　王佐	呈报员工签名盖章	李明兴

实支薪给：28元

被炸时有无直系亲属同居：无

直系亲属于事前已否疏散：疏散

84)电务员工呈报损失调查表

机关名称：重庆电话局　　　　　　　　民国三十年六月十七日填报

姓名	张银山	损失原因	6月15日敌机袭渝，房屋附近遭受数炸，因之房屋全被震毁	损失地点	仓坝子22号	离到日期	年　月　日到局处
资格	技工	^	^	损失日期	6月15日	^	^
职务	铅工	^	^	何方证明	当地保甲	^	年　月　日离局处

损失情形	名称	数量	最低估值(元)	名称	数量	最低估值(元)
^	木凳	4张	16	方桌	1张	15
^	瓷菜碗	1套(10个)	22	水缸	1口	19
^	饭锅	1口	25	米	1斗5升	29
^	温水瓶	1个	28	脸盆	1个	24
^	木床	1张	30	脚盆	1个	12
^	共计		120	共计		99

估计总额	220元。拟准慰偿金额:80元	由部核给慰偿金额	
主管人员核签意见并签名盖章	该工住屋邻户受炸，房屋并未震毁，屋内受不起剧烈震动之家具当有损失，拟请酌量慰偿 　　　　　　　　　　　　　　王佐	呈报员工签名盖章	张银山

实支薪给：33元
被炸时有无直系亲属同居：两个人
直系亲属于事前已否疏散：未

85)电务员工呈报损失调查表

机关名称：重庆电话局　　　　　　　　民国三十年六月十五日填报

姓名	沈海清	损失原因	15日敌机轰炸被震毁损失	损失地点	萧家凉亭11号	离到日期	年　月　日到局处
资格	技工	^	^	损失日期	6月15日	^	^
职务	机工	^	^	何方证明		^	年　月　日离局处

续表

损失情形	名称	数量	最低估值(元)	名称	数量	最低估值(元)
	桌椅	4件	25	被絮(震毁门窗被窃)	1床	30
	厨房用具锅碗炉缸等		50			
	共计			共计		105
估计总额	105元。拟准慰偿金额:60元			由部核给慰偿金额		
主管人员核签意见并签名盖章			王佐	呈报员工签名盖章		沈海清

实支薪给:57元

被炸时有无直系亲属同居:1人

直系亲属于事前已否疏散:

86)电务员工呈报损失调查表

机关名称:重庆电话局　　　　　　　　　民国三十年六月十五日填报

姓名	艾海清	损失原因	中正路特号被炸	损失地点	中正路口罐厂隔壁特号	离到日期	年 月 日到局处
资格	技工			损失日期	6月15日		
职务	查线			何方证明			年 月 日离局处

损失情形	名称	数量	最低估值(元)	名称	数量	最低估值(元)
	绵〔棉〕衣	2件	53			
	绵〔棉〕絮	1床	25			
	木床	1间	20			
	米	8升	21			
	水缸	1口	14			
	土锅	1口	18.5			
	青蔑〔篾〕席	1根	6.5			
	共计		158	共计		
估计总额	316元。拟准慰偿金额:160元			由部核给慰偿金额		
主管人员核签意见并签名盖章	该工住所门前中弹,房屋倒塌一部份〔分〕,其衣被什物确属损坏 　　　　　　　　王佐			呈报员工签名盖章		艾海清

实支薪给:28元

被炸时有无直系亲属同居:有

直系亲属于事前已否疏散:未

87) 电务员工呈报损失调查表

机关名称：重庆电话局北碚分局　　　　　　民国三十年六月十七日填报

姓名资格职务	吴齐生	损失原因	呈送5月份表册单据及请领材料,奉办公务尚未完结,借住总局宿舍	损失地点	总局工务课宿舍	离到日期	年 月 日 到局处
	业务员			损失日期	6月15日		
	营业			何方证明	周惠卿 姚震寰		年 月 日 离局处

损失情形	名称	数量	最低估值(元)	名称	数量	最低估值(元)
	呢博士帽	1顶	50	面巾	1张〔支〕	2.5
	府绸衬衫	1件	27	牙刷	1只	2
	哈〔咔〕机〔叽〕短裤	1件	4.5	牙膏	1只	1.9
	共计			共计		87.9

估计总额	87.9元。拟准慰偿金额:35元正	由部核给慰偿金额	
主管人员核签意见并签名盖章	经查属实　　　　　　　　王佐	呈报员工签名盖章	吴齐生

实支薪给:62元

被炸时有无直系亲属同居:无

直系亲属于事前已否疏散:无〔未〕

88) 电务员工呈报损失调查表

机关名称：交通部重庆电话局　　　　　　民国三十年六月十六日填报

姓名资格职务	何超	损失原因	于6月15日午后1钟家室被炸,屋中正弹,悉行尽毁,均无存留,当料理材库在本局洞内躲避	损失地点	萧家凉亭10号	离到日期	年 月 日 到局处
	材料库			损失日期	6月15日午后1钟		
	库丁			何方证明	保甲证明		年 月 日 离局处

损失情形	名称	数量	最低估值(元)	名称	数量	最低估值(元)
	被盖	2床	120	水桶	1挑	20
	袄子	1件	60	皮箱	2口	75
	长衫子	3件	85	铁吊子	1口	28
	短制服	2套	84	皮鞋	1双	42
	水缸	2口	38	桌子	2张	40
	新锅	1口	21	床	2间	35
				碗	2付〔个〕	10
	共计		408	共计		250

续表

估计总额	658元。拟准慰偿金额:100元正	由部核给慰偿金额	
主管人员核签意见并签名盖章	查该工住址确中弹炸毁　　　　　　　　　王佐	呈报员工签名盖章	材料库库丁何超

实支薪给:20元

被炸时有无直系亲属同居:无

直系亲属于事前已否疏散:疏散

89) 电务员工呈报损失调查表

机关名称:重庆电话局　　　　　　　　　民国三十年六月十五日填报

姓名	钟竹筠	损失原因	空袭房屋震坏	损失地点	二府衙40号	离到日期	年 月 日到局处
资格				损失日期	6月15日		
职务	话务员			何方证明	五保长李泽三四甲长张子均		年 月 日离局处

损失情形	名称	数量	最低估值(元)	名称	数量	最低估值(元)
	被盖	1床	80	青毛葛棉袄	1件	100
	印花毯子	2床	50	兰〔蓝〕布长衫	1件	30
	油布	1床	15	厂床	1间	80
	白麻口子	1床	40			
	洗面盆	1个	30			
	皮鞋	1双	60			
	袜子	2双	15			
	共计		290	共计		210

估计总额	500元。拟准慰偿金额:80元正	由部核给慰偿金额	
主管人员核签意见并签名盖章	查该屋附近落弹,所居楼房被震甚烈,墙板已倒,屋面损坏,各物系被炸损伤者　　　　　　　　王佐	呈报员工签名盖章	钟竹筠

实支薪给:28元

被炸时有无直系亲属同居:有

直系亲属于事前已否疏散:未

(0346—1—48)

34.交通部重庆电话局为报1941年6月29日至7月10日员工被炸损失调查表并请核发慰偿金给交通部的代电稿(1941年7月31日)

交通部钧鉴:查本年六月二十九日至七月十日止敌机迭次袭渝,本局员工张秀兰等28人及技工伙食团遭受衣物器具损失不一。兹据各该员工等填具空袭损失调查表请求救济等情前来,除派员查明各该员工损失情形,并分别核实减发救济费数目共计国币3593元正,除技工伙食团所受损失计155元请核示祗遵外,理合缮造清单,连同损失调查表,仰祈准予支发,以示体恤,并请将该款迅予拨给归垫,实为德便。衔名叩。世事。

附清单1份、空袭损失调查表28纸

1)交通部重庆电话局员工空袭损失拟准慰偿金清单

姓名	资格	损失日期	损失原因	损失估值(元)	有无眷属	实支薪给(元)	慰偿金 拟准数目(元)	慰偿金 预发数目(元)	慰偿金 核准数目(元)	备注
张秀兰	员	6月29[日]	被炸	1870	有	33	198			#109
万国兰	员	6月29[日]	被炸	2200	有	36	216			#110
万国仙	员	6月29[日]	被炸	1373	有	36	108			#111
陈金石	员	6月29[日]	被炸	20	有	40	240	100		#112
贺炎荣	工	6月29[日]	被震	201	无	38	100			#115
周明光	工	6月29[日]	被震	135	无	30	70			#116
余素心	员	6月30[日]	被震	517.5	无	30	120			#113
王应麒	员	7月1日	被震	198.4	有	200	198			#114
胡淑媛	员	7月4日	被炸	1023	有	33	198			#117
杨德富	员	7月4日	被炸	570	有	57	285			#118
杨国章	工	7月4日	被震	530	有	30	200			#126
程咸孝	员	7月4日	被炸	249	有	48	288			#127
万盛瑶	员	7月4日	被炸	375	有	33	132			#128
江淑瑜	员	7月5日	被炸	240	无	30	50			#119
马如贤	员	7月5日	被炸	215	无	30	50			#120

续表

姓名	资格	损失日期	损失原因	损失估值(元)	有无眷属	实支薪给(元)	慰偿金 拟准数目(元)	慰偿金 预发数目(元)	慰偿金 核准数目(元)	备注
苟成碧	员	7月5日	被炸	200	无	30	50			#121
张瑞丞	员	7月5日	被震	124	有	64	100			#122
萧祥光	工	7月6日	被炸	362	有	28	180			#129
王海合	工	7月6日	被炸	410	有	28	200			#130
余素心	员	7月7日	被震	230.5	无	30	30			#123
李崇德	工	7月7日	被炸	94.5	无	60	100			#135
李元清	工	7月8日	被炸	190	有	18	100			#124
陈洁	员	7月8日	被震	132	无	50	80			#125
彭玉宝	工	7月8日	被炸	233	有	33	120			#131
技工伙食团		7月8日	震坏	155						#132 呈核
黄慧	员	7月8日	震坏	88	无	70	50			#133
梁申	员	7月8日	震坏	85	无	41	30			#134
林兰生	工	7月10日	被炸	400	无	45	100			#136

2)电务员工呈报损失调查表

机关名称： 　　　　　　　　　　　民国三十年七月十一日填报

姓名	林兰生	损失原因	因7月10日午前6时查清复兴关王家花园至彭家花园情报线，至午前12时敌机临空赶返不及，投弹工人宿舍，新市场47号全部被毁，因工未完	损失地点	新市场47号	离到日期	年 月 日 到局处
资格	技工			损失日期	30年7月10日		
职务	清理情报线			何方证明	新市区警察第八分局新市场派出所		年 月 日 离局处

损失情形	名称	数量	最低估值(元)	名称	数量	最低估值(元)
	线毯	1床	30	瓷茶瓶	1只	15
	毛线短衫	1套	160	1磅温水瓶	1只	50
	皮鞋	1双	50	卫生服(毛线)	1套	50
	细碗	33	45			
	共计			共计		400

续表

估计总额	400元。拟准慰偿金额:100元		由部核给慰偿金额
主管人员核签意见并签名盖章	查该工所填各节尚属实情 　　　　　　　　　　　王佐　侯楷	呈报员工签名盖章	新市区电话局查线技工林兰生
实支薪给:45元			
被炸时有无直系亲属同居:无			
直系亲属于事前已否疏散:			

3)电务员工呈报损失调查表

机关名称:电话局　　　　　　　　　　民国三十年七月十日填报

姓名	梁申	损失原因	屋顶震坏	损失地点	中一路143号内附7	离到日期	年　月　日到局处
资格	业务员	^	^	损失日期	30年7月8日	^	^
职务	佐理员	^	^	何方证明		^	年　月　日离局处
损失情形	名称	数量	最低估值(元)	名称		数量	最低估值(元)
^	玻璃墨水池	1套	60	玻璃压〔压〕条		1对	20
^	文具盒	1个	5				
^	共计			共计			85
估计总额	85元。拟准慰偿金额:30元			由部核给慰偿金额			
主管人员核签意见并签名盖章	该员自租宿舍被炸受震,屋顶塌毁,零星物件被损属实 　　　　　　　　　　　　王应麒			呈报员工签名盖章			梁申
实支薪给:41元						
被炸时有无直系亲属同居:						
直系亲属于事前已否疏散:						

4) 电务员工呈报损失调查表

机关名称：重庆电话局　　　　　　　　　　　民国三十年七月十日填报

姓名资格职务	黄慧	损失原因	屋顶震坏	损失地点	中一路143号附7号	离到日期	年 月 日到局处
	业务员			损失日期	7月8日		
	佐理员			何方证明			年 月 日离局处

损失情形	名称	数量	最低估值(元)	名称	数量	最低估值(元)
	2磅热水瓶	1个	38	小钟	1个	修理费30
	镜子	1个	10	白磁痰盂	1对	10
	共计			共计		88

估计总额	88元。拟准慰偿金额:50元	由部核给慰偿金额	
主管人员核签意见并签名盖章	该员自租宿舍被炸受震,屋顶塌毁,零星物件被损属实 王应麒	呈报员工签名盖章	黄慧

实支薪给:70元

被炸时有无直系亲属同居:

直系亲属于事前已否疏散:

5) 电务员工呈报损失调查表

机关名称：重庆电话局　　　　　　　　　　　民国三十年七月八日填报

姓名资格职务	侯荣华	损失原因	7月8日中一支路被炸震动,此物品已坏	损失地点	中一支路51号3楼技工宿	离到日期	年 月 日到局处
	技工伙食团			损失日期	7月8号午前12时		
	技工			何方证明	九甲甲长陈子祥		年 月 日离局处

损失情形	名称	数量	最低估值(元)	名称	数量	最低估值(元)
	水瓢	1个	3	小缸钵	1个	3
	水缸	1口	21	猪油	3斤	13
	撮箕	1个	1	花盐	3斤	3.6
	锅	1口	49	酱油	2斤	3.5
	油罐	2个	5	麻油	2斤	6.4
	饭碗	10个	10	筷子	2席	0.5
	中碗	4个	8	饭瓢	2个	1
	大碗	2个	8	茶杯	8个	8
	瓢羹	10个	5	扫把	1支〔把〕	1
	大缸钵	1个	5			
	共计			共计		

续表

估计总额	155元。拟准或预发慰偿金额		由部核给慰偿金额
主管人员核签意见并签名盖章	查该宿舍确被炸起大石,将屋顶击穿,致损失厨房各种用具是实。 呈部核示　黄如祖　王佐　侯楷	呈报员工签名盖章	中一支路51号技工伙食团经理人侯荣华

实支薪给:26元

被炸时有无直系亲属同居:有

直系亲属于事前已否疏散:未

6)电务员工呈报损失调查表

机关名称:重庆电话局　　　　　　　　　　民国　年　月　日填报

姓名	彭玉宝	损失原因	因敌机轰炸	损失地点	中一支路217号	离到日期	年　月　日到局处
资格	技工			损失日期	30年7月8日10时		
职务				何方证明			年　月　日离局处
损失情形	名称	数量	最低估值(元)		名称	数量	最低估值(元)
	饭锅	1只	40		大桌子	1张	20
	茶壶	1把	30		白铁壶	2把	30
	大小饭碗		5		油瓶子	1把	1
	电灯头	1只	5		旧蓝布褂裤	1套	35
	电灯泡	1只	5		女旧长袍	1件	22
	大细瓷〔瓷〕花瓶	1只	40				
	共计				共计		233
估计总额	233元。拟准慰偿金额:120元			由部核给慰偿金额			
主管人员核签意见并签名盖章	该工住屋确被炸弹碎片打毁,砖瓦击下致损失日常用具是实 王佐　侯楷			呈报员工签名盖章		彭玉宝	

实支薪给:33元

被炸时有无直系亲属同居:有

直系亲属于事前已否疏散:未

7) 电务员工呈报损失调查表

机关名称：重庆电话局　　　　　　　　　　民国三十年七月十日填报

姓名	陈洁	损失原因	屋顶震坏	损失地点	中一路143号附7号	离到日期	年　月　日　到局处
资格	业务员			损失日期	7月8日		
职务	佐理员			何方证明			年　月　日　离局处
损失情形	名称	数量	最低估值(元)	名称	数量	最低估值(元)	
	蚊帐	1个	48	电灯罩	1个	10	
	3磅热水瓶	1个	60	雨伞	1把	6	
	茶杯	4个	8				
	共计			共计		132	
估计总额	132元。拟准慰偿金额:80元			由部核给慰偿金额			
主管人员核签意见并签名盖章	该员住所受震,用具颇有损失　　黄宝璜　王应麒			呈报员工签名盖章	陈洁		

实支薪给:50元

被炸时有无直系亲属同居:没有

直系亲属于事前已否疏散:

8) 电务员工呈报损失调查表

机关名称：重庆电话局　　　　　　　　　　民国三十年七月八日填报

姓名	李元清	损失原因	房屋中弹被炸	损失地点	神仙洞新街63号	离到日期	29年9月10日到局处
资格	话差			损失日期	7月8日		
职务	零售处			何方证明	十一保保长		年　月　日　离局处
损失情形	名称	数量	最低估值(元)	名称	数量	最低估值(元)	
	白米	2斗		瓦缸	1个		
	铁锅	1口		木脚盆	1个		
	棉絮〔絮〕	1床		雨伞	1把		
	棉服	2件		钉鞋	1双		
	磁盆	1个		瓦坛	3个		
	木床	2架					
	共计			共计		190元	
估计总额	190元。拟准慰偿金额:100元			由部核给慰偿金额			

续表

主管人员核签意见并签名盖章	属实 王应麒	呈报员工签名盖章	李元清
实支薪给:18元			
被炸时有无直系亲属同居:妻陈氏子隆炳			
直系亲属于事前已否疏散:无			

9)电务员工呈报损失调查表

机关名称：　　　　　　　　　　　民国　年　月　日填报

姓名	李崇德	损失原因	7月7日上午11时第二批敌机袭渝直接中弹	损失地点	中四路31号	离到日期	年月日到局处
资格				损失日期	7月7日		
职务	汽车司机			何方证明			年月日离局处

	名称	数量	最低估值(元)	名称	数量	最低估值(元)
损失情形	棕绷子床	1架	50	方桌子	1张	18
	蚊帐	1顶	85	竹椅子	2把	14
	布被子	1床	75	瓷茶壶	1个	12
	蓝印花被单	1件	40	瓷茶杯	4个	4
	填被	1床	30	小铁锅	1个	16
	厚呢大衣	1件	180	水缸	1个	15
	藏青线哗叽中山服	1套	85	菜碗	5个	15
	府绸衬衫	2件	50	饭碗	7个	7
	工作衣	1套	48	菜盘	2个	4
	短内裤	2件	10	案板	1块	8
	黑皮鞋	1双	52	小水桶	1只	2.5
	洋瓷面盆	1个	42	木盆	1个	2
	白皮箱子	1口	22	铁勺	1个	16
				菜刀	1把	12
	共计		769	共计		145.5

估计总额	914.5元。拟准慰偿金额:100元	由部核给慰偿金额	
主管人员核签意见并签名盖章	属实 查该司机系于六月九日到差属实 王应麒	呈报员工签名盖章	司机 李崇德
实支薪给:60元			
被炸时有无直系亲属同居:			
直系亲属于事前已否疏散:疏散			

10) 电务员工呈报损失调查表

机关名称：重庆电话局　　　　　　　　　　　　民国三十年七月九日填报

姓名	余素心	损失原因	敌机袭渝市，房屋周围落弹无数，以致门窗屋顶均震毁，零碎物件压〔压〕毁（按房屋前被震毁后才着匠工修竣两月）	损失地点	上清寺美专校街特4号	离到日期	年 月 日 到局处
资格	雇员			损失日期	30年7月7日		
职务	助理员			何方证明	上清寺分驻所所长兼保长		年 月 日 离局处

损失情形	名称	数量	最低估值(元)	名称	数量	最低估值(元)
	电灯泡	1只	9	瓦	1500张	107.5
	玻璃茶杯	2只	4.4	匠人	4工	56
	三星牙膏	1瓶〔支〕	3.6	木匠	2工	32
	肥皂缸	1只	5	洋钉		5
	力士肥皂	1块	4.8			
	五华药水肥皂	1块	3.2			
	共计		30	共计		200.5

估计总额	230.5元。拟准慰偿金额：30元	由部核给慰偿金额	
主管人员核签意见并签名盖章	经查属实。惟房屋修理不拟慰偿　　　　　　　　王应麒	呈报员工签名盖章	余素心

实支薪给：30元

被炸时有无直系亲属同居：无

直系亲属于事前已否疏散：已疏散

11) 电务员工呈报损失调查表

机关名称：重庆电话局　　　　　　　　　　　　民国三十年七月七日填报

姓名	王海合	损失原因	老两路口20号遭敌轰炸，房屋中弹，全部被毁	损失地点	老两路口20号	离到日期	年 月 日 到局处
资格				损失日期	30年7月6日晚		
职务	线工			何方证明	三保七甲甲长		年 月 日 离局处

续表

名称	数量	最低估值(元)	名称	数量	最低估值(元)
木床	2张	80	桌子	1张	20
被盖	2床	130	板凳	4条	16
铁锅	2口	40	脚盆	1个	12
中碗	20个	25	缸钵	4个	16
饭碗	20个	20			
水缸	1口	25			
面盆	1个	26			
共计		346	共计		64

损失情形

估计总额	410元。拟准慰偿金额：200元	由部核给慰偿金额	
主管人员核签意见并签名盖章	经派本股佐理员刘华楚前往调查，据报称该屋确被炸全毁 侯楷　王佐	呈报员工签名盖章	王海合

实支薪给：28元

被炸时有无直系亲属同居：有

直系亲属于事前已否疏散：未

12) 电务员工呈报损失调查表

机关名称：重庆电话局　　　　　　　　　　民国三十年七月七日填报

姓名	萧祥光	损失原因	老两路口20号遭敌机轰炸，房屋中弹，全部被毁	损失地点	老两路口20号	离到日期	年　月　日到局处
资格				损失日期	30年7月6日晚		
职务	线工			何方证明	三保七甲甲长		年　月　日离局处

名称	数量	最低估值(元)	名称	数量	最低估值(元)
木床	2张	60	桌子	1张	20
被盖	2床	120	凳子	4条	24
饭锅	1口	20	缸钵	3个	11
中碗	20个	32			
饭碗	20个	20			
水缸	1口	30			
面盆	1个	25			
共计		307	共计		55

损失情形

续表

估计总额	362元。拟准慰偿金额:180元	由部核给慰偿金额	
主管人员核签意见并签名盖章	经派本股佐理员刘华楚前往调查,据报称该屋确被炸全毁 侯楷　王佐	呈报员工签名盖章	萧祥光

实支薪给:28元

被炸时有无直系亲属同居:有

直系亲属于事前已否疏散:未

13)电务员工呈报损失调查表

机关名称:重庆电话局　　　　　　　　　　　　民国三十年七月七日填报

姓名	张瑞丞	损失原因	7月5日下午敌机在本市南纪门附近投弹多枚,住宅后面中弹1枚,房屋震坏,家庭用具因而损碎	损失地点	林森路628号	离到日期	年　月　日 到局处
资格	话务员			损失日期	30年7月5日		
职务	装机员			何方证明	金马寺镇第十五保第五甲甲长段世君		年　月　日 离局处

损失情形	名称	数量	最低估值(元)	名称	数量	最低估值(元)
	铁锅	1只	25	茶壶	1把	6
	水缸	1只	15	茶杯	5个	5
	大碗	6个	15	热水瓶	1个	32
	饭碗	7个	14	植物油灯	1盏	7
	汤匙	5把	5			
	共计		28件	共计		

估计总额	124元。拟准慰偿金额:100元	由部核给慰偿金额	
主管人员核签意见并签名盖章	经查明属实 万竞先	呈报员工签名盖章	张瑞丞

实支薪给:64元

被炸时有无直系亲属同居:有

直系亲属于事前已否疏散:未

14)电务员工呈报损失调查表

机关名称:重庆电话局　　　　　　　　民国　年　月　日填报

姓名	苟成碧	损失原因	被炸	损失地点	书邦公所60号	离到日期	年　月　日到局处
资格	雇员			损失日期	7月5日晚		
职务	长话零售管理员			何方证明	孙嗣铭先生		年　月　日离局处

损失情形	名称	数量	最低估值(元)	名称	数量	最低估值(元)
	被单	1条	40	毛巾	1条	2
	棉被	1条	100	汗衣	1套	7
	皮鞋	1双	40			
	漱口盅	1个	5			
	牙刷	1把	4			
	牙膏	1支	2.9			
	共计		191.9	共计		9

估计总额	200.9元。拟准慰偿金额:50元	由部核给慰偿金额	
主管人员核签意见并签名盖章	迁址未报,惟经调查属实,拟请稍予慰偿　　　　　王应麒	呈报员工签名盖章	苟成碧

实支薪给:30元
被炸时有无直系亲属同居:无
直系亲属于事前已否疏散:

15)电务员工呈报损失调查表

机关名称:交通部重庆电话局　　　　　　民国三十年七月七日填报

姓名	马如贤	损失原因	被炸	损失地点	南纪门书邦公所60号	离到日期	年　月　日到局处
资格	雇员			损失日期	7月5日晚		
职务	长话零售管理员			何方证明	孙嗣铭先生		年　月　日离局处

续表

	名称	数量	最低估值(元)	名称	数量	最低估值(元)
损失情形	棉被	1条	100	镜子	1面	5
	皮鞋	1双	50	牙刷	1把	2
	毯子	1条	30	牙膏	1支	3
	枕头	1个	15	力士皂	1块	5
	漱口杯(瑞典瓷)	1个	5			
	共计		200	共计		15
估计总额	215元。拟准慰偿金额:50元			由部核给慰偿金额		
主管人员核签意见并签名盖章	迁址未报,惟经调查属实,拟请稍予慰偿 　　　　　　　　　　　　王应麒			呈报员工签名盖章	马如贤	

实支薪给:30元
被炸时有无直系亲属同居:无
直系亲属于事前已否疏散:疏于江北

16)电务员工呈报损失调查表

机关名称:重庆电话局　　　　　　　　　民国三十年七月七日填报

姓名	江淑瑜	损失原因	被炸	损失地点	书邦公所60号	离到日期	年　月　日 到局处
资格	雇员			损失日期	7月5日晚		
职务	长话零售管理员			何方证明	孙嗣铭先生		年　月　日 离局处

	名称	数量	最低估值(元)	名称	数量	最低估值(元)
损失情形	棉被	1条	100	梳子	1把	4.5
	脸盆	1个	40	面巾	1条	3
	卧单	1条	30	牙膏	1支	3
	长衫	1件	30	胰子(力士皂)	1块	5
	汗衣	1套	12	墨盒	1个	5
	牙刷	1把	2.5	墨水(地球牌)	1瓶	5
	共计		214.5	共计		25.5
估计总额	240元。拟准慰偿金额:50元			由部核给慰偿金额		

续表

主管人员核签意见并签名盖章	迁址未报，惟经调查属实，拟请稍予慰偿　　　　　　　王应麒	呈报员工签名盖章	江淑瑜

实支薪给：30元

被炸时有无直系亲属同居：无

直系亲属于事前已否疏散：已

17) 电务员工呈报损失调查表

机关名称：重庆电话局　　　　　　　　　　民国三十年七月五日填报

姓名	万盛瑶	损失原因	敌机袭渝住屋被炸	损失地点	小河顺城街53号	离到日期	年　月　日到局处
资格	话务员			损失日期	7月4日		
职务	值机			何方证明			年　月　日离局处

损失情形	名称	数量	最低估值(元)	名称	数量	最低估值(元)
	蓝布长旗袍	2件	30	炊具(锅碗等)	全套	50
	夹衣	1件	100	蚊帐	1床	100
	毡子	1床	40			
	面盆	2只	20			
	皮鞋	1双	35			
	共计		225	共计		150

估计总额	375元。拟准慰偿金额：132元	由部核给慰偿金额	
主管人员核签意见并签名盖章	查所住楼房中弹震坏属实　　　　　　　　　　　王佐	呈报员工签名盖章	万盛瑶

实支薪给：33元

被炸时有无直系亲属同居：母妹2人

直系亲属于事前已否疏散：

18) 电务员工呈报损失调查表

机关名称：重庆电话局　　　　　　　　　　民国　年　月　日填报

姓名	程咸孝	损失原因	敌机轰炸	损失地点	千厮门小河顺城街53号	离到日期	年　月　日到局处
资格	话务员			损失日期	7月4日		
职务	副领班			何方证明	保长		年　月　日离局处

续表

	名称	数量	最低估值(元)	名称	数量	最低估值(元)
损失情形	床	3张	500	被盖	3床	400
	写字台	1张	180	毛毯子	1床	300
	圆桌	1张	70	枕头	3对	100
	梳	1张	140	钟	1口	280
	圆凳方凳茶几椅子	各数张	150	厨房用具		300
	痰盂	1对	70			
	共计		1110	共计		1380
估计总额	2490元。拟准慰偿金额:288元			由部核给慰偿金额		
主管人员核签意见并签名盖章	查所住楼房中弹炸毁属实　　　　　王佐			呈报员工签名盖章	程咸孝	

实支薪给:48元
被炸时有无直系亲属同居:母夫等6人
直系亲属于事前已否疏散:

19)电务员工呈报损失调查表

机关名称:重庆电话局江北分局　　　　　　民国三十年七月五日填报

姓名	杨国章	损失原因	7月4日午前敌机进袭市区时,在房屋四周投弹,并将屋子震坍,家具衣履损失殆尽	损失地点	江北高脚土地街90号	离到日期	年 月 日 到局处
资格	技工			损失日期	30年7月4日		
职务	线工			何方证明	保甲		年 月 日 离局处
损失情形	名称	数量	最低估值(元)	名称	数量	最低估值(元)	
	木床	1架	30	蓝布长衫	2件	62	
	被盖	1床	70	铁锅	1口	24	
	毯子	1床	26	桌子	1张	26	
	蓝布中山服	2套	88	水缸	1口	8	
	花府绸衬衣	1件	24	木凳	4张	24	
	黄哈[咔]叽外短裤	2条	28	食米	2市斗	40	
	夹衫夹裤	1套	80				
	共计		346	共计		184	

续表

估计总额	530元。拟准慰偿金额:200元	由部核给慰偿金额	
主管人员核签意见并签名盖章	该工住所被震坍一部份〔分〕　　　　　　王佐	呈报员工签名盖章	杨国章

实支薪给:30元

被炸时有无直系亲属同居:有

直系亲属于事前已否疏散:未

20) 电务员工呈报损失调查表

机关名称:重庆电话局　　　　　　　　　　民国三十年七月五日填报

姓名	杨德富	损失原因	敌机袭渝住屋被炸	损失地点	千厮门小河顺城街53号	离到日期	年 月 日到局处
资格	话务员			损失日期	7月4日		
职务	测量员			何方证明			年 月 日离局处
损失情形	名称	数量	最低估值(元)	名称	数量	最低估值(元)	
	木器(床桌台椅)	4件	200	冬季大衣	1件	150	
	被盖	2床	120	中山服	2套	100	
	共计			共计		570	
估计总额	拟准慰偿金额:285元			由部核给慰偿金额			
主管人员核签意见并签名盖章	该员住所被炸属实　　　　　　王佐			呈报员工签名盖章		杨德富	

实支薪给:57元

被炸时有无直系亲属同居:有

直系亲属于事前已否疏散:未

21) 电务员工呈报损失调查表

机关名称：重庆电话局　　　　　　　　　　民国　年　月　日填报

姓名	胡淑媛	损失原因	敌机轰炸	损失地点	千厮门二郎庙街32号	离到日期	年 月 日 到局处
资格	话务员			损失日期	7月4日		
职务	值机			何方证明	第一区三保十甲		年 月 日 离局处

	名称	数量	最低估值(元)	名称	数量	最低估值(元)
损失情形	床	1张	74	被盖	2床	200
	书桌	1张	52	夹旗袍	1件	70
	脸盆	2个	80	单旗袍	1件	25
	皮箱	1口	68	衬绒袍	1件	120
	方凳	4张	24	枕头	1对	50
				绒毯	1床	260
	共计		298	共计		725

估计总额	1023元。拟准慰偿金额：198元	由部核给慰偿金额	
主管人员核签意见并签名盖章	查该员所住楼房全部炸毁塌平属实　　　　王佐	呈报员工签名盖章	胡淑媛

实支薪给：33元
被炸时有无直系亲属同居：夫1人
直系亲属于事前已否疏散：未

22) 电务员工呈报损失调查表

机关名称：重庆电话局　　　　　　　　　　民国　年　月　日填报

姓名	王应麒	损失原因	6月29日住处附近被敌机投弹，震落壁墙一方，所有家具尚无损失，讵于7月1日晨5时该屋全部坍毁，虽将各物挖掘，尚有下列损失	损失地点	来龙巷31号附5号	离到日期	年 月 日 到局处
资格	业务员			损失日期	7月1日晨5时		
职务	事务课长			何方证明	第二区七保四甲		年 月 日 离局处

续表

	名称	数量	最低估值(元)	名称	数量	最低估值(元)
损失情形	双人床	1只	55	米缸	1只	6
	食米	2斗	40	便桶	1只	6
	茶杯	6只	13.2	电筒	1只〔支〕	25
	茶盘	1只	10	雨伞	2把	10
	饭碗	2只	1.2	背带	1条	16
	菜碗	3只	6	灯泡	2只	7
				袜	1只	3
	共计		125.4	共计		73

估计总额	198.4元。拟准慰偿金额:198元	由部核给慰偿金额	
主管人员核签意见并签名盖章	经查属实	呈报员工签名盖章	王应麒

实支薪给:200元
被炸时有无直系亲属同居:妻
直系亲属于事前已否疏散:未

23)电务员工呈报损失调查表

机关名称:交通部重庆电话局　　　　　　　　民国三十年七月三日填报

姓名	余素心	损失原因	住屋附近中弹数枚,屋顶震毁,器物压毁	损失地点	上清寺美专校街特4号	离到日期		年 月 日 到局处
资格	雇员			损失日期	6月30日			
职务	助理员			何方证明	上清寺镇第二保保长			年 月 日 离局处

	名称	数量	最低估值(元)	名称	数量	最低估值(元)
损失情形	被褥	1条	120	大洋钉		3
	钢铁锅	1只	40	茶杯	4只	5
	洋铁水壶	1把	10	大小菜饭碗	7只	8
	珐琅面盆	1只	30	木桌	1张	30
	水缸	1只	20	木椅子	4张	40
	瓦匠泥匠	4人	52	热水瓶	1只	35
	茶壶(细磁)	4把	8	砚台	1只	3
	石灰		4	马桶	1只	4.5
				修理屋面的瓦	1500张	105
	共计		284	共计		233.5

续表

估计总额	517.5元。拟准慰偿金额:120元		由部核给慰偿金额	
主管人员核签意见并签名盖章	经查属实　　　　　　　　　　王应麒		呈报员工签名盖章	余素心

实支薪给:30元

被炸时有无直系亲属同居:无

直系亲属于事前已否疏散:已疏散

24)电务员工呈报损失调查表

机关名称:交通部电话局新分局　　　　　　民国三十年六月三十日填报

姓名资格职务	周明光	损失原因	住屋对面投弹,击落砖瓦土墙震倒门窗房料家具	损失地点	江家巷第1号	离到日期	年 月 日到局处
	技工			损失日期	6月29日		
	设置股装机			何方证明	第二区塞家镇一保保长冉月成		年 月 日离局处

	名称	数量	最低估值(元)	名称	数量	最低估值(元)
损失情形	水缸	1口	15	米坛子	1个	5
	锅头	1个	20	白米	1斗2升	24
	行床	1架	30			
	大碗	1付	9			
	小碗	1付	6			
	缸钵	2个	6			
	水桶	1挑	20			
	共计		106	共计		29

估计总额	135元。拟准慰偿金额:70元		由部核给慰偿金额	
主管人员核签意见并签名盖章	该工所报住屋对门落弹击落砖瓦土墙震塌家具被毁均属实情　　　　　　　　王佐　侯楷		呈报员工签名盖章	周明光

实支薪给:33元

被炸时有无直系亲属同居:无

直系亲属于事前已否疏散:无〔未〕

25) 电务员工呈报损失调查表

机关名称：交通部重庆电话局新分局　　　　　民国三十年六月三十日填报

姓名	贺炎荣	损失原因	住屋对面投[弹]，击落砖瓦土墙震倒门窗房料家具	损失地点	江家巷第1号	离到日期	年　月　日 到局处
资格	技工	^	^	损失日期	6月29日	^	^
职务	修养股查线	^	^	何方证明	第二区塞家桥镇一保保长冉月成	^	年　月　日 离局处

损失情形	名称	数量	最低估值(元)	名称	数量	最低估值(元)
^	平床	1架	25	大小粗碗	□付□	13
^	木凳	3根	16	大小缸钵	3个	9
^	椅子	2把	18	席子	1根	7
^	木柜	1个	30	泡菜坛	2个	25
^	水缸	1口	20			
^	米坛子	1个	8			
^	白米	1斗5升	30			
^	共计		147	共计		54

估计总额	201元。拟准慰偿金额：100元	由部核给慰偿金额	
主管人员核签意见并签名盖章	该工所报住屋对门落弹击落砖瓦土墙震塌家具被毁均属实情　　　　　　　王佐　侯楷	呈报员工签名盖章	贺炎荣

实支薪给：30元

被炸时有无直系亲属同居：无

直系亲属于事前已否疏散：无〔未〕

26) 电务员工呈报损失调查表

机关名称：　　　　　　　　　　　　　民国三十年六月三十日填报

姓名	陈金石	损失原因	6月29日被炸	损失地点	海棠溪盐店湾16号3楼	离到日期	30年3月24日到局处
资格	实习会计员	^	^	损失日期	6月29日	^	^
职务		^	^	何方证明		^	年　月　日 离局处

续表

	名称	数量	最低估值(元)	名称	数量	最低估值(元)
损失情形	棉被	4床	400	皮箱	3只	150
	毯子	1床	50	木桌	2张	50
	羊皮袍	2件	840	木椅	2张	30
	大衣	1件	70	木凳	4张	40
	夹袄	3件	120	木床	1张	60
	夹袍	3件	130	竹榻	1张	20
	棉袄	3件	150	锅灶缸碗杯	共约28件	130
	中山服(哈〔咔〕机〔叽〕)	2件	120			
	夹裤	2件	80			
	共计		1920	共计		480

估计总额	2400元。拟准慰偿金额:240元。预发慰偿金额:100元。	由部核给慰偿金额	
主管人员核签意见并签名盖章	经调查属实	呈报员工签名盖章	陈金石

实支薪给:40元

被炸时有无直系亲属同居:母

直系亲属于事前已否疏散:

27)电务员工呈报损失调查表

机关名称:电话局长途台　　　　　　　　　　民国三十年六月二十九日填报

姓名	万国仙	损失原因	敌机轰炸	损失地点	临江门兴隆台街新17号2楼	离到日期	年 月 日 到局处
资格	话务员			损失日期	6月29日		
职务	长途台			何方证明	北坛镇十一保		年 月 日 离局处

续表

损失情形	名称	数量	最低估值(元)	名称	数量	最低估值(元)
	木床	4个	120	锅碗等零件		300
	棉被褥	5套	420			
	脸盆	3个	120			
	帐子	2床	108			
	热水壶	2个	130			
	桌椅	共10件	175			
	共计		1073	共计		300

估计总额	1373元。拟准慰偿金额:108元	由部核给慰偿金额
主管人员核签意见并签名盖章		呈报员工签名盖章 / 万国仙

实支薪给:□□元

被炸时有无直系亲属同居:

直系亲属于事前已否疏散:

28)电务员工呈报损失调查表

机关名称:重庆电话局　　　　　　　　民国三十年六月三十日填报

姓名	万国兰	损失原因	6月29日被敌机轰炸	损失地点	临江门兴隆台老86号	离到日期		年 月 日 到局处
资格	话务员			损失日期	6月29日			
职务	值机			何方证明	十一保保长			年 月 日 离局处

损失情形	名称	数量	最低估值(元)	名称	数量	最低估值(元)
	锅碗水缸等		260	写字台	1张	100
	箱子	5口	1000	桌子	2张	100
	棉被	8床	320	椅子	8个	120
	衣柜	1支〔个〕	100	热水瓶	2个	60
	木床	2张	60	洋瓷面盆	2个	80
	共计			共计		2200

估计总额	2200元。拟准慰偿金额:216元	由部核给慰偿金额

续表

主管人员核签意见并签名盖章	查该员住本局宿舍,其家属寓所完全炸毁,所报损失尚属实情,惟数量无从查核	呈报员工签名盖章	万国兰
实支薪给:36元			
被炸时有无直系亲属同居:祖母、母亲、姐姐、妹妹、嫂嫂			
直系亲属于事前已否疏散:			

　　万国兰、万国仙系姊妹,国兰现住长安寺女宿舍,万国仙住纯阳洞宿舍,其家属住址虽其调查表所填新旧门牌号各不同,实属同一地点,住屋确曾被炸,唯所报损失多重,有否重复填报取巧之处,无从查核。

　　　　　　　　　　　　　　王佐　七月二日

29)电务员工呈报损失调查表

机关名称:重庆电话局　　　　　　民国　年　月　日填报

姓名	张秀兰	损失原因	6月29日敌机袭渝被炸	损失地点	临江门大井巷16号	离到日期	年 月 日到局处
资格	话务员	^	^	损失日期	30年6月29日	^	^
职务	长途台值机	^	^	何方证明	附保甲证明单1件	^	年 月 日离局处

损失情形	名称	数量	最低估值(元)	名称	数量	最低估值(元)
^	木床	2张	70	大衣	1件	200
^	棉被	3床	250	棉袍	6件	280
^	白褥单	4床	150	夹袍	6件	152
^	垫被	2床	110	单长衫	8件	160
^	枕头	2对	30	衬衣	8套	160
^	凉席	2床	30	皮鞋	3双	120
^	大皮箱	1只	80	餐具(统统在内)		
^	共计		728	共计		1142

估计总额	1870元。拟准慰偿金额:198元	由部核给慰偿金额	
主管人员核签意见并签名盖章	该员住宅近邻中弹,房屋被震,颇有损失 　　　　　　　　　　　王佐	呈报员工签名盖章	张秀兰

(0346—1—48)

35.交通部重庆电话局为报1941年7月29日、30日员工被炸损失拟准慰偿金清册给交通部的代电稿(1941年9月6日)

交通部钧鉴：查本年七月二十九日及三十日敌机袭渝，本局宿舍多处被毁，附近眷属寓所亦遭灾难，咸蒙重大损失。兹据徐在祎等167人填具空袭损失调查表呈请核发救济费等情，当经派员切实调查，并分别按情审核，核减全部救济费为24437元，除已发紧急救济费8620元外，理合造具名册，检同空袭损失调查表、动用请示表一并呈送鉴核示遵，并请迅予拨款归垫为祷。衔名叩。鱼事。

附徐在祎等空袭损失调查表1份，又名册1□，又动用概算请示表1纸

交通部重庆电话局员工空袭损失拟准慰偿金清单

姓名	资格	损失日期	损失原因	损失估值（元）	有无眷属	月薪（元）	慰偿金 拟准数目（元）	慰偿金 预发数目（元）	慰偿金 核准数目（元）	备注
徐在祎	员	7月29日	被炸	755	无	186	540	200		137
戴士绥	员	7月29日	震坏	322	有	66	264	100		138
汪文华	员	7月29日	被炸	456	无	30	120	50		139
鲍□舟	员	7月29日	被炸	466	无	30	120			140
李国兴	工	7月29日	被炸	289	无	18	100			141
李元清	工	7月29日	被炸	206	无	18	100	40		142
孙嗣铭	员	7月30日	被炸	399	有	58	290	100		143
刘凯民	员	7月29日	被炸	709	有	30	180	50		144
唐效虞	工	7月29日	被炸	397	有	18	200			145
李佩珍	工	7月29日	被炸	290	无		100			146
李祖玉	工	7月29日	被炸	108	无		100			147
张森荣	工	7月29日	被炸	213	无	14	100			148
李少林	工	7月29日	被炸	155	有	12	95			149
陈玉书	工	7月29日	被炸	493	有	12	200			150
朱玉宣	工	7月29日	被炸	364	有		180			151
黄宝璜	员	7月29日	震坏	103.5	有	160	90	80		152
赵晓明	员	7月29日	震坏	88.6	有	70	70			153

续表

姓名	资格	损失日期	损失原因	损失估值（元）	有无眷属	月薪（元）	慰偿金 拟准数目（元）	慰偿金 预发数目（元）	慰偿金 核准数目（元）	备注
邓藻华	员	7月29日	被炸	1863	无	40	160			154
戴雪冰	员	7月29日	被炸	1195	无	40	160	100		155
曾合蓉	员	7月29日	被炸	964	无	40	160	100		156
萧孟德	员	7月29日	被炸	1660	无	40	160	100		157
王正元	员	7月29日	被炸	319	无	84	255	100		158
徐士元	员	7月29日	被炸	903	无	92	368	100		159
白堉	员	7月29日	被炸	150	无	100	120	100		160
胡蕙清	员	7月29日	被炸	1722	无	40	160	100		161
万素贞	员	7月29日	被炸	523	有	45	270	100		162
任秀芳	员	7月29日	被炸	1831	有	48	270	100		163
杭纫秋	员	7月29日	被炸	1470	有	45	270	100		164
张昭悌	员	7月29日	被炸	1480	有	48	288	100		165
汪正举	员	7月29日	被炸	853	无	88	336	50		166
吴毅杰	员	7月29日	被炸	378	无	28	160	50		167
徐秀峰	员	7月29日	被炸	2205	有	45	270	50		168
袁忠	员	7月29日	被炸	636	无	28	112	50		169
庄季威	员	7月29日	被炸	633	无	54	216	50		170
张协臣	工	7月29日	被炸	675	无	38	100	50		171
侯纲常	工	7月29日	被炸	575	无	38	100	50		172
赵士斌	工	7月29日	被炸	428	无	38	100	50		173
赵遂良	工	7月29日	被炸	498.5	无	38	100	50		174
侯超樊	工	7月29日	被炸	514	无	38	100	50		175
戴世贵	工	7月29日	被炸	628	无	38	100	50		176
陈恒义	工	7月29日	被炸	379.5	无	38	100	50		177
田华辉	工	7月29日	被炸	344	无	38	100	50		178
罗治钧	工	7月29日	被炸	337	无	38	100	50		179
刘智仁	工	7月29日	被炸	235	无	38	100	50		180
何仁恩	工	7月29日	被炸	250.5	无	38	100	50		181
王荣高	工	7月29日	被炸	242	无	34	100	50		182

续表

姓名	资格	损失日期	损失原因	损失估值（元）	有无眷属	月薪（元）	慰偿金 拟准数目（元）	慰偿金 预发数目（元）	慰偿金 核准数目（元）	备注
罗泰成	工	7月29日	被炸	200	无	38	100	50		183
王直清	工	7月29日	被炸	250	无	20	100	50		184
王少卿	工	7月29日	被炸	400	无	64	100	50		185
胥祖丰	工	7月29日	被炸	308	无	36	100	50		186
庄 明	工	7月29日	被炸	168	无		100			187
关松如	工	7月29日	被炸	169	无		100			188
周清云	工	7月29日	被炸	168	无		100			189
李代华	工	7月29日	被炸	137.5	无		85			190
司鸿财	工	7月29日	被炸	495	无	38	100			191
张国忠	工	7月29日	被炸	191.5	无		100			192
黎少斌	工	7月29日	被炸	225.5	无		100			193
邹雪萤	工	7月29日	被炸	363	无	38	100	50		194
彭作明	工	7月29日	被炸	105	无		70			195
梁隆田	工	7月29日	被炸	185	无	38	100			196
伙食团		7月29日	被炸	437.8						197呈核
贺海陶	工	7月29日	被炸	203.3	无	36	100			198
张君才	工	7月29日	被炸	207.5	无	36	100			199
彭金标	工	7月29日	被炸	255	无	70	100			200
罗吉云	工	7月29日	被炸	122	无		80			201
张海云	工	7月29日	被炸	122	无		80			202
蓝海山	工	7月29日	被炸	125	无		80			203
曹治明	工	7月29日	被炸	142.5	无		90			204
牟炳云	工	7月29日	被炸	122	无		80			205
易贵和	工	7月29日	被炸	131	无	40	85			206
张树清	工	7月29日	被炸	125	无	34	80			207
刘金川	工	7月29日	被炸	313.5	有	55	200	100		208
严品山	工	7月29日	被炸	586	有	70	200	100		209
熊金生	工	7月29日	被炸	352.7	有	40	200	100		210

续表

姓名	资格	损失日期	损失原因	损失估值（元）	有无眷属	月薪（元）	慰偿金 拟准数目（元）	慰偿金 预发数目（元）	慰偿金 核准数目（元）	备注
彭玉广	工	7月29日	被炸	488.9	有	43	200	100		211
胡贤元	工	7月29日	被炸	904.46	有	43	200	100		212
丁明德	工	7月29日	被炸	347	有	43	200	100		213
沈义山	工	7月29日	被炸	554	有	67	200	100		214
赵锡光	工	7月29日	被炸	905	有	78	200	100		215
汪子卿	工	7月29日	被炸	1524	有	70	200	100		216
黄光玉	工	7月29日	被炸	1292.5	有	49	200	100		217
任立里	工	7月29日	被炸	1592	有	52	200	100		218
赵鼎新	工	7月29日	被炸	848.5	有	183	200	100		219
孟继云	工	7月29日	被炸	354	有	40	180	50		220
毛勋华	工	7月29日	震坏	254.7	无	36	100	50		221
彭科其	工	7月29日	震坏	168.8	无	34	100	50		222
陈智民	工	7月29日	震坏	215	无	34	100	50		223
严树成	工	7月29日	震坏	159.5	无	34	95	50		224
涂畏三	工	7月29日	震坏	158.5	无	36	95	50		225报局未发
伍家祥	工	7月29日	震坏	110.5	无		75	50		226
萧成本	工	7月29日	震坏	73.5	无		65	50		227
王炎生	工	7月29日	被炸	185	无	70	100	50		228
彭海樵	工	7月29日	被炸	202	无	58	100	50		229
秦 俄	工	7月29日	被炸	121	有	36	80	50		230
罗树清	工	7月29日	被炸	268	无	38	100	50		231
王玉安	工	7月29日	被炸	255	有	36	160	50		232
周荣枫	工	7月29日	被炸	243	有	58	155	50		233
周合鑫	工	7月29日	被炸	287	有	40	180	50		234
彭少清	工	7月29日	被炸	300	有	40	195	100		235
刘文治	员	7月29日	被炸	1270	有	80	380	50		236
王炜贤	员	7月29日	被炸	635	有	76	304	50		237

续表

姓名	资格	损失日期	损失原因	损失估值（元）	有无眷属	月薪（元）	慰偿金拟准数目（元）	慰偿金预发数目（元）	慰偿金核准数目（元）	备注
过书高	工	7月29日	被炸	109	有	43	70	50		238
穆遐龄	工	7月29日	被炸	126.5	有	38	85	50		239
夏长寿	工	7月29日	被炸	421.1	有	52	200	100		240
侯荣华	工	7月29日	被炸	470	无	34	100	50		241
岳正富	工	7月29日	被炸	402.9	无	36	100	50		241
陈启荣	工	7月29日	被炸	377.5	无	34	100	50		243
杨鸿章	工	7月29日	被炸	268	无	34	95	50		244
葛在明	工	7月29日	被炸	432.3	无	36	100	50		245
徐清云	工	7月29日	被炸	163	无		100	50		246
蒋清山	工	7月29日	被炸	100	无	16	70	50		247
梁仲勘	工	7月29日	被炸	240.7	无	16	100	50		248
谭树云	工	7月29日	被炸	188.5	无	16	100	50		249
杨海洲	工	7月29日	被炸	184	无		100	50		250
杨南生	工	7月29日	被炸	246.5	无		100			251
王桂茹	工	7月29日	被炸	129.8	无		85			252
伙食团		7月29日	被炸	440.8						253呈核
彭玉宝	工	7月29日	被炸	269.5	有	43	165	50		254
马宏亮	工	7月29日	被炸	127	有	61	80			255
梁清云	工	7月29日	被炸	523.7	无	36	100	50		256
许国荣	员	7月29日	被炸	245	有	108	216	50		257
张登元	工	7月30日	被炸	230	有	106	145	100		258
王祖禹	工	7月30日	被炸	727	有	42	200	100		259
庆佩兰	员	7月30日	被炸	540	有	28	168			260
胡善保	员	7月30日	被炸	732	有	60	288	100		261
严宝山	工	7月30日	被炸	879	有	61	200	100		262
陆尚祥	工	7月30日	被炸	284	无	38	100	50		263
李忠义	工	7月30日	被炸	164.2	无	34	100	50		264
张宝山	工	7月30日	被炸	213	无	34	100	50		265

续表

姓名	资格	损失日期	损失原因	损失估值（元）	有无眷属	月薪（元）	慰偿金拟准数目（元）	慰偿金预发数目（元）	慰偿金核准数目（元）	备注
韩云卿	工	7月30日	被炸	197	有	64	120	50		266
陈春山	工	7月30日	被炸	191	有	70	115	50		267
严启林	工	7月30日	被炸	180	有	78	110	50		268
胡学允	工	7月30日	被炸	201	有	67	120	50		269
熊鳌永	工	7月30日	被炸	181	有	78	110	50		270
祝玉山	工	7月30日	被炸	391	有	64	200	100		271
柳春山	工	7月30日	被炸	345	有	36	200	100		272
熊春山	工	7月30日	被炸	567	有	82	200	100		273
程从汉	工	7月30日	被炸	485	无	64	100	50		274
徐焕楗	工	7月30日	被炸	271	有	46	175	100		275
李东山	工	7月30日	被炸	309.9	有	40	200	100		276
吕学丹	工	7月30日	被炸	385	有	70	200	100		277
胡炎廷	工	7月30日	被炸	331	有	70	200	100		278
熊松永	工	7月30日	被炸	321	有	46	200	100		279
李华周	工	7月30日	被炸	321	有	46	200	100		280
沈海清	工	7月30日	被炸	215	有	57	110	100		281
张银山	工	7月30日	被炸	164	有	46	100			282
李明兴	工	7月30日	被炸	142	有	30	90			283
李仲伦	工	7月30日	被炸	122	有	30	80			284
邓芝德	员	7月30日	被炸	1090	有	30	180			285
胡志良	工	7月30日	被炸	556	有	40	200	100		286
石汉清	工	7月29日	被炸	125	有		200			287
汪遐年	员	7月29日	被炸	580	无	92	368	100		288
赵瑞武	员	7月29日	被炸	486	有	64	200	100		289
陈金山	工	7月30日	被炸	303.2	有	48	170	100		290
熊昌鑫	工	7月30日	被炸	508	有	58	200	100		291
周武陵	工	7月29日	被炸	413	无	38	100	50		292
万树成	工	7月29日	被炸	251	无		100	50		293
戈子贤	工	7月29日	被炸	198	无		100	50		294

续表

姓名	资格	损失日期	损失原因	损失估值（元）	有无眷属	月薪（元）	慰偿金 拟准数目（元）	慰偿金 预发数目（元）	慰偿金 核准数目（元）	备注
蒋树清	工	7月29日	被炸	219	无		100	50		295
赵永江	工	7月29日	被炸	166	无		100	50		296
诸舟村	工	7月29日	被炸	254	有		155			297
彭合林	工	7月29日	被炸	260	有		165	50		298
张青山	工	7月30日	被炸	112	有	46	75			299
颜小山	工	7月30日	被炸	190	有	49	115			300
李南山	工	7月30日	被炸	99	有	74	65			301
陈卓如	员	7月30日	被炸	577.5	有	33	132			302
车德义	员	7月30日	震坏	1177	有	108	540	200		303
合计							24437	8620		

（0346—1—48）

36.交通部重庆电话局为报1941年7月29日至8月31日员工被炸损失调查表并请核发慰偿金给交通部的代电稿（1941年9月13日）

交通部钧鉴：查本年八月间敌机肆意长时间之轰炸，市区暨迁建区遭受损失甚巨，本局新市区及沙坪坝两分局暨局长□□□何开惠等寓所，或被附近中弹墙瓦震圯，或被直接命中全部坍毁，所蒙损害咸甚严重。兹经各该员工填具空袭损失调查表前来，连同七月份员工遭受空袭损失卢志英等5人，共计105人。除局长所受损害拟请钧部核定慰偿金额暨本局第三食堂技工伙食团可否逾格给以救济敬请核示外，余经分别调查切实核减，拟具救济费共计国币13628元，理合缮造清单，连同损失调查表、动用概算请示表一并送请鉴核，准予列支，并恳即予拨款归垫，实为公便。衔名叩。元事。

附员工呈报损失调查表、员工空袭损失拟准慰偿金清册暨动用概算请示表各1份

1)交通部重庆电话局员工空袭损失拟准慰偿金清单

姓名	资格	损失日期	损失原因	损失估值（元）	有无眷属	实支薪给（元）	慰偿金 拟准数目（元）	慰偿金 预发数目（元）	慰偿金 核准数目（元）	备注
何开惠	员	8月9日	被炸	2890	有	40	160			#309
陈静荣	工	8月10日	被炸	180	无	16	100			#311
王荣卿	员	8月10日	被炸	253	有	44	176			#312
马云超	员	8月10日	被炸	310	无	30	120			#313
余定富	员	8月10日	被炸	295	无	30	120	80		#314
王炎生	工	8月12日	被炸	243	有	70	155			#315
黄宝瑛	员	8月13日	被震	306	有	160	250			#316
赵晓明	员	8月13日	被震	359.4	有	70	280			#317
陈家慧	员	8月22日	被震	421.35	有	41	246			#318
郁玉钧	员	8月13日	被炸	1330	有	50	300			#319
蒋玉如	员	8月22日	被震	475	有	44	176			#320
程宗良	员	8月13日	被震	208	有	41	123			#321
陈儒林	员	8月13日	被炸	1690	有	30	180			#322
张有金	工	8月13日	被震	91	无	64	65			#365
施兆模	工	8月13日	被震	241	无	43	100			#366
韦 健	工	8月13日	被震	256.3	无	52	100			#367
蔡国华	工	8月13日	被震	270	无	49	100			#368
解进朝	工	8月13日	被震	220	无	58	100			#369
李金奎	工	8月13日	被炸	215	无	12	160	60		#323
李 嫂	工	8月13日	被炸	276	有	12	175			#324 报局未发
李弘修	工	8月13日	被炸	372	无	20	200			#325
王茂清	工	8月13日	被炸	312	无	20	100			#326
王俱之	工	8月13日	被炸	398	无	20	100			#327
罗发清	工	8月13日	被炸	245	无	14	100			#328
厉存度	员	8月13日	被烧	772	无	360	360	200		#329
陈乐山	员	8月13日	被震	173	无	50	100	50		#331
程枝桂	员	8月13日	被震	215	无	54	162			#332

续表

姓名	资格	损失日期	损失原因	损失估值（元）	有无眷属	实支薪给（元）	慰偿金 拟准数目（元）	慰偿金 预发数目（元）	慰偿金 核准数目（元）	备注
周佩芳	员	8月13日	被震	194	无	110	110			#333
骆哲钧	员	8月13日	被震	197	无	57	114			#334
笪宠恩	员	8月13日	被震	129	无	45	90			#335
张秀兰	员	8月13日	被震	185	无	45	112			#336
杭纫秋	员	8月13日	被震	144	无	45	90			#337
吕国荣	员	8月13日	被震	157	无	45	90			#338
李懿青	员	8月13日	被震	136.5	无	45	90			#339
崔正英	员	8月13日	被震	103	无	45	72			#340
樊梦燕	员	8月13日	被震	141	无	40	90			#341
胡馨文	员	8月13日	被震	95.3	无	45	67			#342
萧文琴	员	8月13日	被震	114	无	57	85			#343
潘宝如	员	8月13日	被震	88	无	57	57			#344
杜玉枝	员	8月13日	被震	109.8	无	48	72			#345
游贤礼	员	8月13日	被震	104.5	无	57	75			#346
谢朝霞	员	8月13日	被震	110	无	57	85			#347
施竹君	员	8月13日	被震	123	无	69	85			#348
喻绍华	员	8月13日	被震	110	无	57	85			#349
顾煜楣	员	8月13日	被震	42	无	76	76			#350
卢志英	员	8月13日	被震	101	无	69	69			#351
任秀芳	员	8月13日	被震	157	无	45	90			#352
万国仙	员	8月13日	被震	99.5	无	48	72			#353
钱 璟	员	8月13日	被震	139	无	84	84			#354
程学芳	员	8月13日	被震	106	无	51	76			#355
白 堉	员	8月13日	被震	378	有	92	322			#356
侯宝琴	员	8月13日	被震	107	无	45	68			#357
萧福森	工	8月13日	被震	253	无	64	100	50		#358
赵瑞武	工	8月13日	被震	668.2	有	67	200	150		#359
陈良奇	工	8月13日	被震	218	无	67	100			#361
陈 超	工	8月13日	被震	270.9	无	61	100			#362

续表

姓名	资格	损失日期	损失原因	损失估值（元）	有无眷属	实支薪给（元）	慰偿金 拟准数目（元）	慰偿金 预发数目（元）	慰偿金 核准数目（元）	备注
陈宝安	工	8月13日	被震	237.3	无	43	100			#363
赵祥云	工	8月13日	被震	344	无	38	100			#364
诸宝荣	工	8月13日	被震	252	无	49	100			#370
姚家儒	工	8月13日	被震	273	无	38	100			#371
吴啬夫	工	8月13日	被震	320	无	43	100			#372
安郁芳	工	8月13日	被震	209	无	82	100			#373
熊裕焕	工	8月13日	被炸	895	有	38	200	50		#374
熊昌植	工	8月13日	被炸	688.2	有	76	200	50		#375
柳大章	工	8月13日	被震	247	无	64	100			#376
关沆	工	8月13日	被震	213.3	无	16	100			#377
高松青	工	8月13日	被炸	405	无	15	100	50		#378
刘泽	工	8月13日	被炸	407	无	17	100	50		#389
张启元	工	8月13日	被炸	340	无	17	100	50		#380
牛良善	工	8月13日	被炸	376	无	13	100	50		#381
徐贵林	工	8月13日	被炸	364.5	无	14	100	50		#382
张森荣	工	8月13日	被炸	246	无	14	100	50		#383
陈玉书	工	8月13日	被炸	383	无	12	100	50		#384
李德安	工	8月13日	被炸	157	无	20	95			#385
谭朝华	工	8月13日	被炸	310	无	14	100			#386 离局未发
伍金山	工	8月13日	被炸	275	有	12	100			#388
胡金山	工	8月13日	被炸	270	有	12	100			#389
技工伙食团		8月13日	被炸	115	有		呈核			#391
第三食堂		8月13日	被炸	28.8	有		呈核			#392
黄如祖	员	8月13日	被炸	3254	有	350				#393
任炳	工	8月22日	被炸	622	有	52	200			#397

续表

姓名	资格	损失日期	损失原因	损失估值（元）	有无眷属	实支薪给（元）	慰偿金拟准数目（元）	预发数目（元）	核准数目（元）	备注
刘荣钦	工	8月22日	被炸	359	有	34	200			#410
邸玉琛	员	8月23日	被震	328	无	131	262			#398
张光瑄	员	8月23日	被震	324	无	360	260			#399
江浣臣	员	8月23日	被震	290	有	80	240			#400
马明中	员	8月23日	被震	244	有	66	198			#401
朱廷治	员	8月23日	被震	108	无	62	124			#402
周若愚	员	8月23日	被震	174	无	44	110			#403
莫春生	员	8月23日	被震	162	无	42	100			#404
冯达	员	8月23日	被震	159	无	42	100			#405
褚金祥	员	8月23日	被震	297	无	40	160			#406
窦金福	工	8月23日	被震	239	有	88	145			#407
韩百福	工	8月23日	被震	170	无	15	100			#408
王焱勤	工	8月23日	被震	158	无	15	95			#409
唐少轩	工	8月23日	被震	164	无	12	100			#411
程荣洲	工	8月23日	被炸	825	有	16	200			#412
周治德	工	8月23日	被震	172	无	16	100			#413
刘洪书	工	8月23日	被震	94	无	14	65			#414
余素心	员	8月31日	被炸	424.5	有	30	180			#395
郑文质	工	8月31日	被炸	540	有	46	200			415
卢志英	员	7月29日	被炸	1050	有	59	414			163
李毓盛	工	7月29日	被炸	450	有	36	216			241
侯宝琴	员	7月29日	被炸	1169	有	45	270			243
雷作书	工	7月30日	被炸	232	无	20	100			307
王官禄	员	7月30日	被炸	344	无	40	160			308
合计							13628	1040		

2)电务员工呈报损失调查表

机关名称:电话局　　　　　　　　　　　　民国三十年八月十四日填报

姓名	何开惠	损失原因	因本月9日敌机袭渝被炸受损	损失地点	国府路□□□	离到日期	年　月　日 到局处
资格	话务员			损失日期	30年8月9日		
职务	值机			何方证明	大溪沟镇第六区第四保第八甲		年　月　日 离局处

	名称	数量	最低估值(元)	名称	数量	最低估值(元)
损失情形	床	3间	150	大衣	3件	400
	柜子(玻柜1木柜1)	2个	400	棉衣	5件	500
	桌子	4张	120	夹衣	4件	280
	磁碗	30个	80	夏绸衣	3件	150
	铜茶壶	2个	30	皮鞋	3双	120
	锅子	2口	60	褥子	3床	80
	被盖(绸3布1)	4床	400	毯子	4条	50
				书籍	70本	70
				钢笔	1支	
	共计		1240	共计		1850

估计总额	2890元。拟准慰偿金额	由部核给慰偿金额	
主管人员核签意见并签名盖章	该处附近中弹甚多房屋被震颇烈　　　　　王佐	呈报员工签名盖章	何开惠

实支薪给:40元

被炸时有无直系亲属同居:有

直系亲属于事前已否疏散:

3)电务员工呈报损失调查表

机关名称:交通部重庆电话局沙坪坝分局　　　民国三十年八月十四日填报

姓名	陈静荣	损失原因	本月10日下午敌机袭渝,小龙坎一带本零售处办公室(工人福利社内)暨宿舍均被炸毁	损失地点	□□小龙坎零售处	离到日期	年　月　日 到局处
资格	工役			损失日期	8月10日		
职务	话差			何方证明			年　月　日 离局处

续表

损失情形	名称	数量	最低估值(元)	名称	数量	最低估值(元)
	棉被	1床	60	白磁面盆	1个	40
	长衣	1件	30	麻泥中山服	1套	50
	共计			共计		180

估计总额	拟准慰偿金额:100元	由部核给慰偿金额	
主管人员核签意见并签名盖章	邸玉琛　王应麒	呈报员工签名盖章	陈静荣

4) 电务员工呈报损失调查表

机关名称:交通部重庆电话局沙坪分局　　　　　民国三十年八月十四日填报

姓名	王荣卿	损失原因	8月10日上午敌机袭渝,沙坪坝一带数弹落于职宅前后,屋顶振〔震〕倒,致被损失,门内外尚有死伤3人	损失地点	沙坪坝□□□□	离到日期	年　月　日到局处
资格	业务员			损失日期	30年8月10日		
职务	收费员			何方证明	经保甲长证明		年　月　日离局处

损失情形	名称	数量	最低估值(元)	名称	数量	最低估值(元)
	热水瓶	1个	35	布学生装	1套	40
	洋磁面盆	1个	24	小铁锅	1口	10
	布中山服	1套	50	纱布帐子	1顶	40
	布衬衣裤	2套	54			
	共计			共计		253

估计总额	拟准慰偿金额:176元	由部核给慰偿金额	
主管人员核签意见并签名盖章	该员住屋附近中弹,用具什物损失属实　　　　邸玉琛　王佐	呈报员工签名盖章	王荣卿

实支薪给:44元

被炸时有无直系亲属同居:有

直系亲属于事前已否疏散:否

5)电务员工呈报损失调查表

机关名称:交通部重庆电话局沙坪坝分局　　　　民国三十年八月十四日填报

姓名	马云超	损失原因	本月10日下[午]4时许敌机袭渝,小龙坎一带被炸,本零售处(工人福利社内)暨宿舍均行弹毁	损失地点	小龙坎零售处	离到日期	年　月　日 到局处
资格	雇员			损失日期	8月10日16时		
职务	零售员			何方证明			年　月　日 离局处

损失情形	名称	数量	最低估值(元)	名称	数量	最低估值(元)
	毛衣	1件	80	衬衣	3件	35
	茧绸棉被	1床	80	短裤	2件〔条〕	15
	大斜纹棉褥	1条	40	洗面盆	1个	30
	冲哗叽草绿军衣	1件	20	牙刷漱口杯茶杯	各1件	10
	共计			共计		310

估计总额		拟准慰偿金额:120元		由部核给慰偿金额	
主管人员核签意见并签名盖章	该处正中炸弹损失属实 　　　　　　邸玉琛　王佐　王应麒			呈报员工签名盖章	马云超

实支薪给:30元
被炸时有无直系亲属同居:无
直系亲属于事前已否疏散:

6)电务员工呈报损失调查表

机关名称:交通部重庆电话局沙坪坝分局　　　　民国三十年八月十四日填报

姓名	余定富	损失原因	本月10日午后4时许敌机袭渝,小龙坎一带被炸,本零售处(工人福利社内)暨宿舍均被炸毁	损失地点	小龙坎零售处	离到日期	年　月　日 到局处
资格	雇员			损失日期	8月10日16时许		
职务	佐理员			何方证明			年　月　日 离局处

续表

损失情形	名称	数量	最低估值(元)	名称	数量	最低估值(元)
	棉被	1床	80	灰布中山服	1套	50
	白棉斜纹花毯	1条	45	全黑胶鞋	1双	30
	白磁面盆	1个	30	漱口杯牙刷牙膏面巾	各1件	15
	衬衣	3件	45			
	共计			共计		295

估计总额	拟准慰偿金额：120元。预发慰偿金额：80	由部核给慰偿金额	
主管人员核签意见并签名盖章	该处正中炸弹损失属实 邸玉琛　王佐	呈报员工签名盖章	余定富

实支薪给：30元

被炸时有无直系亲属同居：无

直系亲属于事前已否疏散：

7) 电务员工呈报损失调查表

机关名称：重庆电话局沙分局股　　　　　　民国三十年八月十四日填报

姓名	王炎生	损失原因	本月12日午前9时半敌机袭渝，南开中学附近陈家湾一带被炸，住宅附近中弹倒塌	损失地点	南开中学附近陈家湾一带	离到日期	年　月　日到局处
资格	技工			损失日期	8月12日		
职务	铅工			何方证明	本局主任曾经视察		年　月　日离局处

损失情形	名称	数量	最低估值(元)	名称	数量	最低估值(元)
	夏布蚊帐	1床	70	夹衣	1套	80
	铁锅	1口	25	单衣	1套	50
	大瓦水缸	1口	18			
	共计			共计		243

估计总额	拟准慰偿金额：155元	由部核给慰偿金额	
主管人员核签意见并签名盖章	该工住址附近中弹，什物确有损失 邸玉琛　王佐	呈报员工签名盖章	王炎生

实支薪给：70元

被炸时有无直系亲属同居：有

直系亲属于事前已否疏散：否

8) 电务员工呈报损失调查表

机关名称:重庆电话局　　　　　　　　　民国三十年八月十四日填报

姓名	黄宝潢	损失原因	隔邻中弹多枚,本寓门窗震毁,墙壁被弹片飞石击穿	损失地点	神仙洞街71	离到日期	年　月　日 到局处
资格	业务员			损失日期	30年8月13日		
职务	文书股主任			何方证明	保长具单证明		年　月　日 离局处

损失情形	名称	数量	最低估值(元)	名称	数量	最低估值(元)
	棉毡	1床	50	待洗白虎绸内衣	1件	28
	印花被单	1床	36	待洗汗衫	1件	16
	纱帐	1床	48	待洗布短裤	1件	8
	待洗白帆布裤	1件	40	碗杯缸钵等	22件	80
	共计			共计		306

估计总额	306元。拟准慰偿金额:250元	由部核给慰偿金额	
主管人员核签意见并签名盖章	被震属实　　　　　　　王应麒	呈报员工签名盖章	黄宝潢

实支薪给:160元
被炸时有无直系亲属同居:有
直系亲属于事前已否疏散:未

9) 电务员工呈报损失调查表

机关名称:重庆电话局　　　　　　　　　民国三十年八月十四日填报

姓名	赵晓明	损失原因	8月13日敌机袭渝,住宅右邻中弹,房屋被震,门窗俱落	损失地点	神仙洞街73号	离到日期	年　月　日 到局处
资格	业务员			损失日期	8月13日		
职务	文书股佐理员			何方证明			年　月　日 离局处

续表

	名称	数量	最低估值(元)	名称	数量	最低估值(元)
损失情形	大铁锅	1只	50	瓷饭碗	5只	15
	小铁锅	1只	30	瓷菜碗	8只	8
	钢锅	1只	40	瓷痰盂	2只	30
	水缸	1只	20	漱口盂	3只	15
	热水瓶	1只	40	大浴盆	1只	15
	面盆	2只	80			
	玻璃镜	1只	10			
	玻璃杯	3只	6.6			
	共计		276.6	共计		83

估计总额	国币359.6元。拟准慰偿金额:280元	由部核给慰偿金额	
主管人员核签意见并签名盖章	该员住宅受震属实 文书股主任 黄宝潢 王应麒	呈报员工签名盖章	赵晓明

实支薪给:70元

被炸时有无直系亲属同居:有

直系亲属于事前已否疏散:未

10)电务员工呈报损失调查表

机关名称:重庆电话局　　　　　　　　民国　年　月　日填报

姓名	陈家慧	损失原因	本宅外墙中弹住宅被震	损失地点	国府路249号新居	离到日期	年 月 日到局处
资格	业务员			损失日期	8月22日		
职务	助理员			何方证明	大溪沟第五保		年 月 日离局处

	名称	数量	最低估值(元)	名称	数量	最低估值(元)
损失情形	方桌	1张	20	单长褂	3件	60
	热水瓶	1个	48.95	袜子	4双	36.8
	锌锅	2个	32.6			
	铁锅	1口	15			
	珠罗帐	1床	80			
	盆碗等件	10余件	128			
	共计		324.55	共计		96.8

估计总额	421.35元。拟准慰偿金额:246元	由部核给慰偿金额

续表

主管人员核签意见并签名盖章	王应麒	呈报员工签名盖章	陈家慧
实支薪给:41元			
被炸时有无直系亲属同居:有			
直系亲属于事前已否疏散:未			

11) 电务员工呈报损失调查表

机关名称:交通部重庆电话局　　　　　　　民国三十年八月十五日填报

姓名	郁玉钧	损失原因	敌机在附近滥炸,弹如雨下,房屋两次被炸,中弹3枚,因警报发出在天未明时,用物多未搬走,现呈报者仅系个人用物,至于房产家具等项损失最低当在万元以上,因恐不合条规,故未列入呈报	损失地点	枣子岚垭62号下和园	离到日期	年　月　日到局处
资格	出纳员			损失日期	30年8月13日		
职务	收付现款			何方证明	保甲及本局主管人员		年　月　日离局处

损失情形	名称	数量	最低估值(元)	名称	数量	最低估值(元)
	面盆	1[只]	50	电扇	1[台]	250
	夹被盖	1[床]	150	茶壶	1[只]	30
	皮鞋	1[双]	200	茶杯	4[只]	20
	蚊帐	1[顶]	180	镜子	1[面]	40
	绸衫	2[件]	200	雨伞	1[把]	20
	布衫	1[件]	20	钟	1[个]	60
	雨衣	1[件]	80			
	麻纱衫	1[件]	30			
	共计		910	共计		420

估计总额	1330元。拟准慰偿金额:300元	由部核给慰偿金额	
主管人员核签意见并签名盖章	查该员住宅被炸属实　王应麒　在祎	呈报员工签名盖章	郁玉钧

实支薪给:50元

被炸时有无直系亲属同居:有

直系亲属于事前已否疏散:未

12) 电务员工呈报损失调查表

机关名称：重庆电话局　　　　　　　民国三十年八月二十三日填报

姓名	蒋玉如	损失原因	敌机在寓所对面投弹数枚，房屋被震，屋面门窗全毁，室内物品全部震坏	损失地点	曾家岩19号	离到日期	年　月　日 到局处
资格	业务员			损失日期	8月22日		
职务	营业股			何方证明	曾家岩第四保保长		年　月　日 离局处
损失情形	名称	数量	最低估值(元)		名称	数量	最低估值(元)
	被服(已洗未干)	5件	120		茶具全套	9件	35
	洗面用具全套	8件	90		其他零星物件	10余件	50
	厨房用具全套	20余件	180				
	共计				共计		475
估计总额	拟准慰偿金额：176元				由部核给慰偿金额		
主管人员核签意见并签名盖章	该员系第二次被震损失　　　　　　王应麒				呈报员工签名盖章		蒋玉如

实支薪给：44元
被炸时有无直系亲属同居：有
直系亲属于事前已否疏散：未

13) 电务员工呈报损失调查表

机关名称：重庆交通部电话局　　　　　　民国　年　月　日填报

姓名	程宗良	损失原因	房屋震毁 炸进巨石一块	损失地点	中三路28附2	离到日期	年　月　日 到局处
资格	业务员			损失日期	8月13日		
职务	收费员			何方证明	警察七分局		年　月　日 离局处

四、交通部重庆电话局部分　1927

续表

	名称	数量	最低估值(元)	名称	数量	最低估值(元)
损失情形	三抽桌	1张	40	大汤碗	2只	8
	大铁锅	1个	28	铝铁壶	1只	10
	棕木床	1张	45	汤羹	4个	3
	细磁盘	4个	28	粗钢盆	1个	4
	小磁盘	6个	10	电灯泡	2只	16
	一品锅	2个	8	饭碗	8个	8
	共计		159	共计		49
估计总额	拟准慰偿金额:123元			由部核给慰偿金额		
主管人员核签意见并签名盖章	被震属实		王应麒	呈报员工签名盖章	程宗良具	

实支薪给:41元
被炸时有无直系亲属同居:妻1人
直系亲属于事前已否疏散:已疏散

14) 电务员工呈报损失调查表

机关名称:重庆电话局　　　　　　　　民国三十年八月十八日填报

姓名	陈儒林	损失原因	8月13日晨敌机袭渝,职寓直接中弹1枚,临近并中弹数枚,房屋炸毁,所有衣服用具以及厨房用物均被悉数炸毁无遗,约计损失1690元	损失地点	枣子岚垭39号祥庄	离到日期	年 月 日到局处
资格	雇员			损失日期	8月13日		
职务	长话零售处营业员			何方证明	枣子岚垭第三保第六甲甲长万松柏证明		年 月 日离局处
	名称	数量	最低估值(元)	名称	数量	最低估值(元)
损失情形	大棕床	1张	100	洗脸盆	1个	40
	棉被	1条	80	磁脚盆	1个	30
	垫被	1条	60	热水瓶	1个	40
	军毯	1条	60	茶壶	1把	12
	帐子	1顶	120	洗脸用物	1套	18

续表

损失情形	床毯	2条	80	布旗袍及袜子等用件(已洗未干)	约计	180
	皮鞋	2双	110	厨房用物(锅炉刀煤米柴等物)	约计	150
	跑鞋	2双	80	桌子	2张	60
	纱旗袍(挂壁上待洗)	3件	120	凳子	4张	50
				箱子(内装单夹衣等物)	2只(估计约)	300
	共计			共计		1690

估计总额	1690元。拟准慰偿金额:180元	由部核给慰偿金额	
主管人员核签意见并签名盖章	被震属实　　　　　　王应麒	呈报员工签名盖章	陈儒林

实支薪给:30元

被炸时有无直系亲属同居:有

直系亲属于事前已否疏散:尚未

15) 电务员工呈报损失调查表

机关名称:重庆电话局　　　　　　　　　民国三十年八月十四日填报

姓名	张有金	损失原因	附近遭炸房屋震塌	损失地点	纯阳洞本局	离到日期	年 月 日 到局处
资格	技工			损失日期	30年8月13日		
职务	领工			何人证明			年 月 日 离局处

损失情形	名称	数量	最低估值(元)	名称	数量	最低估值(元)
	衬衫	1件	15	饭碗	1只	2
	凉席	1床	6	牙膏	1管	3
	西装短裤	1条	21	牙刷	1把	5
	汗背心	1件	12	皮拖鞋	1双	12
	中山长裤	1条	15			
	共计		69	共计		22

估计总额	91元正。拟准慰偿金额:65元	由部核给慰偿金额	
主管人员核签意见并签名盖章	该宿舍附近中弹被震 侯楷　王佐	呈报员工签名盖章	张有金

实支薪给:64元

被炸时有无直系亲属同居:无

直系亲属于事前已否疏散:

16) 电务员工呈报损失调查表

机关名称:重庆电话局　　　　　　　　民国三十年八月十四日填报

姓名	施兆模	损失原因	当日敌机轰炸,屋顶全部倒塌	损失地点	纯阳洞分局宿舍2号	离到日期	年　月　日到局处
资格	技工			损失日期	8月13日		
职务	纯阳洞机键室			何方证明			年　月　日离局处
损失情形	名称	数量	最低估值(元)	名称	数量	最低估值(元)	
	棉被	1条	45	衬衫	2件	48	
	单被	1条	20	瓷杯	1只	10	
	中山裤	2条	50	力士鞋	1双	24	
	帐子	1顶	18	套鞋	1双	26	
	共计			共计		241	

估计总额	拟准慰偿金额:100元	由部核给慰偿金额	
主管人员核签意见并签名盖章	该宿舍右侧中弹被震倒塌 侯楷　王佐	呈报员工签名盖章	施兆模

实支薪给:188元(月薪43元)。

被炸时有无直系亲属同居:没有

直系亲属于事前已否疏散:疏散

17)电务员工呈报损失调查表

机关名称:重庆电话局　　　　　　　　民国三十年八月十四日填报

姓名	韦健	损失原因	所有衣什各物均系被弹片及飞石击毁	损失地点	机键室隔壁	离到日期	年　月　日 到局处
资格	技工			损失日期	8月13日		
职务				何方证明			年　月　日 离局处

	名称	数量	最低估值(元)	名称	数量	最低估值(元)
损失情形	中山服(上身)	1件	70	玻璃杯	1个	1.8
	衬衫	1件	35	短袜	2双	7
	棉被(打穿一洞)	1条	120			
	短裤	2条	14			
	雨伞	1把	5			
	牙刷	1把	3.5			
	共计		247.5	共计		8.8

估计总额	256.3元。拟准慰偿金额:100元	由部核给慰偿金额	
主管人员核签意见并签名盖章	该宿舍右侧中弹被震倒塌　　　　　　　　侯楷　王佐	呈报员工签名盖章	韦健

实支薪给:52元
被炸时有无直系亲属同居:无
直系亲属于事前已否疏散:□

18)电务员工呈报损失调查表

机关名称:重庆电话局　　　　　　　　民国三十年八月十四日填报

姓名	蔡国华	损失原因	当日敌机轰炸致屋顶全部倒塌	损失地点	纯阳洞分局宿舍2号	离到日期	年　月　日 到局处
资格	技工			损失日期	8月13日		
职务	纯阳洞机键室			何方证明			年　月　日 离局处

续表

<table>
<tr><td rowspan="5">损失情形</td><td>名称</td><td>数量</td><td>最低估值(元)</td><td>名称</td><td>数量</td><td>最低估值(元)</td></tr>
<tr><td>蚊帐</td><td>1条</td><td>30</td><td>短裤</td><td>1条</td><td>10</td></tr>
<tr><td>棉被</td><td>1条</td><td>40</td><td>哔叽〔叽〕中山裤</td><td>1条</td><td>90</td></tr>
<tr><td>单被</td><td>1条</td><td>20</td><td>衬衫</td><td>2件</td><td>30</td></tr>
<tr><td>中山服</td><td>1套</td><td>50</td><td></td><td></td><td></td></tr>
<tr><td colspan="2">估计总额</td><td colspan="3">共计</td><td colspan="2">共计</td><td>270</td></tr>
<tr><td colspan="2">估计总额</td><td colspan="3">拟准慰偿金额:100元</td><td colspan="2">由部核给慰偿金额</td><td></td></tr>
<tr><td colspan="2">主管人员核签意见并签名盖章</td><td colspan="3">该宿舍右侧中弹被震倒塌
　　　　　　　　　侯楷　王佐</td><td colspan="2">呈报员工签名盖章</td><td>蔡国华</td></tr>
</table>

实支薪给:194元(月薪49元)

被炸时有无直系亲属同居:无

直系亲属于事前已否疏散:已

19)电务员工呈报损失调查表

机关名称:重庆电话局　　　　　　　　　　民国三十年八月十四日填报

<table>
<tr><td rowspan="3">姓名</td><td>解进朝</td><td rowspan="3">损失原因</td><td rowspan="3">当时宿舍四周遭炸宿舍震毁</td><td>损失地点</td><td>纯阳洞分局宿舍</td><td rowspan="3">离到日期</td><td>年　月　日到局处</td></tr>
<tr><td>资格</td><td>技工</td><td>损失日期</td><td>30年8月13日</td><td></td></tr>
<tr><td>职务</td><td>铅工</td><td>何方证明</td><td></td><td>年　月　日离局处</td></tr>
<tr><td rowspan="7">损失情形</td><td>名称</td><td>数量</td><td>最低估值(元)</td><td colspan="2">名称</td><td>数量</td><td>最低估值(元)</td></tr>
<tr><td>磁面盆</td><td>1个</td><td>35</td><td colspan="2">衬衫</td><td>1件</td><td>23</td></tr>
<tr><td>帐子</td><td>1顶</td><td>28</td><td colspan="2">汗衫</td><td>2件</td><td>14</td></tr>
<tr><td>磁杯</td><td>1个</td><td>12</td><td colspan="2">面巾</td><td>2条</td><td>5</td></tr>
<tr><td>席子</td><td>1条</td><td>4</td><td colspan="2">短裤</td><td>3条</td><td>12</td></tr>
<tr><td>皮鞋</td><td>1双</td><td>35</td><td colspan="2">布衣</td><td>1套</td><td>45</td></tr>
<tr><td>袜子</td><td>2双</td><td>15</td><td colspan="2">牙刷</td><td>1把</td><td>2</td></tr>
<tr><td colspan="2">估计总额</td><td>共计</td><td>119</td><td colspan="2">共计</td><td></td><td>101</td></tr>
<tr><td colspan="2">估计总额</td><td colspan="4">220元。拟准慰偿金额:100元</td><td colspan="2">由部核给慰偿金额</td></tr>
<tr><td colspan="2">主管人员核签意见并签名盖章</td><td colspan="4">该宿舍附近中弹被震
　　　　　　　　　侯楷　王佐</td><td>呈报员工签名盖章</td><td>解进朝</td></tr>
</table>

续表

实支薪给:58元
被炸时有无直系亲属同居:无
直系亲属于事前已否疏散:

20) 电务员工呈报损失调查表

机关名称:重庆电话局　　　　　　　　　　民国三十年八月　日填报

姓名资格	李金奎	损失原因	因役身充厨房工作,造饭时必要忙,未及顾家,又□妻亦在局充女役,为公物顾及,以致难于不及收检〔捡〕,并且住址离局相距一里之遥所	损失地点	神仙洞247〔号〕	离到日期	年 月 日到局处
职务	厨役			损失日期	8月13日		
				何方证明	保甲长		年 月 日离局处

损失情形	名称	数量	最低估值(元)	名称	数量	最低估值(元)
	绵〔棉〕被	1床	65	小饭碗	10个	□
	线毯	1床	18	长桌	1张	□
	衣汗服	2套	34	四方凳	4个	□
	棕床	1架	19	帐帏床布	1套	□
	铁菜锅	1只	9	磁茶壶	1个	□
	洗面盆	1只	13	被单布	1床	□
	大菜碗	11个	4.4	女长袍	1件	□
	共计		162.4	共计		93

估计总额	255.4元。拟准慰偿金额:160元。预发慰偿金额:60元	由部核给慰偿金额	
主管人员核签意见并签名盖章	王应麒	呈报员工签名盖章	李金奎

实支薪给:12元
被炸时有无直系亲属同居:有
直系亲属于事前已否疏散:未

21）电务员工呈报损失调查表

机关名称：重庆电话局　　　　　　　　　民国　年　月　日填报

姓名	李嫂	损失原因	因在局服务不能分身回家，家中夫与女因事下乡去了，故无人在家搬运	损失地点	神仙洞街216〔号〕	离到日期	年　月　日到局处
资格				损失日期	30年8月13日		
职务	局役			何方证明	观音岩镇六保六甲		年　月　日离局处

损失情形	名称	数量	最低估值（元）	名称	数量	最低估值（元）
	文〔蚊〕帐	1床	25	布鞋	1双	8
	棉衣	1套	60	脚盆	1只	16
	时钟	1只	45	面盆	1只	25
	棉被	1床	65	木箱	1只	12
	夹衣	1件	20			
	共计			共计		

估计总额	276元。拟准慰偿金额：175元	由部核给慰偿金额	
主管人员核签意见并签名盖章	王应麒	呈报员工签名盖章	局役李嫂

实支薪给：12元正
被炸时有无直系亲属同居：有
直系亲属于事前已否疏散：未

22）电务员工呈报损失调查表

机关名称：重庆电话局　　　　　　　　　民国　年　月　日填报

续表

姓名	李洪修	损失原因	抬局长到华居去了，被敌机轰炸	损失地点	枣子岚垭和园	离到日期	年 月 日 到局处
资格				损失日期	8月13日		
职务	轿伕			何方证明			年 月 日 离局处

损失情形	名称	数量	最低估值(元)	名称	数量	最低估值(元)
	被盖	1床	60	棉衣	1套	62
	毡子	1床	30	面盆	1口	40
	衣服	5套	180			
	共计			共计		372元

估计总额		拟准慰偿金额：100元	由部核给慰偿金额	
主管人员核签意见并签名盖章	属实		呈报员工签名盖章 王应麒	轿伕 李洪修

实支薪给：20元正

被炸时有无直系亲属同居：

直系亲属于事前已否疏散：

23) 电务员工呈报损失调查表

机关名称：重庆电话局　　　　　　　　　　民国　年　月　日填报

姓名	王茂清	损失原因	抬局长到华居去了，被敌机轰炸，未在家	损失地点	枣子岚垭和园	离到日期	年 月 日 到局处
资格				损失日期	8月13号		
职务	轿伕			何方证明			年 月 日 离局处

损失情形	名称	数量	最低估值(元)	名称	数量	最低估值(元)
	被盖	1床	70	棉衣	1套	62
	衣服	4套	160	面盆	1口	20
	共计			共计		332

估计总额		拟准慰偿金额：100元	由部核给慰偿金额	
主管人员核签意见并签名盖章	被毁属实		呈报员工签名盖章 王应麒	轿伕 王茂清

实支薪给：20[元]正

被炸时有无直系亲属同居：无

直系亲属于事前已否疏散：

24)电务员工呈报损失调查表

机关名称：　　　　　　　　　　　　　　　　　　民国　年　月　日填报

姓名	王俱之	损失原因	房屋全部被炸	损失地点	枣子岚垭下和园	离到日期	年　月　日 到局处
资格		^	^	损失日期	8月13日	^	^
职务	轿夫	^	^	何方证明		^	年　月　日 离局处
损失情形	名称	数量	最低估值(元)	名称	数量	最低估值(元)	^
^	棉被	2床	170	洋磁面盆	1个	19	^
^	呢大衣	1件	150	长衫	1件	32	^
^	汗衣	3套	27				^
^	共计			共计		398	^
估计总额		拟准慰偿金额：100元			由部核给慰偿金额		^
主管人员核签意见并签名盖章	被毁属实			王应麒	呈报员工签名盖章	王俱之	^

实支薪给：20元

被炸时有无直系亲属同居：

直系亲属于事前已否疏散：已

25)电务员工呈报损失调查表

机关名称：重庆电话局　　　　　　　　　　　　　民国　年　月　日填报

姓名	罗清发	损失原因	炸毁	损失地点	枣子岚垭和园	离到日期	年　月　日 到局处
资格	公役	^	^	损失日期	8月13日	^	^
职务		^	^	何方证明		^	年　月　日 离局处
损失情形	名称	数量	最低估值(元)	名称	数量	最低估值(元)	^
^	芝麻制服	1套	45	白衬衣	2件	40	^
^	皮鞋	1双	30	青布裤子	1条	12	^
^	棉□心	1套	50	被盖	1床	30	^
^	白皮箱	1口	20	土白布	1丈6尺	18	^
^	共计			共计		245	^
估计总额		拟准慰偿金额：100元			由部核给慰偿金额		^
主管人员核签意见并签名盖章	被毁属实			王应麒	呈报员工签名盖章	罗清发	^

26) 电务员工呈报损失调查表

机关名称：重庆电话局　　　　　　　　　　民国三十年八月十四日填报

姓名资格职务	厉存度 技术员 规划股主任	损失原因	8月13日直接中燃烧弹全部被焚	损失地点 损失日期 何方证明	纯阳洞第六总队技工训练班宿舍 8月13日	离到日期	年 月 日 到局处 年 月 日 离局处
损失情形	名称	数量	最低估值(元)		名称	数量	最低估值(元)
	褥子	1条	70		线毯	1床	40
	□罗帐	1顶	45		新直贡呢鞋	1双	20
	湖南竹席子	1条	30		哗叽长衫	1件	80
	枕头	2个	32		香云纱长衫	1件	50
	呢帽	1顶	50		嘉定绸夹衣裤	1套	80
	新府绸褂裤	1套	50		湖南雨伞	1把	14
	大号脸面〔盆〕	1只	40		搪磁口盂	1只	20
	2磅热水瓶	1只	35		纺绸小褂	1件	28
	新汗衫	2件	48		零星物件		30
	袜子	2双	10				
		共计	410			共计	362
估计总额	772元。拟准慰偿金额：360元。预发慰偿金额：200元				由部核给慰偿金额		
主管人员核签意见并签名盖章	该员住屋全部被焚损失各物属实　　　　　　　　王佐				呈报员工签名盖章		厉存度

实支薪给：360元
被炸时有无直系亲属同居：无
直系亲属于事前已否疏散：已

27) 电务员工呈报损失调查表

机关名称：重庆电话局　　　　　　　　民国三十年八月十四日填报

姓名资格职务	陈乐山 业务员 线路股佐理员	损失原因	所有衣什各物大皆不系被毁于弹片即系被飞石击毁	损失地点	机键室隔壁	离到日期	年 月 日 到局处 年 月 日 离局处		
^	^	^	^	损失日期	8月13日	^	^		
^	^	^	^	何方证明		^	^		
损失情形	名称	数量	最低估值(元)	名称		数量	最低估值(元)	
^	小棉被	1条	80	牙刷牙膏		全套	8	
^	棉絮	1条	20	雨伞		1把	5	
^	白布毯	1条	20	短裤		2条	10	
^	面盆	1个	30					
^	共计			共计			173	
估计总额	173元。拟准慰偿金额：100元。预发慰偿金额：50元				由部核给慰偿金额			
主管人员核签意见并签名盖章	查该员上开各件确被飞石击毁				呈报员工签名盖章		陈乐山	
实支薪给：50元							
被炸时有无直系亲属同居：无							
直系亲属于事前已否疏散：□							

28) 电务员工呈报损失调查表

机关名称：重庆电话局　　　　　　　　民国三十年八月十四日填报

姓名资格职务	程枝桂 测量员 分局测量室	损失原因	敌机轰炸屋顶全部倒塌	损失地点	纯阳洞分局第二号宿舍	离到日期	年 月 日 到局处 年 月 日 离局处		
^	^	^	^	损失日期	8月13日	^	^		
^	^	^	^	何方证明		^	^		
损失情形	名称	数量	最低估值(元)	名称		数量	最低估值(元)	
^	蚊帐	1顶	80	瓷杯		1只	8	
^	衬衫	1件	30	印花单被		1条	40	
^	面盆	1只	42	军毯		1条	15	
^	共计			共计			215	
估计总额	拟准慰偿金额：162元				由部核给慰偿金额			
主管人员核签意见并签名盖章	该宿舍右侧中弹被震倒塌 　　　　　　　侯楷　王佐				呈报员工签名盖章		程枝桂	
实支薪给：208元(月薪54元)							
被炸时有无直系亲属同居：无							
直系亲属于事前已否疏散：已							

29)电务员工呈报损失调查表

机关名称：重庆电话局　　　　　　　　　民国三十年八月十四日填报

姓名	周佩芳	损失原因	8月13日敌机袭渝市，纯阳洞附近被炸，本局宿舍震坏，各物被震毁震飞	损失地点	纯阳洞48号	离到日期	年　月　日　到局处
资格	话务员			损失日期	8月13日		
职务	帐务			何方证明	局方		年　月　日　离局处

损失情形	名称	数量	最低估值(元)	名称	数量	最低估值(元)
	蚊帐	1顶	34	牙膏牙刷肥皂	各1件	10
	皮鞋	1双	50	毛巾		5
	面盆	1个	42	水瓶	1只	40
	漱口杯	1只	8			
	饭碗	1只	2			
	玻璃杯	1只	3			
	共计		139	共计		55

估计总额	194元。拟准慰偿金额：110元	由部核给慰偿金额	
主管人员核签意见并签名盖章	被瓦木泥土打坏　　　　　　毕庶琦　王佐	呈报员工签名盖章	周佩芳

实支薪给：40元
被炸时有无直系亲属同居：无
直系亲属于事前已否疏散：

30)电务员工呈报损失调查表

机关名称：重庆电话局　　　　　　　　　民国三十年八月十四日填报

姓名	骆哲筠	损失原因	8月13日敌机袭渝市，纯阳洞附近被炸，本局宿舍受震坏，各物被震飞及震坏	损失地点	纯阳洞48号	离到日期	年　月　日　到局处
资格	话务员			损失日期	8月13日		
职务	帐务			何方证明	局方		年　月　日　离局处

续表

名称	数量	最低估值(元)	名称	数量	最低估值(元)
面盆	1个	45	拖鞋	1双	12
漱口杯	1个	15	牙膏牙刷肥皂	各1件	10
磁器大水杯	1个	5	大毛巾	1条	8
蚊帐	1顶	33	大小果盘	共2个	10
饭碗	2个	4	肥皂盒子	1个	7
热水瓶	1个	40			
雨伞	1把	8			
共计		150	共计		47

（损失情形）

估计总额	197元。拟准慰偿金额：114元	由部核给慰偿金额	
主管人员核签意见并签名盖章	被瓦木泥土打坏 毕庶琦　王佐	呈报员工签名盖章	骆哲筠

实支薪给：57元
被炸时有无直系亲属同居：无
直系亲属于事前已否疏散：

31) 电务员工呈报损失调查表

机关名称：重庆电话局长途台　　　　　　民国三十年八月十四日填报

姓名资格职务	笪宠恩 话务员 值机	损失原因	8月13日敌机轰炸宿舍被震(2号房间)	损失地点	纯阳洞电话局	离到日期	年 月 日 到局处
				损失日期	8月13日		
				何方证明			年 月 日 离局处

	名称	数量	最低估值(元)	名称	数量	最低估值(元)
损失情形	凉席	1床	14	镜子	1面	16
	面盆	1个	45	骨梳子	1把	12
	毛巾	1条	4	玻璃杯	2只	5
	力士皂	1块	4	饭碗	1只	3
	牙刷	1支	3	假骨筷子	1双	3
	牙膏	1支	5			
	漱口杯	1个	15			
	共计		90	共计		39

续表

估计总额	129元。拟准慰偿金额:90元		由部核给慰偿金额	
主管人员核签意见并签名盖章	被屋上落下之瓦木泥土等打坏　　　　王佐　毕庶琦		呈报员工签名盖章	笪宠恩

实支薪给:45元

被炸时有无直系亲属同居:无

直系亲属于事前已否疏散:

32)电务员工呈报损失调查表

机关名称:重庆电话局长途台　　　　　　民国三十年八月十四日填报

姓名	张秀兰	损失原因	8月13日敌机轰炸宿舍被震(2号房间)	损失地点	纯阳洞电话局	离到日期	年　月　日 到局处
资格	话务员			损失日期	8月13日		
职务	值机			何方证明			年　月　日 离局处

损失情形	名称	数量	最低估值(元)	名称	数量	最低估值(元)
	面盆	1个	46	玻璃杯	1只	2.5
	漱口杯	1个	6	碗	2只	5
	牙刷	1支	3.5	凉席	1床	15
	牙膏	1支	5	枕头	2个	20
	毛巾	2条	6	热水瓶	1个	38
	梳子(大号骨梳)	1把	11	镜子	1面	15
				衬衣	1套	12
	共计		77.5	共计		107.5

估计总额	185元。拟准慰偿金额:112元		由部核给慰偿金额	
主管人员核签意见并签名盖章	被屋上瓦木等打坏　　　　毕庶琦　王佐		呈报员工签名盖章	张秀兰

实支薪给:45元

被炸时有无直系亲属同居:无

直系亲属于事前已否疏散:

33) 电务员工呈报损失调查表

机关名称：重庆电话局　　　　　　　　　　民国三十年八月十四日填报

姓名	杭纫秋	损失原因	附近遭炸,屋顶震塌	损失地点	纯阳洞2号宿舍	离到日期	年　月　日到局处
资格	话务员			损失日期	30年8月13日		
职务	长途班长			何方证明			年　月　日离局处

损失情形	名称	数量	最低估值(元)	名称	数量	最低估值(元)
	面盆	1只	25	搪瓷漱口杯	1只	15
	凉席	1床	15	牙膏牙刷等日用品		20
	镜子	1只	12	饭碗	2只	5
	热水瓶	1只	35	玻璃茶杯	2只	5
	梳子	1把	9			
	毛巾	1条	3			
	共计		99	共计		45

估计总额	144元正。拟准慰偿金额：90元	由部核给慰偿金额
主管人员核签意见并签名盖章	被屋上瓦木等打坏　　　　　　毕庶琦　王佐	呈报员工签名盖章　　杭纫秋

实支薪给：45元
被炸时有无直系亲属同居：无
直系亲属于事前已否疏散：

34) 电务员工呈报损失调查表

机关名称：重庆电话局　　　　　　　　　　民国三十年八月十四日填报

姓名	吕国荣	损失原因	附近遭炸,屋顶震塌	损失地点	纯阳洞2号宿舍	离到日期	年　月　日到局处
资格	话务员			损失日期	30年8月13日		
职务	长途班长			何方证明			年　月　日离局处

续表

	名称	数量	最低估值(元)	名称	数量	最低估值(元)
损失情形	面盆	1只	42	花伞	1把	10
	镜子	1只	25	枕头心	1只	15
	毛巾	1条	4			
	牙膏牙刷等日用品		35			
	漱口杯茶杯	2只	14			
	凉席	1床	12			
	共计		132	共计		25

估计总额	157元正。拟准慰偿金额:90元	由部核给慰偿金额	
主管人员核签意见并签名盖章	被屋上瓦木等打坏　　　　毕庶琦　王佐	呈报员工签名盖章	吕国荣

实支薪给:45元

被炸时有无直系亲属同居:无

直系亲属于事前已否疏散:

35)电务员工呈报损失调查表

机关名称:重庆电话局　　　　　　　　　民国三十年八月十四日填报

姓名	李懿青	损失原因	附近遭炸,屋顶震塌	损失地点	纯阳洞2号宿舍	离到日期	年　月　日　到局处
资格	话务员			损失日期	30年8月13日		
职务	长途值机			何方证明			年　月　日　离局处

	名称	数量	最低估值(元)	名称	数量	最低估值(元)
损失情形	面盆	1只	30	茶壶	1把	15
	篾席	1床	16	梳子	1把	8.5
	热水瓶	1只	30	牙刷	1把	2.5
	镜子	1面	9	毛巾	1条	3.5
	搪瓷水杯	1只	10	玻璃茶杯	2只	7
	饭碗	2只	5			
	共计		100	共计		35.5

续表

估计总额	135元正。拟准慰偿金额:90元	由部核给慰偿金额	
主管人员核签意见并签名盖章	被屋瓦木等打坏　　　　　　　　　毕庶琦　王佐	呈报员工签名盖章	李懿青

实支薪给:45元

被炸时有无直系亲属同居:无

直系亲属于事前已否疏散:

36)电务员工呈报损失调查表

机关名称:重庆电话局　　　　　　　　　　　民国三十年八月十四日填报

姓名	崔正英	损失原因	8月13日宿舍被震(敌机袭渝,本局附近中弹)	损失地点	纯阳洞电话局	离到日期	年　月　日到局处
资格	长途台话务员			损失日期	8月13日		
职务	值机			何方证明			年　月　日离局处
损失情形	名称	数量	最低估值(元)	名称	数量	最低估值(元)	
	茶壶	1个	4.7	面盆	1个	40	
	梳子	1把	3.5	假骨筷	1双	3.5	
	竹席子	1床	12	饭碗	1个	2.6	
	漱口杯	1只	5	牙刷	1把	3	
	香皂	1块	3.8	毛巾	2条	8	
				镜子	1面	17	
	共计		29	共计		74.1	

估计总额	103.1元。拟准慰偿金额:72元	由部核给慰偿金额	
主管人员核签意见并签名盖章	被屋上瓦木等打坏　　　　　　　　　毕庶琦　王佐	呈报员工签名盖章	崔正英

实支薪给:45元

被炸时有无直系亲属同居:无

直系亲属于事前已否疏散:

37) 电务员工呈报损失调查表

机关名称： 　　　　　　　　　　　　民国三十年八月十三日填报

姓名	樊梦燕	损失原因	敌机袭渝,附近中弹,宿舍被震毁	损失地点	纯阳洞48号	离到日期	年　月　日 到局处
资格	话务员			损失日期	8月13日		
职务	值机			何方证明			年　月　日 离局处

损失情形	名称	数量	最低估值(元)	名称	数量	最低估值(元)
	热水瓶	1只	32	茶杯	2只	4
	面盆	1只	22	饭碗	1只	2
	漱口盂	1只	12	筷子	1双	2
	蚊帐	1顶	26	毛巾	1条	3
	被单	2条	28	牙刷	1把	3
	镜子	1面	12			
	共计		132	共计		14

估计总额	146元。拟准慰偿金额:90元	由部核给慰偿金额	
主管人员核签意见并签名盖章	被屋上瓦木等打坏　　　　　　　　毕庶琦　王佐	呈报员工签名盖章	樊梦燕

实支薪给:40元

被炸时有无直系亲属同居:无

直系亲属于事前已否疏散:

38) 电务员工呈报损失调查表

机关名称:重庆电话局　　　　　　　　民国三十年八月十四日填报

姓名	胡馨文	损失原因	8月13日被震(敌机袭渝,本局附近中弹,宿舍损坏)	损失地点	纯阳洞电话局	离到日期	年　月　日 到局处
资格	长途台话务员			损失日期			
职务	值机			何方证明			年　月　日 离局处

续表

名称	数量	最低估值(元)	名称	数量	最低估值(元)
饭碗	1个	2.8	镜子	1只	15
筷子(红骨)	1双	3.5	牙刷	1把	3
茶杯	1个	2	毛巾	2条	8
面盆	1个	39	牙膏	1条〔支〕	3
漱口杯(搪磁)	1个	9	墨盒	1个	6
			蓝墨水	1瓶	4.5
共计		55.3	共计		39.5

损失情形（左栏）

估计总额	94.3元。拟准慰偿金额:67元	由部核给慰偿金额	
主管人员核签意见并签名盖章	被屋上瓦木等打坏 毕庶琦　王佐	呈报员工签名盖章	胡馨文

实支薪给:45元
被炸时有无直系亲属同居:无
直系亲属于事前已否疏散:

39)电务员工呈报损失调查表

机关名称:重庆电话局　　　　　　　民国三十年八月十四日填报

姓名	萧文琴	损失原因	轰炸震坏(敌机袭渝,本局附近中弹)	损失地点	纯阳洞电话局宿舍	离到日期	年　月　日 到局处
资格	话务员			损失日期	民国30年8月13号		
职务	国际台司机			何方证明			年　月　日 离局处

	名称	数量	最低估值(元)	名称	数量	最低估值(元)
损失情形	席子	1床	14	棕榄皂	1块	6
	卧单(白斜纹布)	1条	30	牙刷	1柄	3
	面盆	1个	25	纶昌麻纱长衫(晒凉台上)	1件	36
	共计			共计		114

续表

估计总额	114元。拟准慰偿金额:85元	由部核给慰偿金额	
主管人员核签意见并签名盖章	被瓦泥土等打坏　　　　　　毕庶琦　王佐	呈报员工签名盖章	萧文琴

实支薪给:57元

被炸时有无直系亲属同居:无

直系亲属于事前已否疏散:

40) 电务员工呈报损失调查表

机关名称:重庆电话局　　　　　　　　民国三十年八月十四日填报

姓名	潘宝如	损失原因	附近遭炸,屋顶震塌	损失地点	纯阳洞2号宿舍	离到日期	年 月 日到局处
资格	话务员			损失日期	30年8月13日		
职务	领班			何方证明			年 月 日离局处
损失情形	名称	数量	最低估值(元)	名称	数量	最低估值(元)	
	面盆	1只	35	皮鞋	1双	30	
	凉席	1床	15	雨伞	1把	8	
	共计			共计		88	

估计总额	88元正。拟准慰偿金额:57元	由部核给慰偿金额	
主管人员核签意见并签名盖章	被瓦泥土等打坏　　　　　　毕庶琦　王佐	呈报员工签名盖章	潘宝如

实支薪给:57元

被炸时有无直系亲属同居:无

直系亲属于事前已否疏散:

41)电务员工呈报损失调查表

机关名称:重庆电话局长途台　　　　　　　　民国三十年八月十四日填报

姓名	杜玉枝	损失原因	8月13日敌机轰炸时宿舍被震毁	损失地点	纯阳洞电话局宿舍4号房	离到日期	年 月 日 到局处
资格	话务员			损失日期	8月13日		
职务	班长			何方证明			年 月 日 离局处

损失情形	名称	数量	最低估值(元)	名称	数量	最低估值(元)
	镜子	1把	15.5	洋磁盆	1个	17
	暖水瓶	1个	45	洗面皂	2块	12.3
	茶壶	1个	8			
	毛巾	2条	6.5			
	牙膏	1条	3.5			
	饭碗	1个	2			
	共计		80.5	共计		29.3

估计总额	109.8元。拟准慰偿金额:72元	由部核给慰偿金额	
主管人员核签意见并签名盖章	被瓦片泥土打坏　　　　　　毕庶琦　王佐	呈报员工签名盖章	杜玉枝

实支薪给:48元

被炸时有无直系亲属同居:无

直系亲属于事前已否疏散:

42)电务员工呈报损失调查表

机关名称:重庆电话局　　　　　　　　　　　民国三十年八月十四日填报

姓名	游贤礼	损失原因	轰炸震坏(敌机袭渝,本局附近中弹)	损失地点	纯阳洞电话局宿舍	离到日期	年 月 日 到局处
资格	话务员			损失日期	30年8月13号		
职务	长途台司机			何方证明			年 月 日 离局处

续表

	名称	数量	最低估值(元)	名称	数量	最低估值(元)
损失情形	蚊帐	1顶	25	牙刷	1柄	3
	面盆	1个	40	牙膏	1盒	3
	磁茶壶	1个	10	饭碗	1个	2
	玻璃杯	1个	4	蓝墨水	1瓶	8
	硼酸皂	1块	6			
	洗脸毛巾	1条	3.5			
	共计		88.5	共计		16

估计总额	104.5元。拟准慰偿金额:75元	由部核给慰偿金额	
主管人员核签意见并签名盖章	被瓦片泥土打坏 毕庶琦　王佐	呈报员工签名盖章	游贤礼

实支薪给:57元

被炸时有无直系亲属同居:无

直系亲属于事前已否疏散:

43)电务员工呈报损失调查表

机关名称：重庆电话局　　　　　　　　民国三十年八月十四日填报

姓名	谢朝霞	损失原因	轰炸震坏(敌机袭渝，本局附近中弹)	损失地点	纯阳洞电话局宿舍	离到日期	年　月　日 到局处
资格	话务员			损失日期	30年8月13号		
职务	长途台			何方证明			年　月　日 离局处
损失情形	名称	数量	最低估值(元)	名称	数量	最低估值(元)	
	温水瓶	1个	30	纹〔蚊〕帐	1顶	35	
	镜子	1面	20	磁饭碗	1个	5	
	玻璃漱口杯	1个	5	茶杯	1个	3	
	牙刷	1柄	3	洗衣肥皂	2块	3	
	黑人牙膏	1盒	3				
	洗脸毛巾	1条	3				
	共计		64	共计		46	

续表

估计总额	110元。拟准慰偿金额:85元		由部核给慰偿金额	
主管人员核签意见并签名盖章	被屋上瓦木泥土打坏　　　　　　　　　毕庶琦　王佐		呈报员工签名盖章	谢朝霞

实支薪给:57元

被炸时有无直系亲属同居:无

直系亲属于事前已否疏散:

44)电务员工呈报损失调查表

机关名称:重庆电话局　　　　　　　　　　　　　民国三十年八月十四日填报

姓名	施竹筠	损失原因	轰炸震坏(敌机袭渝,本局附近中弹)	损失地点	纯阳洞电话局宿舍	离到日期	年　月　日到局处
资格	话务员			损失日期	30年8月13日		
职务	国际台班长			何方证明			年　月　日离局处

损失情形	名称	数量	最低估值(元)	名称	数量	最低估值(元)
	蚊帐	1顶	40	玻璃杯	1个	2
	面盆	1个	46	饭碗	1个	2
	漱口杯	1个	10			
	被单	1条	20			
	黑人牙膏	1条	3			
	共计		119	共计		4

估计总额	123元。拟准慰偿金额:85元		由部核给慰偿金额	
主管人员核签意见并签名盖章	被屋上瓦木泥土打坏　　　　　　　　　毕庶琦　王佐		呈报员工签名盖章	施竹筠

实支薪给:69元

被炸时有无直系亲属同居:无

直系亲属于事前已否疏散:

45)电务员工呈报损失调查表

机关名称：重庆电话局　　　　　　　　民国三十年八月十四日填报

姓名	喻绍华	损失原因	轰炸震坏（敌机袭渝，本局附近中弹）	损失地点	纯阳洞电话局宿舍	离到日期	年　月　日 到局处
资格	话务员			损失日期	30年8月13号		
职务	长途台司机			何方证明			年　月　日 离局处

损失情形	名称	数量	最低估值(元)	名称	数量	最低估值(元)
	纹〔蚊〕帐	1顶	30	毛巾	1条	4
	面盆	1个	42	饭碗	1个	2
	磁漱口杯	1个	6	雨伞	1柄	10
	玻璃肥皂盒	1个	8			
	力士皂	1块	5			
	三星牙膏	1条	3			
	共计		94	共计		16

估计总额	110元。拟准慰偿金额:85元	由部核给慰偿金额	
主管人员核签意见并签名盖章	被瓦木打坏　　　　　毕庶琦　王佐	呈报员工签名盖章	喻绍华

实支薪给:57元
被炸时有无直系亲属同居:无
直系亲属于事前已否疏散:

46)电务员工呈报损失调查表

机关名称：　　　　　　　　　　　　　民国三十年八月十四日填报

姓名	顾煜楣	损失原因	8月13日敌机轰炸时宿舍房屋被震坏	损失地点	纯阳洞本局宿舍1号	离到日期	年　月　日 到局处
资格	话务员			损失日期	8月13日		
职务	副领班			何方证明			年　月　日 离局处

续表

	名称	数量	最低估值(元)	名称	数量	最低估值(元)
损失情形	热水瓶	1个	40	香皂	1块	4
	茶壶	1把	10	梳子	1只	4
	茶杯	4只	8			
	漱口杯	1只	5			
	镜子	1面	10			
	毛巾	2条	6			
	牙刷	1只〔支〕	3			
	牙膏	1支	2			
	共计		84	共计		8

估计总额	92元。拟准慰偿金额:76元	由部核给慰偿金额	
主管人员核签意见并签名盖章	被屋上瓦木打坏 毕庶琦　王佐	呈报员工签名盖章	顾煜楣

实支薪给:76元

被炸时有无直系亲属同居:无

直系亲属于事前已否疏散:

47) 电务员工呈报损失调查表

机关名称:重庆电话局　　　　　　　　民国三十年八月十四日填报

姓名	卢志英	损失原因	8月13日敌机袭渝时被震	损失地点	纯阳洞本局宿舍	离到日期	年　月　日 到局处
资格	话务员			损失日期	8月13日		
职务	佐理员			何方证明			年　月　日 离局处

	名称	数量	最低估值(元)	名称	数量	最低估值(元)
损失情形	热水瓶	1个	36	毛巾	2条	8
	饭碗	2只	10	牙刷	1只	3
	茶壶	1把	10	牙膏	1支〔支〕	2
	茶杯	2只	6	香皂	1块	5
	镜子	1面	10	木梳(大号)	1只	5
				漱口杯	1只	6
	共计		72	共计		29

续表

估计总额	101元。拟准慰偿金额:69元	由部核给慰偿金额	
主管人员核签意见并签名盖章	被瓦片木块打坏 毕庶琦　王佐	呈报员工签名盖章	卢志英

实支薪给:69元

被炸时有无直系亲属同居:无

直系亲属于事前已否疏散:已

48)电务员工呈报损失调查表

机关名称：　　　　　　　　　　　　　　民国三十年八月十四日填报

姓名	任秀芳	损失原因	房屋震坏（敌机袭渝，本局附近中弹宿舍被震）	损失地点	纯阳洞宿舍	离到日期	年　月　日 到局处
资格	话务员			损失日期	8月13日		
职务	长途接线			何方证明			年　月　日 离局处
损失情形	名称	数量	最低估值(元)	名称	数量	最低估值(元)	
	洗脸盆	1个	38	牙膏	1条〔支〕	3.2	
	漱口杯	1个	8.5	热水瓶	1只	54	
	茶杯	2个	2.6	牙刷	1把	3.5	
	饭碗	1个	1.5	棉垫被	1床	46	
			50.6			106.2	
	共计			共计			
估计总额	156.8元。拟准慰偿金额:90元			由部核给慰偿金额			
主管人员核签意见并签名盖章	被屋上瓦木打坏 毕庶琦　王佐			呈报员工签名盖章		任秀芳	

实支薪给:48元

被炸时有无直系亲属同居:无

直系亲属于事前已否疏散：

四、交通部重庆电话局部分　1953

49) 电务员工呈报损失调查表

机关名称:重庆纯阳洞电话局长途台　　　　　民国三十年八月十四日填报

姓名	万国仙	损失原因	8月13日敌机轰炸渝市,宿舍左右被炸震毁	损失地点	纯阳洞电话局宿舍2号房间	离到日期	年 月 日 到局处
资格	长途话务员			损失日期			
职务	值机			何方证明			年 月 日 离局处
损失情形	名称	数量	最低估值(元)		名称	数量	最低估值(元)
	席子	1床	14		漱口杯	1个	8
	面盆	1个	46		洗衣肥皂	4块	4
	毛巾	1条	5				
	镜子	1只	17.1				
	牙刷	1只〔支〕	2.5				
	饭碗	1个	3				
	共计		87.5		共计		12
估计总额		99.5元。拟准慰偿金额:72元			由部核给慰偿金额		
主管人员核签意见并签名盖章		被屋上瓦木打坏			毕庶琦　王佐	呈报员工签名盖章	万国仙

实支薪给:48元
被炸时有无直系亲属同居:无
直系亲属于事前已否疏散:

50) 电务员工呈报损失调查表

机关名称:重庆电话局　　　　　　　　　民国三十年八月十四日填报

姓名	钱璟	损失原因	房屋震坏(敌机袭渝,本局附近中弹)	损失地点	纯阳洞电话局宿舍	离到日期	年 月 日 到局处
资格	话务员			损失日期	30年8月13日		
职务	国际台领班			何方证明			年 月 日 离局处

续表

	名称	数量	最低估值(元)	名称	数量	最低估值(元)
损失情形	象牙皂	1块	16	肥皂盒	1个	9
	面盆	1个	38	瓷杯	1个	6
	蚊帐	1顶	30	牙膏	1条	3
	牙刷	1把	3	旗袍	1件	30
	面巾	1块	4			
	共计		91	共计		48

估计总额	139元。拟准慰偿金额:84元	由部核给慰偿金额	
主管人员核签意见并签名盖章	被屋瓦木打坏　　　　　　毕庶琦　王佐	呈报员工签名盖章	钱璟

实支薪给:84元

被炸时有无直系亲属同居:无

直系亲属于事前已否疏散:

51)电务员工呈报损失调查表

机关名称:重庆电话局　　　　　　　　　　　民国三十年八月十五日填报

姓名	程学芳	损失原因	敌机袭渝本局附近中弹	损失地点	纯阳洞本局	离到日期	年　月　日 到局处
资格	话务员			损失日期	8月13日		
职务	长途股			何证明			年　月　日 离局处

	名称	数量	最低估值(元)	名称	数量	最低估值(元)
损失情形	蚊帐	1顶	30	牙刷	1把	5
	面盆	1个	40	肥皂	1块	6
	玻璃杯	1个	5	毛巾	1块	5
	镜子	1个	15			
	共计		90	共计		16

估计总额	106元。拟准慰偿金额:76元	由部核给慰偿金额	
主管人员核签意见并签名盖章	被屋上瓦木打坏　　　　　　毕庶琦　王佐	呈报员工签名盖章	程学芳

实支薪给:51元

被炸时有无直系亲属同居:无

直系亲属于事前已否疏散:无

52)电务员工呈报损失调查表

机关名称：重庆电话局　　　　　　　　　　　民国三十年八月十四日填报

姓名资格职务	白堉 话务员 领班	损失原因	8月13日敌机袭渝，住宅前后左右中弹甚多，屋顶坍倒	损失地点 损失日期 何方证明	神仙洞街73号 8月13日	离到日期	年 月 日 到局处 年 月 日 离局处
损失情形	名称	数量	最低估值(元)		名称	数量	最低估值(元)
	面盆	1只	45		铝制饭锅	2只	80
	毛巾	2条	5		瓷痰盂	2只	24
	玻镜	1只	16		热水瓶	1只	55
	漱口盂	2只	20		洗衣肥皂	10块	8
	牙刷	2把	5		瓷饭碗	10个	20
	瓷茶壶	1把	12		小孩衣服	5件	50
	瓷茶杯	4个	8				
	铁锅	1只	30				
	共计		141		共计		237
估计总额		国币378元。拟准慰偿金额：322元			由部核给慰偿金额		
主管人员核签意见并签名盖章	查实确实			毕庶琦　王佐	呈报员工签名盖章		白堉

实支薪给：92元

被炸时有无直系亲属同居：有

直系亲属于事前已否疏散：否

53)电务员工呈报损失调查表

机关名称：重庆电话局　　　　　　　　　　　民国三十年八月十四日填报

姓名资格职务	侯宝琴 话务员 佐理员	损失原因	附近遭炸，屋顶震塌	损失地点 损失日期 何方证明	纯阳洞3号宿舍 30年8月13日	离到日期	年 月 日 到局处 年 月 日 离局处

续表

损失情形	名称	数量	最低估值(元)	名称	数量	最低估值(元)
	面盆	1只	35	玻璃杯	2只	5
	热水瓶	1只	30	饭碗	1只	3
	套鞋	1双	24			
	毛巾	1条	3.5			
	牙刷	1把	2.5			
	牙膏	1支	4			
	共计		98	共计		8

估计总额	106元正。拟准慰偿金额:68元	由部核给慰偿金额	
主管人员核签意见并签名盖章	该员宿舍附近中弹被震倒塌 侯楷　王佐	呈报员工签名盖章	侯宝琴

实支薪给:45元

被炸时有无直系亲属同居:无

直系亲属于事前已否疏散:

54) 电务员工呈报损失调查表

机关名称:重庆电话局　　　　　　　　民国三十年八月十四日填报

姓名	萧福淼	损失原因	当轰炸日屋顶全部倒塌	损失地点	纯阳洞2号宿舍	离到日期	年月日到局处
资格	技工			损失日期	8月13号		
职务	金刚塔机键室			何方证明			年月日离局处

损失情形	名称	数量	最低估值(元)	名称	数量	最低估值(元)
	棉被	1条	50	棉袍	1件	65
	线毯	1条	40	单裤	2件	28
	力士鞋	1双	25	衬衫	2件	45
	共计			共计		253

估计总额	253元。拟准慰偿金额:100元。预发慰偿金额:50元	由部核给慰偿金额	
主管人员核签意见并签名盖章	该宿舍附近中弹房屋被震 侯楷	呈报员工签名盖章	萧福淼

实支薪给:64元

被炸时有无直系亲属同居:无

直系亲属于事前已否疏散:已

55）电务员工呈报损失调查表

机关名称：重庆电话局　　　　　　　　　　民国三十年八月十三日填报

姓名	赵瑞武	损失原因	被炸	损失地点	本局门前宿舍	离到日期	年　月　日 到局处
资格				损失日期	30年8月13日		
职务	领工			何方证明			年　月　日 离局处

损失情形	名称	数量	最低估值(元)	名称	数量	最低估值(元)
	水缸	1个	32	中山装	1套	54
	木盆	1个	27.5	力士鞋	1双	28
	脚盆	1个	17.3	床铺	2张	156
	长桌	1张	16	被单	2床	52
	方桌	1张	19	饭碗	8个	17.6
	单褂裤	4套	140	铁锅子	2个	46.8
	面盆	1个	38.5	衬衫	1件	22.5
	共计		291.3	共计		376.9

估计总额	668.2元。拟准慰偿金额：200元。预发慰偿金额：150元	由部核给慰偿金额	
主管人员核签意见并签名盖章	房屋被炸全毁　　　　　　　　　　　　　　　　侯楷	呈报员工签名盖章	赵瑞武

实支薪给：67元

被炸时有无直系亲属同居：有

直系亲属于事前已否疏散：未

56）电务员工呈报损失调查表

机关名称：重庆电话局　　　　　　　　　　民国三十年八月十四日填报

姓名	陈良奇	损失原因	当时宿舍四周遭炸，宿舍震毁	损失地点	纯阳洞分局宿舍	离到日期	年　月　日 到局处
资格	技工			损失日期	30年8月13日		
职务	铅工			何方证明			年　月　日 离局处

续表

损失情形	名称	数量	最低估值(元)	名称	数量	最低估值(元)
	帐子	1顶	22	漱口杯	1个	3
	棉被	1条	55	短裤	两条	8
	力士鞋	1双	25	布衬衫	1件	15
	黄短裤	1条	12			
	线呢工装	1套	50			
	面盆	1个	28			
	共计		192	共计		26

估计总额	218元。拟准慰偿金额：100元	由部核给慰偿金额	
主管人员核签意见并签名盖章	该宿舍附近中弹被震毁　　　　侯楷　王佐	呈报员工签名盖章	陈良奇

实支薪给：67元
被炸时有无直系亲属同居：无
直系亲属于事前已否疏散：

57)电务员工呈报损失调查表

机关名称：重庆电话局　　　　　　　　　民国三十年八月十四日填报

姓名资格职务	陈超	损失原因	8月13日敌机轰炸，宿舍四周均遭中弹，致于屋宇震毁	损失地点	纯阳洞分局1号宿舍	离到日期	年　月　日到局处
	技工			损失日期	8月13日		
				何方证明			年　月　日离局处

损失情形	名称	数量	最低估值(元)	名称	数量	最低估值(元)
	灰色中山装	1套	68	玻璃杯	1只	2
	衬衫	1件	24	漱口杯	1只	5
	褥单	1条	35	肥皂缺	1个	4.5
	油布	1块	14	毛巾	1条	3
	皮鞋	1双	55	牙刷	1把	2.8
	布鞋	1双	12	牙膏	1条	3.2
	热水瓶	1只	40	饭碗	2个	2.4
	共计		248	共计		22.9

续表

估计总额	大洋270.9元。拟准慰偿金额:100元	由部核给慰偿金额	
主管人员核签意见并签名盖章	该宿舍附近中弹被震 　　　　　　　　　　侯楷　王佐	呈报员工签名盖章	陈超

实支薪给:61元

被炸时有无直系亲属同居:无

直系亲属于事前已否疏散:

58) 电务员工呈报损失调查表

机关名称:重庆电话局　　　　　　　　　　民国三十年八月十四日填报

姓名	陈宝安	损失原因	本日敌机轰炸,宿舍四周均遭中弹,致屋宇震毁	损失地点	纯阳洞分局1号宿舍	离到日期	年 月 日 到局处
资格	技工			损失日期	8月13日		
职务	纯阳洞机键室			何方证明			年 月 日 离局处
损失情形	名称	数量	最低估值(元)	名称	数量	最低估值(元)	
	白线毯	1条	42	毛巾	1条	3.6	
	蚊帐	1顶	35	漱口杯	1只	5	
	凉席	1床	13	牙刷	1把	2.7	
	枕头	1个	11	牙膏	1条	3.2	
	衬衫	2件	52	肥皂盒	1只	3.8	
	短裤	1条	16				
	背心	2件	12				
	面盆	1个	38				
	共计		219	共计		18.3	
估计总额	237.3元。拟准慰偿金额:100元			由部核给慰偿金额			
主管人员核签意见并签名盖章	该宿舍附近中弹被炸 　　　　　　　　　　侯楷　王佐			呈报员工签名盖章		陈宝安	

实支薪给:43元

被炸时有无直系亲属同居:无

直系亲属于事前已否疏散:

59)电务员工呈报损失调查表

机关名称：重庆电话局　　　　　　　　民国三十年八月十四日填报

姓名	赵祥云	损失原因	本日敌机轰炸,宿舍四周均遭中弹,致屋宇震毁	损失地点	纯阳洞分局1号宿舍	离到日期	年　月　日　到局处
资格	技工			损失日期	8月13日		
职务				何方证明	程枝桂		年　月　日　离局处

损失情形	名称	数量	最低估值(元)	名称	数量	最低估值(元)
	被盖	1床	20	茶杯	□□	□
	蚊帐	1床	30	□□	□□	□
	毯子	1床	30	□□	□□	□
	中山服	2套	50	脸盆	□□	□
	□□	□□	30			
	箱子	□□	20			
	席子	□□	15			
	共计			共计		

估计总额	344元。拟准慰偿金额：100元	由部核给慰偿金额	
主管人员核签意见并签名盖章	该宿舍附近中弹被震　　　　　　　　侯楷　王佐	呈报员工签名盖章	赵祥云

实支薪给：38元
被炸时有无直系亲属同居：无
直系亲属于事前已否疏散：

60)电务员工呈报损失调查表

机关名称：重庆电话局　　　　　　　　民国三十年八月十四日填报

姓名	诸宝荣	损失原因	本日敌机轰炸,宿舍四周均遭中弹,致屋宇震毁	损失地点	纯阳洞分局1号宿舍	离到日期	年　月　日　到局处
资格	技工			损失日期	8月13日		
职务	修线			何方证明	陈良奇 解进朝		年　月　日　离局处

四、交通部重庆电话局部分

续表

	名称	数量	最低估值(元)	名称	数量	最低估值(元)
损失情形	面盆	1只	22	短裤	2条	24
	军毯	1条	33	中山服	1套	55
	毛巾	2条	8			
	标准衬衫	2件	50			
	蚊帐	1顶	35			
	力士鞋	1双	25			
	共计		173	共计		79
估计总额	252元。拟准慰偿金额:100元			由部核给慰偿金额		
主管人员核签意见并签名盖章	该宿舍附近中弹被震　　　　　　　　　侯楷　王佐			呈报员工签名盖章	诸宝荣	

实支薪给:49元
被炸时有无直系亲属同居:无
直系亲属于事前已否疏散:

61)电务员工呈报损失调查表

机关名称:重庆电话局　　　　　　　　　　　　民国三十年八月十四日填报

姓名	姚家儒	损失原因	当时宿舍四周遭炸,宿舍震毁	损失地点	纯阳洞分局宿舍	离到日期	年 月 日到局处
资格	技工			损失日期	30年8月13日		
职务	铅工			何方证明	陈良奇 解进朝		年 月 日离局处

	名称	数量	最低估值(元)	名称	数量	最低估值(元)
损失情形	棉被	1条	65	漱口杯	1个	4
	帐子	1顶	24	短裤	2条	9
	皮鞋	1双	46	手巾	2条	6
	面盆	1个	25	布衬衫	2件	48
	老布工装	1套	40	袜子	2双	6
	共计		200	共计		73
估计总额	273元。拟准慰偿金额:100元			由部核给慰偿金额		

续表

主管人员核签意见并签名盖章	该宿舍附近中弹被震　　　　　　　王佐　侯楷	呈报员工签名盖章	姚家儒
实支薪给:38元			
被炸时有无直系亲属同居:无			
直系亲属于事前已否疏散:			

62)电务员工呈报损失调查表

机关名称:重庆椰子油电话分局　　　　　　　民国三十年八月十四日填报

姓名	吴啬夫	损失原因	8月13日被敌机狂肆轰炸房屋震毁	损失地点	纯阳洞48号材料室	离到日期	年　月　日到局处
资格	技工			损失日期	8月13日		
职务				何方证明			年　月　日离局处
损失情形	名称	数量	最低估值(元)	名称	数量	最低估值(元)	
	被袱	1床	80	夹衣服	1套	65	
	被单	1条	30	破大衣	1件	35	
	毯子	1条	30	洗脸盆	1只	25	
	棉袍	1件	50				
	共计			共计		320	
估计总额	320元。拟准慰偿金额:100元			由部核给慰偿金额		
主管人员核签意见并签名盖章	材料房后面中弹震毁　　　　　　　王佐　侯楷			呈报员工签名盖章			吴啬夫
实支薪给:43元						
被炸时有无直系亲属同居:无						
直系亲属于事前已否疏散:已						

63）电务员工呈报损失调查表

机关名称：重庆电话局　　　　　　　　　　民国　年　月　日填报

姓名	安郁坊	损失原因	附近中弹，房屋震毁，所有衣什各物系被弹片及飞石击毁	损失地点	机键室隔壁	离到日期	年月日到局处
资格	技工			损失日期	8月13日		
职务				何方证明			年月日离局处
损失情形	名称	数量	最低估值(元)	名称	数量	最低估值(元)
	双钱牌中山鞋	1双	24	棉被(打穿1洞)	1条	120
	府绸衬衫	1件	35	牙膏	1支	4.5
	麻纱背心	1件	15	牙刷	1把	3.5
	短裤	1条	7			
	共计			共计		209
估计总额	209元。拟准慰偿金额：100元			由部核给慰偿金额		
主管人员核签意见并签名盖章	机键室附近落弹震毁　　　　　　　　　侯楷　王佐			呈报员工签名盖章	安郁坊	

实支薪给：80元
被炸时有无直系亲属同居：无
直系亲属于事前已否疏散：□

64）电务员工呈报损失调查表

机关名称：交通部重庆电话局新市区分局　　　民国三十年八月十四日填报

姓名	熊裕焕	损失原因	敌机袭渝，门口中弹1枚，财物全部被炸毁	损失地点	神仙洞123号	离到日期	年月日到局处
资格	技工			损失日期	8月13日		
职务	机键室			何方证明	第十六保十四甲甲长王栋梁		年月日离局处

续表

名称	数量	最低估值(元)	名称	数量	最低估值(元)
被盖	2床	180	胶鞋	2双	42
棉絮	1床	70	铁锅	1口	25
铺毯	2床	72	棉袍	1件	85
中山服	2套	124	棉裤	1条	67
衬衣	3件	58	洋磁面盆	1个	38
短西裤	2条	38	漱口杯	1个	6
球鞋	1双	40	菜饭碗	13个	26
短衫	2件	10	木盆	1个	10
			木板床	1张	14
共计		582	共计		313

（损失情形）

估计总额	895元。拟准慰偿金额:200元。预发预慰偿金额:50元。	由部核给慰偿金额	
主管人员核签意见并签名盖章	该工住屋门口中弹全部被炸 　　　　　　　　　　侯楷　王佐	呈报员工签名盖章	熊裕焕

实支薪给:38元

被炸时有无直系亲属同居:有母亲

直系亲属于事前已否疏散:未

65) 电务员工呈报损失调查表

机关名称:交通部重庆电话局新市区分局　　　　民国三十年八月十四日填报

姓名	熊昌植	损失原因	敌机袭渝，门口中弹1枚,全部炸毁	损失地点	神仙洞123号	离到日期	年　月　日 到局处
资格	技工			损失日期	8月13日		
职务	电力室机工			何方证明	十六保十四甲甲长王栋梁		年　月　日 离局处

	名称	数量	最低估值(元)	名称	数量	最低估值(元)
损失情形	被盖	2床	160	菜锅	1个	18
	棉絮	2床	60	钢精锅	大小各1	30
	大木箱	2口	70	锅铲	1把	2
	衬衣	3件	67	开水壶	1个	5

续表

损失情形	女短衫	3件	59.8	方桌	1张	15
	架子床	1床	40	板凳	6张	21
	板床	1床	18	菜刀	1把	5
	水缸	1口	32	面盆	1个	34
	菜饭碗	20个	38.95	大木盆	1个	12
	共计		546.25	共计		142

估计总额	688.25元。拟准慰偿金额:200元。预发慰偿金额:50元	由部核给慰偿金额	
主管人员核签意见并签名盖章	该工住屋大门中弹全部被炸　　　　　侯楷　王佐	呈报员工签名盖章	熊昌植

实支薪给:90元

被炸时有无直系亲属同居:妻子

直系亲属于事前已否疏散:未

66) 电务员工呈报损失调查表

机关名称:重庆话局新分局　　　　　　民国三十年八月十六日填报

姓名	柳大章	损失原因	敌机袭渝,宿舍屋顶倒塌	损失地点	话局第二宿舍	离到日期	年 月 日 到局处
资格	技工			损失日期	8月13号		
职务	电力室			何方证明	安郁坊		年 月 日 离局处

损失情形	名称	数量	最低估值(元)	名称	数量	最低估值(元)
	蚊帐	1件	50	牙刷面巾	各1件	5
	面盆	1件	35	牙膏	1件	3
	衬衣	2件	50	中山服	1套	80
	力士鞋	1双	24			
	共计			共计		247

估计总额	拟准慰偿金额:100元	由部核给慰偿金额	
主管人员核签意见并签名盖章	该宿舍附近中弹被震　　　　　侯楷　王佐	呈报员工签名盖章	柳大章

实支薪给:64元

被炸时有无直系亲属同居:无

直系亲属于事前已否疏散:

67)电务员工呈报损失调查表

机关名称:重庆电话局　　　　　　　　　民国三十年八月十四日填报

姓名	关沅	损失原因	宿舍附近中弹	损失地点	新分局宿舍	离到日期	年 月 日 到局处
资格	长工			损失日期	8月13日		
职务	机键室			何方证明			年 月 日 离局处

损失情形	名称	数量	最低估值(元)	名称	数量	最低估值(元)
	衬衫	1件	15	蓝布学生服	1件	18
	大衣	1件	70	皮鞋	1双	40
	面巾	1条	3.5	肥皂	1块	1.5
	牙刷	1把	2.8	饭碗	1只	2.1
	线呢中山服	1套	60	汤匙	1只	0.4
	共计			共计		213.3

估计总额	213.3元。拟准慰偿金额:100元	由部核给慰偿金额	
主管人员核签意见并签名盖章	该宿舍附近中弹被震 　　　　　　　　　侯楷　王佐	呈报员工签名盖章	关沅

实支薪给:16元

被炸时有无直系亲属同居:无

直系亲属于事前已否疏散:

68)电务员工呈报损失调查表

机关名称:重庆市电话局　　　　　　　　民国三十年八月十四日填报

姓名	高松青	损失原因	8月13日敌机袭渝时局门中弹,警卫室被炸	损失地点	纯阳洞电话局	离到日期	年 月 日 到局处
资格	一等警			损失日期	8月13日		
职务	警卫			何方证明			年 月 日 离局处

续表

	名称	数量	最低估值(元)	名称	数量	最低估值(元)
损失情形	棉裤	1床	80	面盆	1个	40
	线毯	1条	30	黄哈吱〔咔叽〕短裤	1条	30
	蚊帐	1顶	20	衬衫	1件	40
	皮鞋	1双	60	帆布中山服	1套	80
	胶鞋	1双	25			
	共计			共计		405

估计总额	405元。拟准慰偿金额:100元。预发慰偿金额:50	由部核给慰偿金额	
主管人员核签意见并签名盖章	属实 王应麒	呈报员工签名盖章	高松青

实支薪给:15元

被炸时有无直系亲属同居:无

直系亲属于事前已否疏散:无

69)电务员工呈报损失调查表

机关名称:重庆市电话局　　　　　　　　民国三十年八月十四日填报

姓名	刘泽	损失原因	局门中弹,警卫室被炸	损失地点	纯阳洞电话局	离到日期	年 月 日 到局处
资格	一等警察			损失日期	30年8月13日		
职务	警卫			何方证明	高松青		年 月 日 离局处
损失情形	名称	数量	最低估值(元)	名称	数量	最低估值(元)	
	被盖	1床	80	磁壶	1个	12	
	毛毯	1床	50	卫生衣	1件	19	
	垫被	1床	45				
	衬衣	3件	60				
	裤头	2条	25				
	磁盆	1个	36				
	茶钟	1个	10				
	皮鞋	1双	50				
	布鞋	1双	20				
	共计		376	共计		31	

续表

估计总额	407元。拟准慰偿金额:100元。预发慰偿金额:50元	由部核给慰偿金额	
主管人员核签意见并签名盖章	属实 王应麒	呈报员工签名盖章	警卫刘泽

实支薪给:每月17元

被炸时有无直系亲属同居:无

直系亲属于事前已否疏散:无

70) 电务员工呈报损失调查表

机关名称:重庆市电话局　　　　　　民国三十年八月十四日填报

姓名	张启元	损失原因	局门中弹,警卫室被炸	损失地点	纯阳洞电话局	离到日期	年 月 日 到局处
资格	一等警察			损失日期	30年8月13日		
职务	警卫			何方证明			年 月 日 离局处
损失情形	名称	数量	最低估值(元)	名称	数量	最低估值(元)	
	被盖	1床	70	衬衫	2件	40	
	印花白布毯	1床	40	脸盆	1个	30	
	青哔叽中山服	1套	70	青皮鞋	1双	60	
	黄礼帽	1顶	30				
	共计			共计		340	
估计总额	拟准慰偿金额:100元。预发慰偿金额:50元		由部核给慰偿金额				
主管人员核签意见并签名盖章	属实 王应麒		呈报员工签名盖章	警卫张启元		

实支薪给:每月17元正

被炸时有无直系亲属同居:无

直系亲属于事前已否疏散:未

71)电务员工呈报损失调查表

机关名称:重庆纯阳洞电话分局　　　　　民国三十年八月十四日填报

姓名	牛良善	损失原因	被敌机炸毁	损失地点	纯阳洞48号传达室	离到日期	年 月 日 到局处
资格	传达			损失日期	8月13日		
职务				何方证明	汪正举		年 月 日 离局处

	名称	数量	最低估值(元)	名称	数量	最低估值(元)
损失情形	毯子	1床	30	洗面盆	1只	40
	被袱	1床	80	茶壶	1把	3
	被单	1床	30	毛巾	1条	3
	制服	2套	120			
	鞋子	1双	20			
	棉袍	1件	50			
	共计		330	共计		46

估计总额	376元。拟准慰偿金额:100元。预发慰偿金额:50元	由部核给慰偿金额	
主管人员核签意见并签名盖章	属实　　　　　　　　　　　　王应麒	呈报员工签名盖章	牛良善

实支薪给:13元
被炸时有无直系亲属同居:无
直系亲属于事前已否疏散:已

72)电务员工呈报损失调查表

机关名称:重庆电话局　　　　　　　　民国 年 月 日填报

姓名	徐贵林	损失原因	8月13日寇机袭渝被炸	损失地点	纯阳洞分局	离到日期	年 月 日 到局处
资格	差			损失日期	民国30年8月13日		
职务	管理股服务			何方证明	许国荣		年 月 日 离局处

续表

	名称	数量	最低估值(元)	名称	数量	最低估值(元)
损失情形	棉被	1床	80	毛巾	1条	2.5
	毯子	1床	20	茶缸	1只	5
	被单	1床	24			
	大衣	1件	70			
	中山服	两褂1裤	100			
	鞋子	1双	18			
	面盆	1个	45			
	共计		357	共计		7.5

估计总额	364.5元。拟准慰偿金额:100元。预发慰偿金额:50元	由部核给慰偿金额	
主管人员核签意见并签名盖章	属实	呈报员工签名盖章	徐贵林
		王应麒	

实支薪给:14元

被炸时有无直系亲属同居:无

直系亲属于事前已否疏散:未

73) 电务员工呈报损失调查表

机关名称:重庆纯阳洞电话分局　　　　　　民国三十年八月十四日填报

姓名	张森荣	损失原因	被敌机炸毁	损失地点	纯阳洞48号传达室	离到日期	年 月 日 到局处
资格	信差			损失日期	8月13日		
职务				何方证明	汪正举		年 月 日 离局处

	名称	数量	最低估值(元)	名称	数量	最低估值(元)
损失情形	毯子	1床	35	单长衫	1件	35
	单衣服	1套	40	席子	1床	13
	洗面盆	1只	40	毛巾	1条	3
	胶鞋	1双	30			
	皮鞋	1双	50			
	共计		195	共计		51

续表

估计总额	拟准慰偿金额:100元。预发慰偿金额:50元	由部核给慰偿金额	
主管人员核签意见并签名盖章	属实 王应麒	呈报员工签名盖章	张森荣

实支薪给:14元

被炸时有无直系亲属同居:无

直系亲属于事前已否疏散:已

74) 电务员工呈报损失调查表

机关名称:重庆电话局　　　　　　　　　　民国三十年八月十四日填报

姓名	陈玉书	损失原因	8月13日敌机袭渝,纯阳洞传达室被炸	损失地点	纯阳洞48号	离到日期	年 月 日 到局处
资格	工役			损失日期	8月13日		
职务	长途股服役			何方证明			年 月 日 离局处

损失情形	名称	数量	最低估值(元)	名称	数量	最低估值(元)
	毛线毯	1床	38	礼帽	1顶	20
	被单	1床	35	茶壶	1把	5
	面盆	1个	25	茶杯	1个	2
	胶鞋	1双	28	人字呢大衣	1件	80
	皮鞋	1双	30	中山服	1件	40
	被盖	1床	80			
	共计		236	共计		147

估计总额	483元。拟准慰偿金额:100元。预发慰偿金额:50元	由部核给慰偿金额	
主管人员核签意见并签名盖章	王应麒	呈报员工签名盖章	陈玉书

实支薪给:12元

被炸时有无直系亲属同居:无

直系亲属于事前已否疏散:未

75) 电务员工呈报损失调查表

机关名称：重庆纯阳洞电话局　　　　　　民国三十年八月十四日填报

姓名	李德安	损失原因	8月13日被敌机炸毁	损失地点	纯阳洞48号材料室	离到日期	年　月　日 到局处
资格	工役			损失日期	8月13日		
职务				何方证明			年　月　日 离局处

损失情形	名称	数量	最低估值(元)	名称	数量	最低估值(元)
	被袱	1床	45	洗面盆	1只	20
	被单	1床	35	毛巾	1条	3
	棉衣服	1套	54			
	共计			共计		157

估计总额	157元。拟准慰偿金额：95元	由部核给慰偿金额	
主管人员核签意见并签名盖章	材料库后面中弹震毁　　　　　　　侯楷　王佐	呈报员工签名盖章	李德安

实支薪给：20元
被炸时有无直系亲属同居：无
直系亲属于事前已否疏散：已

76) 电务员工呈报损失调查表

机关名称：重庆电话局　　　　　　民国三十年八月十四日填报

姓名	谭朝华	损失原因	门房被炸(敌机袭渝,本局附近中弹)	损失地点	纯阳洞电话局门房	离到日期	年　月　日 到局处
资格	工役			损失日期	30年8月13号		
职务	长途股信差			何方证明			年　月　日 离局处

续表

	名称	数量	最低估值(元)	名称	数量	最低估值(元)
损失情形	纹〔蚊〕帐	1顶	20	雨伞	1柄	10
	褥子	1床	30	洋磁漱口杯	1个	5
	席子	1床	12	套鞋	1双	30
	卧单	1床	20	中山服	1套	60
	毯子	1床	40	牙刷	1把	3
	面盆	1个	36	衬衫	2件	50
	共计		158	共计		158
估计总额		316元。拟准慰偿金额:100元		由部核给慰偿金额		
主管人员核签意见并签名盖章				呈报员工签名盖章		谭朝华

实支薪给:14元

被炸时有无直系亲属同居:无

直系亲属于事前已否疏散:

77)电务员工呈报损失调查表

机关名称:重庆市电话局　　　　　　民国　年　月　日填报

姓名	伍金山	损失原因	新市区中弹,局被炸	损失地点	纯阳洞电话局	离到日期	年　月　日到局处
资格	下力			损失日期	30年8月13日		
职务	挑水伕			何方证明	汪正举		年　月　日离局处
损失情形	名称	数量	最低估值(元)	名称	数量	最低估值(元)
	被盖	1床	80	中山服	1套	42
	毛中毯	1床	20	长衣服	2件	80
	手皮箱	1口	25	胶鞋子	1双	20
	共计			共计		275
估计总额		275元。拟准慰偿金额:100元		由部核给慰偿金额		
主管人员核签意见并签名盖章				呈报员工签名盖章		伍金山

实支薪给:每月12元

被炸时有无直系亲属同居:无

直系亲属于事前已否疏散:无

78)电务员工呈报损失调查表

机关名称：重庆市电话局　　　　　　　　民国　年　月　日填报

姓名	胡金山	损失原因	新市区中弹，局被炸	损失地点	纯阳洞电话局	离到日期	年　月　日 到局处
资格	下力			损失日期	30年8月13日		
职务	挑水伕			何方证明	汪正举		年　月　日 离局处

损失情形	名称	数量	最低估值(元)	名称	数量	最低估值(元)
	被盖	1床	85	胶鞋子	1双	25
	毛线衣	1件	120	毛巾帕	1张	3
	中山服	2套	75			
	共计			共计		308

估计总额	308元。拟准慰偿金额：100元	由部核给慰偿金额	
主管人员核签意见并签名盖章		呈报员工签名盖章	胡金山

实支薪给：每月12元
被炸时有无直系亲属同居：有
直系亲属于事前已否疏散：无〔未〕

79)电务员工呈报损失调查表

机关名称：重庆电话局纯阳洞分局　　　　　　民国三十年八月十四日填报

姓名	张君才	损失原因	8月13日午12时被敌机轰〔炸〕	损失地点	纯阳洞第6号宿舍	离到日期	年　月　日 到局处
资格	技工			损失日期	30年8月13日		
职务	伙食团			何方证明			年　月　日 离局处

续表

	名称	数量	最低估值(元)	名称	数量	最低估值(元)
损失情形	大饭锅	1口	35	电灯头	2只	5
	水桶	1挑	12	电灯泡	2个	10
	大茶缸	1口	15	木水瓢	1把	2
	小油缸	1口	8			
	麻油	4斤	18			
	大小碗	20个	10			
	共计		98	共计		17
估计总额	115元。拟准或预发慰偿金额			由部核给慰偿金额		
主管人员核签意见并签名盖章	该宿舍对门中弹,被震甚烈 　　　　　　　　侯楷　王佐 　　　　　　　　呈核　黄如祖			呈报员工签名盖章	代表 张君才	

80)电务员工呈报损失调查表

机关名称:重庆电话局　　　　　　　　民国三十年八月十四日填报

姓名	第三食堂	损失原因	8月13日敌机袭渝,本局附近中弹,厨房被震,屋瓦全坠	损失地点	纯阳洞本局	离到日期	年　月　日 到局处
资格				损失日期	8月13日		
职务				何方证明	汪正举		年　月　日 离局处
损失情形	名称	数量	最低估值(元)	名称	数量	最低估值(元)	
	大菜碗	24个	10.8	水缸	1只	8	
	汤碗	5个	4	大铜锁	1把	6	
	共计			共计		28.8	
估计总额	国币28.8元。拟准或预发慰偿金额			由部核给慰偿金额			
主管人员核签意见并签名盖章	厨房后面中弹被震 　　　　　　　　侯楷　王佐 　　　　　　　　呈核　黄如祖			呈报员工签名盖章	第三食堂干事		

81）电务员工呈报损失调查表

机关名称：重庆电话局　　　　　　　　　民国三十年八月十五日填报

姓名	黄如祖			损失地点	和园	离到日期	年　月　日 到局处
资格	技术员	损失原因	枣子岚垭和园寓所直接中弹2枚	损失日期	8月13日		
职务	局长			何方证明			年　月　日 离局处
损失情形	名称	数量	最低估值(元)	名称	数量	最低估值(元)	
	书桌(五抽桌)	1[张]	60	大藤椅	1[把]	30	
	三抽桌	1[张]	30	藤榻	1[把]	70	
	五斗橱	1[张]	100	木床	9[架]	450	
	大木椅	4[把]	56	书架	2[个]	60	
	茶几	3[张]	48	厨房设备	全	200	
	大木元[圆]桌	1[张]	60	被铺枕	3[套]	420	
	方桌	2[张]	50				
	共计		404	共计		1230	
	竹席	8[府]	200	皮箱	1[个]	50	
	□服具	4[件]	150	木箱	3[个]	60	
	书	30[本]	300	零星杂物		100	
	药品		150				
	男女皮鞋	4[双]	160				
	零星衣服		450				
	共计		1410	共计		210	
估计总额	3254元。拟准或预发慰偿金额：请钧部核定				由部核给慰偿金额		
主管人员核签意见并签名盖章					呈报员工签名盖章	黄如祖	

实支薪给：350元

被炸时有无直系亲属同居：有

直系亲属于事前已否疏散：未

82) 电务员工呈报损失调查表

机关名称：重庆电话局　　　　　　　　民国三十年八月二十六日填报

姓名	任炳	损失原因	房屋被炸	损失地点	中渡口赖家院	离到日期	年 月 日 到局处
资格	技工			损失日期	8月22日		
职务	自动机键室			何方证明	保甲长		年 月 日 离局处

	名称	数量	最低估值(元)	名称	数量	最低估值(元)
损失情形	棉被	3床	240	水缸	1个	15
	单被	2床	100	饭碗	8个	8
	棉衣	1套	60	锅	1个	30
	单长衣	2件	50	床	1张	20
	中山服	1套	70	桌子	1只	15
				椅子	4只	4
	共计		520元	共计		92

估计总额	612元。拟准慰偿金额：200元	由部核给慰偿金额	
主管人员核签意见并签名盖章	房屋被炸，确有损失　　　　　　王佐	呈报员工签名盖章	任炳

实支薪给：52元

被炸时有无直系亲属同居：母妻女

直系亲属于事前已否疏散：未

83) 电务员工呈报损失调查表

机关名称：重庆电话局上清寺零售处　　　　　民国　年　月　日填报

姓名	余素心	损失原因	房屋中弹	损失地点	上清寺美专校街特4号	离到日期	年 月 日 到局处
资格				损失日期	30年8月31日		
职务				何方证明	警察第七分局上清寺分所		年 月 日 离局处

续表

	名称	数量	最低估值(元)	名称	数量	最低估值(元)
损失情形	镜子	1面	12	凳子	4只	10
	水缸	1只	20	帆布椅	1张	20
	铁锅	1只	24	竹床	1张	20
	菜刀	1把	12	玻璃杯	4只	12
	炒锅	1只	10	磁茶壶	1把	15
	钢种锅	1只	80	黑人牙膏	1瓶〔支〕	4.5
	饭碗	4只	20	面盆	1只	45
	大碗	8只	40	牙刷2力士皂1	3只	9
	漱口杯	2只	25	电木皂缸	1只	5
	竹方桌	1只	15	电灯泡	1只	26
	共计			共计		424.5

估计总额	拟准慰偿金额:180元	由部核给慰偿金额
主管人员核签意见并签名盖章	该员前被震已损失数次呈报在案。此次又中弹属实 王应麒	呈报员工签名盖章	余素心

实支薪给：
被炸时有无直系亲属同居：母亲
直系亲属于事前已否疏散：已

84) 电务员工呈报损失调查表

机关名称：沙坪坝分局管理股　　　　民国三十年八月二十四日填报

姓名	邱玉琛	损失原因	本日敌机轰炸沙坪坝一带，局址附近中弹数枚，波及局屋，瓦桶墙壁被其损坏，并损毁衣物等件	损失地点	沙分局股宿舍	离到日期	年　月　日 到局处
资格	技术员			损失日期	8月23日		
职务	主任			何方证明			年　月　日 离局处

续表

损失情形	名称	数量	最低估值(元)	名称	数量	最低估值(元)
	加大印花布毯	1床	66	西装呢下装	1件	140
	白罗纹蚊帐	1床	48	府绸衬衫	1件	32
	白磁面盆	1个	42			
	共计			共计		328

估计总额	328元。拟准慰偿金额：262元	由部核给慰偿金额	
主管人员核签意见并签名盖章	局屋附近中弹,确有损失　　　　王佐	呈报员工签名盖章	邸玉琛

实支薪给：131元

被炸时有无直系亲属同居：无

直系亲属于事前已否疏散：已

85) 电务员工呈报损失调查表

机关名称：沙分局管理股　　　　　　　　民国三十年八月二十四日填报

姓名	张光瑄	损失原因	本日敌机轰炸沙坪坝一带,局址附近中弹数枚,波及局屋,以致损失	损失地点	沙分局股宿舍	离到日期	年 月 日 到局处
资格	技术员			损失日期	8月23日		
职务				何方证明			年 月 日 离局处

损失情形	名称	数量	最低估值(元)	名称	数量	最低估值(元)
	提花绸衫	1件	130	全胶套鞋	1双	32
	白绸汗衣	1件	48	白磁面盆	1个	42
	蚊帐	1床	48	口盅牙刷面巾	各1件	24
	共计			共计		324

估计总额	324元。拟准慰偿金额：260元	由部核给慰偿金额	
主管人员核签意见并签名盖章	局屋附近中弹,确有损失　　　　王佐	呈报员工签名盖章	张光瑄

实支薪给：360元

被炸时有无直系亲属同居：无

直系亲属于事前已否疏散：已

86）电务员工呈报损失调查表

机关名称：交通部重庆电话局沙坪坝分局　　　　民国三十年八月二十四日填报

姓名	江浣臣	损失原因	本日敌机袭渝，轰炸沙坪坝一带，住宅附近投弹七八枚，碎片波及屋内，瓦壁损坏，并损毁物件	损失地点	沙坪坝义民村21号	离到日期	年　月　日 到局处
资格	话务员			损失日期	8月23日14时40分		
职务	沙分局管理员			何方证明	经管理股主任亲往视察		年　月　日 离局处

损失情形	名称	数量	最低估值(元)	名称	数量	最低估值(元)
	夏布帐子	1床	70	磁面盆	1只	25
	府绸衬衫	1件	25	磁菜碗	4个	12
	热水瓶	1只	30	磁茶壶	1只	8
	铁锅	1口	20	灰花呢西服裤	1件	100
	共计			共计		290

估计总额	290元。拟准慰偿金额：240元	由部核给慰偿金额	
主管人员核签意见并签名盖章	查该员住宅附近确实中弹，损失甚大 　　　　　　邸玉琛　王佐	呈报员工签名盖章	江浣臣

实支薪给：80元

被炸时有无直系亲属同居：有

直系亲属于事前已否疏散：否

87）电务员工呈报损失调查表

机关名称：沙坪坝分局管理股　　　　　　民国　年　月　日填报

姓名	马明中	损失原因	8月23日沙坪坝遭敌机狂炸，四周中弹，弹片当将房屋瓦盖倾覆，墙壁毁坏，衣物损失	损失地点	沙坪坝义民村21号	离到日期	年　月　日 到局处
资格	业务员			损失日期	8月23日		
职务	佐理员			何方证明			年　月　日 离局处

续表

	名称	数量	最低估值(元)	名称	数量	最低估值(元)
损失情形	夏布帐	1顶	45	菜碗	8个	12
	水瓶	1个	27	花标被面棉被	1床	66
	饭碗	4个	4	白洋布被单	1床	21
	铁锅	1个	15	水缸	1个	12
	铜壶	1把	26.8	茶壶	1把	6.4
				茶杯	8个	9.6
	共计		117.8	共计		127

估计总额	244.8元。拟准慰偿金额:198元	由部核给慰偿金额	
主管人员核签意见并签名盖章	查该员住宅附近确实中弹,损失甚大 邸玉琛　王佐	呈报员工签名盖章	马明中

实支薪给:66元

被炸时有无直系亲属同居:有妻子等

直系亲属于事前已否疏散:未

88)电务员工呈报损失调查表

机关名称:沙坪坝分局管理股　　　　　　　民国三十年八月二十四日填报

姓名	朱廷治	损失原因	8月23日14时40分敌机轰炸沙坪坝一带,本局附近三四公尺中弹数枚,波及局屋,瓦桷墙壁震坏,并损毁私人衣物	损失地点	沙分局股宿舍	离到日期	年　月　日 到局处
资格	业务员			损失日期	8月23日14时40分		
职务	佐理员			何方证明	管理股主任		年　月　日 离局处

	名称	数量	最低估值(元)	名称	数量	最低估值(元)
损失情形	蚊帐	1床	35	青哔叽西服裤	1件	45
	脸盆	1个	38	白背心	2件	15
	白府绸衬衣	2件	46	牙缸茶碗	各1个	9
	共计			共计		188

估计总额	188元。拟准慰偿金额:124元	由部核给慰偿金额	
主管人员核签意见并签名盖章	局屋附近中弹,确有损失 邸玉琛　王佐	呈报员工签名盖章	朱廷治

实支薪给:62元

被炸时有无直系亲属同居:无

直系亲属于事前已否疏散:已

89)电务员工呈报损失调查表

机关名称:沙坪坝分局管理股　　　　　　　　民国三十年八月二十四日填报

姓名	周若愚	损失原因	本日敌机袭渝,轰炸沙坪坝一带,本局附近三四公尺中弹数枚,波及局屋,瓦桷墙壁震坏,并毁私人衣物	损失地点	沙坪坝分局股宿舍	离到日期	年 月 日 到局处
资格	业务员			损失日期	8月23日14时40分		
职务	佐理员			何方证明	本股主任		年 月 日 离局处

损失情形	名称	数量	最低估值(元)	名称	数量	最低估值(元)
	加大白麻布罗纹圆蚊帐	1床	48	白帆布短裤	1件	28
	条花府绸衬衫	1件	30	麻纱汗衣	1件	18
	三圈胶底鞋	1双	26	瓷口盅牙刷面巾	各1件	24
	共计			共计		174

估计总额	174元。拟准慰偿金额:110元	由部核给慰偿金额	
主管人员核签意见并签名盖章	局屋附近中弹,确有损失　　　　邸玉琛　王佐	呈报员工签名盖章	周若愚

实支薪给:41元

被炸时有无直系亲属同居:无

直系亲属于事前已否疏散:已

90)电务员工呈报损失调查表

机关名称:重庆电话局沙坪坝分局　　　　　　民国三十年八月二十五日填报

姓名	莫春生	损失原因	8月23日敌机袭渝,本局□□宿舍□被炸	损失地点	沙坪坝本局宿舍	离到日期	年 月 日 到局处
资格	话务员			损失日期	8月23日		
职务				何方证明	本局主管人员		年 月 日 离局处

续表

损失情形	名称	数量	最低估值(元)	名称	数量	最低估值(元)
	蚊帐	□□	□	茶杯	4个	□
	面盆	□□	□	衬衣短裤袜	共5件	□
	洗脸用品□ □□□	□□	□			
	共计			共计		162.5

估计总额	162.5元。拟准慰偿金额:100元	由部核给慰偿金额	
主管人员核签意见并签名盖章	局屋附近中弹,确有损失 邸玉琛　王佐	呈报员工签名盖章	莫春生

实支薪给:42元

被炸时有无直系亲属同居:无

直系亲属于事前已否疏散:已

91)电务员工呈报损失调查表

机关名称:重庆电话局沙坪坝分局　　　　　民国三十年八月二十五日填报

姓名	冯达	损失原因	8月23日敌机袭渝,沙坪坝一带□□□□□宿舍被炸	损失地点	沙坪坝本局宿舍	离到日期	年　月　日到局处
资格	话务员			损失日期	8月23日		
职务	班长			何方证明	本局主管人员		年　月　日离局处

损失情形	名称	数量	最低估值(元)	名称	数量	最低估值(元)
	蚊帐	□	□	茶杯	□	□
	面盆及□□ □□	□	□	旧□□□□	计5件	□
	共计			共计		159

估计总额	159元。拟准慰偿金额:100元	由部核给慰偿金额	
主管人员核签意见并签名盖章	局屋附近中弹,确有损失 邸玉琛　王佐	呈报员工签名盖章	冯达

实支薪给:42元

被炸时有无直系亲属同居:无

直系亲属于事前已否疏散:已

92）电务员工呈报损失调查表

机关名称：交通部重庆电话局沙坪坝分局　　　　民国三十年八月二十五日填报

姓名	褚金祥	损失原因	8月23日下午2点40分敌机袭渝,沙磁区一带局址前后距三四公尺中弹数枚,碎片波及局屋,墙壁震坏,衣物被损	损失地点	沙坪坝本局宿舍	离到日期	年　月　日　到局处
资格	话务员			损失日期	8月23日		
职务	值机			何方证明	本局主管人员		年　月　日　离局处

损失情形	名称	数量	最低估值（元）	名称	数量	最低估值（元）
	洗脸盆	1个	40	白线哔叽中山装	1套	76
	毛巾	4条	69			
	布鞋	2双	36			
	胶鞋	1双	24			
	双料洋磁漱口杯	1个	16			
	白麻纱背心	2件	23			
	花府绸衬衣	1件	29			
	白府绸衬衣	2件	44			
	共计		221	共计		76

估计总额	297元。拟准慰偿金额：160元	由部核给慰偿金额
主管人员核签意见并签名盖章	局屋附近中弹,确有损失　　　　　邱玉琛　王佐	呈报员工签名盖章　褚金祥

实支薪给：40元

被炸时有无直系亲属同居：无

直系亲属于事前已否疏散：已

93）电务员工呈报损失调查表

机关名称：重庆电话局　　　　民国三十年八月二十四日填报

姓名	窦金福	损失原因	本日敌机袭渝,本局技工住宅被震坏,衣物器具损坏	损失地点	沙坪坝28号	离到日期	年　月　日　到局处
资格	特别技工			损失日期	30年8月23号		
职务	工头			何方证明	江浣臣　周若愚		年　月　日　离局处

续表

名称	数量	最低估值(元)	名称	数量	最低估值(元)
棉连包单被	1床	60	蚊帐	1床	55
兰〔蓝〕布单衣	2套	50	衬衫	1件	22
水缸	1口	10			
铁锅	1口	13			
铜壶	1把	12			
大小碗	16个	8			
共计		153	共计		77

损失情形（左侧栏）

估计总额	230元。拟准慰偿金额:145元	由部核给慰偿金额	
主管人员核签意见并签名盖章	查该工住宅附近中弹,确受损失　　　　邱玉琛　王佐	呈报员工签名盖章	窦金福

实支薪给:78元

被炸时有无直系亲属同居:有妻子女

直系亲属于事前已否疏散:未

94)电务员工呈报损失调查表

机关名称:沙坪坝分局管理股　　　　　　　　民国三十年八月二十四日填报

姓名	韩百福	损失原因	8月23日14时40分敌机轰炸沙坪坝一带,本局附近三、四公尺中弹数枚,波及局屋,瓦桷震坏,并毁私人衣物	损失地点	沙分局股宿舍	离到日期	年 月 日 到局处
资格	技工			损失日期	8月23日14时40分		
职务	线工			何方证明	管理股主任		年 月 日 离局处

损失情形	名称	数量	最低估值(元)	名称	数量	最低估值(元)
	夏布蚊帐	1床	40	面盆	1个	30
	白被单	1件	35	黄卡祺布制服	1套	65
	共计			共计		170

估计总额	拟准慰偿金额:100元	由部核给慰偿金额	
主管人员核签意见并签名盖章	局屋附近中弹,确有损失　　　　邱玉琛　王佐	呈报员工签名盖章	韩百福

实支薪给:38元

被炸时有无直系亲属同居:无

直系亲属于事前已否疏散:已

95）电务员工呈报损失调查表

机关名称：　　　　　　　　　　　民国　年　月　日填报

姓名	王焱勤	损失原因	本日敌机袭[渝]，本局技工住宅房屋被震坏，衣物器具损坏	损失地点	沙坪坝张家院子179	离到日期	年　月　日 到局处
资格	技工			损失日期	30年8月23日		
职务	线工			何方证明	窦金福　江浣臣		年　月　日 离局处

损失情形	名称	数量	最低估值(元)	名称	数量	最低估值(元)
	棉连包单被	1床	58	力士鞋	1双	25
	兰〔蓝〕布单衣	1套	32	衬衫	1件	16
	凉床	1具〔间〕	11	洋磁盆	1个	16
	共计			共计		158

估计总额	158元。拟准慰偿金额：95元	由部核给慰偿金额	
主管人员核签意见并签名盖章	查该工住宅附近中弹，确受损失　　邸玉琛　王佐	呈报员工签名盖章	王焱勤

实支薪给：38元

被炸时有无直系亲属同居：无

直系亲属于事前已否疏散：已

96）电务员工呈报损失调查表

机关名称：沙坪坝分局　　　　　　民国三十年八月二十四日填报

姓名	刘荣钦	损失原因	本日敌机袭渝，将本局技工宿舍全部炸坏	损失地点	沙坪坝中大牛奶场后	离到日期	年　月　日 到局处
资格	技工			损失日期	30年8月22号		
职务	线工			何方证明			年　月　日 离局处

续表

损失情形	名称	数量	最低估值(元)	名称	数量	最低估值(元)
	棉连包单被	1床	60	凉床	1副〔间〕	15
	蚊帐	1床	30	水缸	1口	10
	铁锅	1口	25	碗盏	12个	5
	棉袄裤	1套	50	力士鞋	1双	24
	兰〔蓝〕布单衣	3套	110	米	1斗5升	30
	共计		275	共计		84

估计总额	359元。拟准慰偿金额:200元	由部核给慰偿金额	
主管人员核签意见并签名盖章	查该工住宅中弹被毁,损失甚大 王佐	呈报员工签名盖章	刘荣钦

实支薪给:38元

被炸时有无直系亲属同居:有母亲

直系亲属于事前已否疏散:未

97)电务员工呈报损失调查表

机关名称:沙坪坝分局管理股　　　　　　　民国三十年八月二十四日填报

姓名	唐少轩	损失原因	8月23日14时40分敌机袭沙,局址前后中弹数枚,房屋震坏,衣物用具被损	损失地点	沙坪坝分局	离到日期	年 月 日 到局处
资格	局役			损失日期	8月23日		
职务	信差			何方证明			年 月 日 离局处

损失情形	名称	数量	最低估值(元)	名称	数量	最低估值(元)
	蚊帐	1个	39	牙缸	1个	5
	洗脸盆	1个	28	长衫布衬衣被单等	共计5件	92
	共计			共计		164

估计总额	164元。拟准慰偿金额:100元	由部核给慰偿金额	
主管人员核签意见并签名盖章	局屋附近中弹,确有损失 　　　　　　邸玉琛　王佐	呈报员工签名盖章	唐少轩

98)电务员工呈报损失调查表

机关名称:沙分局龙隐镇零售处　　　　　　　　民国三十年八月二十四日填报

姓名资格	程荣洲	损失原因	本日敌机袭渝,沙磁区被炸,本宅中弹,房屋家具衣物等件全毁	损失地点	龙隐镇黄桷坪巷第4号	离到日期	年 月 日 到局处
	话差			损失日期	8月23日午后2时许		
职务	话差			何方证明	保甲长证明		年 月 日 离局处

损失情形	名称	数量	最低估值(元)	名称	数量	最低估值(元)
	大厂床	1间	60	饭锅	1口	20
	衣柜	1间	50	碗盏	1桌	20
	写字台	1张	50	单夹棉衣服	7套	300
	方桌	2张	50	被盖	1床	80
	长条凳	4根	15	线毡	1床	30
	方凳	4个	25	洋布蚊帐	1笼	60
	瓷茶壶	2个	20			
	瓷面盆	1个	30			
	水缸	1口	15			
	共计		315	共计		510

估计总额	825元。拟准慰偿金额:200元	由部核给慰偿金额	
主管人员核签意见并签名盖章	查该差住宅被炸,房屋倒塌,损失甚大　　　　邱玉琛　王佐	呈报员工签名盖章	话差程荣洲

实支薪给:16元

被炸时有无直系亲属同居:有母亲

直系亲属于事前已否疏散:未

99)电务员工呈报损失调查表

机关名称:重庆电话局沙坪坝分局　　　　　　　民国三十年八月二十五日填报

姓名资格	周治德	损失原因	8月23日14时40分敌机袭沙,局址前后中弹数枚,房屋[被]震坏	损失地点	沙坪坝分局	离到日期	年 月 日 到局处
				损失日期	8月23日		
职务	话差			何方证明			年 月 日 离局处

续表

损失情形	名称	数量	最低估值(元)	名称	数量	最低估值(元)
	木箱	1只	□	鞋子	1双	□
	棉袍长衫衣袜等	计7件	□	洗脸木盆及用具	1套	□
	共计			共计		172
估计总额	172元。拟准慰偿金额:100元			由部核给慰偿金额		
主管人员核签意见并签名盖章	局屋附近中弹,确有损失　　　　　邱玉琛　王佐			呈报员工签名盖章	周治德	

100)电务员工呈报损失调查表

机关名称:沙坪坝分局　　　　　　　民国三十年八月二十六日填报

姓名	刘洪书	损失原因	本月23日下午敌机袭渝,沙磁区一带被炸,局门口投弹数枚,本局房屋震毁,用具衣物因此损失	损失地点	沙坪坝分局	离到日期	年　月　日到局处
资格	工役			损失日期	8月23日		
职务				何方证明			年　月　日离局处

损失情形	名称	数量	最低估值(元)	名称	数量	最低估值(元)
	洋磁面盆	1个	20	漱口钟	1个	4
	面巾	1张	3	制服	1套	40
	布鞋	1双	7	帐子	1笼	20
	共计			共计		94
估计总额	94元。拟准慰偿金额:65元			由部核给慰偿金额		
主管人员核签意见并签名盖章	局屋附近中弹,确有损失　　　　　邱玉琛　王佐			呈报员工签名盖章	刘洪书	

101)电务员工呈报损失调查表

机关名称:重庆电话局　　　　　　　民国三十年九月一日填报

姓名	郑文质	损失原因	八月卅一日遭敌机投弹焚烧,其衣物□件损失重大	损失地点	南岸清水溪放牛坝童家花园钱家院	离到日期	年　月　日到局处
资格	机工			损失日期	8月31日		
职务	测量室			何方证明	派出所同住证明		年　月　日离局处

续表

	名称	数量	最低估值(元)	名称	数量	最低估值(元)
损失情形	铁锅	1口	25	女夹衣	1件	20
	被盖	1床	80	女布褂裤	2套	40
	卧单	2床	40	制服	3套	120
	棉絮	1床	25	卫生褂	2件	40
	锅铲	1把	2	桌	1个	20
	饭碗	10个	10	木床	1副〔间〕	40
	菜碗	7个	8	花衬衣	1件	20
	木盆	1个	10	木箱	1口	10
	女棉袍	1件	30			
	共计		230	共计		310
估计总额	损失国币洋540元。拟准慰偿金额:200元			由部核给慰偿金额		
主管人员核签意见并签名盖章	该员住址被炸,确有损失　　　　　　　　王佐			呈报员工签名盖章	郑文质	

实支薪给:46元

被炸时有无直系亲属同居:5人

直系亲属于事前已否疏散:未

102)电务员工呈报损失调查表

机关名称:重庆电话局　　　　　　　　民国三十年七月三十日填报

姓名	卢志英	损失原因	7月29日下午敌机袭渝时被炸	损失地点	中一支路49号	离到日期	年　月　日到局处
资格	话务员			损失日期	7月29日		
职务	佐理员			何方证明	第七保保长		年　月　日离局处

续表

	名称	数量	最低估值(元)	名称	数量	最低估值(元)
损失情形	大竹床	1只〔间〕	40	闹钟	1只	100
	棉被褥	3条	120	厨房用具	全套	150
	被褥单	4条	100	皮鞋	2双	100
	小方台	1只	50	袜子	5双	30
	方凳	4只	60	单旗袍	2件	60
	蚊帐	1顶	100	衬衫裤	2套	40
	面盆浴盆脚盆	各1只	100			
	共计		570元	共计		480元
估计总额		1050元。拟准慰偿金额:414元		由部核给慰偿金额		
主管人员核签意见并签名盖章				呈报员工签名盖章		卢志英

实支薪给:69元
被炸时有无直系亲属同居:夫女
直系亲属于事前已否疏散:无〔未〕

103)电务员工呈报损失调查表

机关名称:重庆电话局　　　　　　　　　民国　年　月　日填报

姓名	李毓盛	损失原因	因工作未返,不及搬运,致遭损失	损失地点	神仙洞街156	离到日期	年　月　日到局处
资格	技工			损失日期	30年7月29日		
职务	架空			何方证明	甲长陶润之领工沈义山		年　月　日离局处
	名称	数量	最低估值(元)	名称	数量	最低估值(元)
损失情形	被盖	1床	60	箱子	1口	20
	罩子	2笼	30	中山服	1套	88
	女衫	4套	130	中式短服	2套	70
	毯子	1床	28	博士帽	1顶	30
	耳锅	1口	24	水缸	1口	15
	土碗	12个	5			
	共计			共计		450

续表

估计总额	450元。拟准慰偿金额：216元	由部核给慰偿金额	
主管人员核签意见并签名盖章	该工住屋全部被毁 　　　　　　　　侯楷　王佐	呈报员工签名盖章	技工 李毓盛

实支薪给：

被炸时有无直系亲属同居：有

直系亲属于事前已否疏散：

104) 电务员工呈报损失调查表

机关名称：重庆电话局　　　　　　　　　民国三十年七月三十日填报

姓名	侯宝琴	损失原因	7月29日下午8时许敌机袭渝，住屋中弹，所有衣物全部被毁	损失地点	神仙洞街206号	离到日期	年　月　日 到局处
资格	话务员	^	^	损失日期	30年7月29日	^	^
职务	管理股佐理员	^	^	何方证明	保长证明单	^	年　月　日 离局处

损失情形	名称	数量	最低估值(元)	名称	数量	最低估值(元)
^	木床	1张		皮鞋	3双	150
^	棉被	2条		搪瓷面盆	1个	30
^	线毯	1条		两磅热水瓶	1个	60
^	夹袍	2件		米	3斗	60
^	衬绒袍	1件		桌椅全套		64
^	单长衫	3件		水缸锅碗全套		85
^	衬衣	3套				
^	共计			共计		1169

估计总额	1169元。拟准慰偿金额：270元	由部核给慰偿金额	
主管人员核签意见并签名盖章	查该员住屋中弹全部被毁 　　　　　　　　　　王佐	呈报员工签名盖章	侯宝琴

实支薪给：45元

被炸时有无直系亲属同居：有

直系亲属于事前已否疏散：未

105) 电务员工呈报损失调查表

机关名称：交通部重庆电话局　　　　　　　民国　年　月　日填报

姓名	雷作书	损失原因	于7月30日上午被敌机轰炸，料理财务在本局洞内躲避	损失地点	萧家凉亭13号	离到日期	年　月　日到局处
资格	材料股	^	^	损失日期	7月30日上午	^	^
职务	库丁	^	^	何方证明	由地方证明	^	年　月　日离局处

损失情形	名称	数量	最低估值(元)	名称	数量	最低估值(元)
^	木床	1间	14	铁锅	1口	14
^	被盖	1床	60	水缸	1口	16
^	长衫子	2件	40	缸钵	2个	14
^	青制服	1套	45	土碗	3付〔个〕	15
^	箱子	1口	36			
^	共计			共计		232

估计总额	共计洋232元。拟准慰偿金额：100元	由部核给慰偿金额	
主管人员核签意见并签名盖章	经第七保五甲甲长冯银章证明，该户确于七月卅日上午被炸。该丁住屋附近中弹属实　　　　　　　　　　　王佐	呈报员工签名盖章	雷作书

实支薪给：每月20元

被炸时有无直系亲属同居：无

直系亲属于事前已否疏散：〔已〕疏散

106) 电务员工呈报损失调查表

机关名称：交通部重庆电话局沙坪坝分局　　　　　　　民国三十年八月二日填报

姓名	王官禄	损失原因	于7月30日敌机袭渝时家属住宅被炸倒塌	损失地点	江北荒林街26号	离到日期	年　月　日到局处
资格	话务员	^	^	损失日期	30年7月30日	^	^
职务	值机	^	^	何方证明	经本保保甲长证明	^	年　月　日离局处

续表

损失情形	名称	数量	最低估值(元)	名称	数量	最低估值(元)
	蚊帐	2顶	□□	铁锅	1只	50
	被盖	2条	14□	面盆	1只	20
	毯子	2条	4□			
	共计			共计		344

估计总额	344元。拟准慰偿金额：160元	由部核给慰偿金额	
主管人员核签意见并签名盖章	该员住所附近中弹属实　　　　　邱玉琛　王佐	呈报员工签名盖章	王官禄

实支薪给：40元

被炸时有无直系亲属同居：无

直系亲属于事前已否疏散：

(0346—1—48)

37.交通部重庆电话局为补报员工被炸损失调查表并拟准核发慰偿金清单给交通部的代电稿(1941年9月22日)

交通部钧鉴：查本局员工迭受空袭，损失均经详为审查呈转钧核在案。兹有胡惠清等5名，因填报不明退回重查，复据详报前来。又张良课等4名最近受炸，蒙受损失轻重不一，均经分别调查，拟准给慰偿金共计1892元。理合检同各该员工损失调查表及员工空袭损失拟准慰偿金清单，连同动用概算请示表送请鉴核，并乞拨款归垫，实为德便。衔名。叩。养事。

附员工呈报损失调查表及员工空袭损失拟准慰偿金清单暨动用款项请示表各1份

1)交通部重庆电话局员工空袭损失拟准慰偿金清单

姓名	资格	损失原因	损失日期	损失估值(元)	有无眷属	实支月薪(元)	慰偿金拟准数目(元)	慰偿金预发数目(元)	慰偿金核准数目(元)	备注
胡惠清	员	被烧	8月10日	2070	有	40	240			#310

续表

姓名	资格	损失原因	损失日期	损失估值（元）	有无眷属	实支月薪（元）	慰偿金 拟准数目（元）	慰偿金 预发数目（元）	慰偿金 核准数目（元）	备注
赵锡光	工	被炸	8月13日	1105	有	78	200	150		#360
严兴发	工	被炸	8月13日	330	无	12	100			#387
严少卿	工	被炸	8月13日	270	无	12	100			#390
陈家明	员	被炸	8月30日	952	有	30	180			#394
张良谋	员	被炸	8月13日	693	有	76	456	150		#416
程宗良	员	被炸	8月30日	250	无	41	164	100		#417
童恕	员	被炸	8月30日	1310	有	42.4	252			#418
吴体仁	工	被震	8月31日	1060	有	61	200			#419
合计							1892	400		

2) 电务员工呈报损失调查表

机关名称：重庆纯阳洞电话分局　　　　　　　　民国三十年八月三十一日填报

姓名	吴体仁	损失原因	居屋前后左右均被中弹	损失地点	中三路139号，老143号附1号	离到日期	年　月　日 到局处
资格	技工			损失日期	8月31日		
职务	机工			何方证明	中三路第六保第十甲		年　月　日 离局处

损失情形	名称	数量	最低估值(元)	名称	数量	最低估值(元)
	房屋被毁	1	500	学生服	1套	70
	箱子	1只	30	女单旗袍	2件	100
	桌子	2只	30	男皮鞋	1双	30
	床铺	1张	40	铺盖	1付〔床〕	100
	衬衫	2套	60	厨房器具	全付	100
	共计			共计		1060

估计总额	1060元。拟准慰偿金额:200元	由部核给慰偿金额	
主管人员核签意见并签名盖章	该工住屋被震全毁　　　　　　　　　　王佐	呈报员工签名盖章	吴体仁

实支薪给:61元
被炸时有无直系亲属同居:有
直系亲属于事前已否疏散:未

3) 电务员工呈报损失调查表

机关名称:重庆电话局沙坪坝分局　　　　　　民国三十年八月三十一日填报

姓名	童恕	损失原因	本月30日午前11时许敌机袭渝,沙磁区被炸,家宅中燃烧弹,房屋家具衣物等件全被焚毁	损失地点	龙隐镇金壁寺巷4号	离到日期	年 月 日 到局处
资格	话务员			损失日期	8月30日		
职务	司机			何方证明	保甲长		年 月 日 离局处

损失情形	名称	数量	最低估值(元)	名称	数量	最低估值(元)
	被盖	2床	160	方桌	3张	150
	单夹棉衣	7套	350	长条凳	8根	40
	芝麻中山服	2套	80	方柜	2个	80
	洋布蚊帐	2笼	130	饭锅	2口	40
	衣柜	2个	100	碗盏	全桌	20
	大床 厂床	2间	140	水缸	2口	20
	共计			共计		1310

估计总额	1310元。拟准慰偿金额:252元	由部核给慰偿金额	
主管人员核签意见并签名盖章	该员家中房屋确已中弹焚毁　　　　　　　王佐	呈报员工签名盖章	话务员童恕

实支薪给:42元
被炸时有无直系亲属同居:有
直系亲属于事前已否疏散:未

4) 电务员工呈报损失调查表

机关名称:重庆电话局办事处　　　　　　民国　年　月　日填报

姓名	程宗良	损失原因	全部被炸,直接中弹	损失地点	重庆中三路128附2号	离到日期	年 月 日 到局处
资格	业务员			损失日期	8月30日		
职务	收费			何方证明	警察第七分局		年 月 日 离局处

续表

损失情形	名称	数量	最低估值(元)	名称	数量	最低估值(元)
	棉被	1床	100	米	2斗	40
	方桌凳椅床	全套	250	面粉	10斤	20
	锅碗等用具	全套	150	旧皮鞋胶鞋	3双	60
	洗面用具	全套	80	其他零星		100
	毯子	1条	50			
	共计		630	共计		220

估计总额	850元。拟准慰偿金额:164元。预发慰偿金额:100元	由部核给慰偿金额	
主管人员核签意见并签名盖章	该员家属被炸属实	呈报员工签名盖章	程宗良呈报

实支薪给:41元

被炸时有无直系亲属同居:无

直系亲属于事前已否疏散:未

5)电务员工呈报损失调查表

机关名称:重庆电话局　　　　　　　　民国三十年八月二十日填报

姓名	张良谋	损失原因	本年8月12日午后1时30分敌机27架空袭,李家沱家中房舍被毁	损失地点	巴县李家沱马王坪九亩地63号	离到日期	年 月 日 到局处
资格	业务员			损失日期	8月12日		
职务	局长室助理员			何方证明	保长郭燕成		年 月 日 离局处

损失情形	名称	数量	最低估值(元)	名称	数量	最低估值(元)
	小型米缸	1只	10	方桌	1张	30
	中型水缸	1只	25	方凳	4张	28
	中型铁锅	1只	30	茶壶茶杯	1套	10
	菜碗及饭碗	15只	20	热心牌2磅热水瓶	1个	45
	4尺阔木床(连棕棚)	1张	65	中型洗衣木盆	1个	15

续表

	名称	数量	最低估值(元)	名称	数量	最低估值(元)
损失情形	假皮箱	2只	60	4尺竹席	1床	15
	搪瓷洗脸盆	2只	70	大号蚊帐	1顶	35
	搪瓷漱口杯	2只	20	坚固牌女套鞋	1双	20
	洗脸架	1只	15	夹单衣服	新旧12件	180
	共计			共计		695

估计总额	695元。拟准慰偿金额:456元。预发慰偿金额:150元	由部核给慰偿金额	
主管人员核签意见并签名盖章	属实　　　　　　　　　王应麒	呈报员工签名盖章	张良谋

实支薪给:76元

被炸时有无直系亲属同居:有

直系亲属于事前已否疏散:

6)电务员工呈报损失调查表

机关名称:重庆电话局　　　　　　　　　民国三十年八月三十一日填报

姓名	陈家明	损失原因	家属被敌机轰炸	损失地点	中二路38号	离到日期	年 月 日 到局处
资格	助理员			损失日期	8月30号		
职务	营业股			何证明	保甲长		年 月 日 离局处

	名称	数量	最低估值(元)	名称	数量	最低估值(元)
损失情形	被盖	2床	140	面盆	1个	32
	线毯	1床	38	羊毛呢灰色中山装	2套	180
	木床	2架	36	力士鞋	2双	50
	铁锅	1口	24	府绸衬衫	3件	66
	水缸	1口	11	旗袍	2件	56
	大小碗	18个	15	男女皮鞋	2双	120
				纹〔蚊〕帐	2床	64
				男夹衫	2件	120
	共计		264	共计		688

续表

估计总额	952元。拟准慰偿金额:180元		由部核给慰偿金额	
主管人员核签意见并签名盖章	该员家属被炸属实　　　　　王应麒		呈报员工签名盖章	陈家明

实支薪给:30元

被炸时有无直系亲属同居:父母

直系亲属于事前已否疏散:未

7)电务员工呈报损失调查表

机关名称:重庆电话局　　　　　　民国　年　月　日填报

姓名	严少清	损失原因	局内中弹,宿舍被炸	损失地点	纯阳洞电话局	离到日期	年 月 日到局处
资格	下力			损失日期	30年8月13日		
职务	挑水伕			何方证明	汪正举		年 月 日离局处
损失情形	名称	数量	最低估值(元)	名称	数量	最低估值(元)	
	被盖	1床	60	短裤	2条	20	
	长衫	2件	50	胶鞋	1双	30	
	汗衣	2套	60	绒汗衣	1套	50	
	共计			共计		270	
估计总额	拟准慰偿金额:100元			由部核给慰偿金额			
主管人员核签意见并签名盖章	王应麒			呈报员工签名盖章	严少卿		

实支薪给:每月12元

被炸时有无直系亲属同居:无

直系亲属于事前已否疏散:已

8) 电务员工呈报损失调查表

机关名称：重庆电话局　　　　　　　　　　民国　年　月　日填报

姓名	严兴发	损失原因	新市区中弹，局内被炸	损失地点	纯阳洞18号	离到日期	年　月　日到局处
资格	下力			损失日期	30年8月13日		
职务	挑水伕			何方证明	汪正举		年　月　日离局处

损失情形	名称	数量	最低估值(元)	名称	数量	最低估值(元)
	被盖	1床	70	胶鞋子	1双	30
	衬衫	2件	40	胶鞋子	1双	40
	青中山服	1套	60	毛线衣	1套〔件〕	90
	共计			共计		330

估计总额	拟准慰偿金额：100元	由部核给慰偿金额
主管人员核签意见并签名盖章		呈报员工签名盖章　严兴发

实支薪给：每月12元
被炸时有无直系亲属同居：无
直系亲属于事前已否疏散：已

9) 电务员工呈报损失调查表

机关名称：重庆电话局　　　　　　　　　民国三十年八月十四日填报

姓名	赵锡光	损失原因	8月13日敌机袭渝，住屋全部被炸	损失地点	纯阳洞分局对门	离到日期	年　月　日到局处
资格	铅工领工			损失日期	8月13日		
职务				何方证明			年　月　日离局处

续表

	名称	数量	最低估值(元)	名称	数量	最低估值(元)
损失情形	汗衫	2件	30	大小饭菜碗	12个	60
	被胎	1床	70	铜钩	1个	10
	被单	1条	40	铁铲	1个	10
	女花大褂	1件	50	铁锅	1个	15
	小褂子	2套	50	木凳	4个	50
	茶碗	4个	10	木桌	1张	60
	茶壶	1个	10	府绸女裤	2件〔条〕	100
	架子床	1个〔间〕	150	小人衣服	3套	100
	行军床	1个	60	烧饭用具	全套	150
	脚盆	3个	40			
	大小木桶	3个	40			
	共计		550	共计		555

估计总额	1105元。拟准慰偿金额:200元。预发慰偿金额:150元	由部核给慰偿金额	
主管人员核签意见并签名盖章	全部被炸	王佐	呈报员工签名盖章	赵锡光

实支薪给:78元

被炸时有无直系亲属同居:有

直系亲属于事前已否疏散:未

10)电务员工呈报损失调查表

机关名称:电话局长途台　　　　　　　　民国三十年八月十一日填报

姓名	胡惠清	损失原因	8月10日下午敌机袭渝,住址被烧	损失地点	中一路215号	离到日期	年　月　日 到局处
资格	话务员			损失日期	8月10日		
职务	司机			何方证明			年　月　日 离局处

续表

	名称	数量	最低估值(元)	名称	数量	最低估值(元)
损失情形	棉被褥	2床	200	铁床	1张	150
	夹被盖	1床	70	罗蚊帐	1顶	250
	面盆	1个	60	热水瓶	1个	60
	皮箱	2个	300	玻璃杯	2个	20
	单长衫	3件	50	皮鞋	2双	180
	夹长衫	2件	100	钟	1个	180
	棉长衫	2件	300	手表	1个	150
	共计		1080	共计		990

估计总额	2070元。拟准慰偿金额:240元	由部核给慰偿金额	
主管人员核签意见并签名盖章	确实被焚　　　　　　　　　　　王佐	呈报员工签名盖章	胡惠清

实支薪给:40元

被炸时有无直系亲属同居:有

直系亲属于事前已否疏散:否

（0346—1—49）

后 记

《重庆大轰炸档案文献》系《中国抗战大后方历史文化丛书》的重要组成部分。该档案文献初步计划编辑出版10册500万字，并根据其内容分为"重庆大轰炸之轰炸经过与损失概况"（内又分"人员伤亡"与"财产损失"两大部分）、"重庆大轰炸下重庆人民之反空袭措施"、"重庆大轰炸之附录（区县部分）"三编，每编又根据其档案数量的多少分卷成册，并根据其内容确定书名。在编辑《重庆大轰炸档案文献》的过程中，我们对馆藏40余万卷抗战历史档案进行了全面查阅，重点查阅收集了馆藏有关"重庆大轰炸"的档案4000余卷30000余页；除此之外，我们还到有关档案馆查阅补充了部分档案，收集了现重庆市行政区域内各区县档案馆馆藏的"日机轰炸"档案，其总字数多达1500余万字，现正加紧编辑校对，渐次出版。

《重庆大轰炸档案文献》，是在中共重庆市委抗战工程办公室的指导下，由重庆市档案局（馆）负责编辑，重庆市档案局（馆）档案编研处具体实施。在编辑过程中，重庆市档案局（馆）原任局（馆）长陆大钺、况由志，现任局（馆）长李华强及各位副局（馆）长，对此项工作给予了高度重视和支持；局（馆）相关处室也给予了大力协助。唐润明负责全书总体规划及编辑方案的拟定、分类的确立和最后的统稿工作，并与编研处全体同仁一道，共同完成了该档案文献的收集与编辑、校核工作。在此，谨向所有关心、支持此项工作并为之付出辛勤劳动的单位和个人，表示诚挚的谢意！

编　者
2014年2月